AF523769

Anja Zimmermann

BRUST

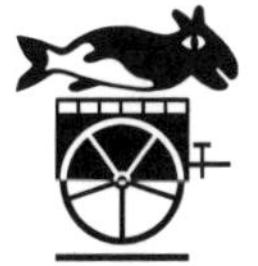

Anja Zimmermann

BRUST

Geschichte eines politischen Körperteils

Verlag Klaus Wagenbach Berlin

POLITIK DER BRUST
Eine Einleitung

•

Die Brust wird an einem warmen Tag im Juni zum Politikum. Annähernd 35 Grad. Eine Frau geht mit ihrem sechsjährigen Sohn, einem Freund und dessen kleiner Tochter in den Park. Dort gibt es einen Wasserspielplatz, wo die Kinder durchs Wasser hüpfen und sich abkühlen. Die Frau und der Mann ziehen beide ihr Oberteil aus und sonnen sich mit nacktem Oberkörper. Doch nach kurzer Zeit fordern Sicherheitskräfte die Frau auf, ihren Busen zu bedecken. Der Park sei schließlich kein FKK-Bereich. Sie weigert sich, die Polizei wird gerufen, die kleine Gruppe verlässt mit den verängstigten Kindern den Park.

So geschehen im Sommer 2021 im Berlin. Doch die Frau, der das Entblößen ihres Oberkörpers verboten wurde, die Architektin Gabrielle Lebreton, wollte sich mit dieser Ungleichbehandlung nicht abfinden und klagte vor dem Berliner Landgericht auf Schadensersatz. Ihre Klage wurde in erster Instanz mit der Begründung abgewiesen, eine Diskriminierung sei nicht zu erkennen. Folgenlos war der Gang vor Gericht dennoch nicht, führte er doch dazu, dass die Nutzungsordnung des Wasserspielplatzes geändert wurde. Alle Menschen dürfen sich künftig mit unbekleidetem Oberkörper dort aufhalten. Auf den Münchner Isarwiesen wird dies schon länger praktiziert. Und auch die Stadt Göttingen ging 2022 nach einem Konflikt mit einer Schwimmer*in, die sich weder als männlich noch als weiblich sieht, dazu über, allen das Oben-ohne zu erlauben.[1] Zu verdanken ist dies auch dem Einsatz von Gruppen wie dem Aktionsbündnis *Gleiche Brust für alle*, das die Auseinandersetzungen mit Petitionen und Demos begleitete. So fuhr im Juli 2022 ein Oben-ohne-Radkorso durch Berlin, bei dem Schilder mit Aufschriften wie »boobs have no gender« (»Brüste haben kein Geschlecht«) hochgehalten wurden. Das Bild zur Netzkampagne war eine Karikatur, die die Willkür beim Umgang mit Brüsten auf den Punkt bringt (Abb. 1).

Die anstößige Brust ergibt sich in diesem Bild aus zwei bescheidenen Hinweisen auf das Geschlecht: Frisur und geschminkte Lippen. Die Körperteile aber, um die es geht, sehen völlig identisch aus. Und so forciert der Cartoon Fragen. Wieso eigentlich ist der linke Oberkörper schamlos, der rechte nicht? Wieso hat der linke einen Busen und der rechte nicht?

Dieses Buch will zeigen, dass die Willkür der Zuweisung nicht bedeutet, dass sie zufällig oder wahllos geschieht, oder leicht zu ändern wäre. Die Macht des Busens ist enorm und wird dennoch fortwährend verkannt. Dabei ist allein in den letzten Jahren vor Gericht in so vielen Fällen um den Busen gestritten worden, dass es naiv wäre, ihm seine (gesellschafts-)politische Brisanz abzusprechen.[3] Amerikanische Fernsehsender erreichte 2004 eine Bußgeldforderung in Höhe von 550 000 Dollar, nachdem während der Super-Bowl-Übertragung kurzzeitig die Brust der Popsängerin Janet Jackson zu sehen war. In Anlehnung an die Watergate-Affäre, die US-Präsident Nixon das Amt gekostet hatte, wurde das Ereignis als *Nipplegate* bezeichnet. Die politische Sprengkraft der weiblichen Brustwarze zündete damit zumindest sprachlich. Dabei geht es vor Gericht keineswegs immer nur um ein Verbot der Sichtbarkeit der Brust. 2016 sorgte ein in Frankreich erlassenes, später wieder zurückgenommenes »Burkiniverbot« für Aufregung, das Sicherheitskräfte ermächtigte, muslimische Frauen am Strand zu zwingen, ihren Burkini abzulegen.

Mitnichten also sind die Brüste wirklich *private parts*, wie es im Englischen heißt, sondern im Gegenteil von großem öffentlichem Interesse. Die Macht der Brust liegt aber nicht in einer ›natürlichen‹ Kraft. Sie wirkt vielmehr in Zuschreibungen, die sie wahlweise gleichzeitig oder einander ausschließend zum Zeichen für Weiblichkeit, Natürlichkeit, Mütterlichkeit oder Sexualität machen. Denn Körperteile sind »nur in der jeweiligen kulturellen Klassifikation und der (imaginären) Bezugnahme auf ein Ganzes existent«, wie die kulturwissenschaftliche Forschung zur Geschichte des Körpers betont.[4] Und dieses »Ganze« strahlt in alle gesellschaftlichen Felder aus. Immer wieder kommt es dabei zu Konflikten. Solche, die vor Gericht ausgetragen werden und in Gesetze einfließen. Aber auch solche, in denen in Texten, Bildern, Kleidungsstücken,

Ausstellungen, Fotografien, Altarbildern, Happenings und vielem mehr der Busen immer wieder neu erfunden und disputiert wird. Zum Beispiel wenn Theologen des 17. Jahrhunderts in erregten Pamphleten das Dekolleté als »Zünder böser Lüste« verteufelten. Und das, obwohl die mittelalterliche Theologie zuvor dem Busen alles andere als abgeneigt war. Sogar die Gesetzestafeln, die Moses nach dem Alten Testament auf dem Berg Sinai direkt von Gott erhielt, wurden als »Brüste« bezeichnet, aus denen die »Milch« der geistlichen Stärkung gepresst wird (*quasi lac de uberibus duarum tabularum expressum*).[5] Nach dem theologischen, mal aufwertenden, mal abwertenden Blick kam der aufklärerische, der den Busen auf neue gesellschaftliche Felder führte. Er bezog sich auf die Natur, hatte mit Gott nichts mehr zu tun. Und schließlich gab es den Kampf um oder besser gegen das Korsett, der, über hundert Jahre später, auch ein Kampf der Frauenrechtlerinnen war. Die Feministinnen der 1960er Jahre gingen als *Bra-Burners*, als BH-Verbrennerinnen, in die Geschichte ein. Seit 2008 protestieren Aktivistinnen der in der Ukraine gegründeten Gruppe *Femen* für ihre politischen Anliegen, indem sie mit blankem Busen in der Öffentlichkeit auftauchen – und meist sofort abgeführt werden.

Das alles ist politisch. Ist Politik des Busens und Indiz für Konfliktlinien, die bis heute relevant sind. Etwa die Fetischisierung des weiblichen Busens als erotisches Objekt, die die Begründung für die Ungleichbehandlung der Nippel liefert. Oder die Abscheu vor der haltlosen Brust, die die Erfindung starrer Einpanzerungen durch das Korsett beförderte und auf die 2019 die Solidaritätsaktion #FreeTheNipple für die Kapitänin und Seenotretterin Carola Rackete reagierte, deren Auftritt ohne BH in der Presse als »Unverschämtheit« bezeichnet wurde. Heutige Auseinandersetzungen um den Busen sind damit Teil der weiter gefassten Debatten

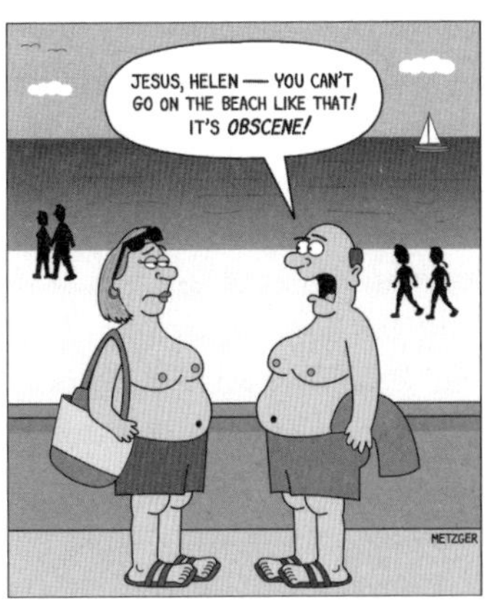

1 »Oh Gott, Helen – so kannst Du unmöglich an den Strand gehen! Das ist obszön!« Mit diesem Cartoon wurden die Internetkampagnen #GleicheBrustfürAlle und #EqualBodyRights bebildert.[2]

über Körper, Geschlecht und Feminismus, wie sie zunehmend im Netz und darüber hinaus geführt werden. Das aus feministischer Perspektive kritisierte Bodyshaming,[6] dem Menschen ausgesetzt sind, deren Busen wahlweise mal zu groß, zu klein, zu sichtbar oder zu unsichtbar ist, gehört ebenso dazu wie die anlässlich der #metoo-Debatte diskutierte und dekonstruierte Vorstellung, Frauen seien ›selbst schuld‹ daran, wenn sie sexuell belästigt werden, weil sie sich beispielsweise zu ›offenherzig‹ kleideten. Die Frage dagegen, wie sich ein ›positives‹ Körperbild gewinnen lässt, das sich ohne Foto-Filter und Schönheits-OPs behaupten kann, und ob und unter welchen Umständen dies überhaupt wünschenswert ist, wird seit einiger Zeit durchaus kontrovers unter dem Hashtag #bodypositivity erörtert.[7]

Die Auswahl der Brustgeschichten, die hier erzählt werden, erklärt sich aus dieser heutigen, politischen Perspektive und der Verwunderung über Aufregungen, Zumutungen, Inkonsistenzen. Dieses Buch ist keine vollständige oder gar weltumspannende Kulturgeschichte der Brust von der Steinzeit bis zum Cyberspace, sondern ein interessegeleiteter Blick auf einen in der westlichen Kultur hochgradig politisierten Körperteil.

Es wird oft so getan, als ob es immer derselbe Körper wäre, um den da gestritten wird. Als wüssten alle, was gemeint ist, wenn vom Busen die Rede ist. Dabei legen schon die vielen unterschiedlichen Einschätzungen zu den genannten Hashtags nahe, dass das nicht sein kann. Um die widerstreitenden Positionen einordnen zu können, braucht es einen historischen Blick und vor allem die Erkenntnis, dass auch der Busen eine Geschichte hat. Deren nahezu einzige Konstante ist, dass aus den so verschiedenen Busendebatten jeweils unmittelbare Rückschlüsse auf die Theorie und Praxis der Geschlechterverhältnisse gezogen werden können. Abgesehen davon ist alles im Fluss und der Busen immer wieder ein anderer.

So gab es Momente, als Brüste keine Brüste waren, sondern Waffen, mit denen Feinde in die Flucht geschlagen wurden, wie in der Geschichte der Wikingerheldin Freydís Eiríksdóttir (Kapitel 4, S. 178 f.). Oder Gelegenheiten, bei denen Ziegeneuter zu Brüsten für *die* Kinder wurden, deren Mütter lieber »Spazierfahrten mitmachen, Theater und Bälle besuchen«, so ein Arzt 1816 (Kapitel 3, S. 134). Außerdem gab es Zeiten, in denen Brüste nicht Muttermilch, sondern

»Vatermilch« spendeten, wie es in in einem Bericht Alexander von Humboldts 1818 über stillende *Männer* hieß (Kapitel 3, S. 143 f.), oder die Brüste sogar zu Organen wurden, aus denen pures Gift floss (Kapitel 3, S. 129–131).

Dieses Buch nimmt den Busen ausschnitthaft in unterschiedlichen Zeiten und Kontexten in den Blick und konzentriert sich auf sein transgressives Potential. Denn dieser augenfällige Körperteil überschreitet Geschlechtergrenzen, Grenzen zwischen dem Natürlichen und Künstlichen, Grenzen zwischen Mensch und Tier, Grenzen zwischen Geografien und ist damit wesentlich mehr als das, was zum Beispiel eine Google-Bildsuche im Juni 2023 zutage fördert (Abb. 2).

Dieses Mehr ist wichtig, weil es dabei helfen kann, das im positiven Sinne Irritierende am Busen schärfer zu konturieren. Fast alle Brüste, die man mit der Suchmaschine im Netz findet, sind ziemlich jung, ziemlich weiß und ziemlich erotisiert. Diese Brüste bekommen wir zu sehen, doch was ist mit all den anderen? Mit denen, die die gefälligen Oberflächen stören? Es sind jene, die wiederum ihre eigene Geschichte haben und etwas darüber verraten, wieso der öffentliche Busen bis heute so ambivalent und ideologisch aufgeladen ist. Welcher Busen zählt (als Busen)? Der alternde Busen jedenfalls

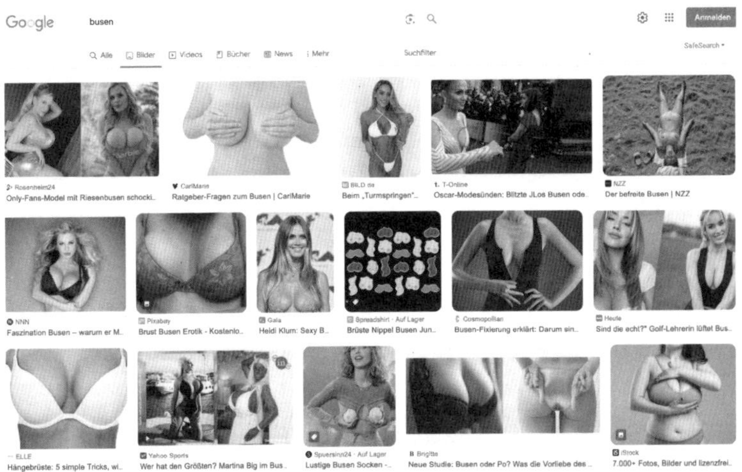

2 Das sind die Bilder, die eine Bildersuche 2023 im Netz zum Stichwort »Busen« produziert.

wird selten gezeigt, er gilt als Zeichen des Verfalls und des Verlusts von Weiblichkeit, die maßgeblich anhand sexueller Attraktivität bemessen wird. Nahezu alle Debatten über die Frage des Oben-ohne im öffentlichen Raum setzen stillschweigend Busen voraus, die nicht alt sind. Der »Hass der alten nackten Brust«, den der Soziologe Jean-Claude Kaufmann in einer Studie zur *Soziologie des Oben-ohne* eindringlich beschreibt, manifestiert sich in Äußerungen wie der folgenden: »Wenn man diese Leute in einem bestimmten Alter sieht, deren Busen bis zum Nabel hängt, also meiner Meinung nach sollte man den lieber verstecken.«[8] Vor diesem Hintergrund ergibt es Sinn, dass die meisten Brustvergrößerungen in Deutschland an Frauen im Alter zwischen zwanzig und dreißig durchgeführt werden (Quelle: Deutsche Gesellschaft für Ästhetisch-Plastische Chirurgie). Zugespitzt: In diesem schmalen Zeitfenster des Lebens soll die Gleichung von Natürlichkeit, Attraktivität, Weiblichkeit und Brust unbedingt aufgehen und der Busen der Busen sein. Übrigens bezieht sich das »natürliche Aussehen«, das sehr weit oben in der Rangliste der Kriterien für einen gelungenen Eingriff steht, ausschließlich auf diesen Idealbusen. Obwohl ein schiefer Hängebusen ungleich ›natürlicher‹ sein kann. Das ›Künstliche‹ erst ermöglicht das ›Natürliche‹.

Die Frage der Echtheit durchzieht den Busendiskurs in mehrerlei Hinsicht. So wird der Busen einer trans* Person, der bei Geburt das männliche Geschlecht zugeordnet wurde, als nicht echt diskreditiert, weil »künstlich« produziert. Umgekehrt gelten womöglich die Brüste einer männlichen trans* Person, die bei der Geburt als weiblich identifiziert wurde, als Beweis dafür, dass sie ›eigentlich‹ eine Frau sei. Einmal Busen, immer Frau.

Wie sich hier schon andeutet, ist der Busen ein Körperteil in unglaublich eng definierten Grenzen. Aber gerade weil diese keineswegs so unverrückbar sind, wie man vielleicht denken mag, helfen sie mit, Gesellschaft zu ordnen, und erzielen dadurch politische Wirkung. Und dabei geht es keineswegs nur um Schönheit. Brüste sind auch ein hervorragender Anzeiger anderer sozialer Hierarchien und ein Körperteil, mit dem rassistische Abwertungen verknüpft werden. Wenn es im 19. Jahrhundert um »afrikanische Völker«, um »Egypten« oder »Portugal« ging, war die Rede von »ungewöhnlich großen Brüsten, die bis unter den Bauch herabhängen, über die Schultern geworfen, und unter den Armen durchgestekt werden können«.[9] Der jüdische Sexualforscher Friedrich Salomo Krauss widmete 1904 in einem Buch über *Die Anmut des Frauenleibes* ein ganzes Kapitel ausschließlich der Brust.[10] Den Begriff »Rassenunterschiede«[11] setzte der Autor in distanzierende Anführungszeichen, ebenso wie wir das heute tun würden. Er kritisierte die »einzig verherrlichten, harten, apfelförmigen Brüste« als ein »Schönheitsideal«, das wenig mit der Realität zu tun habe.[12] Eine Rolle bei Krauss' hellsichtiger Skepsis mag gespielt haben, dass der Busen damals auch Teil antisemitischer Diskurse war. Deren Verfechter beharrten darauf, dass der ›jüdische Busen‹ Merkmale aufweise, die man durch Messungen und Berechnungen erheben könne.[13] So war der Busen um 1900 nicht nur in ein Korsett eingepanzert, sondern auch in anthropologische Rassevorstellungen, die dafür sorgten, dass manche Busen auf der imaginären Skala idealer Weiblichkeit zur Norm wurden und andere zum Zeichen rassistisch begründeter ›Primitivität‹. Die Weiblichkeit, die Brüste jeweils signalisierten, wurde damit weniger als gemeinsames Merkmal aller Busenträgerinnen verstanden, sondern mittels des Busens entweder auf- oder abgewertet. Auch diese rassistischen Zuordnungen wirken weiter und zeitigen toxische Effekte. Sie reichen von höheren Sterblichkeitsraten unter afroamerikanischen Säuglingen, die mit dem Zwang zu Ammendiensten Schwarzer Frauen während der US-amerikanischen Sklaverei in Verbindung gebracht werden, bis hin zu den problematischen Wirkungen entsprechender Schönheitsnormen, deren unterdrückende Wirkung sich bis heute in der Werbung manifestiert (Kapitel 2, S. 107 f.).[14]

Angesichts dieser kulturellen Bedeutsamkeit des Busens und der vielen gesellschaftlichen Felder, in denen er zum Thema wird, ist es einerseits verblüffend, wie gleichgültig er von der Forschung behandelt wird. Andererseits passt das zu einem kulturellen Muster, das jüngst unter dem Stichwort »Unsichtbare Frauen« zusammengefasst wurde.[15] Frauen werden nicht berücksichtigt, weil männliche Perspektiven als allgemein oder neutral dargestellt werden. In einem kulturwissenschaftlichen Sammelband zur »kulturellen Anatomie« der Körperteile (auch hier kommt die Brust nicht vor) wird behauptet, dass »wohl kein Teil so anhaltend das kulturelle Imaginäre beschäftigt wie der Phallus«.[16] Nun lässt sich nur schwer eine hieb- und stichfeste Quantifizierung des kulturellen

Imaginären erstellen, aber schon die oben aufgeführten knappen Beispiele legen nahe, dass die kulturelle Wirkmacht der weiblichen Brust dramatisch unterschätzt wird. Ein sich theoretisch in den Vordergrund spielender Phallus, der von Sigmund Freuds »Penisneid« bis zu Jacques Lacans »imaginärem« und »symbolischem« Phallus zu viel Raum beansprucht, stiehlt dem Busen die Aufmerksamkeit.

Ein ähnliches Schicksal erfuhr die Vulva, die erst durch Bücher wie Monika Gsells *Bedeutung der Baubo* (2001) oder Mithu Sanyals *Vulva* (2009) in den kulturwissenschaftlichen Fokus geriet. In der Brust sah die Philosophin Iris Marion Young zwar bereits 1990 die hochgradig überdeterminierte Trennung zwischen Mutterschaft und Sexualität zugleich repräsentiert und infrage gestellt.[17] Gerade darin besteht laut Young ihr Potential zum ›Skandal‹ innerhalb westlicher Gesellschaften, doch erst Jahre später (1997) nahm die Historikerin Marilyn Yalom die erste größere Kulturgeschichte dieses Körperteils in Angriff. Die Historikerin und Theologin Margaret R. Miles beschäftigte sich mit der *Säkularisierung der Brust 1350–1750* (2008), während ältere Titel wie etwa Ingrid Olbrichts *Verborgene Quellen der Weiblichkeit: die Brust* (1985) weniger von historischem, sondern eher von psychologisch-medizinischem Interesse geleitet waren. Es gibt also noch einiges aufzuarbeiten. Weil der Busen für so viele gesellschaftliche Bereiche Relevanz hat, stößt man aber glücklicherweise immer wieder auf einschlägige Informationen über ihn, zum Beispiel in der Geschichte des Stillens, der Theologie, der Entwicklung der Schönheitschirurgie oder der Modetheorie.[18] Überall dort und weit darüber hinaus ergeben sich neue Einsichten, wenn die Brust in den Fokus rückt.

Apropos Mode, abschließend noch einmal zum Thema Obenohne. Wie ein Stoff gewordener Kommentar *avant la lettre* zum Gerichtsurteil im Fall Lebreton wirkt Rudi Gernreichs Entwurf für den ›Monokini‹ von 1964. Der aus Österreich vor den Nazis in die USA geflohene Modeschöpfer löste mit dem Badeanzug, dessen zwei lange Träger mittig zwischen die nackten Brüste geführt sind, sogar Protest im Vatikan aus. Der damalige Papst Paul VI. erklärte Gernreich zum »Feind der Kirche«.[19] Der aus der Zeit der sexuellen Revolution stammende ›Monokini‹ aber liefert ein elegantes Statement gegen die Hypersexualisierung der weiblichen Brust und einen Vorschlag für eine Badebekleidung in Zeiten gleichberechtigter Brüste. Die Person, die ihn trägt, muss nichts *aus*ziehen und ist deswegen auch nicht ›oben ohne‹. Genauso wie ein Mann am Strand auch nicht ›oben ohne‹ auftritt, sondern einfach eine Badehose *an*hat. Freie Schwimmer*innen können das Modell seit 2019 wieder im Handel erwerben. Und so leistet der ›Monokini‹ weiter tapfer Widerstand gegen den Imperativ des »Hide your Nipples« (Verstecke deine Nippel), der 2023 über die Shoppingkanäle flirrt und den auch Paul VI. wahrscheinlich goutiert hätte (Abb. 3).

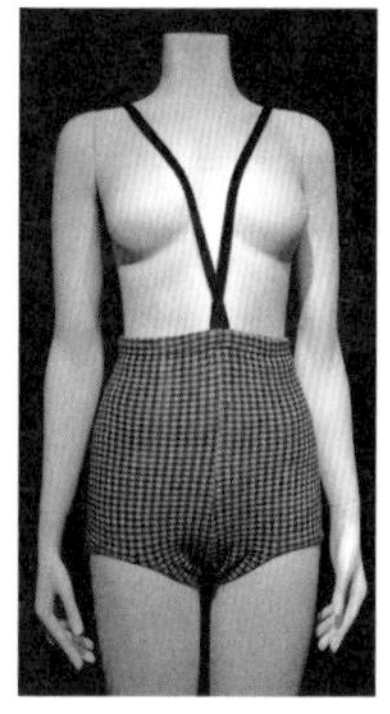

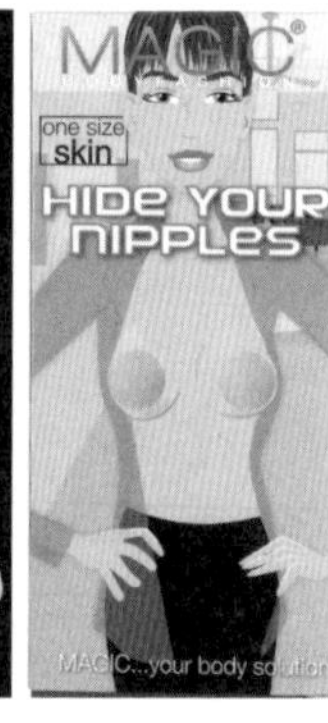

3 Show your nipples – Hide your nipples. R. Gernreich: Monokini, 1964; »Hide Your Nipples« (Produkt zur Abdeckung für Brustwarzen, 2023).

Die Frage des Oben-ohne und wie weibliche, männliche und andere Brüste in der Öffentlichkeit sichtbar werden dürfen, steht am Beginn dieser Geschichte(n) eines Körperteils, dessen Ein- und Entkleidung lange vor Berliner Badeordnungen mit einer grundlegenden Ambivalenz des Un/Sichtbaren verbunden war. Von diesen Ungleichzeitigkeiten ist im ersten Kapitel zu lesen, in dem das Paradox von Sichtbarkeit und Unsichtbarkeit an so verschiedenartigen, aber für den Busen einschlägigen Beispielen wie sakraler Kunst, Mode oder Anthropologie belegt wird. Das zweite Kapitel widmet sich der Frage nach der Entstehung der wirkungsvollen Idealvorstellungen des Busens (jung, weiß, fest) und den Notwendigkeiten und Möglichkeiten, sie zu verändern, während das dritte Kapitel untersucht, ob Brüste eigentlich grundsätzlich weiblich sind. Zum Schluss geht es um Busen, Protest und Macht und die Erkenntnis, dass Amazonen auch keine Lösung sind, wenn das Ziel eine progressive Busenpolitik ist.

ANZIEHEN! AUSZIEHEN!
Ambivalenzen des un/sichtbaren Busens

Der Busen als politisches Organ. Die Rolle der Un/Sichtbarkeit • Lüste, Laster, Schmerzen. Bildnarrative sündiger und tugendhafter Sichtbarkeit • Das ›Früher‹ und ›Heute‹: Beispiel Kleidung • Das Korsett als Sichtbarkeitsmaschine • ›Künstliche‹ und ›natürliche‹ Sichtbarkeiten: Der aufgeklärte Busen • Der ›befreite‹ Busen macht sich nützlich: Stillen Neue Ansichten: Busen als medizinisches Problem • Moderne Busen und neue Sichtbarkeiten • Der Busen der ›Anderen‹: Die neue Sichtbarkeit der Brust als Rassismus • ›Weiße‹ Brüste – ›Schwarze‹ Brüste Busengrapscher und Sexattacken

•

Die Brust gibt es nicht. Wie Brüste gesehen, gezeigt oder verborgen werden, das wird seit Jahrhunderten diskutiert und skandalisiert: in der aufgeregten Kritik an Angela Merkels Dekolleté beim Besuch der Osloer Oper ebenso wie bei verschiedenen Oben-Ohne-Aktionen politischer Aktivistinnen. In der Medizin ebenso wie in der Kunst: Immer ist der Busen ein Politikum, denn Gesellschaften verständigen sich anhand des Mediums Körper über sich selbst. Beim Busen sind sich alle uneins, mal soll er enthüllt, dann wieder muss er verborgen werden oder gar beides zugleich. Ein Beispiel illustriert den aufgeladenen Kontext dieser Zuschreibungen: 2016 tauchten Fotos in der Öffentlichkeit auf, die offenbar zeigten, wie französische Polizisten im Rahmen eines kurz zuvor ergangenen Burkiniverbots eine muslimische Frau an einem Strand dazu zwangen, sich zu entkleiden. In einer Rechtfertigung des Verbots behauptete Manuel Valls, der damalige französische Premierminister: »Marianne, das Symbol der Republik, hat eine nackte Brust, weil sie das Volk ernährt, und sie ist nicht verhüllt, weil sie frei ist« (Abb. 1 und 2).[1]

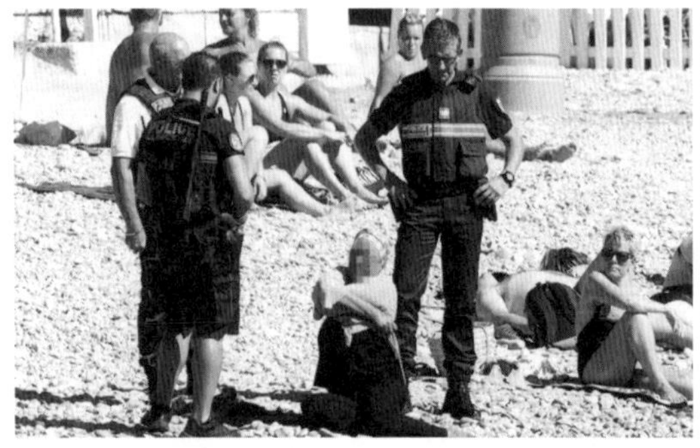

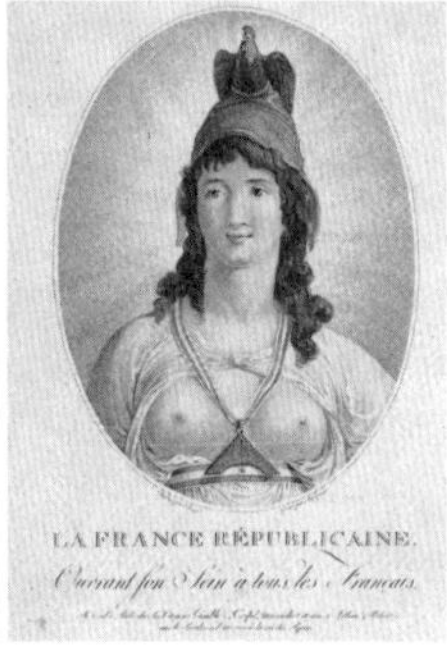

1 und 2 Die »freie« Brust steht für die freie Republik. Pressefoto zum Burkiniverbot, Frankreich 2016; Clément nach L.-S. Boizot: *La France républicaine*, 1792.

Die Brust, die nicht vom Burkini *ver*hüllt, sondern im Bikini oder Badeanzug *ent*hüllt wird – in dieser Debatte soll sie als Sinnbild für einen ›fortschrittlichen‹ Westen gelten und für dessen Überlegenheit über eine vermeintlich ›rückständige‹ islamische Kultur.[2] Aber die nackte, sichtbar gewordene Brust, der Valls staatstragende Funktion zuwies, kann schnell ihre Bedeutung ändern. Als beispielsweise 2019 Carola Rackete, die Aktivistin und Kapitänin des Rettungsschiffs *Sea Watch 3*, zu einem Gerichtstermin ohne BH erschien, sprach die italienische Zeitung *Libero* von einer »Unverschämtheit ohne Grenzen«. Journalisten forderten »mehr Anstand«. Der sichtbare Busen, oder genauer: die Brustwarzen, die sich unter dem T-Shirt abzeichneten, waren hier kein Ausweis von Freiheit, sondern im Gegenteil Anlass, die Freiheit der Frau, die sich so kleidete, infrage zu stellen. International wehrten sich viele Frauen dagegen mit der Netzkampagne #freenipplesday und forderten die Gleichbehandlung der weiblichen und männlichen Brust in der Öffentlichkeit. Noch 2021 musste sich laut eines Berichts in der *Zeit* eine Lehrerin gegenüber der Gleichstellungsbeauftragten ihrer Schule rechtfertigen, weil sie es gewagt hatte, ohne BH zu unterrichten.[3] Die Begründung lautete, pubertierende Schüler könnten sich im Unterricht nicht konzentrieren, wenn sie gezwungen seien, die ›ungehaltenen‹ Brüste ihrer Lehrerin zu sehen. Einige Leserbriefschreiberinnen erinnerten in Reaktion auf den Bericht daran, dass die zweite Frauenbewegung »häufig BHs öffentlich verbrannt« habe (dazu mehr in Kapitel 4), um gegen die Sexualisierung des weiblichen Körpers zu protestieren und dagegen, den »Oberkörper einzuzwängen und sich in Bewegungsfreiheit und Lebenslust reduzieren zu lassen«. Gleichzeitig schienen nicht wenige die Angelegenheit genauso wie die Gleichstellungsbeauftragte zu sehen. Einige forderten sogar »dienstrechtliche Maßnahmen« für die Lehrerin. Sie dürfe »das erotisch aufgeladene Sekundärmerkmal ›Brust‹ nicht zu Markte tragen«.[4]

Der Artikel und die dazugehörigen Leserbriefseiten sind Beispiele für die aktuellen politischen und gesellschaftlichen Diskurse zur Brust. *Frau* kann über die eigene Brust augenscheinlich nicht wirklich frei verfügen, obwohl im Selbstverständnis offener, liberaler Gesellschaften des Westens genau diese Freiheit über den eigenen Körper als zentral angesehen wird.

DER BUSEN ALS POLITISCHES ORGAN. DIE ROLLE DER UN/SICHTBARKEIT

Im Folgenden soll es darum gehen, derartige Widersprüche im aktuellen gesellschaftlichen Umgang mit dem Busen zu erklären. Ziel ist keine umfassende Kulturgeschichte des Busens. Es geht vielmehr um eine notgedrungen fragmentarische Darstellung, die von Situationen, Bildern und Konflikten der sogenannten ›westlichen‹ Gegenwart ausgeht. Meist denkt man über den Körper, besonders die Brust, nicht unbedingt in Kategorien des Politischen. Dabei können persönliche Erfahrungen auch politisch sein. Die feministischen Bewegungen der 1970er Jahre haben dafür den Begriff *body politics* geprägt. Das Private ist politisch, so lautete ein bekannter Slogan der Frauenbewegung. Damit war ausdrücklich der Körper gemeint und das, was mit ihm getan wird, von der Sexualität bis zur Kleidung. Inzwischen ist *body politics* ein breites Forschungsfeld, das in vielen verschiedenen akademischen Disziplinen verhandelt wird, beispielsweise in Geschichte, Sozialwissenschaften, Kunstgeschichte, Literaturwissenschaft.[5] Ausgehend davon, dass der Körper weder natürlich noch ahistorisch ist, werden in diesem Buch besonders die politisch-gesellschaftlichen Aushandlungsprozesse in den Blick genommen, die ihn zu definieren suchten. Die konkreten politischen Debatten können dazu ebenso beitragen wie Schriften von

Philosophen, die über das Wesen und die Bestimmung der Frau räsonieren, oder der Entwurf eines »Reformkleides«, mit dem Frauen um die Wende vom 19. zum 20. Jahrhundert eine Alternative zum einschnürenden Korsett entwickelten. Dieses Buch ist so aufgebaut, dass es die Aufmerksamkeit auf die Gegenwart richtet und auf jene Momente, in denen die politische, potentiell konflikthafte Rolle des Busens aufscheint. Exkurse in die Vergangenheit werden den vielfältigen historischen Resonanzraum aktueller ›Busenpraktiken‹ und ihrer Widersprüche erhellen. Daraus entsteht ein Bild dessen, was der Busen in unserer Gesellschaft bedeutet, auf Grundlage dessen, wie er dazu geworden ist.

In diesem Kapitel soll zudem ermittelt werden, was den Busen so besonders macht. Warum wird über ihn mehr und anders gestritten als über Knie oder die Schulterblätter? Wie wird über ihn gestritten? Und was hat das mit (Körper-)Politik zu tun? Vermeintlich naheliegende Antworten wie »Der Busen ist verknüpft mit Sexualität« oder »Der Busen verweist auf Mutterschaft« greifen zu kurz. Denn das erklärt weder, warum die nackte Brust der Marianne begründen soll, dass eine Frau am Strand ein Dekolleté zeigen muss, noch, dass eine andere Frau eine bestimmte Unterwäsche tragen soll, wenn sie als Lehrerin arbeitet. Diese Beispiele haben jedoch eine grundlegende Gemeinsamkeit, die eine erste Spur zu möglichen Antworten legt: die Ambivalenz von Sichtbarkeit und Unsichtbarkeit, die den westlichen Umgang mit der weiblichen Brust prägt.

Ein kursorischer Blick auf andere sexuell und damit auch politisch und sozial besonders aufgeladene Körperteile macht das Spezifische dieser Ambivalenz von Sichtbarkeit und Unsichtbarkeit der Brust augenfällig. In Bezug auf die Vulva hat die Kulturwissenschaftlerin Mithu Sanyal vom »unsichtbaren Geschlecht« gesprochen.[6] Was den Penis betrifft, so verblüffte in den 1990er Jahren Thomas Laqueur, Wissenschaftshistoriker an der Universität Berkeley, seine Leser*innen mit einem überraschenden Bildfund, den er spektakulär deutete.[7] In anatomischen Darstellungen des 16. Jahrhunderts wurden die weiblichen Geschlechtsorgane in vollkommener Analogie zu den männlichen dargestellt. Vulva, Vagina und Gebärmutter erscheinen dort wie ein nach innen gestülpter Penis. Damit waren sie – zumindest visuell – Penis. (Bild-)Historisch gesehen war der Penis, ganz anders als die Vulva, also nicht unsichtbar, sondern fungierte im Gegenteil als eine Art visuelles Paradigma, was dazu führte, dass er selbst dort sichtbar wurde, wo er gar nicht vorhanden war. Eine Art imaginäre Hyper-Sichtbarkeit. Der Mensch als ein Geschlecht, nur in zwei Qualitätsversionen. Die feministische Theoretikerin Luce Irigaray hatte das schon den 1970er Jahren als Grundproblem des westlichen philosophischen Kanons herauspräpariert, indem sie vom »Geschlecht, das nicht eins ist« sprach und feststellte: »Jede bisherige Theorie des Subjekts hat dem ›Männlichen‹ entsprochen.«[8] Das Weibliche wurde, überspitzt gesagt, unsichtbar gemacht. Bei aller Kritik, die Laqueur später für seine These eines »Ein-Geschlechtermodells« erfahren hat, bleibt der faszinierende Befund, dass die »Unsichtbarkeit« (Sanyal) des weiblichen Geschlechts mit der hegemonialen Sichtbarkeit des männlichen zusammenhängt. Die Auffassung lautet, das weibliche Geschlechtsorgan zeichne sich dadurch aus, dass dort *nichts* ist, während beim männlichen dort *etwas* ist, nämlich der Penis.

Was aber unabhängig davon gleichermaßen für Vulva wie Penis gilt: Sie sind als sogenannte primäre Geschlechtsorgane im alltäglichen Leben so ziemlich denselben Regeln der Nicht-Sichtbarmachung unterworfen. Es mag enge Hosen geben, die es Männern ermöglichen, Größe und Form ihres Geschlechts zu präsentieren. Frauen können mit einem Minirock Fantasien des Blicks *darunter* anregen, und in Leggings zeichnet sich auch die Vulva ab. Es gibt aber nicht all die Zwischenstufen des Zeigens und Verbergens, die in den Strategien der Halbentblößung der Brust angelegt sind. Wie etwa mit Hilfe des Dekolletés oder durchsichtiger Spitzen, die die Brust nicht nur erahnen, sondern gerade erst sichtbar werden lassen, oder von Still-BHs, die für die Entblößung bei gleichzeitiger Bedeckung der Brust in der Öffentlichkeit entwickelt wurden.

Noch entscheidender aber ist, dass Be- und Entkleidung von Vulva und Penis auch nicht annähernd dieselbe Fülle an visuellen und diskursiven Konfliktfeldern eröffnet, wie dies bei der weiblichen Brust der Fall ist. Gestritten wird um den (allzu) sichtbaren Busen, nicht aber um den öffentlichen Penis. Den oben erwähnten Fällen, in denen Frauen von der Bundeskanzlerin bis zur Lehrerin öffentlich die Bekleidung ihrer Brust diskutieren lassen mussten, steht kein einziges vergleichbares Ereignis gegenüber, das sich auf die Verwendung männlicher Unterwäsche bezog. Ein weiteres Indiz dafür, dass Zeigen und Verbergen als zwei widerstreitende, aber paradoxerweise auch füreinander konstitutive Imperative des Umgangs mit der Brust heute immer noch eine Rolle spielen. Eine vergleichbare Dauerskandalisierung anderer Körperteile gibt es nicht.

Es wird sich zeigen, dass die Dialektik von Bedecken und Präsentieren einen entscheidenden ersten Schlüssel zum Verständnis der politisch-gesellschaftlichen Bedeutung der Brust liefert. Es ist das konfliktvolle Neben- und Gegeneinander von Sichtbarkeit und Unsichtbarkeit, das in ganz unterschiedlichen Feldern diskursiv bespielt wird. Dies gilt in der Kunst, wenn feministische Künstlerinnen Bildtraditionen der Brustdarstellung dekonstruieren und wie Ulrike Rosenbach 1976 *Reflexionen über die Geburt der Venus* mit Hilfe von Videoprojektionen anregen (Kapitel 2). Und es gilt auch für Praktiken wie dem *Binding* der Brust, durch welches trans* Männer den Busen als sichtbaren Marker von Weiblichkeit unsichtbar machen (Kapitel 3), oder für die Frage ›angemessener‹ Kleidung mächtiger Frauen, wenn ihnen zu viel Dekolleté vorgeworfen wird (Kapitel 4). Erst diese Ambivalenz von Sichtbarkeit und Unsichtbarkeit ermöglicht es, durch Verschiebung der nur lose aneinandergekettelten Grenzen, gesellschaftlichen Disput in Bewegung zu bringen. Dies ist zum Beispiel auch ein Grund dafür, dass der nackte Busen als Protestorgan funktioniert, der entblößte Penis aber nicht. Daher gibt es Oben-Ohne-Aktionen, in denen Frauen auf dem Altar ihre nackte Brust präsentieren, um auf die Misogynie der Kirche aufmerksam zu machen, aber keine vergleichbaren Penis-Aktionen aktivistischer Männergruppen für welche Belange auch immer (Kapitel 4).

LÜSTE, LASTER, SCHMERZEN. BILDNARRATIVE SÜNDIGER UND TUGENDHAFTER SICHTBARKEIT

Die Ambivalenz von Sichtbarkeit und Unsichtbarkeit, die so grundlegend für die kulturelle Wirkung und den Umgang mit dem Busen ist, lässt sich anhand von Bildern nachverfolgen. Sie sind immer schon Teil der oben skizzierten Ambivalenz, weil sie zu sehen geben, aber in vielen Fällen dieses Zu-Sehen-Geben zugleich problematisieren. Gerade die kirchlich-religiösen Bildwelten, die vor der Moderne die Bildproduktion nahezu vollständig dominierten, zeigen den Blick auf den Busen einerseits als sündig; andererseits fordern sie zum Blick auf den Busen geradezu auf, nicht zuletzt im Fall der entblößten Brust der stillenden Muttergottes, der *Maria lactans*. Der Blick auf den Busen wird also gleichzeitig sanktioniert und herausgefordert, genauso wie Zeigen und Verbergen in den christlichen Busenbildern parallel verhandelt werden.

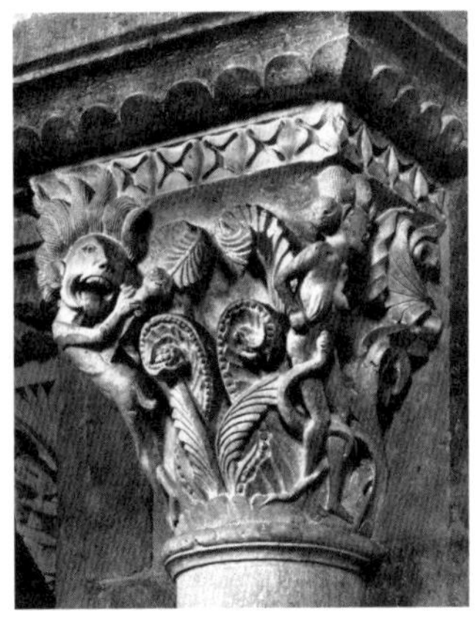

3 *Desperatio* und *Luxuria*, Vézelay, Sainte-Marie-Madeleine, Kapitell des Langhauses, 1125–40.

Bildwürdig wurde die Brust in der nachantiken Zeit, um die es hier gehen soll, sehr oft in abschreckender Absicht. Frühe Busenbilder sind vielfach Schmerzbilder. Die *Luxuria* – die Wollust, eine der sieben Todsünden – wurde sowohl in der mittelalterlichen Malerei als auch in der Skulptur dieser Epoche wiederholt dadurch gekennzeichnet, dass sie ihre Brust auf fürchterliche Art und Weise malträtiert. Sie durchstößt ihre Brüste mit einer Lanze, wie in einer Wandmalerei in der Krypta von St. Nicholas in Tavant aus der Mitte des 12. Jahrhunderts, oder zieht so heftig an ihnen, dass es schon beim Zuschauen wehtut (Abb. 3). An einem Kapitell des Langhauses von Vézelay ist die Brust einer Figur zu einem faltigen, spitzen Schlauch verformt, der nah am Kopf einer Schlange hängt, die sich in Richtung Busen um die Beine der Figur windet.

Die Schlange an der Brust erinnert an das mittelalterliche Motiv der Schlangensäugerin. Dort ist die entblößte Brust mit der Schlange, *dem* (weiblichen) Symbol der Versuchung und des Bösen, in Verbindung gebracht. Möglicherweise wurde dabei auch die antike Tradition der nährenden Erdmutter *Terra* christlich umgedeutet, womit der Busen sich vom positiven Symbol zum abschreckenden Sinnbild religiös verurteilter Sinnlichkeit wandelte.[9] Auf jeden Fall scheint der Wunsch, den Busen als Motiv sichtbar zu machen, im christlichen Kontext damit erkauft, dass der Blick darauf mit

Schmerz und Abscheu verknüpft wird. Man kann diese Darstellung daher durchaus als eine Art Blickbestrafung beschreiben. Mit anderen Bildtypen der *Luxuria*, in denen diese zum Beispiel bei einem wilden Ritt auf einem Bock oder mit Spiegeln und Kämmen gezeigt wird, um sich zur Erregung der Wollust zu verschönern, hat die Schmerzdarstellung gemeinsam, dass sie die »Verbildlichung von Sexualität« auf den weiblichen Körper beschränkt.[10] Eine entsprechende Darstellungskonvention für den männlichen Körper gibt es nicht.

Dafür aber gab es, neben der sanktionierten Sichtbarkeit des Busens, auch eine gegenteilige Strategie, die den sichtbaren Busen geradezu feierte und ihn damit erneut doppeldeutig visualisierte. Nicht bestraft, sondern im Gegenteil gefördert wurde der Blick auf den Busen der Muttergottes beim Stillen des kleinen Jesus. Beide Busen – der sündige der *Luxuria* und der heilige der Maria – wurden thematisiert, standen aber jeweils für zwei völlig unterschiedliche Arten der Sichtbarkeit. Während die schwere Sünde der Wollust im entkleideten Busen und dessen gleichzeitig dargestellter Malträtierung verbildlicht wurde, verwies die ansprechend gerundete, jugendliche Brust Mariens auf die Überwindung dieser und anderer Sünden mit Hilfe göttlicher Gnade und behauptete gerade die Abwesenheit des begehrenden Blicks. Es gibt einige christlich legitimierte Präsentationen der Brust, in denen beides koexistiert. In der vielfach verbildlichten Geschichte der Lucretia, einer römischen Frau, die sich nach einer Vergewaltigung aus Verzweiflung über den vermeintlichen Verlust ihrer »Ehre« das Leben nimmt und ein Messer in den Oberkörper rammt, ist der Blick im Moment kurz vor der Verletzung des blanken Busens an den Aufruf zur Tugendhaftigkeit gekoppelt (Abb. 4).

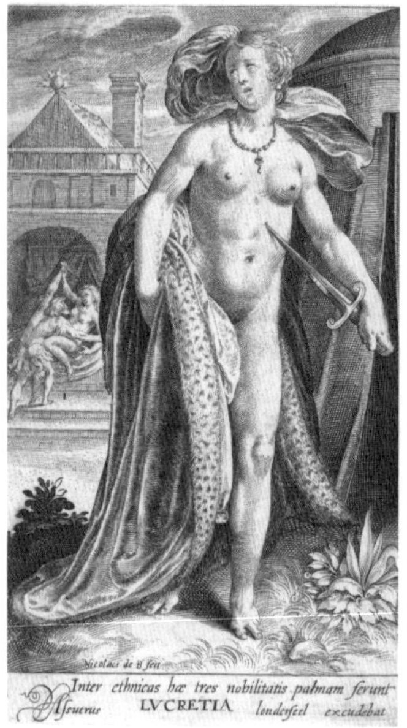

4 Schmerz, sadistischer Voyeurismus, Idealisierung. N. de Bruyn: *Lucretia*, 16./17. Jahrhundert.

Nicht selten wurde das Betrachten der jungfräulichen Brust zum eigentlichen Thema des Bildes, wenn etwa Heilige in verehrender Schau und Anbetung vor Maria knieten oder Stifter und Stifterinnen sich zur stillenden Muttergottes gesellten. Dabei wurde das Schwärmen von der Schönheit der Brüste der Maria als legitimer Bestandteil religiöser Erbauung verstanden. Der französische Abt Gautier de Coincy lobte im 13. Jahrhundert in *Le miracles de Nostre Dame* die Brüste der Jungfrau Maria als »so herrlich und schön, so klein und wohlgeformt«.[11] Tatsächlich zeigen die meisten Bilder vom Typus der *Maria lactans* in derartiger Weise die Brust und das daran saugende Jesuskind und folgen dabei Coincy. Muttermilch ist dabei in der Regel nicht sichtbar, aber es gibt umso interessantere Ausnahmen. Eine stammt von einem unbekannten niederländischen Meister, der um 1480 den heiligen Bernhard von Clairvaux kniend vor einer *Maria lactans* malte (Abb. 5).

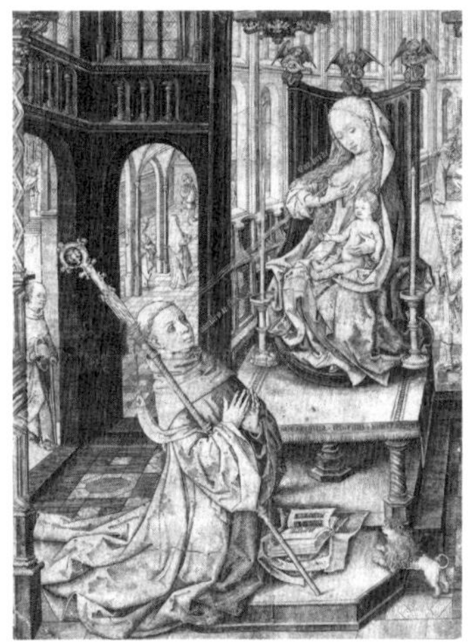

5 Milch der Gottesmutter. Unbekannter Meister: *Lactatio Bernardi*, 1480–85.

Deutlich sichtbar ist der Milchstrahl, der aus der rechten Brust Mariens in Richtung Auge und Stirn des Heiligen schießt, der in seinen Schriften auch von der Heilung einer Augenkrankheit durch göttliche Intervention berichtet. In vielen anderen Darstellungen dieses Themas vom Mittelalter bis in die Neuzeit trifft die Milch auf Bernhards Lippen und zeigt an, dass er von der Gottesmutter spirituell genährt wird. Andere Heilige wurden sogar direkt an der Brust Mariens saugend dargestellt.

Wie so oft übernahm die christliche Ikonografie hier antike, in diesem Fall altägyptische Vorbilder; bekannt sind Darstellungen, in denen ägyptische Könige an der Brust von Isis und anderen Göttinnen gesäugt werden. Auch die Erzählung von der Entstehung der Milchstraße, die dem griechischen Mythos zufolge dadurch entstand, dass Herakles zu fest an Heras Brüsten saugte, findet hier noch ihren Widerhall. Als Hera ihn wegschleudert, geht aus der verspritzten Körperflüssigkeit die Milchstraße hervor. Der griechische Halbgott Herakles, beziehungsweise sein römisches Pendant Herkules, war dank der göttlichen Milch mit übermenschlichen Kräften gesegnet, und diese Idee liegt auch der christianisierten Version der Geschichte zugrunde, denn auch Bernhard von Clairvaux empfing durch die Milch Gnade und Erleuchtung. Gewöhnliche Gläubige konnten daran Anteil haben, wenn sie die in flüssiger oder pulverisierter Form aufbewahrten Marienmilchreliquien des Spätmittelalters verehrten. Als anbetungswürdig galt die Milch der Jungfrau (!) ja nur deswegen, weil ihr Milchfluss nicht mit Sexualität in Verbindung gebracht wurde.[12] Daher waren die Bilder des jungfräulichen Busens immer mit dem Problem behaftet, dass sie potentiell sexuell erregend gelesen werden konnten. Im Stich des unbekannten Meisters zielt die Milch der Maria auf Auge und Stirn Bernhards, womit erotische Assoziationen eingedämmt wurden, weil die Milch nicht in den Mund des Heiligen floss, wodurch die Betrachter*innen auf sinnlich-sündiges Terrain hätten geführt werden können. Dieser Gefahr wird hier auf bildlicher Ebene effektiv begegnet, denn der Milchstrahl, der Richtung Auge zielt, betrifft den Sehsinn. Als Distanzsinn ist er nicht in derselben Weise mit sinnlicher Berührung und Verführung verbunden wie der geöffnete Mund, in den die warme Flüssigkeit rinnt. Der Blick auf den Busen ist gebändigt. Ohne Bezug zur christlichen Heilserzählung gab es keinen Grund, die Brust sichtbar werden zu lassen. Bis heute wird unter Verweis auf entsprechende Bibelstellen züchtige Kleidung und die Bedeckung der Brust für Frauen gefordert:

> »Ebenso [will ich], dass sich die Frauen in ehrbarem Anstand mit Schamhaftigkeit und Zucht schmücken, nicht mit Haarflechten oder Gold oder Perlen oder aufwendiger Kleidung, sondern durch gute Werke, wie es sich für Frauen geziemt, die sich zur Gottesfurcht bekennen.« (1 Tim 2,9–10)

Der Kölner Domvikar und Zeremoniar Tobias Hopmann wies noch vor einigen Jahren darauf hin, dass beim Besuch einer katholischen Kirche »Schultern und Knie der Frau« bedeckt sein sollten und auch »das Dekolleté nicht zu tief« sein dürfe.[13] Immerhin werden dekolletierte Frauen nicht mehr mit der Exkommunikation bedroht, wie unter Innozenz XI. geschehen, der von 1676 bis 1689 Papst war.

DAS ›FRÜHER‹ UND ›HEUTE‹: BEISPIEL KLEIDUNG

Die Sprünge zwischen unserem heutigen Umgang mit dem Busen und den damit zusammenhängenden Konflikten und historischen Beispielen, die das ganze Buch strukturieren, erhellen sich wechselseitig, dennoch bedürfen die Verbindungen zwischen so disparaten Phänomenen wie einem mittelalterlichen Bild und den medial aufgerüsteten Debatten der Gegenwart um die Sichtbarkeit des Busens eines warnenden Hinweises. Oder anders formuliert: interessant sind die Unterschiede in den Gemeinsamkeiten. Denn auch wenn man die Spannung zwischen Sichtbarkeit und Unsichtbarkeit als eine Konstante der kulturellen Imagination der Brust in westlichen Gesellschaften annehmen darf, ändert sich doch das, was diese beiden Begriffe auch als körperliche Praxis jeweils bedeuten. In Bezug auf die bisherigen Beispiele muss man sich etwa klarmachen, dass Sichtbarkeit im Mittelalter – in dem eine Kirchenbesucherin eine *Luxuria* ansehen konnte, je nach Stand gekleidet in einfache lange und faltenreiche Gewänder oder in luxuriöse Tuniken und einen fein bestickten Mantel, aber notabene ohne Dekolleté, das erst etwa ab dem 13./14. Jahrhundert breiten Einzug in die Frauenmode hielt – etwas anderes bedeutete als die dutzendfach vervielfältigte und abrufbare Sichtbarkeit der Brust beim Scrollen durch einen Instafeed von #freenipplesday.[14] Die mittelalterliche Betrachterin hatte nicht nur gänzlich andere, in der Regel überwiegend sakrale Bilder des Busens vor Augen als die heutige Nutzerin des Internets, sondern mutmaßlich auch eine andere Körpererfahrung in einer Welt, die keine speziellen textilen Vorrichtungen für die weibliche Brust vorsah, weil die dekolleté-freie, lose Kleidung des Mittelalters sie noch nicht kannte. Umgekehrt mag die Kopplung des entkleideten Busens mit der *Luxuria* dagegen für die meisten der Frauen, die sich über das öffentliche *blaming* und *shaming* der Kapitänin Rackete wegen der Brustwarzen aufregten, die sich unter ihrem T-Shirt abzeichneten, wenig naheliegend sein. Die Kopplung von sichtbarem Busen und ›Schamlosigkeit‹ aber, die berechtigterweise zur feministischen Entrüstung geführt hat, diese Kopplung hat eine Geschichte, die bis zur *Luxuria* zurückreicht. Dass sie heute noch funktioniert, hat dagegen mit ihrer Modernisierung zu tun, also gerade damit, dass sie heute etwas anderes bedeutet. Rackete ist nicht deswegen ›unverschämt‹, weil ihre Brust die Nähe zu einer der sieben Todsünden signalisiert, die heute kaum noch jemand vollständig aufzuzählen in der Lage sein dürfte, aber Rackete kann mit dem Verweis auf ihre Brust diskreditiert werden, weil diese Verknüpfung von weiblichem Körper und Abscheu inhärenter Teil unseres kulturellen Narrativs zur Geschlechterdifferenz ist.

Ebenso wichtig, wie nach Verbindungen zwischen alten und neuen Umgangsweisen mit dem Busen zu suchen, bleibt daher auch die Identifikation von Brüchen, etwa der oben beschriebenen Art, die Teil der Modernisierung sind. Spätestens von dem Zeitpunkt an, zu dem das Dekolleté Teil der Frauenmode wurde, spielte Sichtbarkeit ebenso wie Unsichtbarkeit der Brust eine neue, zentrale Rolle. Das Korsett war die entscheidende Erfindung, durch die Blicke auf den Busen auf eine Weise gelenkt werden konnten, die zuvor nicht möglich war. Immer wieder, je nach herrschender Mode, waren mal möglichst große Sichtbarkeit und ein tiefes Dekolleté gefragt, dann wieder eine abgeflachte Brust und gar kein Dekolleté. In beiden Fällen aber wurde der Busen im Unterschied zum Frühmittelalter, als noch nicht in vergleichbarer Weise zwischen Ober- und Unterbekleidung unterschieden wurde, zu etwas, das mittels der Kleidung thematisiert wurde. Die Un/Sichtbarkeit dieses neu entdeckten Körperteils stand dabei immer auf die eine oder die andere Weise zur Debatte. In einer Adaption von Ovids *Ars Amatoria*, dem *La Clef d'amours*, das Ende des 13. Jahrhunderts Tipps zur Praxis der höfischen Liebeskunst zusammenstellte, wurde empfohlen: »Wenn Du einen schönen Busen hast, so sollst Du ihn nicht bedecken, sondern ein ausgeschnittenes Kleid tragen, damit ein jeder ihn begehre und davon träume«.[15] Die Anregung zum Träumen gelang durch Sichtbarmachung *und* Bedeckung, denn der Ausschnitt gab selbstverständlich nicht die ganze Brust zur

Ansicht frei, sondern nur einen Teil. Und der Autor des frühneuzeitlichen Liebesratgebers empfahl seinen Leserinnen sogar, sich nur im Dunkeln vor ihrem Liebhaber zu entkleiden, da es vieles gebe, bei dem die Verhüllung der Enthüllung vorzuziehen sei.[16] Auch hier also gehört beides zusammen.

Zunächst wurde das Korsett entwickelt, um die Brust flach wie hinter einem Schild zu präsentieren und so den Eindruck kleiner Brüste hervorzurufen, sie im Grunde nahezu unsichtbar werden zu lassen. Sehr bald aber wurde mit Hilfe enger und steifer Konstruktionen der Busen möglichst weit nach oben gepresst, um den Eindruck von Jugendlichkeit zu erwecken und zugleich seinen oberen Teil über den Rand des Dekolletés zu schieben und so teilweise sichtbar werden zu lassen.[17] Hatte man also vor Erfindung des Korsetts kaum eine Notwendigkeit gesehen, Kleidungsstücke zur Unterstützung der Brust zu entwerfen, so änderte sich dies in der Folge. Ab wann genau sich das Schnürmieder als übliche Unterkleidung durchsetzte, ist nicht ganz klar. Bereits um 1300 wurde in einem englischen Inventar von einem *corset* berichtet, das einer royalen Hausherrin gehörte. Aber inwieweit dieses Kleidungsstück, dessen Beschaffenheit und Aussehen nicht näher bestimmt wird, dem Korsett späterer Jahrhunderte entsprach, bleibt offen.

Meist wird in der Geschichtsschreibung des Korsetts auf den spanischen Hof verwiesen, der ab dem 16. Jahrhundert europäische Modetrends setzte, allerdings nur für adelige Kreise. Einen Großteil seiner Geschichte hindurch blieb das Korsett zudem nur mit Einschränkungen ein Kleidungsstück für »die« Frauen. Fast alle Modelle, von den frühen Exemplaren am spanischen Hof bis ins 19. Jahrhundert, konnten in der Regel nur mit entsprechender Hilfe von Dienstbotinnen angelegt werden. Diese selbst aber waren schon aus Kostengründen außerstande, auf solche zurückzugreifen, und mussten sich so kleiden, dass sie sich selbständig an- und ausziehen konnten. Abgesehen davon kann man sich in den am Rücken geschnürten, festen Korsetts schlecht bewegen, weshalb zum Beispiel im 19. Jahrhundert arbeitende Frauen oft darauf verzichteten und nur dann ein – allerdings einfacheres – Korsett trugen, wenn sie ausgingen.[18] Erst um 1840 wurde die Konstruktion des Korsetts so verändert, dass es auf der

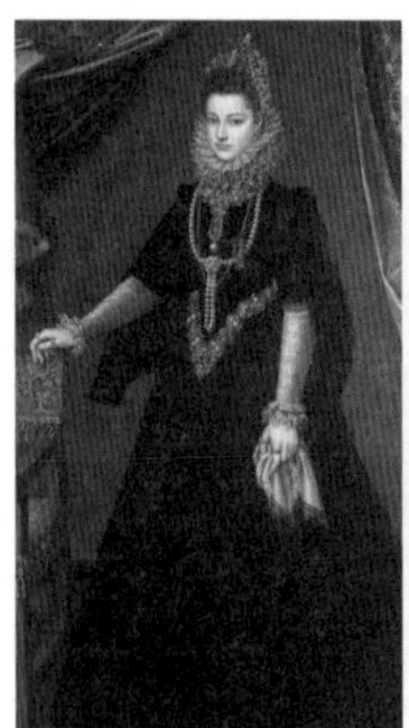 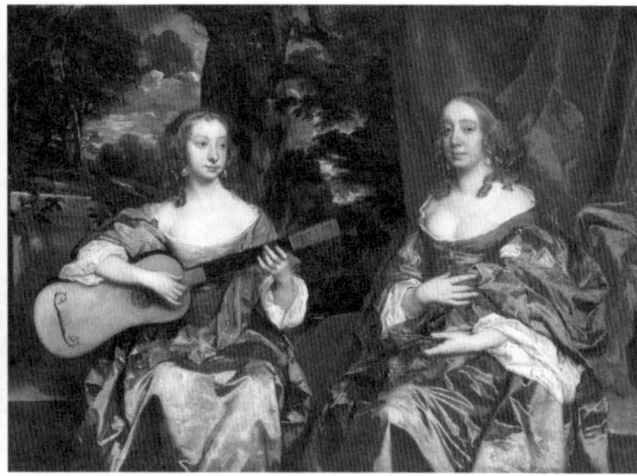

6 und 7 Korsett ist nicht gleich Dekolleté. S. Anguissola: *Infantin Isabella Clara Eugenia*, um 1590; P. Lely: *Zwei Damen der Familie Lake*, um 1660.

Vorderseite zu öffnen und zu schließen war, wodurch seine Trägerinnen größere Unabhängigkeit beim Anlegen dieses Kleidungsstücks erhielten.[19]

Bevor es jedoch im Laufe des 19. Jahrhunderts Teil der Kleidung bürgerlicher Frauen wurde, war das Korsett der Aristokratie vorbehalten. Die am katholischen spanischen Hof zur Zeit der Gegenreformation eingeführte Art des Korsetts, die den Anfang dieser speziellen Brusteinkleidung markierte, schränkte die Beweglichkeit seiner Trägerin jedenfalls enorm ein. Durch die zwei festen Teile, die an den Seiten miteinander verbunden wurden, war der Oberkörper buchstäblich gepanzert. Für Frauen wie Männer galt, dass die Kleidung hochgeschlossen zu sein hatte; dunkle Farben wurden bevorzugt (Abb. 6). Die Brust wurde flachgedrückt und mehr oder weniger unsichtbar.

Das Korsett war zwar gelegentlich auch Teil der männlichen Kleidung, aber sein wirklicher Siegeszug in der Mode konzentrierte sich auf die Frauen. Und auch nur bei ihnen kam es zu dem schnellen Wechsel zwischen Zeigen und Verbergen. War das Korsett des spanischen Hofes, das in der Folge auch in der besseren Gesellschaft Englands und Frankreichs Anhängerinnen fand, dadurch gekennzeichnet, dass es den Busen gewissermaßen unsichtbar machte, da der Oberkörper durch die starren Apparaturen als eine mehr oder weniger glatte Oberfläche erschien, so gab es auch gegenteilige

Entwicklungen. Im 17. Jahrhundert rutschte das Dekolleté wieder tiefer, der Busen wurde sichtbarer (Abb. 7).

Die tiefen Dekolletés im Barock und später im Rokoko waren, ebenso wie die Korsetts am spanischen Hof, aristokratisch. Die *grande toilette* einer adeligen Dame umfasste neben ausladenden Reifröcken, die durch ihre Sperrigkeit bei Bewegungen sonst verborgene Körperteile wie Füße, Knöchel oder Knie für kurze Momente freilegten, ebenso das erotisch aufgeladene, tiefe Dekolleté. Hoch aufgetürmte Perücken und elaborierter Kopfputz in Form von federgeschmückten Hüten rückten den gesamten weiblichen Körper ›ins Bild‹. Diese Einkleidung signalisierte den größtmöglichen Abstand von jenen Bevölkerungsschichten, die nicht an der luxuriösen, dem Genuss und der Verschwendung zugewandten Lebensführung des Adels teilhatten. Der dergestalt hergerichtete Körper konnte sich erotischen Spielereien und Verführungskünsten widmen, aber kaum produktiver (Lohn-)Arbeit – und sollte das auch gar nicht. Die ästhetische Erscheinung des Körpers drückte die Ideale der dominanten Klasse aus.[20]

DAS KORSETT ALS SICHTBARKEITSMASCHINE

Das Korsett war im Laufe seiner Geschichte von einer nahezu unübersehbaren Flut an Kritik begleitet.[21] Zuerst waren es moralische Gründe, die die vorwiegend männlichen Korsett-Gegner auf den Plan riefen. Später artikulierten Ärzte medizinische Bedenken, weil sie schädliche Wirkungen auf den weiblichen Körper erkannten. Die jüngste Kritik im 19. und 20. Jahrhundert wurde dann maßgeblich von der Frauenbewegung bestimmt, und diese führte schließlich auch zum weitgehenden Verschwinden des Korsetts aus der Alltagsgarderobe der Frauen. In all diesen Phasen verband sich Geschlechterpolitik mit Sichtbarkeit.

Die Anfänge des kritischen Korsett-Diskurses konzentrierten sich auf einen thematischen Konnex, dem wir schon bei den Darstellungen der *Luxuria* begegnet sind: Busen und Sünde. Im Prinzip galt immer noch das für die frühmittelalterlichen Darstellungen bestimmende Moment der Abwehr des nackten Busens. Er machte sinnfällig, dass Frauen seit Eva vor allem als Verführerinnen der Männer agierten und als solche zu reglementieren seien. Viel von den jeweiligen Moden ist durch Literatur zu erfahren, in der zeitgenössische Bekleidungspraktiken kritisiert werden. Der Busen bildet dabei, wie wir gleich noch sehen werden, ein zentrales Thema. Fast immer geht es um die Frage, wie viel von ihm sichtbar sein darf. Im Fokus stehen weniger die Frauen als die Männer, die vor der Gefahr der Verführung geschützt werden sollen, die vom entblößten Busen ausgeht. Zunächst galt der Busen zwar als ähnlich eng mit Begehren und Sexualität verbunden wie die Vulva, aber er löste weder Erschrecken noch Abscheu aus. Es sollte nur »Auswüchsen« der Mode Einhalt geboten werden, wie sie der französische Prediger Michel Menot in den tiefer nach unten wandernden Dekolletés im 15. Jahrhundert erkannte. Er tadelte Damen, deren »Brust bis zum Bauch zu sehen ist, mit einem weißen Schleier darüber, hinter dem man jede Einzelheit erkennen kann«.[22] Ein Beleg dafür, dass die Dekolletés tiefer wurden und die nackte Haut mit mehr oder weniger durchsichtigen Tüchlein bedeckt. Erst später häufen sich Belege, in denen die Brüste wegen ihrer Fähigkeit, Begehren zu entfachen, ähnlich der Vulva als ›schmutzig‹ bezeichnet werden. Mitte des 17. Jahrhunderts malte der französische Jesuit Paul de Berry den Trägerinnen freizügiger Dekolletés aus, was sie nach dem Tod erwartet:

> »Wenn sie sich vorstellen könnten, welch ein Gestank aus ihren von Schlangen umringelten Brüsten dringt, in denen es von Würmern und Skorpionen wimmelt und die von eitrigen Abszessen überfließen.«[23]

In einem anonymen Pamphlet von 1686 reimte ein Autor, beseelt von dieser Vorstellung: »Des Frauenzimmers blosse Brüste / Ein Zünder aller bösen Lüste«.[24] Zuvor hatte ein anderer Frauenfeind, der 1603 geborene Pariser Priester Pierre Juvernay, Brustkrebs als natürliche Strafe für diese den Brüsten innewohnende und an ihnen abzulesende Sündhaftigkeit der Frauen beschrieben. Auch hier blieb die Verbindung von Schmerz und Busen also eine Konstante. In der 1637 erschienenen Streitschrift *Discours particulier contre les femmes desbraillées de ce temps* legte der genannte Autor unter Verweis auf unzählige Bibelstellen dar, dass den Frauen, die auf Erden

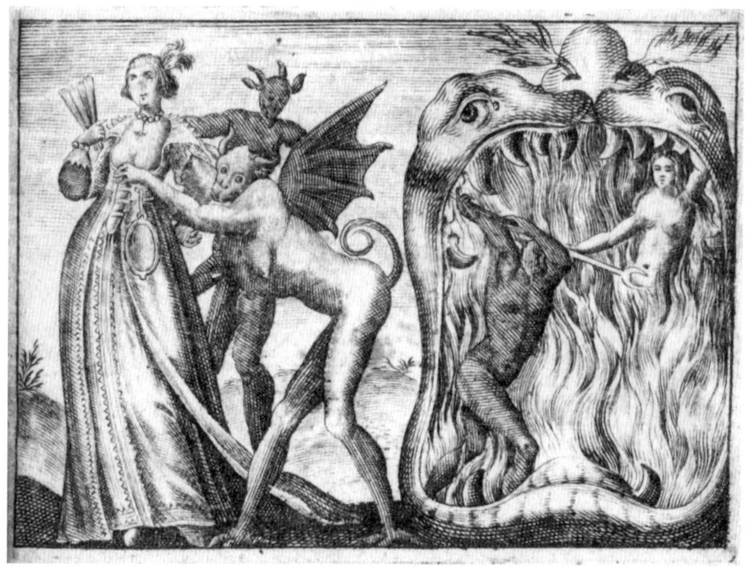

8 Das sündige Dekolleté. Titelblatt von P. Juvernay: *Discours particulier contre les femmes desbraillées de ce temps*, 1637.

ihre Brüste allzu freizügig ausstellen, im Jenseits unermessliche Qualen drohen.[25] Auch hier gilt wieder: Nicht die Brust als solche war problematisch, sondern dass Frauen sie dem männlichen Blick mittels des Korsetts darboten. In seiner Schrift *De l'abus des nudités de gorge* (Von der Unsitte des entblößten Busens, 1675) bringt der katholische Theologe Jacques Boileau diese Konstellation auf den Punkt: »Der Anblick eines schönen Busens ist für uns nicht ungefährlicher als der des Basilisken.«[26] Basilisken sind mythische Tiere, deren Blick als todbringend galt.

Die oben erwähnte *Luxuria*, die ihre Brust mit der Lanze durchsticht oder schmerzhaft an ihr reißt, lässt sich als imaginäre Referenz der mit Furor vorgetragenen Hass-Schriften gegen den Busen annehmen, nur dass hier die Bestrafung nicht mehr in der selbstverletzenden Geste vorgestellt wird, sondern als von außen verübter Akt. Das Titelblatt von Juvernays Schrift führt dies drastisch vor Augen (Abb. 8).

Nebeneinander gestellt sind hier zwei Szenen, die nach Überzeugung des Autors unausweichlich zusammengehören. Nachdem links eine vornehm gekleidete Dame eindeutig zu viel Busen präsentiert hat, folgt rechts ewige Verdammnis im Höllenschlund. Die Details sind aufschlussreich. Der geflügelte Teufel, der der Frau an ihr extrem freizügiges Dekolleté fasst, hat selbst Brüste, allerdings ›hässlich‹ herabhängende. Der phallisch geformte Gegenstand, den er (oder sie?) der Dargestellten unter den Busen hält, verweist auf die durch den Anblick des entkleideten Busens entfachten »bösen Lüste«. Sie führen ohne Umweg in die daneben detailliert ausgemalte Hölle, in der einer von Flammen umzüngelten entkleideten weiblichen Figur von einem Teufel eine Stangenwaffe in den Bauch gestoßen wird. Visuell eindrücklich wird der Höllenschlund durch die langen, sich nach oben windenden Körper zweier Schlangen gebildet. Sie gehören grundsätzlich mit dazu, wenn es um sündige Weiblichkeit geht. Hier formen sie zugleich eine Art Gesicht, hauptsächlich bestehend aus einem aufgerissenen Mund, über dessen Öffnung zwei große Augen aus dem Bild sehen. Das Augenmotiv ist überaus passend für den die Augenlust anstachelnden entblößten Busen, und nicht umsonst schaut uns der halb menschliche, halb tierische Teufel, der neben der weiblichen Figur links steht, direkt an.

Die moralische Verteufelung der Brust, die sich aufs Dekolleté konzentrierte, begleitete die modischen Entwicklungen durchgängig. Aber trotz aller religiös motivierten Versuche, das Korsett als Busenaussteller zu verteufeln und auszurotten, behauptete es noch über zweihundert weitere Jahre seinen Platz in der weiblichen Garderobe, ebenso wie das Spiel mit dem Verbergen und Enthüllen. Sei es in den *Fichu* genannten Tüchern, die vor allem Frauen der Unter- und Mittelschicht benutzten und die Hals und Dekolleté bedeckten, aber es zugleich durch halbdurchsichtige Gazestoffe auch betonten, sei es in den ausladenden Dekolletés, die trotz allem weiterhin gezeigt wurden. Sie waren ein Adelsprivileg. 1667 wurde das Tragen eines Dekolletés am Hof Ludwigs XIV. sogar zur Pflicht, wie ein entsprechendes Dekret zum Anlegen des »grand habit«, eines tiefdekolletierten Kleides, belegt.[27] Beide Formen des Dekolletés wurden kritisiert. Eine recht späte, moralisch argumentierende Korsettkritik, die wie ihre Vorgängerinnen eine schlecht getarnte misogyne Abrechnung mit der Verführungskraft der Frauen ist, lieferte noch 1757 der Arzt Christian Tobias

Ephraim Reinhard. Auch er hob auf die Bekleidung des Busens als Apparatur der Sichtbarmachung ab und verglich das freizügige Korsett mit einer »Fleischbank«:

> »Freylich entblößen die Frauenspersonen ihren Busen nicht vor die lange Weile, freylich eröffnen sie ihre Fleischbank nicht umsonst, und freilich legen sie ihre Waaren nicht ohne Ursach aus, eben so wie der Vogelsteller seine Lockspeise niemals ohne Grund auszusetzen gewohnt ist, sondern allemal die Absicht hat, die Vögel damit zu betrügen und in das Garn zu locken. [...], so halte ich solche Frauenspersonen, die ihre von der Natur erhaltenen Gaben zum Verkauf tragen und feil bieten, vor nichts anders als wirkliche Huren.«[28]

›KÜNSTLICHE‹ UND ›NATÜRLICHE‹ SICHTBARKEITEN: DER AUFGEKLÄRTE BUSEN

Reinhard, der Arzt, der in seinem Text die Frauen als Huren verunglimpfte und das Korsett eine »Fleischbank« nannte, markiert das Ende eines Diskurses, der einem vor allem christlich verpflichteten Verständnis vom Busen als Zeichen sündiger Verworfenheit folgt. Zwar wirkt dieser noch weiter bis in die Gegenwart, aber im 18. Jahrhundert ändern sich im Zuge der Aufklärung einige der vorher gültigen Parameter. Der entkleidete Busen wird zum Zeichen der Freiheit (Abb. 9).

In einem Stich aus den Revolutionsjahren entschleiert die Philosophie, die mit einer Fackel Licht ins sprichwörtliche Dunkel des Aberglaubens und der Religion bringt, die Wahrheit, indem sie die Brüste einer sitzenden jungen Frau entblößt. Sie steht für die Wahrheit und zertritt mit ihrem rechten Fuß einen mit Tierohren und der Augenbinde der metaphorischen Blindheit versehenen Kopf. Der antikisierend gestaltete Raum enthält zahlreiche Hinweise auf die Philosophie der Aufklärung. Neben einer Büste Voltaires ist dies vor allem die Steintafel mit der Inschrift »Contrat Sociale«, mit dem Jean-Jacques Rousseau den »Gesellschaftsvertrag« 1762 als Grundlage nachabsolutistischer Gesellschaften entworfen hatte. Auch sein pädagogisches Hauptwerk *Émile* aus demselben Jahr

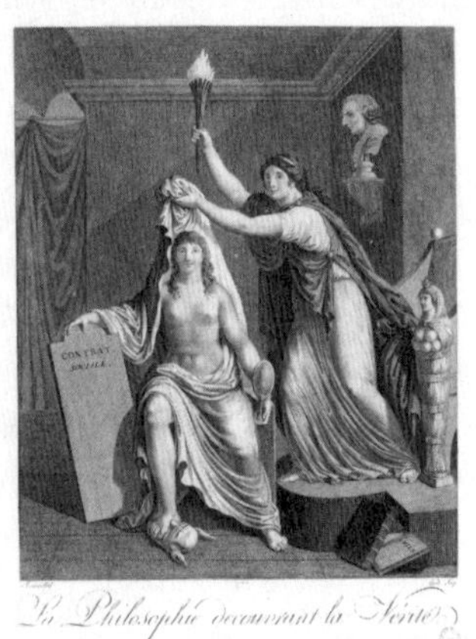

9 Die Brust als Zeichen aufgeklärter Freiheit. L.-S. Boizot: *Die Philosophie entschleiert die Wahrheit*, 1789–99.

findet Berücksichtigung; das Buch liegt als eines von mehreren zu Füßen der Philosophie. Und eine weitere Busenfigur taucht auf: die sogenannte vielbrüstige Göttin Artemis von Ephesus, die als antike Referenzfigur fungiert.

Obwohl hier Frauen unter sich sind und scheinbar selbstbewusst und vom Korsett befreit die Fackel der Aufklärung erheben, wäre es ein Missverständnis, dies als Hinweis auf politische Teilhabe realer Frauen zu deuten. Im Gegenteil sind die weiblichen Allegorien, die für Staatlichkeit, Wahrheit oder Vernunft stehen, in erster Linie Projektionsfiguren für eine rein männlich gedachte öffentliche Ordnung.[29] Der nackte weibliche Körper steht für die ›Natürlichkeit‹ und damit Legitimität der ver-körperten Ideale. Louis-Simon Boizot, der in seinem Stich die Wahrheit als Barbusige präsentierte, stellte in einer anderen Serie mit Bildern zu den Schlüsselbegriffen der Revolution sogar »La Fraternité«, die Brüderlichkeit, im Bild einer jungen Frau mit vollständig entblößten Brüsten dar. Der Widerspruch zwischen den vielen Frauenbildern, die all das verkörperten, wofür »es sich nicht nur zu leben, sondern notfalls auch zu sterben lohnen sollte«,[30] und dem Ausschluss von realen Frauen von politischer Macht und Teilhabe fiel zeitgenössischen Frauen wie der Revolutionärin und Feministin Olympe de Gouges auf, die 1791 ihre berühmte »Erklärung der Rechte der Frau und Bürgerin« verfasste. 1793 wurde sie hingerichtet.

Die Ungleichzeitigkeit von ›befreitem‹ Busen und der systematischen Unterdrückung von Frauen gilt auch in Bezug auf die zeitgenössische Mode, die dem Busen mehr Freiheiten zugestand, ohne dass dies aber einen darüber hinausgehenden weiblichen Freiheitsgewinn im Politischen bedeutet hätte. Zunächst könnte man versucht sein, die Tatsache, dass schon in der zweiten Hälfte des 18. Jahrhunderts Frauen zunehmend auf enge Korsetts verzichteten und antikisierende Kleider mit hoher Taille trugen, die den Busen nur leicht bedeckten, als Hinweis auf eine solche Befreiung auch im politischen Sinn zu verstehen. Auf Gemälden wie Jacques-Louis Davids *Bildnis einer jungen Frau in Weiß* (1798) ist die Portraitierte dieser Mode folgend in eine solche leichte Chemise gehüllt. Die dünne Gaze, die ihre Brust kaum bedeckt, ist so durchsichtig, dass man die Brust nicht nur erahnen, sondern fast vollständig erkennen kann. Aber zum einem wich diese Mode schnell wieder starren Korsetts. Ein aus Hessen berichtender Korrespondent des *Journal des Luxus und der Moden* stellte 1805 erleichtert fest:

> »Die Französische, garstige Nudität, welche vor einigen Jahren einzureißen drohte [...] und so manchen Stoff zu Zweideutigkeiten und Spott gab, verschwindet immer mehr unter den Schönen Frankfurts.«[31]

Zum anderen war die ›natürliche‹ Mode des ›freien‹ Busens nicht nur sehr kurzlebig, sondern schon bei ihrer Einführung und Propagierung ging es, ähnlich wie im Falle der weiblichen Allegorien, explizit nicht um eine weibliche Beteiligung an den durch die revolutionären Ideen jener Zeit beförderten Freiheiten. Im Gegenteil. Die ›natürliche‹ Brust, die den Aufklärern als ein Gegenmittel für die neuerdings verachtete Lebensform des Adels galt und die ihren Widerhall in den Kleidungspraktiken der Zeitgenossinnen fand, ist ein Beispiel dafür, dass die mit ihrer neuen Sichtbarkeit verbundene Idee der Befreiung (des Geistes, der Vernunft, des Menschen etc.) zugleich die Einschränkung und Beschneidung von Freiheiten bedeuten konnte. Überdeutlich werden solche Ambivalenzen der Sichtbarkeit[32] an einer 1779/80 in Göttingen erschienenen Stichfolge. Angeregt durch den Herausgeber des Göttinger Taschenkalenders, Georg Christoph Lichtenberg, kontrastierte der Kupferstecher und Illustrator Daniel Chodowiecki dort in einer ganzen Reihe von Bildpaaren bürgerliche *Natur* und höfische *Afectation*.[33] Verhalten, Kleidung und Habitus des Adels galten den Aufklärern als ›unnatürlich‹, und dies sollte durch die Gegenüberstellung mit neuen, explizit bürgerlichen Verkehrsformen verbildlicht werden. Die Bildpaare, die sich unter anderem den Themen *Der Grus*, *Die Unterredung* oder dem *Spatzier Gang* widmen, zeigen adelige Körpersprache

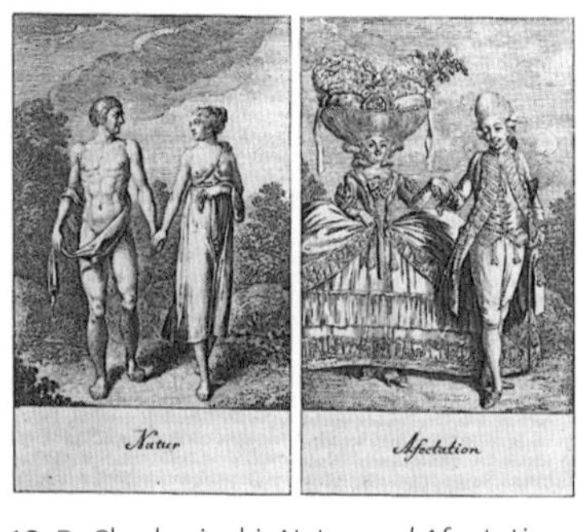

10 D. Chodowiecki: *Natur und Afectation*, 1779, Kupferstich im *Almanac de Goettingue pour l'année 1780*.

als exaltiert und übertrieben. In den kurzen Interaktionen meist zweier Personen fallen die Adligen durch große Gesten auf, während ihre bürgerlichen Gegenbilder sich dadurch auszeichnen, dass die Körper wie stillgestellt wirken. Insbesondere die der Frauen nehmen dabei als Folge des völligen Verzichts selbst auf die bescheidenste Gestik und auf barocke Kleiderpracht, ausladende Reifröcke und breite Hüte deutlich weniger Raum ein. Sie erscheinen passiv und zurückgenommen.

An den Anfang stellte Chodowiecki kontrastierend *Natur und Afectation* einander im Bild eines Paares gegenüber und griff hierzu programmatisch auf das Motiv der entkleideten Brust als Zeichen einer Befreiung vom Alten zurück (Abb. 10). Der erstrebenswerte Zustand der Natur, der links dargestellt ist, zeigt sich zwar auf den ersten Blick in dem fast völligen Verzicht auf Kleidung des Mannes an, der lediglich einen schmalen Schal achtlos um Arm und Hüften geschlungen hat. Aber auch seine Begleiterin ist, zumindest was ihre Brust betrifft, nackt. Schuhe oder Kopfbedeckungen fehlen. Die beiden, die »wie ein Geschwisterpaar Hand in Hand, triebgereinigt und ohne jeden Affekt«[34] durch die Natur schreiten, führen vor, wie man sich idealerweise den bürgerlichen, disziplinierten Körper und seine Umgangsformen vorstellte – hier projiziert auf ein »Urmenschenpaar«. Es ist in jeder erdenklichen Hinsicht anders als das »affektierte« Paar, das ihm gegenübergestellt ist. Während hier ein kaum bekleidetes Menschenpaar, einander selbstbezogen anblickend, fast wie Adam und Eva erscheint, sehen wir rechts das komplette Gegenteil. Die nach der Mode des Rokoko gekleidete Dame, deren Reifrock so voluminös ist, dass er im Bild keinen Platz mehr findet, ist versehen mit einem straff geschnürten Korsett, inklusive einer extrem schmalen Taille und einem durch eine große Schleife betonten Dekolleté. Auch ihr Begleiter, ein elegant gekleideter Herr, der galant ihre Hand ergriffen hat, trägt höfische Kleidung samt der üblichen Perücke.

Neben den gleich ins Auge fallenden Unterschieden ist besonders eine kleine, leicht zu übersehende Veränderung bedeutsam. Während sich bei den ›Affektierten‹ die männliche und weibliche Körperhaltung prinzipiell gleichen, unterscheiden sie sich bei denen, die zur ›Natur‹ zurückgekehrt sind. Interessanterweise hat die Frau nämlich die galante Fußhaltung der Aristokratie beibehalten. Ihr rechter Fuß ist zierlich direkt vor den linken gesetzt und leicht zur Seite gekippt. Ihr männlicher Gefährte hat dagegen die ›effeminierte‹ und ›gezierte‹ Fußhaltung des galanten Hofmenschen zugunsten eines ›männlichen‹ Schreitens aufgegeben. Eine besondere, ›grazile‹ Körperhaltung wurde damit als natürlicherweise weiblich behauptet. Das korsettgestützte Dekolleté des Barock und Rokoko hatte es den bessergestellten Frauen erlaubt, die Brust als »Lockspeise« zu präsentieren und sich in der Kunst der Verführung zu üben.[35] Diese Verführungsmacht wird ihnen nun abgesprochen, und zwar paradoxerweise gerade dadurch, dass sie den Busen ›frei‹ zeigen. Der Rest des Körpers wird in Haltung und Gestik diszipliniert, auf diese Weise verliert der ›freie‹ Busen seinen Schrecken. Es sind, wie die Kunsthistorikerin Ilsebill Barta treffend analysiert, »ideale Leitbilder und normative Entwürfe weiblichen und männlichen bürgerlichen Verhaltens«,[36] die diese Stichfolge liefert.

DER ›BEFREITE‹ BUSEN MACHT SICH NÜTZLICH: STILLEN

Und es bleibt politisch. Denn zu dem neuen Leitbild weiblichen bürgerlichen Verhaltens gehörte die Neueinführung einer Busenpraxis, die uns heute selbstverständlich, ja als Inbegriff des Natürlichen erscheint: das Stillen der eigenen Kinder. Es war der schon erwähnte Rousseau, der sich im 18. Jahrhundert vehement dafür einsetzte und forderte, dass Kinder von ihren leiblichen Müttern gestillt werden sollten. Diese Auffassung war Teil der aufklärerischen Programmatik. Nicht nur Boizot hatte in seinem Stich gezeigt, dass er Rousseau entscheidenden Anteil an der »Entschleierung der Wahrheit« zumaß. Auch Chodowiecki war bestens mit dem Werk des Philosophen vertraut, steuerte er doch Illustrationen zu dessen Roman

Julie oder Die neue Heloise bei. 1762 hatte Rousseau die Nützlichkeit des Stillens für die Wiederherstellung der ›natürlichen‹ Sitten und einer Geschlechterordnung, die dem Staat von Nutzen sein soll, wie folgt erläutert:

> »Es mögen aber die Mütter nur geruhen, ihre Kinder zu stillen, so werden die Sitten von selbst sich bessern, die Regungen der Natur in allen Herzen wieder erwachen, der Staat wird sich wieder bevölkern [...]. Wenn die Familie lebhaft und munter ist, dann ist die Sorge um das Hauswesen die angenehmste Beschäftigung für die Frau und der süßeste Zeitvertreib des Mannes. Durch die Abänderung dieser einzigen Unsitte [gemeint ist das Ammenwesen, AZ] also würde eine allgemeine Reform erzielt werden; bald würde die Natur wieder in alle ihre Rechte eingesetzt sein. Die Frauen mögen nur erst wieder Mütter werden [...].« Es finden sich »zuweilen noch junge Frauen mit einem reinen, natürlichen Gefühle, die in diesem Punkte der Herrschaft der Mode und dem Geschrei ihres Geschlechtes Trotz zu bieten wagen, und mit edler Rücksichtslosigkeit die süßen Pflichten erfüllen, welche die Natur ihnen auflegt.«[37]

Zuvor war es in der nichtproletarischen Gesellschaft üblich, dass Ammen die Kinder der Wohlhabenderen stillten. Die Kindersterblichkeit war aufgrund von Vernachlässigung entsprechend hoch. Doch die Brust der Frauen höherer Schichten war für andere Dinge da, sie sollte als erotisches Objekt nicht kompromittiert werden. Die ›Nutzung‹ des Busens war eine Klassenfrage. In der Aufklärung aber wurde das Stillen des eigenen Nachwuchses unter der Losung »Zurück zur Natur« propagiert und als Tugend der Bürgerin etabliert. Im Zuge dessen entstand das Ideal der Mutterliebe, das Elisabeth Badinter als historische Konstruktion entlarvt hat.[38] Die Philosophin und Historikerin hat gezeigt, wie Mutterliebe erst Ende des 18. Jahrhunderts in philosophischen, aber auch medizinischen Diskursen beschrieben und damit erfunden wurde. Zum visuellen Ausweis dieses Gefühls wurden Bilder des friedlich und selbstvergessen am mütterlichen Busen saugenden oder schlummernden Kindes. Die dem Kind dargebotene entblößte Brust einer Mutter verbildlichte von nun ein Ideal von Weiblichkeit als hingebungsvoller privater Mütterlichkeit, das so zuvor nicht existiert hatte (Abb. 11).[39]

Die *Glückliche Mutter*, die der Künstler de Saint-Aubin wenige Jahre nach Rousseaus Äußerungen zur Nützlichkeit des Stillens darstellte, ist keine übernatürliche Muttergottes mehr, die ihre Brust dem Sohn Gottes und eventuell anwesenden Heiligen darbietet, sondern ›einfach‹ eine Frau, die sogar gleich zwei Kinder stillt und ihr Glück damit mutmaßlich verdoppelt. Zumindest blickt sie beseelt auf den kleinen Jungen vor ihr, der freudig die Ärmchen hochwirft. Das Bild hat Anteil an dem von Rousseau entworfenen heteronormativen Arrangement, auch wenn der Vater in der häuslichen Szenerie nicht erscheint (vermutlich geht er einer Arbeit außer Haus nach). Dem bewegungsfreudigen Jungen, dem der Blick der Mutter gilt, ist ein eher passiv ruhendes Mädchen zur Seite gestellt. Die Geschlechtsteile beider Kinder sind deutlich sichtbar und verweisen damit auf zukünftige Paarkonstellationen, in denen ein tätiger männlicher Part und ein der reproduktiven Sphäre zugeordneter weiblicher Part im Sinne Rousseau'scher Konzepte und ganz so, wie Chodowiecki es sich vorgestellt hatte, einander ergänzen. Die stillende Mutter sorgt mit dafür, dass sich dieses normative Geschlechterverhältnis in der bürgerlichen Familie reproduziert.

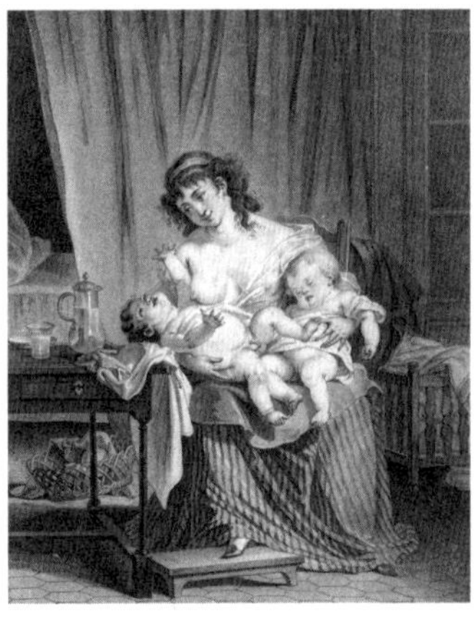

11 Stillen macht glücklich! Nach A. de Saint-Aubin: *Die glückliche Mutter*, um 1800.

Die neue Sichtbarkeit der Brust um 1800 führte auch zu so spektakulären Dingen wie einer Brusttasse auf einem Fuß mit Ziegenköpfen. Gefertigt wurde sie 1787 für Marie Antoinette von Boizot, der oben als Schöpfer des Stichs *Die Philosophie entschleiert die Wahrheit* erwähnt wurde. Das aufwendig gefertigte Objekt ermöglichte die Erfahrung des Milchtrinkens aus der Brust auch denen, die als Erwachsene eigentlich längst »entwöhnt« waren. In diesem Fall ist es zwar nur ein Busen aus Porzellan, aber immerhin. Auch nuckelte man nicht an der Brustwarze, sondern konnte, wie als Erwachsener üblich, aus einer Tasse trinken. Die Brust wurde als perfekte Milchspenderin gepriesen, aber zugleich instrumentalisiert, denn sie erscheint notabene ohne Frau, an der sie sich normalerweise befinden muss, um Milch abzusondern. Die Form geht auf die antiken Mastoi zurück, Trinkgefäße in Form einer weiblichen Brust. Apropos Trinkgefäße in Form des Busens: 2014 wurde ein Champagnerglas beworben, das von der Künstlerin Jane McAdam Freud nach der Brust von Kate Moss designt worden sein soll. Die Form dieses Glases ist jedoch »abstrakt«, wie man mitteilte. Auf die Darstellung einer Brustwarze wurde im Gegensatz zur Brusttasse von 1787 verzichtet.

Zur Faszination des Busens in der Aufklärung passt, dass Carl von Linné ebenfalls im 18. Jahrhundert in der zehnten Auflage seines Werks *Systema Naturae* (1758) die Klasse der Säugetiere erfand, die bis heute Gültigkeit hat (Mammalia von lat. *mamma* = Brust). Dabei besitzt nur die Hälfte der so bezeichneten Lebewesen tatsächlich eine Brust, mit der sie (ihre) Kinder auch säugen können (siehe dazu ausführlich Kapitel 3, S. 132–136).[40] Trotzdem waren der Busen und seine Fähigkeiten – in diesem Fall über das Stillen – in Naturkunde, Philosophie und Pädagogik gleichermaßen in den Fokus gerückt. Die Brust wurde vermeintlich natürliche Referenz einer neuen Vorstellung von Weiblichkeit als Mütterlichkeit, die sich zugleich auf naturwissenschaftlicher Basis wieder auf den Körper zurückführen ließ. Ein Beleg dafür, dass, wie Michel Feher schreibt, »ein einzelnes Organ« dazu »dienen kann, die Art und Weise, wie die menschliche Gesellschaft funktioniert, zu rechtfertigen«.[41] Der belgische Kulturwissenschaftler, der eine mehrbändige *Geschichte des Körpers* mit herausgegeben hat, fasst mit dieser Formulierung eine zentrale Erkenntnis der Forschungen zum Thema Körper zusammen.[42] Körper und Gesellschaft existieren nicht unabhängig voneinander. Vielfach aber lautet genau so die Behauptung, wenn zum Beispiel darauf verwiesen wird, dass Frauen Brüste haben und deswegen »mit edler Rücksichtslosigkeit die süßen Pflichten erfüllen [müssen], welche die Natur ihnen auferlegt«, wie Rousseau schrieb. Es gilt aber gerade das Umgekehrte. Es sind gesellschaftlich-politische Absichten, die mit dem Verweis auf die ›Natur‹ scheinbar jenseits aller Diskussion gestellt werden. Nicht selten wird bei dieser Gelegenheit die Natur, auf die man sich beruft, erst produziert, zum Beispiel auch durch Bilder wie jene, die eine *Glückliche Mutter* zeigen. Ihr entblößter, ›natürlicher‹ Busen steht dann für etwas, was vorherige Generationen beim Blick auf Repräsentationen der Brust noch nicht denken und deswegen auch nicht sehen konnten.[43] Sie erkannten vielleicht in den Brüsten der Maria das Versprechen göttlichen Heils, aber sicherlich keinen Hinweis auf eine eng an die Nomenklatur der biologischen Wissenschaften gebundene weibliche Natur. In allen Fällen wird mit dem Verweis auf ein Körperteil, in diesem Fall den Busen, eine bestimmte Weltsicht gerechtfertigt, erklärt und plausibilisiert.

In den unterschiedlichen ›Still-Moden‹ zeigen sich bis heute Ideologien. So wird Stillen in Deutschland, nachdem es vorübergehend in den 1960er Jahren gegenüber der damals für modern gehaltenen industriellen Babynahrung als unterlegen galt, längst wieder propagiert. Die Verwendung industrieller Babynahrung wird als unnatürlich gesehen und inzwischen als erwiesenermaßen schlechter für die Gesundheit des Kindes. Doch die Begeisterung fürs Stillen bedeutet nicht, dass der Busen nun allgemein sichtbar werden könnte. Zumindest gilt dies in den USA, wo für Stillende sogenannte »lactation suites« bereitgehalten werden. Das sind kleine, fensterlose Boxen, etwa in Wartebereichen von Flughäfen, in die sich Frauen zurückziehen können, um ihren Busen nicht in der Öffentlichkeit entblößen zu müssen. Nackte Brüste mit nackten Kindern, wie sie der Stich um 1800 gezeigt hatte, mögen zwar immer noch entzückend sein, sind aber nichts für die amerikanische Öffentlichkeit. In Frankreich dagegen hat sich weder eine solche puritanische Schamhaftigkeit noch eine mit Deutschland vergleichbare Still-Euphorie breitgemacht. Die Sorge um den Erhalt straffer, nicht durchs kindliche Saugen in Mitleidenschaft gezogener Brüste verhindert dort beides.

NEUE ANSICHTEN: BUSEN ALS MEDIZINISCHES PROBLEM

Der Rekurs auf die ›Natur‹ hatte ein neues Busennarrativ etabliert. Neben dem Stilldiskurs und der nackten Brust als allegorisches Freiheitssymbol brachte das 18. Jahrhundert noch eine weitere Neuerung in Bezug auf den Busen. Während, wie oben zitiert, Ärzte die

Frauen noch für die »Fleischbank« beschimpften, die sie mit Hilfe des Korsetts auslegten, brachten andere ab der zweiten Hälfte des 18. Jahrhunderts verstärkt ein Thema ins Spiel, das bis dato kaum eine Rolle gespielt hatte: die Beeinträchtigung der Gesundheit der Frauen durch das Tragen von Schnürmiedern. Seine Blütezeit erlebte dieses Thema zwar erst seit der Wende zum 19. Jahrhundert, doch im 18. Jahrhundert wurden zentrale Weichen für die spätere Diskussion gestellt. Das Thema, das zuvor keinen Platz in den Busendiskussionen hatte, tauchte nun verstärkt auf.

1770, neun Jahre bevor Chodowiecki der ›affektierten‹ Dame mit Korsett eine ›natürliche‹ Frau mit barem Busen gegenüberstellte, erschien ein Buch, das bereits in seinem überlangen Titel die zentrale Botschaft von der gesundheitlichen Schädigung durch das Korsett übermittelte. Es stammte von dem Jesuitenpater Jacques Bonnaud und klärte die Leserschaft auf über:

> »Die Erniedrigung der menschlichen Rasse durch den Gebrauch des Fischbeinkorsetts: Arbeit, in der gezeigt wird, dass es gegen die Naturgesetze verstößt, die Entvölkerung befördert und den Menschen, sozusagen, bastardisiert, wenn er dieser Folter unterworfen wird vom ersten Moment seiner Existenz unter der Maßgabe, ihn formen zu wollen.«[44]

Der Autor konnte sich in seiner Schrift, die die Frauen allerdings nicht dauerhaft vom Gebrauch des Korsetts abhielt, bereits auf eine ganze Reihe wackerer Kämpfer gegen das Korsett berufen – Männer wie zum Beispiel den englischen Mediziner John Huxham, der schon 1750 in einem Essay über Fieber auf die Schädlichkeit des Korsetts hingewiesen hatte. Sie alle hätten, so Bonnaud, bereits schlüssig bewiesen, dass das Schnürmieder Quelle einer »Unendlichkeit von Krankheiten« sei.[45] In Deutschland wollte es der Mediziner und Aufklärer Johann Peter Frank 1779 verbieten lassen, weil es den ungeborenen Nachwuchs schädige, ja sogar von den Frauen verbotenerweise dazu genutzt werden könne, eine Abtreibung auszulösen:

> »Schon gegen den dritten Monat der Schwangerschaft dehnt sich der mütterliche Leib in Höhe und Breite aus [...]: welches macht, daß eine Schwangere ihre sogenannte Taille verlieren muß. Eine Schnürbrust soll gerad das Gegenteil thun, und sie thut es mit solchem Erfolge, daß

> keine weitere Ausdehnung der Gebährmutter und ihrer Gefäße möglich ist, und aller Gewalt sowohl des Athemholens als eines jeden Druckes, auf den Embryo wirke, und ihn endlich abtreibe. Ledigschwangere, haben, wie es scheint, den Verheyratheten den Vortheil abgelernet, und sie erreichen nur allzuoft ihre sündhafte Absicht durch solches Zusammenschnüren ihres Leibes.«[46]

Ob es stimmt, wie Frank ebenfalls berichtet, dass es »Beispiele von mißgestalteten Kindern« gab, an denen man »nach ihrer Geburt deutliche Merkmale des unteren Endes« sogenannter Blankscheite fand, die vorne ins Korsett geschoben wurden, um eine gerade Linie von Brust zum Schritt zu erhalten, ist fraglich, aber nicht ganz auszuschließen. Ähnlich wie schon bei der Propagierung des Stillens spielten also auch bei der Konzentration auf die ›Frauengesundheit‹ am Ende bevölkerungspolitische Aspekte eine Rolle. Die ›Befreiung‹ vom Korsett zielte nicht auf Emanzipation, sondern im Gegenteil auf eine umfassendere Disziplinierung des weiblichen Körpers.

Neben diesem inhaltlichen Aspekt, der das ganze 19. Jahrhundert hindurch relevant bleiben sollte, steht ein bildpolitischer. Er trug wesentlich dazu bei, dass die gesundheitlich argumentierende Kritik, die während des 18. Jahrhunderts zwar geübt wurde, sich aber letztlich nie wirklich durchsetzte, ab 1900 derart erfolgreich wurde, dass es schließlich zur Abschaffung des Korsetts als üblicher Frauenunterkleidung kam.

Die Schriften des 18. Jahrhunderts, die aus medizinischen Gründen gegen das Korsett anschrieben, hatten sich vor allem auf Argumente in Textform verlassen. Während in anderen Busendiskursen, die gesellschaftlich relevant wurden (der Busen als Symbol der Göttlichkeit, als Zeichen der Sünde, als Sinnbild der Freiheit etc.) Visualisierungen maßgeblichen Anteil hatten, fehlten den Medizinern, die sich um Aufklärung bemühten, lange Zeit solche Bilder. Wie wichtig diese tatsächlich waren und sind, zeigt sich an der frühen Ausnahme Samuel Thomas Sömmerring. 1793 hatte dieser Anatom der Neuausgabe seiner erstmals 1788 unter dem Titel *Über die Schädlichkeit der Schnürbrüste* erschienenen Preisschrift eine Abbildungstafel beigefügt. Sie setzte Maßstäbe. Das ganze 19. und frühe 20. Jahrhundert hindurch orientieren sich nahezu sämtliche Schriften, die das Korsett thematisieren, an diesem Bildmodell (Abb. 12 und 13).

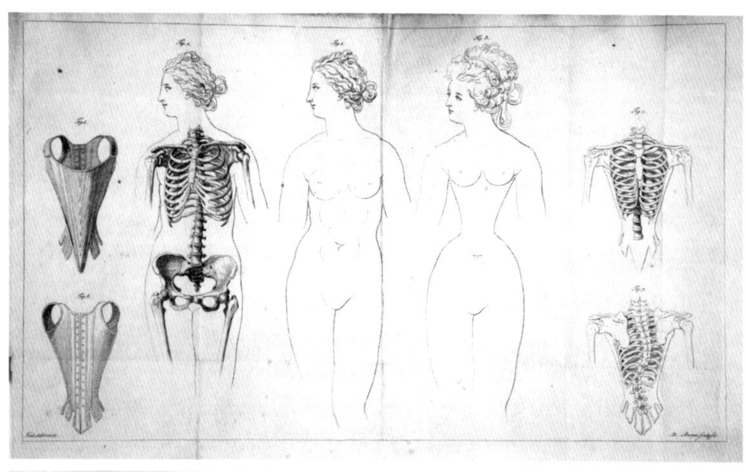

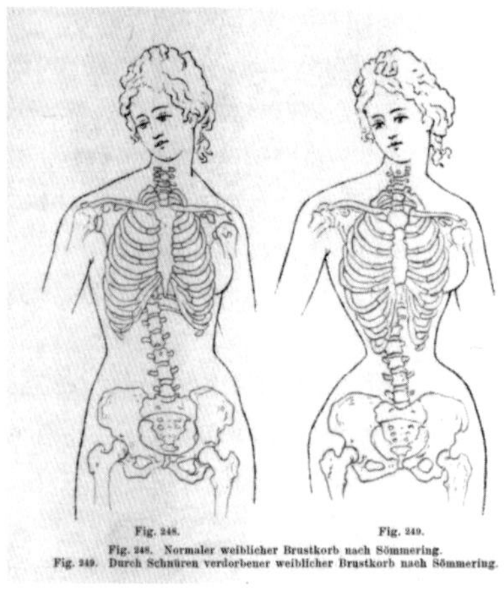

12 und 13 Der Vergleich wird wichtig – und der Blick ins Körperinnere. S. Th. Sömmerring: *Über die Wirkungen der Schnürbrüste,* 1793; unten: C. H. Stratz: *Die Frauenkleidung und ihre natürliche Entwicklung,* 1904.

Der visuelle Trick Sömmerrings und seines Zeichners Christian Koeck hatte darin bestanden, den Blick *in* den Körper zu ermöglichen, wodurch die Verformung des Knochengerüsts durch das Korsett sofort offensichtlich wurde. Dazu zeichnete Koeck ein Knochengerüst in die Umrisse der »ächt griechischen Venus«, der sogenannten Mediceischen Venus, von der man damals noch nicht wusste, dass sie eine römische Kopie war. Sie steht in der Abbildung in der Mitte; von ihr aus entfaltet sich die bildliche Argumentation, da die Schönheit und Vollkommenheit der Venus als weibliches Körperideal »unter Kennern ohne eine einzige mir bekannte

Ausnahme entschieden«[47] sei, wie der Autor betonte. Was ein Korsett dem schönen Frauenkörper antut, zeigte einprägsam die rechte entkleidete Figur. Ganz rechts gewährte eine weitere Abbildung Einblick in einen deformierten Brustkorb und sollte dazu dienen, »recht augenscheinlich darzustellen, wie auffallend sich das Knochengerüste verändern (verkrüppeln) lassen muß, wenn es in eine Schnürbrust passen soll«.[48]

Diese »augenscheinliche Darstellung« erwies sich als modern und folgenreich, weil sie die schlussendliche Abschaffung des Korsetts entscheidend beförderte. Die im 19. und frühen 20. Jahrhundert maßgeblichen gesundheitlichen Gründe waren auf diese Weise visuelle Argumente geworden. Von da an wurde kaum mehr ohne Bilder des Busens über die negativen Auswirkungen des Korsetts auf den weiblichen Körper geschrieben. Zudem entwickelte man das ursprüngliche Bildmodell sukzessive weiter und steigerte damit seine Wirkung noch. Aus der optisch etwas verwirrenden Anordnung mehrerer Frauenkörper bei Sömmerring machten spätere Autoren die Gegenüberstellung von nur zwei Körpern, um den Gegensatz zwischen dem natürlichen und dem verformten weiblichen Brustkorb visuell noch eindrücklicher werden zu lassen.[49] Der Vergleich wurde auf diese Weise im Laufe der folgenden Jahrzehnte fester Bestandteil dessen, wie man in der Moderne auf den Busen blickte.

MODERNE BUSEN UND NEUE SICHTBARKEITEN

Trotz aller Veränderungen in den Details orientierte sich das spezifisch moderne Zu-Sehen-Geben der Brust in den Anti-Korsett-Kampagnen lange an Sömmerring. Noch 1926 wurde in der Düsseldorfer Ausstellung *GeSoLei*, einem Akronym für »Gesundheitspflege, Soziale Fürsorge, Leibesübungen«, ein »durchleuchteter Tischkasten« präsentiert, der einen »durch das Korsett verschnürten Frauenkörper« und daraus resultierende Schäden zeigte.[50] Im von Koeck und Sömmerring geschaffenen Bild eines solcherart deformierten weiblichen Körpers und der Gegenüberstellung mit einem ›gesunden‹ weiblichen Brustkorb waren all die unterschiedlichen Argumentationen gegen das Korsett auf ein erfolgreiches »Schlagbild« zusammengenschnurrt, das über hundert Jahre lang nutzbar blieb.[51] Die multiplizierte Sichtbarkeit des Busens in der Moderne diente der gesellschaftlichen Selbstproblematisierung. Gesundheit und Reproduktionsfähigkeit der Bevölkerung wurde an diesem Thema ebenso diskutiert wie Fragen der Emanzipation und das Verhältnis der Geschlechter. In diesem Sinn zielte die moderne Sichtbarmachung der Brust auf eine Betrachterin, die idealerweise die in den Bildern vor Augen geführte *Gefahr* sofort begreifen und entsprechend handeln sollte.

Schlagendes Beispiel hierfür sind die Debatten um die Abschaffung des Korsetts, die um die vorletzte Jahrhundertwende ihren Höhepunkt erreichten. Denn richtig Fahrt nahmen sie auf, als man mit Hilfe von Fotografien die schädlichen Auswirkungen dieses Kleidungsstücks auf den weiblichen Körper noch besser zeigen konnte. Fotografien bedeuteten eine weitere Vervielfältigung der Sichtbarkeiten; sie waren zu Hunderten in den einschlägigen Publikationen zu finden (Abb. 14).

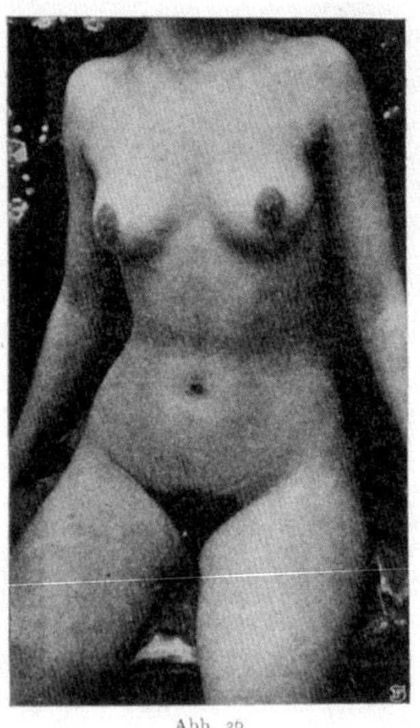

Abb. 20

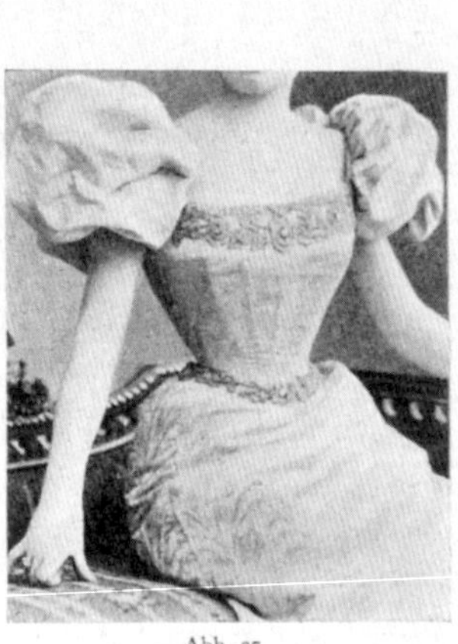

Abb. 27

14 Erziehung zum »logischen Schauen«. P. Schultze-Naumburg: *Die Kultur des weiblichen Körpers als Grundlage der Frauenkleidung*, 1901.

Ein Titel, der damals kursierte, war das vom späteren NS-Kunstwart und NSDAP-Reichstagsabgeordneten Paul Schultze-Naumburg 1901 verfasste Buch *Die Kultur des weiblichen Körpers als Grundlage der Frauenkleidung*. Nahezu auf jeder Seite finden sich Fotografien, die – wie Schultze-Naumburg in der Einleitung selbst einräumt – im Grunde immer wieder das Gleiche zeigen, allerdings mit einer ganz bestimmten Absicht:

> »Ich habe dem Buche die Illustrationen beigegeben, die unentbehrlich waren, um jene plastischen Anschauungen zu erzeugen, die zum Aufbau ganz neuer Ideen vom Körper und mithin von der Kleidung notwendig sind. Der sprachliche Beweis für solche Thatsachen würde erstens nicht überzeugen und zweitens keine praktischen Wirkungen erzwingen. Die grosse Fülle von Bildern, die anscheinend immer wieder dasselbe beweisen, sind mit überlegter Absicht ausgewählt, nicht um immer wieder denselben Beweis zu erbringen, sondern um die an die Entstellung des Körpers durch unsere übliche Tracht gewöhnten Augen durch immer neue Bilder zur anschaulichen Erkenntnis der wahren Form des Körpers zu erziehen.«[52]

Bei den kopflosen Oberkörpern, die Schultze-Naumburg präsentierte, sollte nichts von diesem Erziehungsauftrag ablenken. Das Zitat zeigt den Zusammenhang von Bild und Aufforderungscharakter und belegt, dass die schiere Fülle an Abbildungen dabei ebenfalls eine Rolle spielte. Die neuen Techniken der Sichtbarmachung rechneten mit einer neuen Art Betrachterin, die ihren eigenen Busen als Problem wahrnehmen und – durch die Bilder entsprechend ›erzogen‹ – aufs Korsett verzichten sollte.[53]

Die Kampagnen waren auch deswegen Bilder-Kampagnen, weil sich die Abbildungen nicht nur in Büchern fanden, sondern auch in Ausstellungen gezeigt oder bei Vortragsabenden genutzt wurden. Die Fotos zirkulierten. So lieh sich beispielsweise ein in Frankfurt am Main ansässiger Frauenverein zur Kleiderreform für einen Vortragsabend ein Paket Lichtbilder, die zuerst in entsprechenden Büchern als Abbildungen gezeigt worden waren.[54] Auch andere Frauenvereine machten davon immer wieder Gebrauch. Hinzu kamen Ausstellungen. In entsprechenden Schauen, die für das Reformkleid ohne Korsett warben, konnte man Schnittmuster, fertige

Kleider ebenso wie Bilddokumentationen zur Schädlichkeit des Korsetts besichtigen. Allein zwischen 1900 und 1902 fanden unter anderem in Berlin, Dresden, Leipzig und Krefeld fünf solche Veranstaltungen statt. Teils waren sie sogar von Schultze-Naumburg selbst organisiert. Bereits zur ersten derartigen Präsentation, 1897 in Berlin vom dortigen Verein für die Verbesserung der Frauenkleidung initiiert, kamen über 8 000 Besucher*innen.

Obwohl das alles wie eine konzertierte Aktion zum »Ausstieg aus dem Korsett«[55] wirkt, gab es weder eine stringente Entwicklung, noch hatten sich alle Beteiligten zwingend die weibliche Emanzipation auf ihre Fahnen geschrieben. Tatsächlich beteiligten sich derart viele Vereine, Einzelpersonen, Künstlervereinigungen, Museumsleute, Mediziner*innen, Schriftsteller*innen, Politiker*innen oder Aktivist*innen an diesen Debatten, dass man leicht den Überblick verliert. Sie alle hatten durchaus unterschiedliche Interessen. Auch änderten sich Meinungen, immer wieder kam es zu überraschenden Allianzen, und manche Beteiligte waren einerseits sehr modern, bedienten aber andererseits reaktionäre Vorstellungen. So betonte Schultze-Naumburg die Ähnlichkeit des weiblichen und männlichen Körpers zu einer Zeit, in der andere Autoren der weit verbreiteten Vorstellung vom weiblichen Körper als defizitär anhingen. Die Baudelaire-Übersetzerin und Schriftstellerin Margarete Bruns etwa referierte es in einem 1901 erschienenen Beitrag als »längst bekannte und anerkannte Thatsache, dass der Körper des Weibes den Gesetzen der Harmonie nicht ganz entspricht«.[56] Gewährsleute für diese vermeintliche Wahrheit waren Arthur Schopenhauer und sein Schüler Rudolf von Larisch, Verfasser eines Buches mit dem eindeutigen Titel *Der »Schönheitsfehler« des Weibes* (1896). Abgeglichen wurde der weibliche Körper mit dem des Mannes: »Vor allen Dingen ist die Brust durchaus verschieden.« Es sei die »Pflicht der Kleidung«, diese »karakteristische Verschiedenheit hervorzuheben«.[57] Dies schien auch einleuchtende Erklärung dafür zu sein, warum die allermeisten Frauen nur ungern auf das Korsett verzichten wollten. Es wurde auch von vielen, die es reformieren wollten, für notwendig gehalten, dass der als »schlaff« angesehene weibliche Oberkörper Stützung durch das Korsett erfuhr.[58] Und während Schultze-Naumburg diese überkommene Abwertung des weiblichen Körpers mit den Worten zurückwies, dass

»der plastische Aufbau des männlichen und weiblichen Körpers in seinen Hauptverhältnissen«[59] keineswegs so unterschiedlich sei, wie man allgemein annahm, aktivierte er an anderer Stelle wieder den tradierten Topos von der »dirnenhafte[n] Aufdringlichkeit«[60] des Korsetts. Ein Klassiker im tendenziell misogynen Diskurs zum Busen.

Mit den forcierten Sichtbarmachungen des Busens um 1900 verbanden sich also ganz unterschiedliche Ziele; grob gesagt lassen sich mindestens drei Gruppen identifizieren, die am Korsett-Diskurs um die Wende vom 19. zum 20. Jahrhundert teilhatten. Es gab die Stimmen aus der Medizin, die unermüdlich reich illustrierte Werke zur Schädlichkeit des Schnürmieders vorlegten. Werke wie die Schultze-Naumburgs, der als Nicht-Mediziner (er war unter anderem Architekt) medizinische Argumente mit kulturpolitischen verband und für ein breites Publikum aufbereitete, speisten sich zwar aus ihnen, standen aber eigentlich schon näher an der zweiten Gruppe, den Künstler*innen: wie Henry van de Velde oder Anna Muthesius zum Beispiel, die auf der Suche nach einem ästhetisch ansprechenden Reformkleid waren, das ohne Korsett getragen werden konnte. Und schließlich spielten Politikerinnen und Aktivistinnen wie Minna Cauer oder Anita Augspurg eine zentrale Rolle. Sie waren Teil der Frauenbewegungen, die das Korsett vor allem als Ausdruck der Frauenunterdrückung ansahen. Cauer hatte sich 1904 zusammen mit ihrer Kollegin Maria Lischnewska mit einer »Eingabe des Verbandes fortschrittlicher Frauenvereine« an den Minister für Schul- und Medizinalangelegenheiten in Preußen gewandt und ein »Verbot des Korsetts in der Schule« gefordert. Das Korsett bezeichneten sie als »Zwangsmaschine«;[61] gemeint war Frauen auferlegter gesellschaftlicher Zwang. In diese Richtung hatte auch kurz zuvor eine Aktion von Anita Augspurgs gewiesen. Die Korsett-Gegnerin, Aktivistin der Frauenbewegung und unter anderem Herausgeberin der Zeitschrift *Frauenstimmrecht* provozierte ihre Verhaftung, um darauf aufmerksam zu machen, dass im deutschen Kaiserreich Frauen von der Polizei aufgegriffen und einer gynäkologischen Zwangsuntersuchung unterzogen werden konnten, wenn Verdacht auf Prostitution bestand. Durch welches Verhalten oder welche Kleidung Augspurg, die einen zu jener Zeit für Frauen unüblichen Kurzhaarschnitt trug, den betreffenden Polizisten dazu

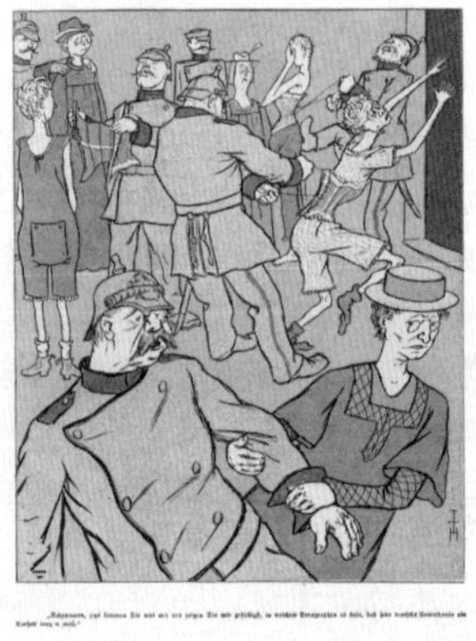

15 *Simplicissimus*, Dezember 1902.

gebracht hatte, sie festzunehmen, ist nicht bekannt. Jedoch griff die Satirezeitschrift *Simplicissimus* das Thema bezeichnenderweise in einer Karikatur auf, in der Polizisten versuchen, widerstrebenden Frauen das Korsett anzulegen (Abb. 15).

Vorne rechts im Bild ist Augspurg im Reformkleid zu sehen, wie sie einen widerstrebenden Polizisten mit sich zieht und auffordert: »Schutzmann, jetzt kommen Sie mal mit und zeigen Sie mir gefälligst, in welchem Paragraphen es steht, daß jede deutsche Unterthanin ein Korsett tragen muß.«

Wenig überraschend waren es oft Frauen, die den Anti-Korsett-Diskurs aus feministischer Perspektive betrieben. Anna Muthesius beispielsweise, Ehefrau des Werkbund-Gründers und Modedesignerin, hatte in ihrer programmatischen Schrift *Das Eigenkleid der Frau* von 1903 gefordert, dass Frauen die Art und Gestaltung ihrer Kleidung selbst in die Hand nehmen und sich nicht länger einem männlich dominierten Modediktat unterwerfen sollten: »Wie ein Gärtner, der alle Bäume seines Gartens zu Figuren schneidet, formt man uns im einen Jahr zur Kugel, im nächsten zur Spindel.«[62] Sie nahm damit Bezug auf die sich im Laufe des 19. Jahrhunderts ständig ändernden Vorgaben zur weiblichen Silhouette: auf die antikisierende hohe Taille ohne Korsett folgte die Wespentaille.[63] Mitte des Jahrhunderts hatte dagegen die Krinoline, ein mit Stahlreifen verstärkter Unterrock, dafür gesorgt, dass Frauen zur »Kugel« wurden, wie Muthesius es ausdrückte. Auch wenn ein Ratgeber um 1908 formuliert hatte, ein »schöner Busen soll prall, halbkugelig, abstehend, von größter Elastizität und Geschmeidigkeit sein«, so machte ein Blick auf die wechselnden Moden, die den Busen mal zusammenpressten, mal ignorierten oder wie einen »Taubenkropf« nach oben quetschten, deutlich, dass diese Vorgabe keineswegs in eine einheitliche Präsentation der Brust durch die Kleidung mündete.[64] Konstant blieb einzig die Tatsache, dass die

Buseneinkleidungen die Notwendigkeit der rigorosen Formbarkeit des weiblichen Körpers als gegeben voraussetzten.

Angesichts dessen war der Ansatz von Muthesius in der Tat revolutionär. Hatte ihr Zeitgenosse Henry van de Velde, der sich ebenfalls stark für das sogenannte Reformkleid einsetzte, mit dem das Korsett überflüssig werden sollte, vom »Material Frau« gesprochen, das er, ganz in der Tradition des männlichen Künstlers, wiederum »formen« wolle, so forderte Muthesius selbstbewusst: »Jede Frau ihr eigener Künstler!« Männliche Zeitgenossen kamen damit nur eingeschränkt zurecht. Ein Rezensent ihrer Schrift *Das Eigenkleid der Frau* konzedierte zwar, dass Muthesius' notwendige Kritik am Korsett in die »unwillig aufhorchenden Frauenohren geblasen« habe. Allerdings, »was Frau Muthesius nicht sagen konnte: Wir, wir Männer, wir möchten euch so; denn auf uns, auf gar niemand anders kommt's in dieser Frage an«.[65] Das stimmte so allerdings nicht. Denn allein die Unzahl der gegen Ende des 19. Jahrhunderts in vielen deutschen Städten gegründeten *Frauenvereine zur Verbesserung der Frauenkleidung* zeigt, dass es eine ganze Reihe von Frauen gab, die sich zunehmend weniger darum scherten, wie die Männer sie »haben wollten«.

DER BUSEN DER ›ANDEREN‹: DIE NEUE SICHTBARKEIT DER BRUST ALS RASSISMUS

Viele Schriften, die Anfang des 19. Jahrhunderts zum Busen, zur Schädlichkeit des Korsetts und zur ›Schönheit‹ des weiblichen Körpers veröffentlicht wurden, hielten sich erstaunlich lange auf dem Markt. Sie waren keineswegs randständige Spezialveröffentlichungen, sondern bestimmten die Auseinandersetzungen ums Korsett (und zum Busen) in ihrer Zeit maßgeblich, denn sie wurden oft verkauft und mutmaßlich auch viel gelesen. Schultze-Naumburgs Schrift erschien bis 1922 in fünf Auflagen.[66] Sein Zeitgenosse, der Gynäkologe Carl Heinrich Stratz, ebenfalls ein äußerst produktiver Beiträger zur Korsett-Debatte, übertraf ihn sogar noch. Seine Werke, die Titel trugen wie *Die Schönheit des weiblichen Körpers* (1898), das darwinistisch angehauchte *Die Frauenkleidung* (1900, ab 1904

Die Frauenkleidung und ihre natürliche Entwicklung) oder *Die Rassenschönheit des Weibes* (1901) erschienen teils noch bis in die 1940er Jahre und erlebten bis zu 25 Auflagen.[67]

Stratz ist ein Beispiel für den unverhohlenen Rassismus, der Teile dieses Diskurses bestimmte. Rassistisch deswegen, weil der Busen rassifiziert wird, das heißt, in eine Erzählung von der Verschiedenartigkeit und Ungleichheit der »Rassen« eingeschrieben wird, die wiederum eine Erzählung von Sichtbarkeit und Unsichtbarkeit ist. Stratz führte zum Beispiel aus, dass das »Niederschlagen der Augenlider« typisch sei für die »Stellung, die eine Europäerin einnimmt, wenn sie entkleidet überrascht wird«.[68] Die Behauptung, das Verbergen der Brust und das Abwenden des Blicks seien Kennzeichen des Europäischen, speist sich auch aus der Fixierung auf die Figur der Venus, die seit Sömmerring den idealen Busen illustriert und auch bei Stratz wieder auftaucht (Abb. 16).

Dieser nutzte die Mediceische Venus als Vergleichsabbildung aber nicht, wie noch Sömmerring, zur Kritik an den durchs Korsett deformierten Körpern der Gegenwart, sondern zur Abgrenzung gegenüber einer ägyptischen Tonfigur, die weder Brust noch Vulva bedeckt. Für Stratz handelte es sich bei dieser schlicht um eine »fette Frau«, die er nur zeigt, um den »schroffen Gegensatz« zwischen dem schamhaften Verhalten der Europäerinnen und der Schamlosigkeit der ›Anderen‹ plausibel zu machen.[69]

Die in seinem Buch wiederholt präsentierten Busenbeschreibungen orientieren sich dementsprechend an einem mit Hilfe der Figur der »dicken« weiblichen Statuette gewonnenen rassistisch eingefärbten Negativraster. Schön ist die Brust, die schamhaft verhüllt (aber letztlich doch gezeigt) wird; hässlich die »fette« und vor allem jene, die einfach da ist. Die Papuas und Melanesierinnen beschrieb Stratz als »meist untersetzte, etwas plumpe Gestalten, und unter den Weibern keine einzige mit europäisch geformter Brust«.[70] Das alles ist Teil der rassistischen Überzeugung des Autors, der mitteilt, »dass nicht alle Menschengeschlechter gleichwertig sind, sondern durch das Mass ihrer körperlichen und geistigen Eigenschaften eine geringere oder höhere Stufe der Entwicklung einnehmen«.[71]

Die »Islamitische Gruppe« illustrierte er mit zwei Fotografien einer verschleierten sowie einer sich halb entkleidet auf einem Sofa räkelnden Frau (Abb. 17).

42 Mittelländisches Rassenideal.

Einen schroffen Gegensatz zu diesen beiden Idealgestalten bildet die fette Frau aus braunem Ton (Fig. 17), deren Original gleichfalls im Museum von Leiden sich befindet. Sie ist die Vertreterin des profanen Geschmacks, der in einer möglichst strotzenden Ueberfülle der Körperformen des Weibes dessen höchste Schönheit sieht. Noch heute wird diese Auffassung bei vielen Negerstämmen gefunden, ebenso auch bei vielen Völkern mongolischer Rasse. Aber auch bei der weissen Rasse ist zuzeiten und unter Umständen die weibliche Fettleibigkeit zur Schönheit gestempelt worden: man denke nur an Rubens und an die oft so eigentümliche Anziehungskraft, die Frauen mit üppigen Formen auf die heranwachsende männliche Jugend ausüben. Die weibliche Formenfülle löst jedoch, wie aus den Beispielen ersichtlich, keinen höheren künstlerischen, sondern einen niedrigern, sinnlichen Reiz aus. Bei Rubens wirken die üppigen Formen künstlerisch durch das strotzende warme Leben, das sie aushauchen, in erster Linie aber durch den wunderbaren, nur von wenigen erreichten Farbenreiz.

Fig. 17. Dickes nacktes Weib. (Aegyptische Tonfigur. (Archäolog. Museum Leiden.)

Während diese letztere Figur das in gewissen Kreisen beliebte Profanideal darstellt, sind die beiden anderen zwei reine Beispiele der künstlerischen Wiedergabe des altägyptischen Rassenideals.

Dasjenige Volk, bei dem das Kunstgefühl, das produktive sowie das rezeptive, unter allen Mittelländern zu einer bis jetzt noch unübertroffenen Entwickelung kam, ist ohne Zweifel das hellenische.

Mittelländisches Rassenideal. 43

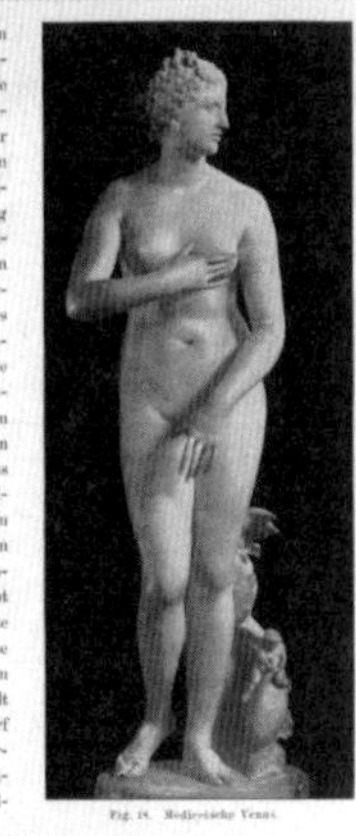

Fig. 18. Mediceische Venus.

In dem glücklichen Hellas trafen alle Bedingungen zusammen, die das künstlerische Empfinden und Schaffen zur höchsten Blüte bringen können: eine milde, freigebige Natur, ein ewig blauer Himmel, ein heiterer Götterglaube, ein schönes, durch körperliche Uebungen gestähltes Geschlecht, eine allgemeine Wohlfahrt und die reichste künstlerische Begabung. Wie in ihnen selbst, so kam auch in ihren Kunstwerken das Rassenideal der Mittelländer zu seiner schönsten Verkörperung. Abgesehen von einigen kunsthistorischen Bedenken bleibt die Mediceische Aphrodite aus der Tribuna doch eine der vollendetsten Gestalten der altgriechischen Welt von Schönheit. Sie darf als eine der besten Vertreterinnen unseres künstlerischen Rassenideals gelten (Fig. 18).

Wenn wir ihre Proportionen berechnen, so stellt sich heraus, dass sie bei einer Gesamthöhe von acht Kopfhöhen genau mit dem Fritschschen Schlüssel übereinstimmt, demnach auch das natürliche Rassenideal in reinster Form vergegenwärtigt. Von den einzelnen

16 C. H. Stratz, Autor des Buches *Die Rassenschönheit des Weibes* (1904), war vom Zusammenhang zwischen fehlendem Schamgefühl und »Primitivität« überzeugt.

236 Die Volkstracht aussereuropäischer Kulturvölker.

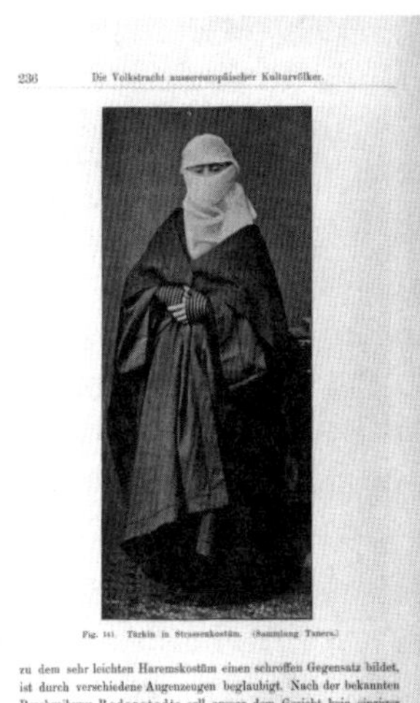

Fig. 141. Türkin in Strassenkostüm. (Sammlung Tanera.)

zu dem sehr leichten Haremskostüm einen schroffen Gegensatz bildet, ist durch verschiedene Augenzeugen beglaubigt. Nach der bekannten Beschreibung Bodenstedts soll ausser dem Gesicht kein einziger Teil des Körpers völlig bedeckt sein. Die zahlreichen käuflichen Photographien türkischer Haremsdamen, welche diese in einem

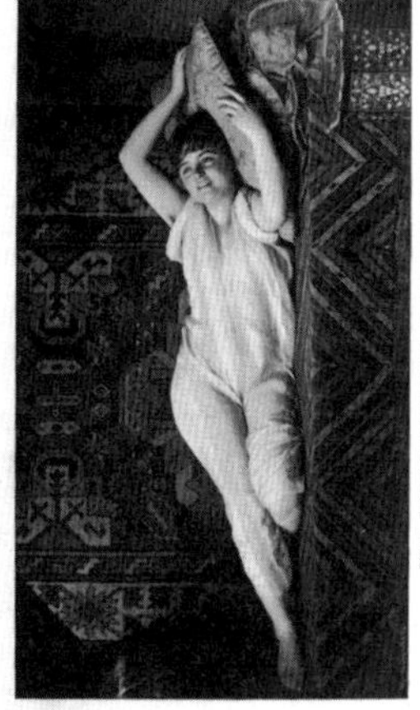

Fig. 142. Türkisches langes Haremshemd, einer Ungarin angelegt. (Phot. O. Schmidt.)

17 Sichtbarmachen und Verschleiern. C. H. Stratz: *Die Frauenkleidung*, 1904.

In den orientalistischen Bildfantasien des 19. Jahrhunderts war der »imaginäre Orient« für westliche Betrachter*innen als vermeintlicher Blick in den Harem und damit als Blick auf den weiblichen Akt inszeniert worden.[72] Die Enthüllung war Teil der westlichen Fantasien über den Harem als Ort weiblicher Nacktheit, der aber nicht zugänglich war. Auch Stratz beschwerte sich im begleitenden Text darüber, dass sich die »vornehme Türkin«, links im Bild, nur ungern im »häuslichen Gewande« fotografieren ließe. Seine Lösung war ein »Modell ungarischer Herkunft«,[73] das er rechts in angeblich authentischer Haremskleidung präsentierte. Damit war die als Türkin Gekennzeichnete, die auch eine Ungarin sein konnte, visuelles Beweisstück in einem als westlich markierten, aufgeklärten Diskurs, der kulturelle Differenzen als Entwicklungsgeschichte in ein hierarchisches Verhältnis einordnete.

Im letzten Drittel seines Buches zur Rassenschönheit, in dem über die »nordische Rasse« verhandelt wird, sehen wir eine Fotografie mit der Bildunterschrift »Russisches Fräulein aus Podolien«. Die, wie im Text zu lesen ist, junge »Dame rein russischer Abkunft aus den höheren Kreisen der Gesellschaft« bedeckt ihr Gesicht in der Fotografie mit einem über Augen und Nase drapierten Tuch. Dass sie »sich entschloss, ihren schönen Körper photographieren zu lassen«, nötigte dem Autor »höchste Bewunderung« ab.[74] Als Angehörige der vermeintlich »höherstehenden Rassen« hatte sie Anspruch auf Schamgefühle. Das Tuch signalisiert diese Überlegenheit, während die entblößte Brust aufgeklärte Überwindung dieser Schamhaftigkeit im Dienst der Wissenschaft anzeigt.

Erst jüngst wurde gezeigt, dass das Thema Korsett für Debatten um kulturelle Differenzen und Hierarchien noch aus einer ganz anderen Richtung Wirkung entfaltete, auf die hier zumindest kurz verwiesen werden soll. Die europäische Kritik an der (Ver-)Formung des weiblichen Körpers wurde nämlich auch außerhalb des Westens wahrgenommen und teils zielgenau gegen kolonialistische Praktiken gewendet. Christlichen Missionar*innen in China, die um 1900 gegen das Füßebinden wetterten, wurde vorgehalten, sie sollten doch erst einmal in ihren Ursprungsländern dafür sorgen, dass dort das ebenso gesundheitsschädliche Korsett abgeschafft werde.[75]

Frauenkörper wurden freilich schon vor Stratz und seinen Kollegen zur Sichtbarmachung und Plausibilisierung kultureller Differenzen genutzt. Auch zuvor waren nicht alle Busen gleich, und das Zeigen und Verbergen der Brust war verbunden mit der Konstruktion kultureller Unterschiede. Im Jahr 1800 hatte die klassizistische Malerin Marie-Guillemine Benoist ihr Gemälde *Portrait d'une negresse* im Pariser Salon gezeigt (Abb. 18). Die Kunsthistorikerin Viktoria Schmidt-Linsenhoff, die maßgeblich dazu beigetragen hat, postkoloniale Perspektiven in die Kunstgeschichte einzutragen, lieferte eine kenntnisreiche Deutung des Portraits.[76] Ihr verdanken wir eine Bildlektüre jenseits eines eindeutigen Entweder-oder. Denn die mit entblößter Brust Portraitierte steht keineswegs nur für eine exotistische Ausbeutung des afrikanischen Modells, wie es in Stratz' Darstellungen angeblich »schamloser« Afrikanerinnen der Fall war, deren Nacktheit die Schaulust seiner Leser*innen bediente und obendrein die ›Primitivität‹ der solcherart Ausgestellten beweisen sollte. In einem Moment, in dem die Sklaverei in den französischen Kolonien 1794 abgeschafft worden war, deren Wiedereinführung unter Napoleon 1802 jedoch kurz bevorstand, thematisierte die Malerin, wie Schmidt-Linsenhoff zeigt, den »Zusammenhang zwischen der Sklaven- und der Frauenfrage« in kritischer Absicht.[77] Das weiße Kleid, in das die Portraitierte gehüllt ist, gibt den Blick auf ihre rechte Brust vollständig frei. Der Stoff ist lose mit einem roten Band unter dem Busen befestigt. Zusammen mit dem blauen Tuch, das Seiten- und Rückenlehne des Stuhles bedeckt, auf dem die junge Frau sitzt, ergeben sich dezente Hinweise auf die Trikolore. Das Motiv des lose herabfallenden, scheinbar nachlässig den Körper umgebenden Gewands hatte die Künstlerin rund zehn Jahre zuvor schon in ihrem *Selbstportrait als Bacchantin* (1786) gewählt, das als Vergleichsabbildung aufschlussreich ist (Abb. 19).

Die halb entblößte Brust und das wallende Haar weisen Benoist in diesem Fall als wilde Gefährtin des Dionysos aus. Auch ihre Zeitgenossin Angelika Kauffmann hatte sich 1785 selbst als Bacchantin portraitiert und sich so mit der mythologischen Figur identifiziert, die auch für die Freiheit und das Temperament der Künste stand.

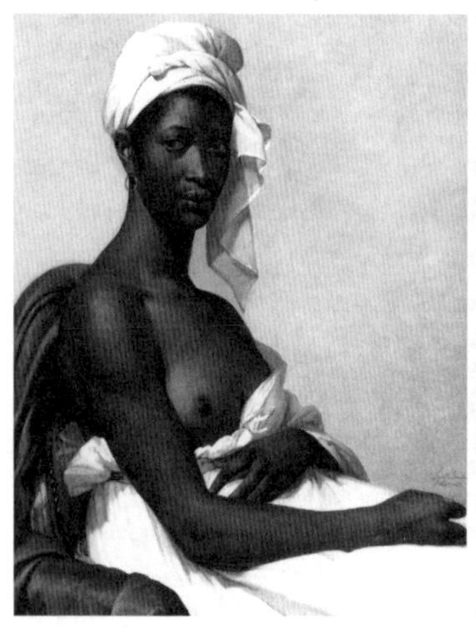
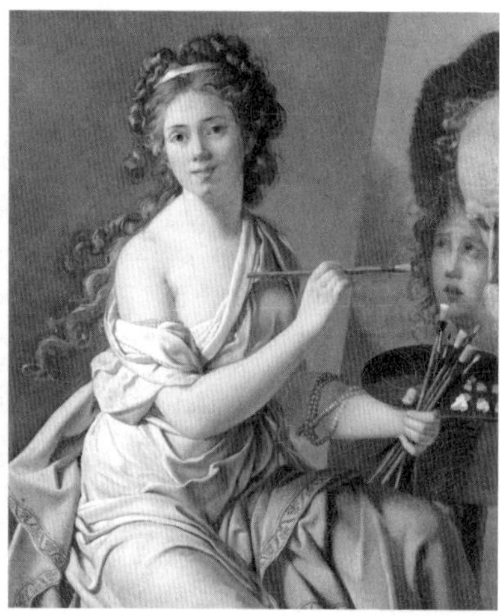

18 und 19 M.-G. Benoist: *Portrait d'une négresse*, 1800; M.-G. Benoist: *Selbstportrait als Bacchantin*, 1786.

Das Motiv war das ganze 19. Jahrhundert hindurch beliebt und wurde in der Regel so aufgefasst, dass die Bacchantinnen gänzlich nackt, jedenfalls mindestens mit entkleideter Brust gezeigt wurden. Hier jedoch bleibt die Brustwarze unsichtbar, was nach allgemeiner Auffassung bedeutete, dass die Brust *nicht* nackt dargestellt war. Die bewegte Draperie jedoch, die sie umspielte, der weiche Stoff, der sich an die Rundung des Busens anschmiegt, betonte die Brust als Körperteil, der *beinahe* sichtbar ist. Auch die Körperhaltung mit leicht geöffneten Beinen wirkt zwar suggestiv, aber gibt den Blicken der Betrachtenden gerade nichts preis.

Benoists fünfzehn Jahre später entstandenes Bildnis einer jungen, nichtweißen Frau zeigt dagegen die vollständig sichtbare Brust ihres Modells. Das koloniale Hierarchieverhältnis zwischen der Malerin und ihrem Modell bestimmte Deutung und Wirkung von Benoists Gemälde maßgeblich. Schon allein dass die Dargestellte heute namenlos und durch den problematischen Titel als »N.« vorgestellt wird, macht deutlich, dass Benoist zwar, wie Schmidt-Linsenhoff schreibt, »emanzipierten, ehemaligen SklavInnen eine bürgerlich-republikanische Subjektivität zu[schreibt]«. Sie tut dies allerdings, ohne ihnen ebenfalls »die Kontrolle über das eigene Bild zu gewähren, die das Genre der Porträtmalerei sozial vorsieht«.[78]

Die Forschung zu Benoist nimmt an, dass es sich bei der Portraitierten um eine junge Frau aus Guadeloupe handelte, die der Schwager der Künstlerin als Sklavin und/oder Geliebte nach Paris »mitgenommen« hatte.[79] Zugriff auf ihr Bild aber hatte sie nicht. Es befand sich bis zum Tode der Künstlerin in deren Besitz.

Damit zeigt sich als wichtiger Unterschied zwischen Benoists Selbstportrait und dem Portrait der Frau, der sie bei ihrem Schwager begegnet war, die Art und Weise, wie die beiden Frauen jeweils über ihr Bild bestimmen konnten. Bei Benoist lag die Repräsentation ihres Körpers ganz in der eigenen Hand. Welchen Einfluss die von ihr Portraitierte auf ihr Portrait nehmen konnte, wissen wir schlicht nicht. Der vollständig entblößte Busen aber legt nahe, dass Benoist Körperlichkeit und Sexualisierung ihres Modells stärker in den Vordergrund rückte, als sie dies für sich selbst für angemessen hielt.

Die Möglichkeiten für diejenigen Frauen, deren Körper als ›Schwarz‹ gelesen wurden – und die sich daher immer wieder in der Rolle der »Anderen« wiederfanden, für die spezielle Regeln des entblößten Körpers galten –, die damit zusammenhängenden Bildformeln selbst zu gestalten, erweiterten sich im Laufe der Zeit. Gleichwohl bleiben sie zweischneidig. Wenn Josephine Baker in den 1920er Jahren in Paris und Berlin oben ohne in der furiosen *Revue Nègre* tanzte, dann kommentieren die Zeitungen begeistert, aber rassistisch:

> »Das Theater aber, in dem die Neger auftreten, ist Abend für Abend und auf Wochen hinaus verkauft. Wirklich, was die Neger bieten, ist durchaus apart, originell, neuartig. Sie sind gerade dort am besten, wo sie von der weißen Kultur unberührt, wo sie ganz Neger sind. Sie sind ein kunstbegabtes, musikalisches, naives und kindliches Volk.«[80]

Dieses Lob ist toxisch, denn die Freizügigkeit des Tanzes, mit der Baker das Publikum fesselte, wurde als etwas beschrieben, das vor allem als *nicht* weiß gekennzeichnet war (Abb. 20).

Ähnlich wie in den rassenethnologischen Zuschreibungen in Büchern wie jenen von Stratz, die in diesen Jahren noch verlegt wurden, gerät das Zeigen der Brust zum Beleg einer vermeintlichen Naivität, die gleichzusetzen war mit einer niedrigeren

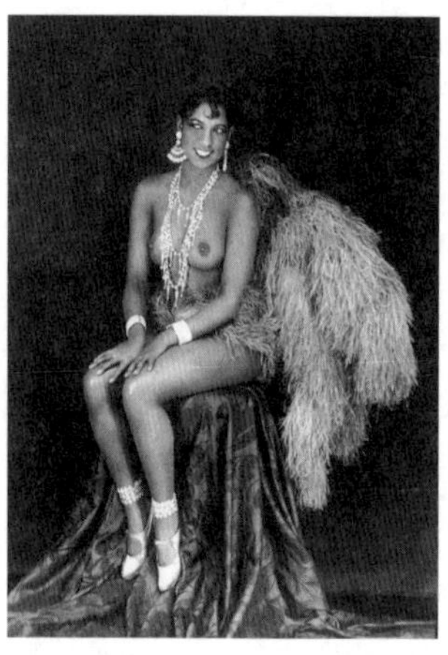

20 Josephine Baker, 1927.

Entwicklungsstufe. Das zeigt der Begriff des Kindlichen an. Dieser Primitivismus erlaubte es dem ›weißen‹ Publikum, ›Schwarze‹ Weiblichkeit als sexuell exotisch und grundsätzlich ›anders‹ wahrzunehmen. Die Begeisterung für die wild tanzende Baker, die alles andere als eine naive, kindliche Frau, sondern eine hochbezahlte Künstlerin war, wurde aber auch zum Ausweis für die Modernität derjenigen, die ihr nicht nur mit staunenden Augen zusahen, sondern die Verbindung zu ihr suchten. Bakers Kontakt zum Beispiel mit Le Corbusier belegt dies.[81] Auch im Falle Bakers hat die Forschung der letzten Jahre daher verstärkt den Blick darauf gerichtet, inwiefern sie, die lebenslang politisch engagiert gegen Rassismus Stellung bezogen hat, in ihren Auftritten die primitivistischen Erwartungen des Publikums unterlaufen konnte, indem sie sich zum Beispiel in Fragen der Kostümgestaltung gegenüber ihrem Designer Paul Poiret durchsetzte.[82]

BUSENGRAPSCHER UND SEXATTACKEN

Wie sehr die Frage kultureller Differenz auch in aktuellen Debatten und der Bildpolitik des ent- oder bekleideten Busens immer noch aufscheint, sollen einige abschließende Beispiele aus den letzten Jahren zeigen. Die Überzeugung, dass nichtwestliche Sexualität die Bezeichnungen »rückständig« oder »primitiv« verdient, wird auch heute noch über Bilder des Busens und eine genau austarierte Bildpolitik der Sichtbarmachung weitergetragen. Studien zum postkolonialen Feminismus haben in diesem Zusammenhang von einem »Sichtbarkeitsregime« gesprochen, das sich in der Forderung von Ent- oder Bekleidung des weiblichen Körpers manifestiert.[83] Der entkleidete weibliche Körper kann auf diese Weise für den »fortschrittlichen« überlegenen Westen stehen, während der verschleierte eine »rückständige« islamische Kultur verbildlicht. Die Ereignisse der sogenannten Kölner Silvesternacht, in der Hunderte von Frauen Opfer sexueller Übergriffe geworden waren – es gab mehr als 1 000 Anzeigen –, wurden in den Medien mit einem solchen Bild illustriert (Abb. 21). In der aufgeregten medialen Berichterstattung wurde das Ereignis immer wieder direkt mit der »Flüchtlingskrise« desselben Jahres in Verbindung gebracht. Die Täter (2016 wurde als einer der wenigen ein 21-Jähriger irakischer Herkunft wegen sexueller Nötigung zu einer Bewährungsstrafe verurteilt) waren, so wurde berichtet, ausschließlich Geflüchtete und Migranten. Vor allem von rechter Seite wurden die Vorkommnisse instrumentalisiert, um gegen Migration Stimmung zu machen. Schaut man sich das Titelbild an, mit dem der *Focus* das Thema aufgriff, dann stellt man erstaunliche Ähnlichkeiten zu den historischen Formen fest, in denen der Frauenkörper dazu benutzt wurde, vermeintliche kulturelle Differenzen plausibel zu machen. Es ist keineswegs ein ›freier‹ Körper, der hier abgebildet wird. Der Nacktheit sind enge visuelle Grenzen gesetzt.

Durch den Bildausschnitt ist der Dargestellten der *Blick* genommen, mit dem sie als Person und nicht nur als »geschändeter« Körper sichtbar werden könnte.[84] Zugleich erinnert der verweigerte weibliche Blick an den Topos der schamhaften Europäerin, die beim Entblößen der Brust ihren Blick senken soll. Dass der *Focus* sein Titelmodell in der Pose der *Venus pudica* zeigt, der bereits mehrfach erwähnten schamhaften Venus, macht das Bild zu einer Art Reenactment von Stratz. Die Scham begleitet offenbar noch immer die Bildpolitik des Busens, wenn es darum geht, kulturelle Unterschiede zu illustrieren.

Auch die Kölner Verbrechen wurden als Beleg »fremder«, archaischer Vorstellungen von Sexualität und dem Verhältnis der Geschlechter insgesamt gewertet. Das Problem daran ist nicht nur die Gefahr einer tendenziell islamophoben Politik. Ausgeblendet werden vor allem auch die misogynen Anteile »aufgeklärter« westlicher Kultur. Ein Beispiel hierfür ist der Ehrbegriff. Heute erscheint die Kopplung von Ehre und Sexualität als archaische Kategorie unter anderem muslimischer Sexualvorstellungen. Übersehen wird dabei jedoch, dass deutsche Gerichte noch bis in die jüngste Vergangenheit davon ausgingen, dass »ehrlose« Frauen (das meinte Prostituierte) nicht vergewaltigt werden könnten. Noch bis weit in die 1970er und 1980er Jahren spielte der Ehrbegriff in der deutschen Rechtsprechung in Vergewaltigungsfällen regelmäßig eine zentrale Rolle.[85] Erst 2004 konnte sich der Bundestag dazu durchringen, Vergewaltigung in der Ehe unter Strafe zu stellen. Zu einer weiteren Verschärfung des Sexualstrafrechts kam es bezeichnenderweise auch erst 2016 (»Nein-heißt-Nein«), unter anderem weil man nach der Kölner Silvesternacht feststellte, dass das deutsche Strafrecht für diese, verharmlosend »Belästigung« genannte sexualisierte Gewalt gegenüber Frauen im öffentlichen Raum zu wenig Sanktionsmittel besaß.

Bis dato war vom »Busengrapscher« die Rede gewesen. Der *Spiegel* hatte dazu in den 1980er Jahren mit einer im Vergleich aufschlussreichen Abbildung getitelt (Abb. 22). Sie zeigt einen kleinen Ausschnitt aus einem Gemälde, das vermutlich Gabrielle d'Estrées, die Geliebte Heinrichs IV., mit ihrer Schwester darstellt. Es gibt keinen Anhaltspunkt dafür, das Bild im Sinne eines gewaltsamen Übergriffs zu interpretieren, zumal hier zwei Frauen dargestellt sind, der »Busengrapscher« aber eine rein männliche Figur ist.

Die Abbildung war gewählt worden, um den »kleinen Skandal«, so der *Spiegel*, zu illustrieren, bei dem der Spitzenkandidat der hessischen Grünen seine Mitarbeiterinnen belästigt hatte. Dies mit der zarten Berührung einer weiblichen Hand an einer weiblichen Brust zu bebildern macht aus sexualisierter Gewalt visuell eine erotische Berührung. Als Illustration zu den Verbrechen der Kölner Silvesternacht wäre dieses Gemälde, so ist zu mutmaßen, jedenfalls für ganz und gar untauglich befunden worden, weil es ein Einverständnis suggeriert, das im Diskurs um Köln keinen Platz hatte. Allein der Begriff des »Grapschers«

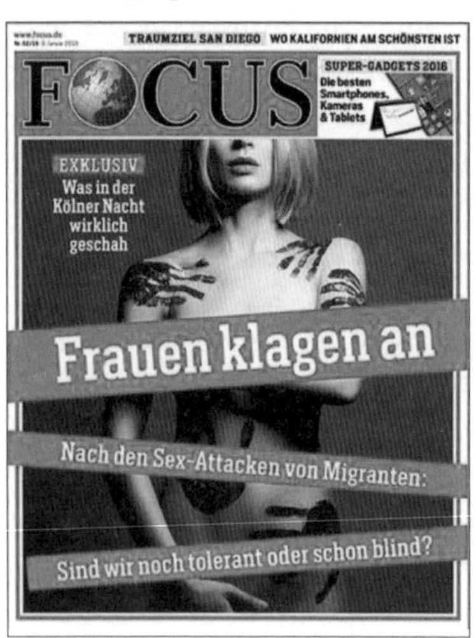

21 Titelbild des *Focus* im Januar 2016. Ein blickloser weiblicher Körper in der Pose der *Venus pudica* (vgl. Abb. 16).

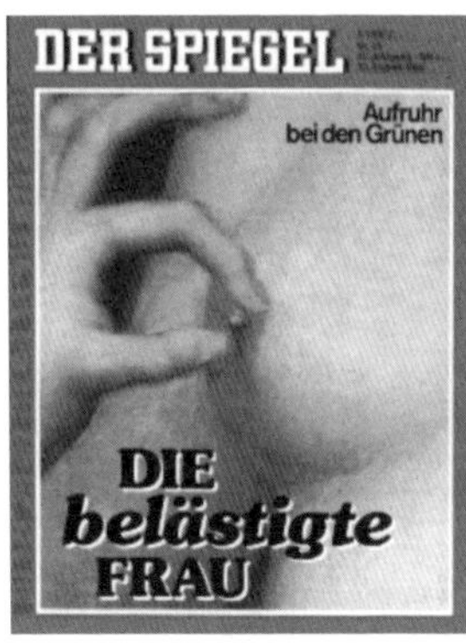

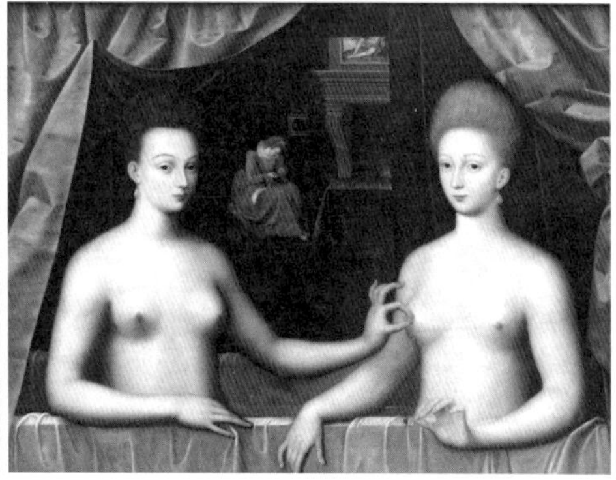

22 *Spiegel*-Titel vom Sommer 1983 anlässlich der verharmlosend als »Busengrapscher-Affäre« bezeichneten sexuellen Übergriffe eines Grünen-Abgeordneten. Der Titel ist ein Ausschnitt aus dem Gemälde *Zwei Damen im Bade* aus der Schule von Fontainebleau (um 1595, rechte Seite).

signalisiert, dass es hier um niemanden geht, der »Sex-Attacken« fährt, wie der *Focus* rund dreißig Jahre später zu den Übergriffen in Köln schrieb. Die Bezeichnung geht eher in Richtung liebenswerter Tölpel. Selbst Waltraud Schoppe, Abgeordnete der Grünen und in die Geschichte der Bonner Republik durch eine feministische Bundestagsrede zum Thema Sexualität eingegangen, gab damals zu bedenken, »daß ein Teil der Frauenbewegung zu dem Ergebnis gelangt ist, daß wir selbstbewußt genug sind, um großzügig sein zu können, um einfach mit jemandem, der das gemacht hat, weiterarbeiten zu können.«[86]

Die Kulturwissenschaftlerin Gabriele Dietze hat sich eingehend mit diesem Doppelstandard beschäftigt, der Sexismus und eine repressive Sexualmoral immer nur bei den muslimischen »Anderen« vermutet und zugleich blind dafür ist, diesen Sexismus auch als Teil der »eigenen« Kultur zu begreifen. Sie hat dafür den Begriff »sexueller Exzeptionalismus« vorgeschlagen: »Jene (nicht ›wir‹) sind die Verkörperung von Frauenunterdrückung, patriarchalischer und häuslicher Gewalt, Homophobie und Sexismus.«[87] Die Auseinandersetzung mit eigenen »unangenehmen Emanzipations-Defiziten« (Dietze) kann man auf diese Weise vermeiden.

Die von Dietze kritisierte Denkweise fand sich auch noch in einem Ratschlag, den Alice Schwarzer, eine der laut Wikipedia

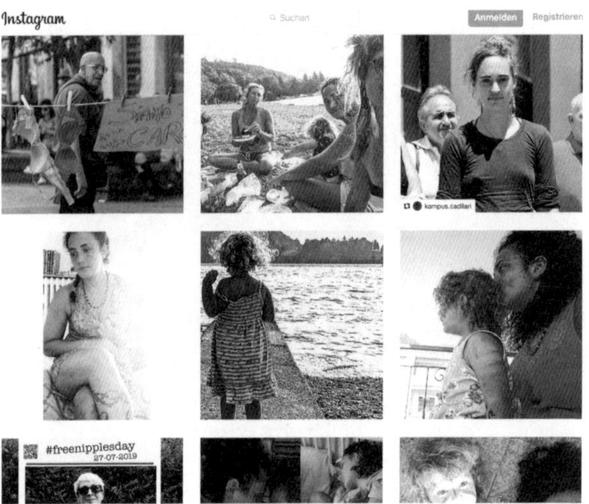

23 Unter dem Hashtag #freenipplesday bekundeten Frauen 2019 ihre Solidarität mit der Kapitänin der *Sea Watch 3*, Carola Rackete (oben rechts), deren Auftritt vor Gericht skandalisiert wurde, weil sie keinen BH trug.

bekanntesten Feministinnen Europas, erst kürzlich einer ihrer Leserinnen gab.[88] Die Frage, die in der Rubrik »Ask Alice« gestellt wurde, lautete: »Kann ich mit bloßem Busen sonnen?«.[89] Die Antwort war: »Besser nicht«. Und warum? Weil, so Schwarzer, die »Sexualisierung der weiblichen Brust etwas in unserem Kulturkreis über Jahrhunderte Gewachsenenes« sei. Ob das über Jahrhunderte »Gewachsene« von vornherein immer positiv zu beurteilen ist, steht auf einem anderen Blatt. Auch die Vorstellung, Frauen seien besser geeignet, sich um Haushalt und Kinder zu kümmern, ist schließlich über Jahrhunderte gewachsen (vgl. Rousseaus Auffassungen zum Stillen). Interessant aber ist die weitere Begründung. Schwarzer nämlich vergleicht das (westliche) Verbot für Frauen, ihre Brust in der Öffentlichkeit zu zeigen, mit dem (islamischen) Verbot, die Haare offen zu tragen. Letzteres sei »frauenverachtend«, weil nicht das Resultat der bereits erwähnten »gewachsenen Sitten«. Das Bedecken bestimmter Körperteile allein des weiblichen Körpers ist also auch hier ein Indikator für kulturelle Differenz. Ob dies weiblicher ›Freiheit‹ zuträglich ist, bleibt zweifelhaft. Und noch ein weiterer Topos wird von Schwarzer in Stellung gebracht, der sich verstörenderweise direkt mit der weiter oben beschriebenen Maxime in Verbindung bringen lässt, die besagt, dass der Busen »Zünder böser Lüste« sei. Die Pamphlete französischer Geistlicher ebenso wie die Abbildungen, in denen Teufel sich an der ›schamlos‹ offengelegten Brust zu schaffen machen (Abb. 8), forcierten die Idee, dass nicht der Busen an sich ein Problem darstellt, sondern allein der weibliche Umgang damit. Den Frauen wurde die Verantwortung dafür zugeschoben, durch Unsichtbarmachung die Tugendhaftigkeit der Männer zu wahren. Schwarzer warnte ihre Leserin entsprechend, indem sie fragte: »Schauen die [anderen] dich mit derselben Unschuld an, mit der du dich zeigst? Oder weckst du Gefühle, die du eigentlich gar nicht wecken willst?«

Dieser Gedanke war übrigens auch schon durch die oben geschilderten Korsett-Diskussionen gegeistert. 1902 befand eine Münchner Ärztin vom »Corset«, es habe »keinen Platz in der Garderobe [...] einer wirklich anständigen Frau«.[90] Der Wiener Psychiater Richard Krafft-Ebing wusste von der »schädlichsten Unsitte [...] der Frauenkleidung«, dem Korsett, zu berichten, dass dessen »ausstellerische Zwecke von Frauenreizen [...] glücklicherweise anständigen Damen nicht bewusst« seien.[91] Angesichts dessen wirkt eine Bildpolitik, wie sie von #freenipplesday initiiert wurde, angenehm unaufgeregt (Abb. 23).

Weder wird eine heroische Marianne beschworen, deren entkleidete Brust die westliche Freiheit verteidigen muss, noch wird das schamhafte Bedecken der Brust als alltagspraktische Vorbedingung für eine solche Heroisierung des nackten Busens akzeptiert. Der Instagram-Bilderstrom zielt nicht auf eine rigide Kontrastierung des ›eigenen‹ oder des ›fremden‹ Busens, der ›schamhaften‹ und der ›schamlosen‹ Busenpräsentation, des ›guten‹ und des ›bösen‹ Busens und dergleichen mehr. Vielmehr haben diese überhaupt erst dazu geführt, dass der *freenipplesday* ausgerufen werden musste.

VON DER *VENUS* ZUM PIN-UP – UND ZURÜCK

Der Busen zwischen Kunst und Pornografie

Venus • Scham-Ideale • Schamlos oder schamhaft? Wie weibliche Körper zur Venus werden • Paläo-Porno • Geschlechterpolitik des Blicks • Eine andere ›Andere‹: Die »Hottentottenvenus« • Akt, Macht, Pornografie • Busen zeigen. Feministische Provokationen • Schönheit • ... und noch einmal: Venus

•

VENUS

Kunst produziert Idealbilder des Weiblichen. Von Anfang an dabei ist die Figur der Venus. Sie wird zum Vorbild, an dem frau sich messen lassen muss. Der schöne, junge, glatte Körper einer Frau wird gemalt, in Stein gemeißelt, in eine Holzplatte geritzt. Sie tritt auf zusammen mit Amor, ihrem Sohn, dem kleinen Schützen, der seine Pfeile in die Herzen auch derjenigen schießt, die eigentlich standhaft bleiben möchten, oder mit dessen Vater, Mars, dem Gott des Krieges. Venus, die römische Aphrodite, betritt die Welt in der antiken Kunst als *Anadyomene* (Schaumgeborene, wörtlich ›die Entsteigende‹), als *Sandalenlösende* oder als *Venus Kallipygos* (die Schönhintrige). All diese und noch einige weitere Typen dienen dazu, den weiblichen Körper in reizvollen Posen darzustellen. Über Jahrhunderte hinweg. Die Vulva ist dabei niemals sichtbar, umso mehr aber der Busen. Venus ist ein geeigneter Ausgangspunkt für die folgenden Betrachtungen, weil sie von der Antike bis in die Gegenwart eine zentrale Utopie des Weiblichen stellt. Sie beeinflusst Darstellung und Funktion des ›idealen‹ Busens, der untrennbar mit dem ganzen weiblichen Körper verbunden ist. Der Busen wird zum

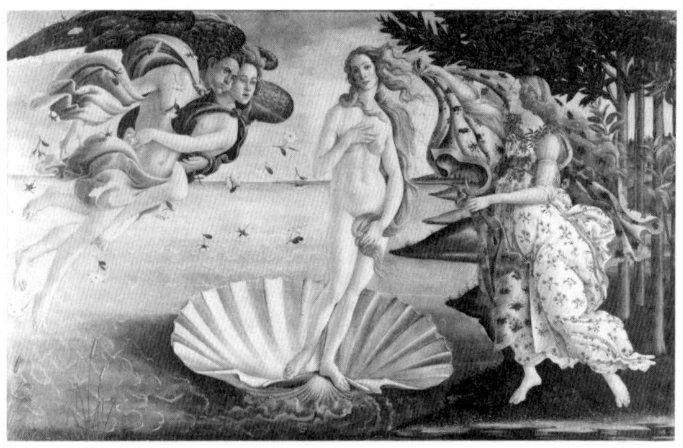

1 Venus – die Vulva bleibt unsichtbar, aber die Brust ist sexualisiertes Weiblichkeitszeichen. S. Botticelli: *Geburt der Venus*, 1484–86.

Auslöser erotisierender und sexualisierender Blicke auf den Frauenkörper, weil es (meist) nicht erlaubt ist, die Vulva in der westlichen Kunst sehen zu lassen.[1] Die *Sandalenlösende* hebt ihr Bein und den Arm, um Aufmerksamkeit auf die Brust zu lenken. In Botticellis *Geburt der Venus* (1484) bleibt das Geschlecht der Göttin in der großen Muschel von ihrem langen, wallenden Haar verdeckt (Abb. 1).

Der Busen aber wird nur mit einer Hand bedeckt, so dass die linke Brust voll und ganz sichtbar ist. Die bedeckende Hand dient zugleich als zeigende Hand. Hier spätestens beginnt ikonografisch das reizvolle Spiel mit Verbergen und Präsentieren. Botticellis *Geburt der Venus*, die eigentlich die Ankunft der Göttin in Zypern darstellt, ist eines der berühmtesten Bilder der Kunstgeschichte und belegt, dass auch in der nachantiken Kunst die Darstellung der Venus ein faszinierendes Thema bleibt. Trotz der Verdrängung antiker Gestalten durch christliche, wie sie etwa an der »Konversion von Venus in Maria« ablesbar ist, wird das Venusmotiv für die Künstler der Renaissance zu einer zentralen Arbeitsaufgabe.[2] Ende des 15. Jahrhunderts glaubt niemand mehr an die griechischen und römischen Göttinnen und Götter, aber das Thema bietet eine willkommene Rechtfertigung für die Präsentation weiblicher Nacktheit. *Venus mit Amor* wird zu einem Typus, der die Künstler von der Renaissance an lange Zeit nicht loslässt. Lucas Cranach d. Ä. malt einige Jahrzehnte nach Botticelli die liebreizende Göttin 87 Mal (Abb. 2).

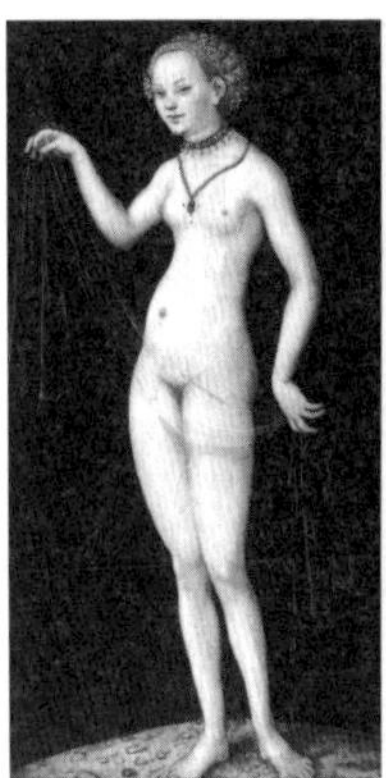 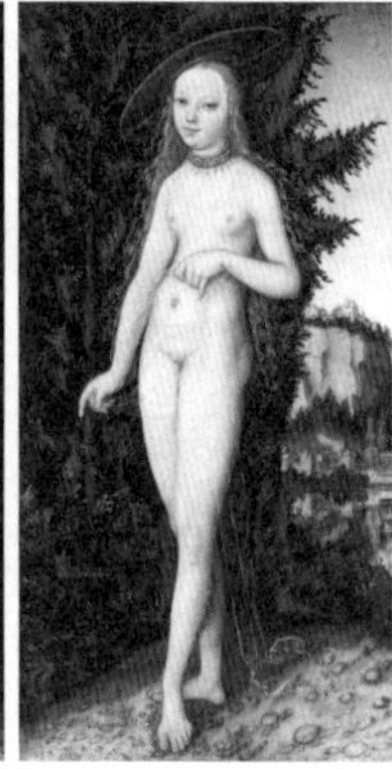 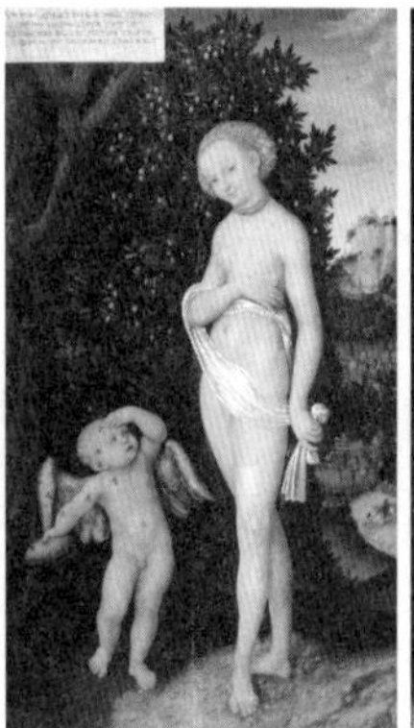 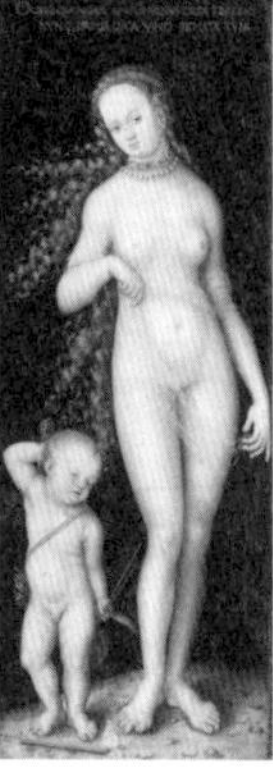

2 Cranach malte die Göttin Venus im Laufe seines Malerlebens über 80 Mal, hier Beispiele aus den Jahren 1513–1537.

Fast immer umspielt den Körper ein durchsichtiger Schleier, buchstäblich nur ein Hauch, so fein gemalt, dass die zarten weißen Linien den darunter sichtbaren Körper erst recht betonen. Der Körper wird stets in eleganten, zierlichen Posen mit schmalen, zarten Gliedmaßen gemalt, die Brüste beharrlich halbkugelförmig, hoch angesetzt, als gebe es nur diese eine mögliche Form.

Im 19. Jahrhundert scheint erneut die *Schaumgeborene* besonders reizvoll. Der jugendliche Körper und die Halbkugelbrüste dauern fort, nur die Bühne wechselt, auf welcher der Körper präsentiert wird. Hoch im Kurs stehen nun wieder Wasser und Weiblichkeit als eine anregende Kombination. Das Motiv beruft sich auf die mythologische Erzählung Hesiods, nach der Aphrodite als Tochter des Uranos dem Meer entstieg. Dies ist eine schaurige Geschichte, denn Kronos hatte seinem Vater Uranos die Geschlechtsteile abgeschnitten und ins Meer geworfen, aber zugleich die Voraussetzung für unübertroffene Schönheit geschaffen, weil sich Samen und Blut mit dem Meerwasser vermischten und Aphrodite hervorbrachten. Im Bild des im Wasser liegenden oder stehenden Frauenkörpers können sowohl die (von Männern) unkontrollierbaren weiblichen reproduktiven Fähigkeiten als auch das Tabuthema Menstruation behandelt werden.[3] Der Schriftsteller und Kunstkritiker Théophile Gautier nennt den Pariser Salon von 1863 den »Salon der Venus«, weil das Sujet damals äußerst weit verbreitet war.[4] Neben vielen

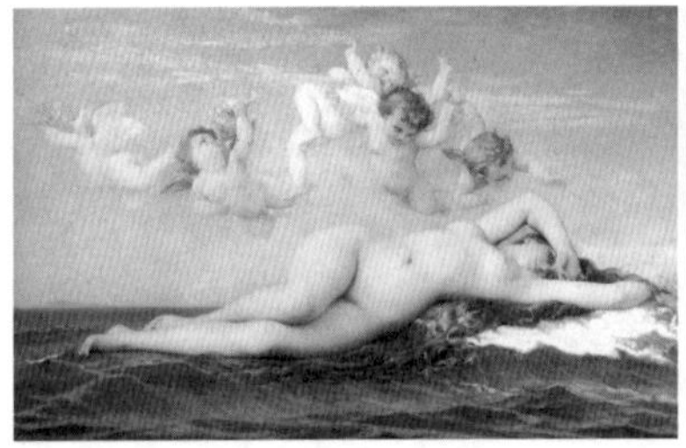

3 A. Cabanel: *Geburt der Venus*, 1863.

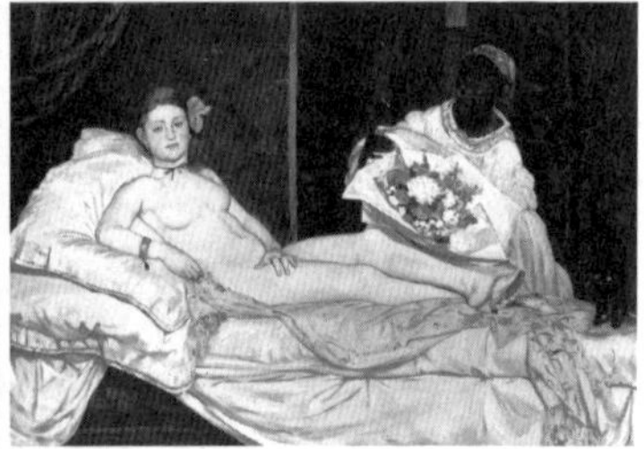

4 É. Manet: *Olympia*, 1863.

anderen hing dort ein Gemälde von Alexandre Cabanel mit dem Titel *Geburt der Venus* (1863): eine sich im Wasser räkelnde Schönheit, umflogen von heiteren Putti (Abb. 3).

Ihre haarlose Vulva ist als geschlossene Oberfläche (un)sichtbar. Ihre Brust dafür wiederum umso aufreizender präsentiert. Die Kunstgeschichtsschreibung wird diese Venus der Salonmalerei des 19. Jahrhunderts bald etwas abschätzig als Kitsch beurteilen. Denn es gibt modernisierte, avancierte Versionen der Venus, Manets *Olympia* zum Beispiel, ebenfalls von 1863. Manet bezog sich auf die *Venus von Urbino* von Tizian und machte aus der Göttin eine zeitgenössische Pariserin (Abb. 4).

Die Zeitgenossen lasen sie als Prostituierte, ein Skandal drohte, was für die Kunst der Moderne bald zum guten Ton gehörte. Nacktheit aber zeigte sich auch hier über die Präsentation der Brust; die Vulva ins Bild zu bringen war immer noch nicht denkbar. Sie ist durch die locker platzierte Hand der Liegenden verdeckt.

Aber: Im 19. Jahrhundert taucht noch eine ganz ›andere‹ Venus auf. Weibliche Körper, die nicht wie die bekannte Venus aussehen, aber trotzdem *Venus* heißen. Große Brüste. Körper mit einer Vulva. Körper, nicht schmal und, wie es heißt, wohlgebildet, sondern exzessiv, raumgreifend. Ihre Haltungen exerzieren nicht die vorgegebenen Varianten durch und folgen keinem der überlieferten Muster. Einer dieser ›anderen‹ Venustypen wurde »Hottentottenvenus« genannt und zeigt 1810 einen Schwarzen weiblichen Körper im Profil, eine Darstellungsweise, wie sie für die weiße Idealvenus unbekannt ist (Abb. 5).

Die Bilder der »Hottentottenvenus« etablieren und propagieren einen rassistischen Blick, der den Schwarzen Körper zwar als Venus tituliert, aber ihm zugleich all das abspricht, was man mit dieser Göttin verbunden hatte. Die Ideale der Schönheit, Reinheit, Kunst.

Kurz darauf betritt eine weitere Venus die Bühne: die *Venus impudique*, die *Schamlose*. Wieder ein weiblicher Körper, der so gar nicht dem entspricht, wie weibliche Körper dargestellt werden. Keine schamhaften Gesten, also: eine Schamlose. Aber immer noch Venus genannt. Eine steinzeitliche Statuette, gefunden 1908 und nach ihrem Fundort *Venus von Willendorf* benannt (Abb. 6).

Die Geschichte der Venus und ihrer Bilder – notabene: eine andere gibt es gar nicht – ist damit nicht zu Ende. 1921 malt Paul Klee eine *Barbarische Venus*, die sowohl männliche wie weibliche Geschlechtsteile aufweist und die als Echo jener »devianten« Venusfiguren zu verstehen ist, mit denen das 19. Jahrhundert die *anderen* Körper intelligibel machte. Aus demselben Jahr datiert auch Klees Zeichnung *Alternde Venus*. Deutliches Zeichen für das Alter der Dargestellten ist der durch zwei nebeneinander gesetzte Halbkreise, die an ihrem tiefsten Punkt brustwarzenartige Markierungen aufweisen, angezeigte ›Hängebusen‹. Auch von Otto Dix wird der alte weibliche Körper in einem Gemälde 1923 unter dem

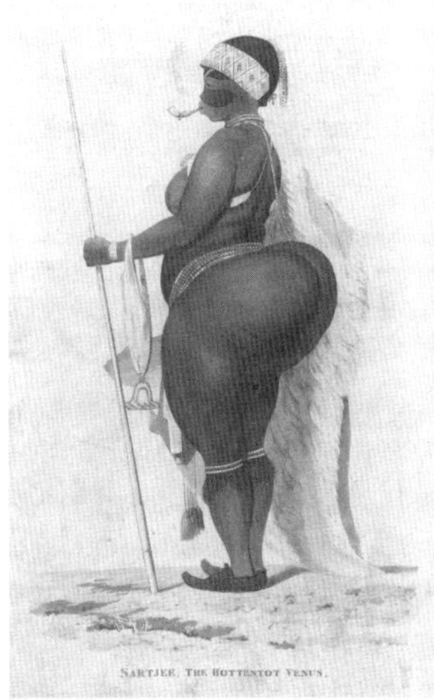

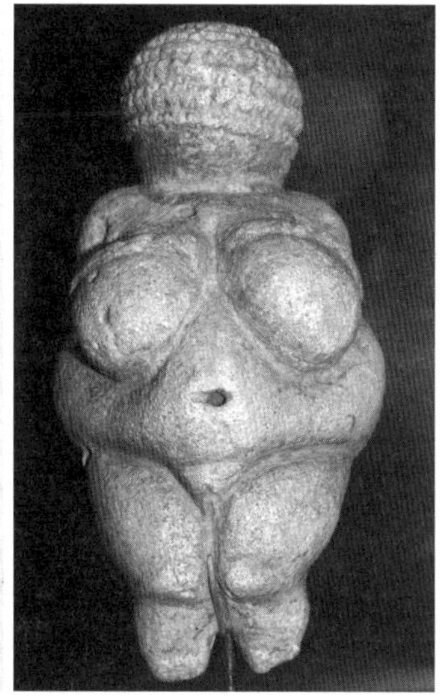

5 Teil eines rassistischen Bildkosmos. *Saartjee, the Hottentot Venus*, 1810.

6 *Venus von Willendorf*, um 25 000 v. Chr.

Titel *Venus des kapitalistischen Zeitalters* gezeigt; ebenfalls mit herabhängenden Brüsten und grimassenhaftem Gesicht, und auch sie keine Verkörperung eines positiven Ideals. Die Venus darf nun altern, aber sie wird zum Schreckensbild.

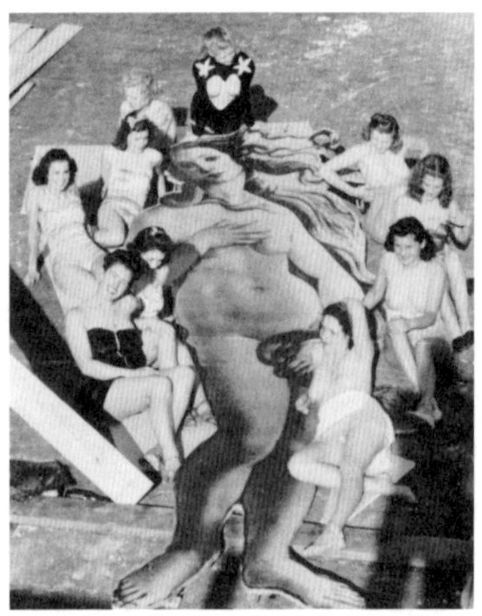

7 Beim Aufbau von S. Dalís *Der Traum der Venus (Dream of Venus)*, Weltausstellung New York, 1939.

Die Surrealisten dagegen machen die Venus zur sexuellen Provokation, auch indem sie die Kunstfigur mit realen Frauen konfrontieren.

Für die New Yorker Weltausstellung 1939 baut Salvador Dalí den begehbaren Pavillon *Dream of Venus* (Abb. 7). Über dem Eingang eine riesige Reproduktion von Botticellis schaumgeborener Venus. Ein Foto, das die Entstehung dokumentiert, zeigt die überdimensional vergrößerte Venus umringt von weiblichen Modellen – viele davon barbusig. Das *Time Magazine* berichtete, es habe in Dalís Environment »mehr öffentliche Nacktheit gegeben als irgendwo außerhalb Balis«.[5] Viele künstlerische Experimente mit der Venus folgen. Über Jahrhunderte aber ist das Thema nahezu ausschließlich von Männern besetzt.

SCHAM-IDEALE

Die Figur der Venus ist zwar nur eines von vielen in der Kunst entwickelten und erprobten Ideale weiblicher Körper, aber eines der wirksameren – schon allein aufgrund ihrer langen Faszinationsgeschichte. Ihr Zeichen, der stilisierte Handspiegel (♀), markiert in der Biologie alles Weibliche. In den 1970er Jahren wurde es, mit der hochgereckten Faust kombiniert, zum Symbol der Frauenbewegung. Und in der Kunst der Neuzeit und Moderne bildet der weibliche Akt, der seinen antiken Ursprung im Bild der Venus hat, unbeirrbar eines *der* Hauptthemen. Nicht umsonst fragten die anonym unter

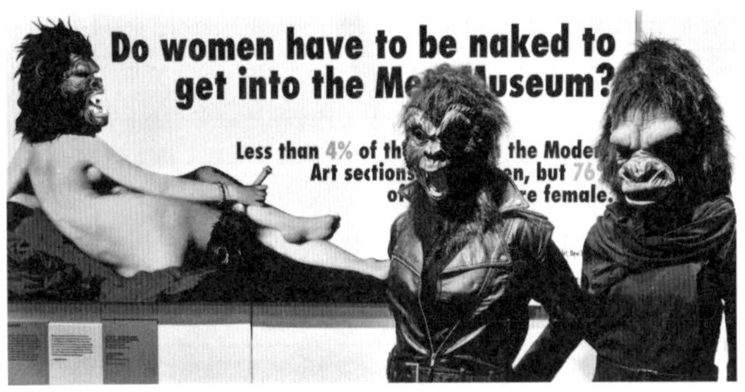

8 Guerilla Girls im Londoner Victoria & Albert Museum, 2014.

Gorillamasken verborgenen Kunstaktivistinnen *Guerilla Girls* 1984 »Do women have to be naked to get into the Met. Museum?« (Abb. 8).

Sie wiesen nach, dass im Metropolitan Museum stolze 85 Prozent aller Aktbilder einen weiblichen Körper zeigten, aber nur fünf Prozent der ausgestellten Werke von Künstlerinnen geschaffen wurden. Doch trotz der großen Zahl an nackten weiblichen Körper, die eine Museumsbesucherin beim Gang durch die Ausstellungssäle zu Gesicht bekam, war die Art und Weise, *wie* diese Körper zu sehen gegeben wurden, alles andere als vielfältig. Da ist zum einen die bereits erwähnte, fast völlige Verbannung der Vulva aus der Kunst, die von Kultur- und Kunstwissenschaftlerinnen analysiert wurde,[6] zum anderen die Fülle an nackten Brüsten. Sie setzen erotische Signale, werden aber überwiegend immer auf dieselbe, wenig realistische Weise dargestellt: als zwei perfekte Halbkugeln. Die Normierung ist auffällig, und auch die Posen gleichen sich: Die Stehende im Kontrapost, die Liegende, in der Landschaft oder auf einem Bett, eine Rückenansicht. All dies sind immer wieder variierte Haltungen weiblicher Nackter in der Kunst, die sich seit dem Beginn der Bildgeschichte in der Antike auf Darstellungen der Venus beziehen. Sie ist ein Bildformular, ohne das weite Teile der westlichen Kunst nicht denkbar wären. Und sie hat ein Pendant, den männlichen Akt, der aber, wie die Kunsthistorikerin Daniela Hammer-Tugendhat darlegt, völlig anders auftritt.

An einem Vergleich zweier Skulpturen des antiken Bildhauers Praxiteles erläutert sie, worin der Unterschied liegt. Die Inszenierung des weiblichen Körpers beginnt in der Kunst mit der Scham.

Denn während der *Hermes von Olympia* mit dem linken Arm den kleinen Dionysus hält, den rechten (abgebrochenen) Arm in die Höhe reckt und seinen Körper frei präsentiert, bedeckt die *Aphrodite von Knidos* ihre Scham (sic!) vor unserem Blick (Abb. 9). Denn um diesen geht es, da die Skulptur keine weiteren Personen zeigt, vor denen die Göttin sich verstecken müsste. Auch ist der Körper der Aphrodite im Gegensatz zu jenem des Hermes leicht nach vorn gebeugt und wirkt dadurch instabil. Die Skulpturen tragen so zu einer »Polarisierung und Hierarchisierung der Geschlechtscharaktere« insgesamt bei, denn aus den normierten Körperhaltungen werden schnell auch normierte Vorstellungen von Weiblichkeit und Männlichkeit – und umgekehrt.[7]

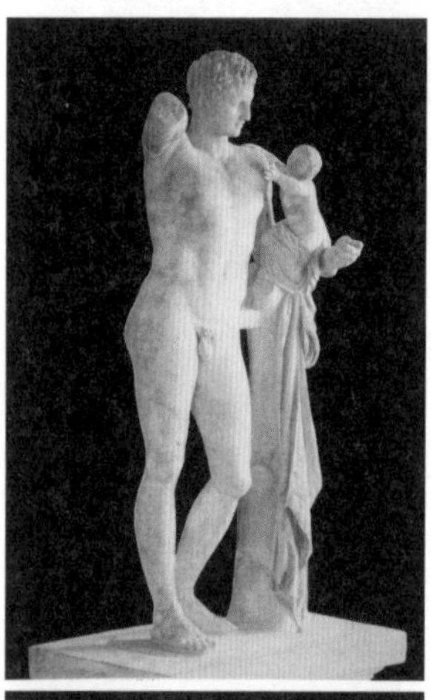

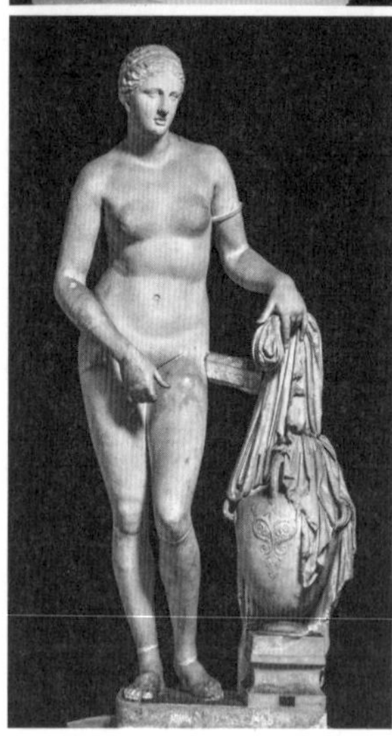

9 Praxiteles: *Hermes von Olympia*, 4. Jh. v. Chr.; Kopie nach Praxiteles: *Aphrodite von Knidos*, 1. Jh.

Der Typus der Venus/Aphrodite erfährt in diesem Zusammenhang im Laufe der Zeit noch eine Zuspitzung. Während die Göttin bei Praxiteles immerhin wenigstens einen Arm für etwas anderes als die Abwehr ›schamloser‹ Blicke frei hatte, muss sie in späteren Darstellungsvarianten beide Hände dafür einsetzen. Die Brust, die sie zunächst noch offen präsentierte, wird nun auch halbwegs verdeckt (Abb. 10).

›Handeln‹ kann dieser weibliche Körper nicht, schon allein weil er buchstäblich keine Hand mehr frei hat. Vielmehr betonen die schützenden Gesten, die die erotisch konnotierten Teile des weiblichen Körpers betreffen, sowohl dessen Schutzbedürftigkeit als auch seine Rolle als Objekt und die völlige Konzentration auf diesen Zustand. Die Venus ist selbstbezüglich und doch durch den Blick des Betrachters konditioniert.

Damit wurde ein Blickschema etabliert, das bis in die Gegenwart wirksam bleibt. So hat zum Beispiel die feministische Filmwissenschaftlerin Laura Mulvey dieses Blickregime – ›Männer‹ blicken, ›Frauen‹ werden angeblickt – in den 1970er Jahren als Grundstruktur des Hollywoodkinos benannt.[8] Kamerafahrten über den weiblichen Körper agieren diesen objektivierenden Blick auf den weiblichen Körper wieder und wieder aus. Auch hier handeln männliche Körper, während weibliche betrachtet werden. Wichtig ist dabei, dass auch weibliche Menschen mit dem angelernten »männlichen Blick« betrachten können. Zudem verdeutlicht das Beispiel Venus/Aphrodite, dass diese Zuordnung im wahrsten Sinne des Wortes künst-lich geschaffen wurde: in der Kunst nämlich. Der weibliche Körper wird als Angeblickter oder, genauer, als Anzublickender gezeigt. Bei allen historischen Unterschieden zwischen einem Hollywoodfilm und der Knidischen Aphrodite lässt sich dennoch eine Konstante ausmachen, die erst die Folie für vielfältige Veränderungen und Modernisierungen bildet: Der »weibliche Körper im Akt wird privilegiertes Objekt der Blicke«.[9] Dies aber bedeutet zugleich die Hervorbringung eines Gegensatzes, der als ›männlich‹ versus ›weiblich‹ gedacht und, wie ein Blick in die Philosophiegeschichte zeigt, nicht nur in der Kunst wirksam ist, sondern auch darüber hinaus:

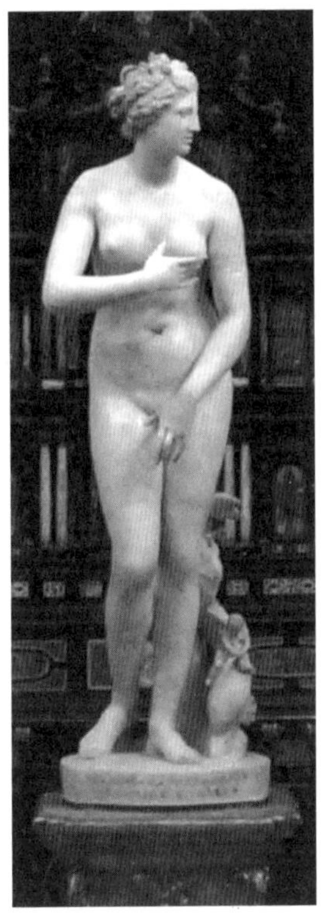

10 Medici-Venus, 1. Jh. v. Chr., Florenz, Uffizien.

> »In allen Grunddualismen, an denen das philosophische Denken des Abendlandes bekanntlich seit seinen Anfängen reich ist und im weiteren Fortgang seiner Geschichte nur immer noch reicher geworden zu sein scheint, ist die Geschlechterdifferenz latent mitgedacht. In den Dualismen von Kultur und Natur, Geist (Seele) und Körper (Leib), Vernunft (Rationalität) und Gefühl (Emotionalität), Öffentlichkeit und

> Privatheit, Haben und Sein, Erhabenheit und Schönheit usw. ist der Geschlechterdualismus implizit immer anwesend. Umgekehrt ausgedrückt heißt das, daß in den Konzeptionen von Weiblichkeit und Männlichkeit die großen Grunddualismen des abendländischen Denkens eingeschrieben sind. Auf Befragen würde jede in unserer Kultur sozialisierte Person ohne Zögern und Zweifel die ›richtige‹ Zuordnung der jeweiligen Kategorien zu den beiden Geschlechtern vornehmen. Daß Frauen der Natur näher stehen, während der Mann das Werk der Kultur vollbringt, daß Frauen mehr Gefühl und Männer mehr Rationalität besitzen, daß Frauen ins Haus (Privatsphäre) gehören, während dem Mann die Öffentlichkeit vorbehalten ist […], usw. – das alles sind alteingesessene, ja nahezu unausrottbar erscheinende Geschlechterklischees.«[10]

SCHAMLOS ODER SCHAMHAFT? WIE WEIBLICHE KÖRPER ZUR VENUS WERDEN

Das starre Gegensatzprinzip, das den Blick auf die Geschlechter bestimmte, hätte 1864 durcheinandergewirbelt werden können. Denn in Frankreich beschrieb der archäologiebegeisterte Adelige Marquis Paul de Vibraye in diesem Jahr eine steinzeitliche Figur. Sie zeigte einen entkleideten weiblichen Körper, aber dieser sah ganz anders aus als die üblichen hundertfach gemalten, gemeißelten und ausgestellten Frauenkörper. Die Figur bedeckte weder Vulva noch Brüste, trat also ohne jeglichen Schamgestus auf. Aber anstatt diesen Fund zum Anlass zu nehmen, eine Weiblichkeit jenseits der Venus zu denken, geschah genau das Gegenteil. Vibraye nannte die von ihm entdeckte Figur in Analogie zur schamhaften *Venus pudica Venus impudique*, schamlose Venus. Und dieses Benennungsprinzip wurde beibehalten. Alle steinzeitlichen Frauenfiguren werden seitdem als *Venus* geführt. Das Naturhistorische Museum in Wien, wo mit der 1908 entdeckten *Venus von Willendorf* eine der bekanntesten dieser Figuren aufbewahrt wird, stellt sie unter der Überschrift »Venus-Forschung«[11] vor (Abb. 6).

Besonders auffällig an dieser Figur sind ihre kolossalen Brüste. Für heutige Betrachter*innen mit entsprechender Sehschulung durch Kunst und Massenmedien wirkt die Figur ›dick‹ und widerspricht allem, was heutige Schönheitsideale nicht nur vom Busen fordern. In den 1960er Jahren eröffnete ein Büchlein zur Geschichte des Dekolletés mit dem Hinweis, sie sei von »monumentaler Häßlichkeit« und habe »zwei plumpe Brüste«[12]. 2014 tauchte die *Venus von Willendorf* sogar in einem Buch über die Geschichte der plastischen Chirurgie auf mit dem Hinweis, dass die Statuette die »Diagnose Makromastie« verdiene (griech. *makros* = übergroß), was die »Übernahme der Kosten einer reduzierenden Mammaplastik« durch die Krankenkassen ermögliche.[13] Doch diese Kommentare sagen mehr über den heutigen Blick auf die Brust und die damit zusammenhängenden Normen aus als über die Figur, mit denen diese Norm in Form ihres Gegenentwurfs bebildert wird.

Denn was es mit dieser und vergleichbaren Figuren wirklich auf sich hat, darauf hat die Vor- und Frühgeschichte noch keine eindeutige Antwort gefunden. Doch dazu im Folgenden mehr. Zunächst soll es noch einmal um die Frage gehen, wieso diese Figuren, die so ganz anders aussahen als die antiken Venusfiguren, überhaupt mit dem Namen der Göttin versehen wurden. Denn die Entdecker der Figuren wussten selbstverständlich, dass die kleinen Statuen keine Venus-Darstellungen sein konnten. In der Steinzeit gab es noch keine Venus. Dafür aber war in der zweiten Hälfte des 19. Jahrhunderts fast jede Repräsentation eines nackten weiblichen Körpers mit sehr großer Wahrscheinlichkeit eine Venus (siehe Gautiers »Venus-Salon« von 1863, in jenem Jahr übrigens, in dem Vibraye seine ›schamlose‹ Venus fand). Dennoch ist die Bezeichnung »schamlose Venus« merkwürdig, denn Schamlosigkeit signalisiert die größtmögliche Abweichung vom etablierten Venusmodell, dessen Grundbedingung Schamhaftigkeit ist.

Mehrere Faktoren kommen hier zusammen: zunächst die übermächtige Präsenz eines Bildmodells von Weiblichkeit, das in der Figur der Venus konzentriert Eigenschaften wie Schamhaftigkeit und Jugendlichkeit aufweist. Überspitzt gesagt: Jede weibliche Figur orientierte sich in der Regel an der Venus, und wenn nicht, war sie nicht etwas *Anderes als die Venus*, sondern der Einfachheit halber *eine andere Venus*. Ein weiterer Punkt ist das nahezu völlige Fehlen anderer Körperbilder in der Kunst, ist doch der weibliche Akt grundsätzlich auf die Darstellung des jugendlichen Idealkörpers hin ausgerichtet. Das lässt sich insbesondere an Bildern ablesen, auf denen ausnahmsweise weibliche Körper gezeigt werden, die diesem Ideal nicht entsprechen, zum Beispiel alte Körper.[14] Sie sind in der Kunst selten dargestellt, und wenn, dann sehr oft als das Ideal verstärkende Gegenbilder, im Grunde werden sie Abwehrbilder. Lucas Cranachs d. Ä. *Jungbrunnen*, gemalt 1546, zeigt das paradigmatisch (Abb. 11).

Wir sehen hier, wie man sich das Zur-Venus-Werden als Imperativ für *alle* weiblichen Körper vorstellen muss. Die Idee des Jungbrunnens ist, wie der Name schon sagt, dass man durch ein Bad im Wasser seine Jugendlichkeit wiedererlangen kann. Eigentlich ein naheliegender Wunsch, den auch Männer verspüren müssten. Bei Cranach jedoch steigen nur Frauen ins Wasser, die in großer Zahl von links aus einer kargen Felslandschaft herangekarrt werden und nach rechts dem Wasser wieder jugendlich entsteigen und eine üppig grüne Landschaft betreten. Dort erwarten sie Musik, Speis und Trank sowie die Freuden der Liebe, wie nicht nur das kleine Liebespaar vorne rechts signalisiert, das sich hinter einem Strauch versteckt. Das passt insofern, als Rabelais, ein Zeitgenosse Cranachs, darauf hinwies, dass Männer sich im Verkehr mit jugendlichen Frauen verjüngen – offenbar der Grund dafür, dass sie nicht selbst ins Wasser steigen müssen. Das Thema Alter wird daher fast durchgängig am weiblichen Körper abgehandelt. Von Hans Sachs, ebenfalls Zeitgenosse Cranachs, stammt ein Fastnachtsspiel mit dem Titel *Wie man alte Weiber jung schmiedet*, und noch bis ins 17. Jahrhundert wurde der Jungbrunnen in satirischen Schwänken immer wieder aufbereitet.[15]

Das Alter der Männer ist bei Cranach also etwas, das sich nicht an faltiger Haut, hängenden Körperteilen und zahnlosen Mündern ablesen lässt. Männliches Alter ist würdig und weise oder einfach ein Zustand, in den man gerät, wenn man nicht jung stirbt. Es wird nicht ästhetisch abgewertet, sondern zeigt sich an zotteligen Bärten oder etwas gebeugter Körperhaltung. Eingeschrumpelte Hoden, dicke Kugelbäuche oder einen faltigen männlichen Po bekommen wir nicht zu sehen. Und die Männer, die sich auf der rechten Seite mit den Verjüngten vergnügen, sind ebenfalls entweder als bartlose Jünglinge gekennzeichnet oder als gestandene Männer, die aber noch genügend Kraft haben, das Tanzbein zu schwingen. Entkleidete Männerhaut wird auch in diesem Zusammenhang nicht gezeigt.

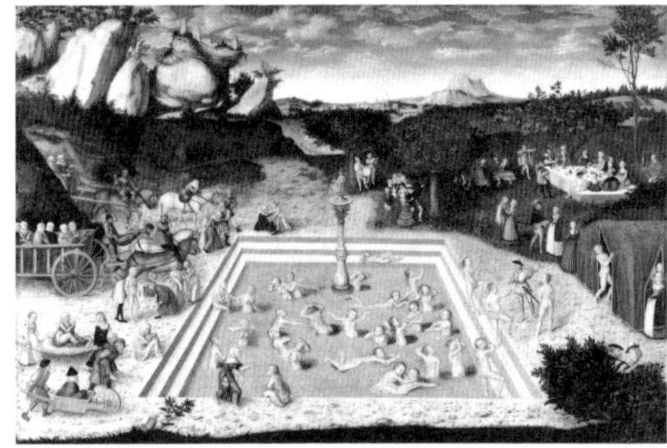
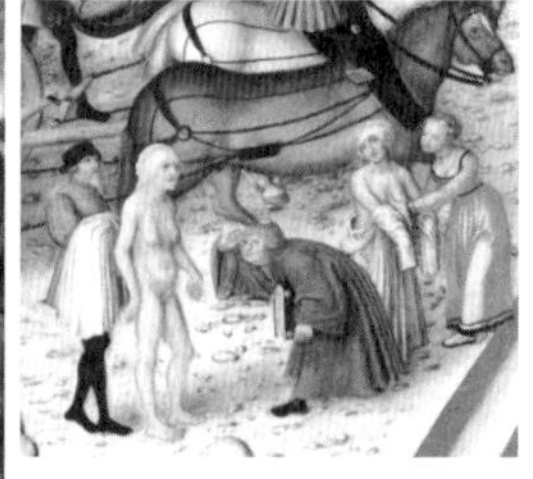

11 Aus alt mach jung. Cranach d. Ä.: *Der Jungbrunnen*, 1546 (rechts: Detail).

Umso stereotyper fällt die Darstellung des weiblichen Alters aus. Die ›hängende‹ Brust ist hier das visuelle Nonplusultra. Ausnahmslos alle Nackten auf der linken Bildseite haben sie. Und der Busen ist es auch, der die Aufmerksamkeit eines älteren Herrn erregt, der durch Brille, Kleidung und den großen Folianten unter dem Arm als gelehrt gekennzeichnet ist (Abb. 11). Er beugt sich zu den Brüsten einer vor ihm stehenden Frau herunter, um sie durch seine Brille ganz genau zu betrachten. Stellvertretend für uns, die wir das Bild ansehen, führt die Szene vor, worum es geht: den (männlichen) taxierenden Blick auf den entkleideten Frauenkörper. Das Ideal, dem alle weiblichen Körper hier nacheifern, steht dabei als Brunnenfigur inmitten der Badenden: Venus mit Amor. Ganz klein ist diese für das Bildverständnis zentrale Gestalt im Mittelpunkt des Kunstwerks platziert. Aus den alten, ›anderen‹ Körpern wird ein Venus-Körper. ›Venus-Werden‹ also ist ein Topos, der lange vor der Bezeichnung steinzeitlicher Venusfiguren existierte, die Cranach wahrscheinlich auf die linke Seite seines Gemäldes einsortiert hätte.

Dass es bei all diesen Wandlungsprozessen um Erotik und Sexualität geht, wird spätestens beim Blick auf die weiteren Liebespaare des *Jungbrunnens* deutlich, die sich nach dem erfolgreichen Bad zusammengefunden haben. Der Kunsthistoriker Gustav Hartlaub schrieb in den 1940er Jahren von »mancher gelüstiger, ein wenig verbuhlter Einzelheiten«.[16] Man hält sich in inniger Umarmung, tanzt so wild, dass der Rock hochfliegt, oder verschwindet gleich hinter Büschen und Bäumen, wie gelb bestrumpfte Beine, die man gerade noch so sieht, andeuten. Dies alles ist angesichts der Göttin der Liebe und Schönheit natürlich naheliegend. Interessant aber wird es, wenn man sich vergegenwärtigt, dass all die Liebe und das körperliche Vergnügen erst stattfinden können, wenn die Körper dem Venusideal entsprechen. Mit der Venus wird also gleichsam ein Rahmen in die Kunst eingezogen, der sowohl ein Ideal des Schönen am Beispiel des jugendlichen weiblichen Körpers festlegt als auch die Idee des Schamhaften damit verbindet. Dieses impliziert, dass der weibliche Körper sich ansehen lassen muss, gewissermaßen immer schon zum Bild wird und selbstverständlich bewertet wird. Wenn er nicht dem Ideal der Kunstfigur Venus entspricht, dann lässt er sich nur denken als einer, der zu dieser Figur werden muss – oder aber er steht jenseits von allem, was diese verkörpert. Dazu passt im Übrigen, dass die Körper bei Cranach sich nicht langsam in Richtung jugendliches Ideal verwandeln, man also keine Zwischenstufen sieht, in denen der Busen zum Beispiel schon ein wenig fester wird, die Haare weniger grau sind oder die Bewegungen etwas leichtfüßiger, was künstlerisch vielleicht reizvoll hätte sein können. Nein, hier gibt es nur entweder – oder. Entweder ist frau eine alte Vettel und in jeder Hinsicht all das nicht, was die Venus ist. Oder sie ist diese Venus und damit vor allem in Hinblick auf ihre Eignung als Sexualpartnerin der Männer interessant. Andere Rollen sind hier nicht vorgesehen, schlicht weil es keine anderen Körper gibt.

Die *Venus impudique*, so lässt sich folgern, erhielt ihren Namen also auch deswegen, weil sie diesen dualistischen Rahmen zu sprengen drohte. Der Begriff des »Schamlosen« verweist auf die eben skizzierten sexuellen Konnotationen, die bei Cranach prägnant thematisiert sind. Dort diente die Verjüngung den Frauen dazu, sich mit ihrer neuen Jugendlichkeit nun sexuell in den Dienst der älteren und alternden Männer zu stellen, die sich ihrerseits durch körperliche Beziehung zu den jüngeren Frauen verjüngen. Folgt man Cranach, beschränkt sich die sexuelle Lust der Frauen allein darauf.

Als die Archäologie Mitte des 19. Jahrhunderts die Figur der ›schamlosen Venus‹ entdeckte, gaben herrschende Weiblichkeitsvorstellungen eine ebenso strikte Trennung von männlicher und weiblicher Sexualität vor. Die Einhegung bürgerlicher weiblicher Sexualität im Kontext einer klaren Trennung zwischen männlich konnotierter Öffentlichkeit und weiblich konnotierter Privatheit sah in »weibliche[r] Leidenschaftslosigkeit [...] das Gegenstück zur aktiven männlichen Sexualität«.[17] Das Vorhandensein nichtreproduktiver weiblicher Sexualität wurde geleugnet beziehungsweise als Abweichung von der idealisierten Norm beschrieben. Schon in nachantiken Venus-Darstellungen war in der eigentlich erotischen Figur der Venus durchaus auch tugendhafte Schamhaftigkeit propagiert worden. Botticelli hatte einige Jahre vor der *Geburt der Venus* Mars und Venus zusammen ins Bild gebracht. Diese Paarkonstellation sollte den mäßigenden Einfluss der weiblichen Göttin auf den Furor des männlichen Kriegsgottes darstellen.

Diese Lesart der Venus war auch im 19. Jahrhundert wirksam. In einem Bildkosmos, in dem es vor Venus-Darstellungen nur so wimmelte und der alle erotischen Kitzel mit diesem Ideal des ›Schamhaften‹ verband (geschlossene Körperoberflächen, Haarlosigkeit, schamhafte Gesten, gesenkte Blicke usw.), konnte die Darstellung eines weiblichen Körpers mit ›unförmigen‹ Brüsten und einer deutlich sichtbaren Vulva, deren Körper keine ›weiblichen‹ Haltungen einnahm, nur als Gegenmodell, als radikal Anderes wahrgenommen werden. Die Wirkmächtigkeit dieses dualistischen Modells, das ausgehend vom Venusbegriff zwei einander ausschließende, aber dennoch aufeinander bezogene Weiblichkeitskonstruktionen lancierte, lässt sich auch daran ablesen, dass es in anderen Zusammenhängen zur rassistischen Kennzeichnung und Abwertung weiblicher Sexualitäten eingesetzt werden konnte (etwa im Falle der »Hottentottenvenus«). Einer der Entdecker der *Venus von Willendorf*, der Wiener Archäologe Hugo Obermaier, notierte über seinen Fund, dessen »fetter«, »degenerierter« weiblicher Körper ähnele dem »fauler Jüdinnen«. Wie der Historiker Sander Gilman dargelegt hat, durchzog das Bild der ›dicken‹ Jüdin um 1900 so unterschiedliche Felder wie die Archäologie, die Schönheitschirurgie, die sich auf die Reduktion rassifizierter (›jüdischer‹) Brüste spezialisierte, und die Malerei, in der das Motiv der »Susanna im Bade« von Künstlern wie Arnold Böcklin genutzt wurde, um gleich mehrere antisemitische Stereotype ins Bild zu bringen (*Susanna im Bade*, 1888, Oldenburg, Landesmuseum für Kunst und Kulturgeschichte).[18] Damit war eine weitere Ebene etabliert, auf der die *Venus von Willendorf* als Gegenbild eines idealen, weißen und, in diesem Fall, auch nichtjüdischen Venuskörpers fungierte.

Die großen Brüste der steinzeitlichen Frauenfiguren wurden von den Betrachter*innen des 19. und frühen 20. Jahrhunderts als Zeichen für ›Nicht-Kunst‹ wahrgenommen. Auch deswegen werden diese Figuren bis heute in der Regel in naturhistorischen und nicht in Kunstmuseen gezeigt. Die ›schamlose Venus‹ war eine Frau/ Venus, die außerhalb des Venusideals und damit auch außerhalb der Kunst verortet wurde. Sie war – metaphorisch gesprochen – noch nicht durch das Venusbecken geschwommen. Vor allem die großen Brüste der steinzeitlichen Venusfiguren scheinen bis heute Anlass dafür zu sein, dass sie auf modernisierte Art und Weise immer noch mit diesem Verdikt des ›Schamlosen‹ belegt werden. Aus schamlos wird Porno. 2009 entdeckten Archäolog*innen der Tübinger Universität eine steinzeitliche Figur, die dem üblichen Namensgebungsverfahren gemäß nach ihrem Fundort als *Venus vom Hohle Fels* bezeichnet wurde (Abb. 12).

Man erkennt an der Figur sofort wieder die Merkmale, die auch schon bei der *Venus von Willendorf* auffällig waren: die enormen Brüste sowie die deutlich sichtbare Vulva. In der Wissenschaftskommunikation wurde die Figur überraschend schnell als »paleolithic porno« gelabelt.[19] Entsprechend der Annahme, dass nur Männer daran interessiert sein könnten, wurde die Figur schnoddrig als »gentlemen's glossy portable statuary« (Hochglanz-Tragbare-Herren-Statuette) und »world's first page 3 girl« (»das weltweit erste Mädchen von Seite 3«) tituliert. Dies mag im Sinne der Jagd auf Klicks verständlich sein, bleibt aber trotzdem sexistisch. Allein die Unterstellung, die Figuren seien Objekte, die lediglich zur Nutzung durch prähistorische »Gentlemen« von ebensolchen geschaffen wurden, entbehrt jeder Grundlage. Die Herstellung und Nutzung durch Frauen ist genauso denkbar, zumal die

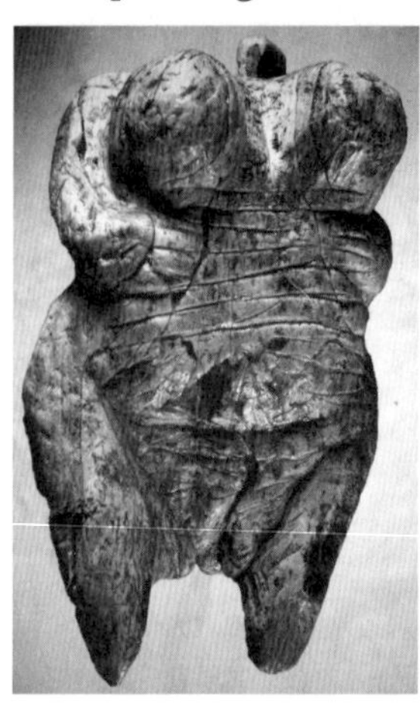

12 »Paläo-Porno«? *Venus vom Hohle Fels*, ca. 40 000 Jahre alt.

Vorstellung, dass im Paläolithikum ausschließlich Männer Kunst produziert und konsumiert haben sollen, wenig plausibel erscheint. Bis heute jedenfalls ist sie weder durch entsprechende Funde noch andere Quellen belegt. Wahrscheinlicher ist, dass diese Überzeugung sich vor allem aus der Reproduktion stereotyper Geschlechtervorstellungen erklärt, wie die Archäologinnen April Nowell und Melanie L. Chang darlegen:

»[...] es ist unzulässig anzunehmen, dass weibliche Figuren [im Paläolithikum] nur von Männern hergestellt wurden. Während das Geschlecht der Künstler*innen, die die paläolithische Figurine [die Venus vom Hohle Fels] herstellten, unbekannt bleibt, glauben wir, dass die Annahme, es handle sich um eine männliche Autorschaft, hauptsächlich auf der Erkenntnis beruht, dass ›große Kunst‹ die gesamte Geschichte hindurch stets von Männern hergestellt wurde, und auf der Vorstellung, dass die vermeintlich sexualisierte Darstellungsweise der Figuren ausschließlich anziehend auf Männer wirke.«[20]

Die Annahme, die paläolithischen Venusfiguren seien für ein rein männliches Publikum geschaffen, kursierte in der Kunstgeschichte und Archäologie über Jahrzehnte, wobei die fehlende Begründung eigentlich sofort ins Auge hätte springen müssen. Der britische Kunsthistoriker John Onians hatte 1978 in der Zeitschrift *Art History* erklärt, dass die Dreidimensionalität der Figuren sie dafür prädestiniere, in die Hand genommen und liebkost zu werden, »genauso wie [...] das Gesäß oder die Brust einer wirklichen Frau«.[21] Für ihn folgte daraus, dass als Produzenten und Nutzer der Figuren niemand anderes als »adoleszente oder erwachsene Männer« infrage kämen. Begründungen dafür wurden nie geliefert. 1984 hielt der Archäologe Dale Guthrie apodiktisch fest:

»Die ausladenden Venusfigurinen mit den enormen Hinterteilen und üppigen Brüsten, zusammen mit den an die Höhlenwände gemalten Vulven, waren zweifelsohne männliche Kunstwerke, für die Produzenten selbst geschaffen und für andere Männer [...]. Die Zeichnungen oder Skulpturen wurden hergestellt, berührt, geschnitzt und liebkost von Männern.«[22]

Die Idee eines libidinösen Verhältnisses männlicher Höhlenbewohner zu den von ihnen geschaffenen Kunstwerken ist freilich ungefähr auf dieselbe Zeit zu datieren wie die Bezeichnung der paläolithischen Artefakte als Venusfiguren. Denn man hat für sie nicht nur den Namen einer antiken, erst zehntausende Jahre später verehrten Göttin übernommen, sondern zudem einige der damals kursierenden Geschichten über die Göttin der Liebe. Eine dieser Erzählungen, die den besonderen Liebreiz und die erotische Anziehungskraft der Knidischen Aphrodite des Praxiteles belegen soll und früher fälschlich Lukian zugeschrieben wurde, berichtet von einem solchen Ereignis der Statuophilie, der Liebe zu den Statuen. Aufgedeckt wurde sie dadurch, dass »sich die Spur der leidenschaftlichen Umarmungen« in Form eines verdächtigen Flecks am Oberschenkel der Statue zeigte, nachdem sich ein junger männlicher Bewunderer des Kunstwerks über Nacht zusammen mit der Statue hatte einschließen lassen.[23] Das Liebkosen steinzeitlicher Figurinen durch männliche Nutzer, das die Archäologen des 20. und 21. Jahrhunderts als mutmaßlichen Gebrauchszweck der vielen ›schamlosen‹ Venusfiguren annehmen – man sollte besser sagen: in die Vergangenheit projizieren –, ist der Widerhall eines antiken Topos des Kunst- und Künstlerlobs und durch keine archäologischen Funde belegt.

GESCHLECHTERPOLITIK DES BLICKS

Es lässt sich festhalten, dass die Deutungsgeschichte der steinzeitlichen Venusfiguren von sexistischen Vorannahmen und Bildkonventionen geprägt ist. Die großen Brüste haben dazu verleitet, in ihnen potentielle Patientinnen einer Schönheitsklinik oder Vorläuferinnen pornografisierter Weiblichkeitsdarstellungen für heterosexuelle Männer (»Paleo-Pin-up«) zu sehen. Doch die großen Brüste der Figur können auch ganz anders gewertet werden. 2012 schlug die Anatomin Morriss-Kay einen buchstäblich radikalen Blickwechsel vor. Was, so ihre Überlegung, wenn die kopflose *Venus vom Hohle Fels* gar nicht das Objekt sexhungriger Proto-Germanen (die englische Presse schrieb von »smut-hungry pre-historic proto-Germans«[24]) war, als das sie wieder und wieder präsentiert wurde, sondern Zeugnis weiblicher Selbstreflexion? Es könnte sich, so ihr Vorschlag, zum Beispiel auch um das Selbstbildnis einer Frau handeln, die kurz zuvor entbunden hat:

> »Unter dem Gesichtspunkt dieser Interpretation beruht das Portrait der Schnitzerin nicht vorrangig darauf, was sie sieht; stattdessen könnten die Wahrnehmungen ihres somatosensorischen Cortex eine größere Rolle gespielt haben als der visuelle Cortex [...]. Ihre Brüste sind übervoll mit Milch: ihr langsames Anwachsen während der Schwangerschaft haben sie nicht auf den plötzlichen Schock und das unangenehme Gefühl vorbereitet, die mit Anreicherung von Milch in der Brust einhergehen. Sie fühlen sich ungewöhnlich prall und riesig an; das erklärt ihre übertriebene Größe und ihre aufgerichtete Position.«[25]

Auch die Archäologie und Kunstgeschichte verfolgt diese Überlegungen zunehmend intensiver. Bereits 1996 hatte der Kunstwissenschaftler LeRoy McDermott dargelegt, dass die paläolithischen Venusfiguren

> »den Blick gewöhnlicher Frauen auf ihren eigenen Körper darstellen [...]. Als Selbstportraits von Frauen in verschiedenen Lebensstadien verkörperten diese Figuren geburtshilfliches und gynäkologisches Wissen und zeigen vermutlich einen Fortschritt in der selbstbewussten Kontrolle von Frauen über die materiellen Bedingungen ihres reproduktiven Lebens an [...]. Meine Schlussfolgerung ist, dass die ersten Praktiken menschlicher Bilderproduktion vermutlich als eine adaptive Antwort auf die spezifischen physischen Bedürfnisse von Frauen entstanden [...].«[26]

Diese Interpretationen machen deutlich, wie stark *alle* Deutungen auf vorhandenen, aber zu wenig reflektierten Rastern und Denkschemata beruhen. Von diesen gerichteten Blicken hängen die Geschichten ab, die Forscher*innen erzählen. Oder wie Samira El Ouassil und Friedemann Karig festhalten: »Geschichten lehren uns, wie man lebt und wie man liebt.«[27] Die zwei Brustgeschichten der paläolithischen Venus zeigen genau dies. Einmal ›erzählt‹ die steinzeitliche Figur davon, dass die Ursprünge der Kunst fest in der Hand heterosexueller Männer lagen, dass Männer schon immer mit pornografischem Interesse auf Frauenkörper, große Brüste und entblößte Vulven schauten, und vor allem, dass es offenbar keinen Raum für anderes Begehren oder einen weiblichen Blick auf den eigenen Körper gab/gibt. So ergibt sich eine direkte Linie vom Paläolithikum zum Pin-up-Girl. Egal ob die großen Brüste und die sichtbare Vulva der steinzeitlichen Figuren als Venus (19. Jahrhundert) oder als Pin-up (20. und 21. Jahrhundert) tituliert werden – immer ist diese Erzählung die eines heterosexuellen männlichen Blicks.

Daher auch die Nähe zum Pornothema, die in den Beschreibungen der heutigen Archäologie so deutlich zutage tritt. Denn dort ist schließlich der Ort des ›Schamlosen‹. Repräsentationen von Frauen, die nicht dem mit Blickscham assoziierten antiken Modell der *Venus pudica* zugeordnet werden können, bleiben in dieser Logik zwar ›Venus‹ (so wie auch Bordelle noch heute »Villa Venus« heißen können), also Frauenkörper, die männliche Lust entfachen. Aber sie fallen aus dem Rahmen legitimer, hochkünstlerischer Darstellung des Nackten.

Die andere Erzählung von der *Venus vom Hohle Fels* als Selbstbildnis einer Frau ist dagegen eine fundamentale Umkehr des Blicks. Sie führt nicht umsonst zu einer Deutung, die den Ursprung menschlicher Kunstproduktion von und auf die Körpererfahrung und deren ästhetische Bearbeitung durch Frauen zurückführt. Die Figuren belegen dann nicht mehr, dass sex-fixierte Playboys und testosterongesteuerte »Jäger und Sammler« schon vor 40 000 Jahren das Zepter über hochgradig erotisierte und pornografisierte Frauenbilder führten und sich nach erfolgreicher Jagd an den wie Sex-Puppen genutzten Kunstwerken erfreuten, sondern legen den Ursprung menschlicher Kulturproduktion in weibliche Hände. Dieser Wechsel im Narrativ ist enorm.

Übrigens haben feministische Künstlerinnen in den 1970er Jahren genau solch einen Blick erprobt. In einem Bild mit dem Titel *Me Without Mirrors* der US-amerikanischen Künstlerin Joan Semmel ähnelt die Blickperspektive auf den Körper jener der *Venus vom Hohle Fels* (Abb. 13).

Auch hier sehen wir einen weiblichen, nackten Körper ohne Kopf, denn dieser ist, da das Selbstportrait *without mirrors*, ohne Spiegel, angefertigt wurde, nicht sichtbar. Die Brüste rücken auch bei Semmel in den Vordergrund (des Bildes). Nur die Künstlerin

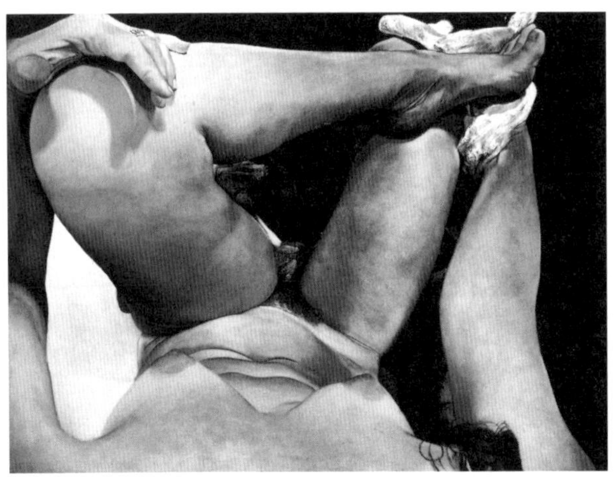

13 J. Semmel: *Me Without Mirrors*, 1974.

selbst sieht ihren Körper auf diese Weise. Ein solcher Blick könnte daher durchaus auch der *Venus vom Hohle Fels* zugrunde liegen. Im Paläolithikum waren Spiegel unbekannt. Die ersten entsprechenden Funde, kleine, polierte Metallplatten, datieren aus etruskischer Zeit, um 3 000 v. Chr. Nahezu die einzige Möglichkeit, den eigenen Körper anzublicken, war daher, den Kopf zu senken, sieht man von Spiegelungen im Wasser ab. Semmels Bildstrategie zeigt somit, dass die Interpretation der *Venus vom Hohle Fels* als Selbstbildnis einer Frau keineswegs abwegig ist.

Allerdings ist es wesentlich, zu bedenken, dass die Beweggründe, Erfahrungen, sicherlich auch Körperwahrnehmungen der Schöpferinnen des Gemäldes aus dem Jahr 1974 und der Figur aus dem Paläolithikum zweifellos völlig unterschiedlich sind. Keineswegs kann der Vergleich der beiden Darstellungen des weiblichen Körpers nahelegen, dass sich hier eine Konstante vermeintlich weiblicher Körperlichkeit ablesen lässt, und zwar schon allein deswegen, weil Semmel mit ihrer Arbeit auf eine lange Bild- und Blicktradition reagiert, die sie kritisch reflektiert und subvertiert. Semmel kennt die vielen Venusfiguren von Praxiteles bis Dalí. Die Schöpferin oder der Schöpfer der *Venus vom Hohle Fels* waren dagegen *vor* den Anfängen dieser Tradition tätig. Auch Betrachter*innen und Nutzer*innen der urgeschichtlichen Figur ›sahen‹ sicherlich in dieser etwas ganz anderes als wir. Die Deutung als Selbstbildnis blieb in der Archäologie nicht unwidersprochen. Zum Beispiel wurde darauf hingewiesen, es sei wenig plausibel, dass der Körper stehend dargestellt wurde, wo doch die Schnitzerinnen bei ihrer Tätigkeit vermutlich eher am Boden saßen oder hockten.[28] Zudem wurde von kunsthistorischer Seite bemerkt, dass das Konzept des Selbstbildnisses, das McDermotts Leitmotiv der Interpretation der großbusigen Figuren bildet, im Zentrum westlicher Kultur und ihrer Fokussierung auf das Individuum steht; es sei also kein Wunder, dass dieses ›Selbst‹ auch dort erkannt wird, wo es ein solches womöglich noch gar nicht gegeben hat, einfach weil der zeitgenössische Blick, sozialisiert durch westliche Kunst, gar nicht anders könne, als von einem neuzeitlichen Selbst auszugehen.[29] Was der Vergleich der steinzeitlichen Figur mit dem Ölbild aus der Mitte des 20. Jahrhunderts jedoch erbringt, ist ein Hinweis auf den Zusammenhang von Geschlecht und Blick auch in der Deutung archäologischer Artefakte. Die Forscher*innen schauen mit einem ›Venus-Blick‹ auf ihre Funde, der über zweitausend Jahre lang konditioniert worden ist.

EINE ANDERE ›ANDERE‹: DIE »HOTTENTOTTENVENUS«

Einige Jahre vor der *Venus impudique* hatte noch eine andere ›andere‹ Venus die Bühne betreten, wie dem Londoner Publikum 1810 in der *Morning Post* angezeigt wurde. Es handelte sich um eine Frau, die in Europa unter dem Namen Sarah Baartman bekannt wurde und vermutlich als Angehörige der Khoikoi Ende der 1770er Jahre im damals bereits seit über hundert Jahren kolonisierten Gebiet des heutigen Südafrika geboren wurde.[30] Sie wurde als »Hottentottenvenus« bezeichnet, ein in seiner abwertenden Stoßrichtung aufschlussreicher Begriff, lässt er doch die mit ihm verbundene Entmenschlichung deutlich werden:

> »Die Hottentottenvenus. – Gerade angekommen (und zu besichtigen zwischen ein Uhr und fünf Uhr nachmittags in Piccadilly Nummer 225). Sie kommt von den Ufern des Flusses Gamtoos, der an der Grenze zum

> Kaffernland im Inneren Südafrikas liegt, und ist ein nahezu perfektes Exemplar dieser Menschenrasse. Angesichts dieses außergewöhnlichen Naturphänomens hat das Publikum die Möglichkeit, selbst zu erfahren, wie sehr sie alle diesen Stamm der menschlichen Gattung betreffenden von den Geschichtsschreibern überlieferten Beschreibungen überbietet. […] Sie wurde unter erheblichem finanziellen Aufwand von Hendrick Caezar in dieses Land gebracht, und ihrer beider Aufenthalt wird nur von kurzer Dauer sein. – Ab nächstem Montag, dem 24.9. – Eintritt 2 Shilling pro Person.«[31]

Werbung gemacht wurde hier für die Ausstellung eines Menschen. Nicht nur in London, auch in anderen europäischen Städten wurden Menschen öffentlich gegen Eintritt zur Schau gestellt, die in welcher Form auch immer als ›anders‹ gelesen wurden, etwa weil sie größer oder kleiner als der Durchschnitt waren, tätowiert oder schlicht als ›monströs‹ galten.

So war den Zeitungsleser*innen vermutlich intuitiv klar, worum es sich handelte, auch wenn das Phänomen ebenso wie der Begriff »Hottentottenvenus« neu waren. Wie eine Venus aussah, das wusste man, und von den »Hottentotten« erzählte man in Europa seit dem 17. Jahrhundert. Die Verbindung von beidem versprach eine ausstellungswürdige Kuriosität. Bereits in Reiseberichten wie dem 1719 in Nürnberg erschienenen Buch des fränkischen Mathematikers, Schulrektors und Afrikareisenden Peter Kolb mit dem Titel *Caput Bonae Spei hodiernum. Das ist: Vollständige Beschreibung des africanischen Vorgebürges der Guten Hofnung* waren entsprechende Vorstellungen der »Hottentottin« niedergelegt worden. Er warb damit, eine ausführliche Beschreibung ihrer »Sitten und Gebräuche« zu liefern. Was Kolbs Bericht und jene anderer Reisender allesamt kennzeichnete, war eine »verächtliche Misogynie insbesondere den ›Hottentottinnen‹ gegenüber«.[32] Ihre Körper wurden als besonders abstoßend imaginiert, seien sie doch typischerweise mit zwei schauderhaften Merkmalen versehen, dem sogenannten »Fettsteiß«, einem riesigen Gesäß, sowie der »Hottentottenschürze«, langen, herabhängenden Vulvalippen. Das dritte Element, mit dem ›Hässlichkeit‹ und vor allem auch die Andersartigkeit der so vorgestellten Frauen ablesbar sein sollte, waren die herabhängenden Brüste. In der englischen Ausgabe von Kolbs Reisebericht, der 1731

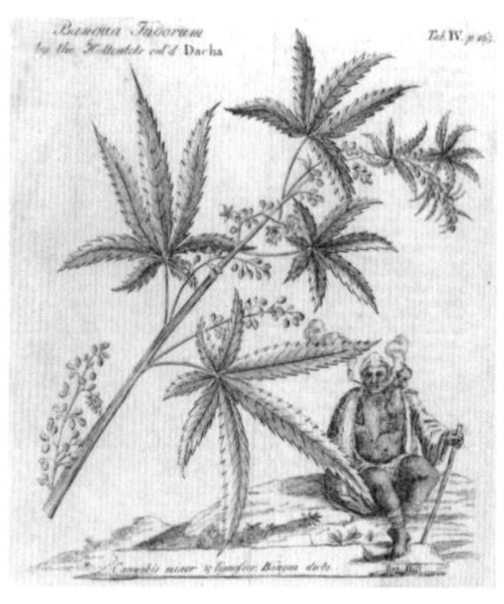

14 P. Kolb: *The Present State of the Cape of Good Hope*, London, 1731.

in London erschienen war, findet sich ein entsprechender Eintrag samt dazugehöriger Illustration (Abb. 14).

Kolb schreibt dort von den Brüsten der Frauen, die so lang seien, dass sie sie bei Bedarf über die Schulter werfen konnten, um ein auf den Rücken gebundenes Baby unkompliziert zu stillen. Diese Beschreibung ist Teil eines Brust-Diskurses, in dem afrikanische mit europäischen Brüsten verglichen wurden.[33] Die Debatte beruhte auf dem Ideal jugendlich-jungfräulicher Brüste, kugelförmig und fest, an dem alle anderen gemessen wurden. Die afrikanischen Brüste erschienen dagegen als »Perversion des europäischen Prototyps«,[34] genauso wie im Umkehrschluss die *Venus impudique* und die »Hottentottenvenus« als Perversionen (lat. perversus: verdreht, verkehrt) der ›richtigen‹, also ›weißen‹, Venus konstruiert wurden. Das Fremde wurde mit Hilfe des Ideals eines weißen, jungen, makellosen Körpers entworfen.

Die ersten Bilder weiblicher Affen aus dem 17. Jahrhundert zeigten diese mit gut sichtbaren, hängenden Brüsten, obwohl Affen von Natur aus kein Brustgewebe besitzen. Signalisiert wurde auf diese Weise, dass hängende Brüste mit einer ›primitiven‹ Natur in Verbindung gebracht werden müssen.[35] Die Hängebrust konnte verschiedene Arten von Minderwertigkeit und Mängeln bloßlegen und auch nichtafrikanische Frauen betreffen. So zeigten die hängenden Brüste der Europäerinnen nicht nur das bei Frauen grundsätzlich abwertend betrachtete fortgeschrittene Alter an (siehe Cranachs *Jungbrunnen*), sondern wurden insbesondere seit dem 19. Jahrhundert als Zeichen der unteren Klassen gesehen, die durch langes und häufiges Stillen und harte Arbeit ihre Brüste zu stark beanspruchten. Auch zur Verunglimpfung der Iren griffen englischsprachige Autoren gerne auf das Motiv der aus der Idealform geratenen Brüste zurück, die grundsätzlich etwas Schlechtes signalisierten. So berichtete der schottische Reisende William Lithgow von den nach seiner Meinung wenig ansehnlichen Brüsten irischer Frauen, die an große Taschen erinnerten. Auch von den Brüsten der »Hottentotten«-Frauen war Vergleichbares berichtet worden; sie seien so groß, dass aus ihnen Tabaksbeutel hergestellt würden, die am Kap der Guten Hoffnung in großer Zahl verkauft würden.[36]

Im Kompositum »Hottentottenvenus«, das die Londoner Werbeanzeige benutzte, schwang aber auch das Motiv der »Schwarzen Venus« mit, das in Gedichten wie Isaac Teales *The Voyage of the Sable Venus, from Angola to the West Indies* (1794) verhandelt worden war.[37] Es berichtete von einer Schwarzen Venus, der das lyrische Ich des Gedichts auf dem griechischen Berg Helikon, dem Sitz der Musen, begegnet. Sie bittet um ein Lied ihr zu Ehren, das in Form des Gedichts geliefert wird. Doch der positiven Botschaft des Textes zum Trotz, in dem die überlegene Schönheit der Schwarzen Venus gelobt wird, taucht sie auch hier nur im Vergleich mit dem europäischen Ideal auf. Plausibilisiert wurde diese Verbindung zwischen der Venus, dem Gipfel idealisierter weißer Weiblichkeit, und der »Hottentottin« als deren verworfenes ›Anderes‹ mit Hilfe von Bilderfindungen. Dies geschah sukzessive. Der zur Werbung für die Ausstellung Baartmans in London-Piccadilly verwendete Druck zeigte *Saartjee, the Hottentot Venus* in strengem Profil (Abb. 5). Ein Bezug zur Venus ist im Bild selbst aber eher noch nicht erkennbar, unter anderem weil in der Ikonografie der Göttin solche Profilansicht nahezu unbekannt ist. Die Art der Darstellung situiert die »Hottentottenvenus« vielmehr in der ethnografischen Bildtradition, zeigt sie also schon allein durch ihre Körperhaltung nicht als wegen ihrer Schönheit bewunderte Göttin, sondern vor allem als Objekt eines rassistischen Blicks. Denn das Profil war reserviert für ethnografisch vermessene Körper, deren körperliche »Rassemerkmale« genau erfasst werden sollten. Auf Bildebene sprach dieser Druck also sehr laut von der »Hottentottin« und nur sehr zaghaft von der Venus. Dies änderte sich wenige Jahre später, als ein satirisches Blatt des britischen Künstlers Charles Williams erschien (Abb. 15a).

Es orientiert sich ganz offensichtlich an der früheren Bildfassung (Abb. 5), weicht aber in wichtigen Punkten von ihr ab. Neben der erweiterten Bildunterschrift »Love and Beauty – Saartjee the Hottentot Venus« ist die Figur auch aus dem strengen Profil gelöst. Sie wendet sich nun leicht in Richtung der Betrachtenden, scheint sie direkt anzusehen. Dadurch sind nun auch beide Brüste der Göttin zu sehen, während das Hinterteil aus dem Fokus rückt. Es wird zur

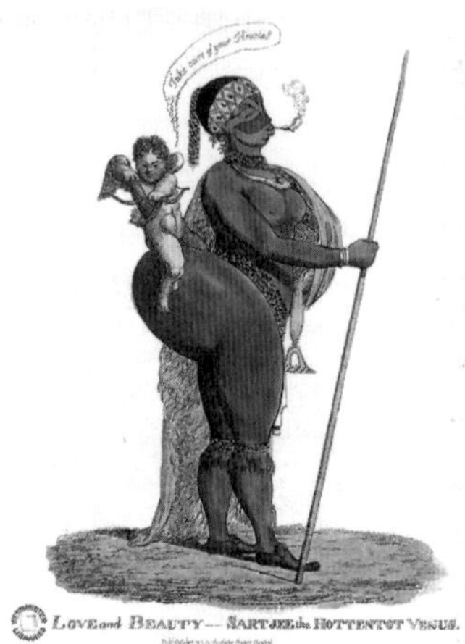

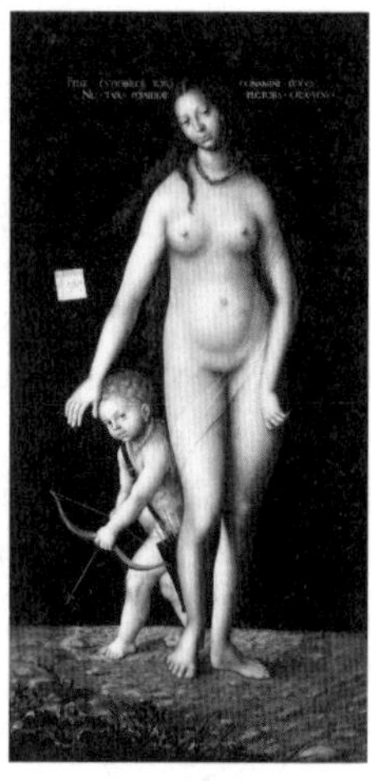

15 a und b Love and Beauty. Ch. Williams: *Saartje the Hottentot Venus*, 1822; L. Cranach d. Ä., *Venus und Amor*, 1509.

massiven Sitzgelegenheit für den als weiteres Bildpersonal hinzugekommenen kleinen Amor, der einen Pfeil aus dem Bild abschießt. In einer Sprechblase über seinem Köpfchen lesen wir die Warnung: »Take care of your Hearts!!«. Diese wenigen kleinen Änderungen sind ein entscheidender Schritt hin zur Venus. In der Literatur zu Baartman finden diese visuellen Änderungen überraschend wenig Beachtung, obwohl sie Aufschluss darüber geben können, warum der Körper Baartmans überhaupt als Venus vorgestellt wurde. Auch in Botticellis berühmter *Primavera* (um 1482) schwebt der oft mit Pfeil und Bogen ausgerüstete Sohn der Venus, der aus deren Verbindung mit dem Kriegsgott Mars hervorging. Lucas Cranach d. Ä. hatte etwas später (1509) als einer der Ersten nördlich der Alpen Aktbilder der Göttin gemalt, die den zu ihren Füßen stehenden Sohn, der Pfeil und Bogen gerne einsetzen möchte, zaghaft mit ihrer rechten Hand zurückzuhalten sucht (Abb. 15b). Die Bildinschrift warnt angesichts des begehrenswert gemalten Körpers wenig erfolgversprechend: »Vertreibe mit allen Kräften die Fleischeslüste, damit nicht Venus dich beherrsche und blind mache.«

Der satirische Bildproduzent, der in die Abbildung der »Hottentottenvenus« einen solchen kleinen Amor einfügte, folgt durch die Bildinschriften dieser Tradition der (halbherzigen) Warnung.

Doch die Positionierung auf Baartmans Gesäß macht aus der üblicherweise scherzhaft-heiteren Figur des kleinen Amor, der in antiken Quellen als »dreister Tollkopf« beschrieben wird,[38] eine Figur, die die Venus diskreditiert, nicht nur, weil sie die Größe ihres Hinterteils, das zur Sitzgelegenheit für den geflügelten Gott wird, besonders betont. Die Position des Amor ruft den älteren Topos der Kinder wieder auf, die angeblich durch die wie Lappen herabhängenden Brüste der »Hottentottinnen« auf dem Rücken gestillt wurden. Hierdurch wird der sprachliche Verweis auf die Venus auch bildlich verfestigt und substantiiert. Doch zugleich erscheint die Möglichkeit, sein Herz an die Dargestellte zu verlieren, buchstäblich als Witz. Aufgegriffen wird hier eine Überlegung, die sich bereits in Lessings *Laokoon* (1766) findet:

> »Man weiß, wie schmutzig die Hottentotten sind; und wie vieles sie für schön und zierlich und heilig halten, was uns Ekel und Abscheu erwecket. Ein gequetschter Knorpel von Nase, schlappe bis auf den Nabel herabhangende Brüste, den ganzen Körper mit einer Schminke aus Ziegenfett und Ruß an der Sonne durchbeizet [...]: dies denke man sich an dem Gegenstande einer feurigen, ehrfurchtsvollen, zärtlichen Liebe; dies höre man in der edeln Sprache des Ernstes und der Bewunderung ausgedrückt, und enthalte sich des Lachens!«[39]

Sich das Lachen angesichts einer Liebe zur »Hottentottin« mit ihren »bis auf den Nabel herabhängenden Brüsten« verkneifen, das könne man nicht – so geht hier die Argumentation. Und so war der Venus-Diskurs, noch bevor er in die Archäologie des Paläolithikums Einzug hielt, bereits Teil eines kolonialen Rassismus. Auch wenn die Bezeichnung als »Venus« implizierte, dass weibliche Körper, die vom antiken Ideal abwichen, theoretisch auch als ›schön‹ wahrgenommen werden konnten, folgte daraus nicht die Erkenntnis der Relativität der eigenen Normen. Der Philosoph Karl Rosenkranz, der 1853 eine *Ästhetik des Häßlichen* veröffentlichte und der seinen Lessing gründlich gelesen hatte, argumentierte im Gegensatz dazu: »Wäre das Schöne nicht, so wäre das Häßliche gar nicht, denn es existiert nur als Negation desselben.«[40]

Wie politisch der Verweis auf die Schönheit ist, zeigte sich auch rund hundert Jahre später im Slogan der US-amerikanischen

Black-Power-Bewegung der 1960er »Black is beautiful«. Er reklamierte den Schönheitsbegriff für alle diejenigen, die aus rassistischen Gründen darin nicht oder nur zwiespältig vorkamen. Denn es gibt eine durchaus problematische Dopplung von Anziehung und Abwertung. Die Schwarze Theoretikerin bell hooks hat 1992 die Kommodifizierung des ›Anderen‹ in einer weißen rassistischen Mainstreamkultur als »eating the other« bezeichnet, ein Einverleiben und gleichzeitiges Auslöschen. Interesse und Faszination an der ›Schönheit‹ Schwarzer Körper gehen einher mit dem gleichzeitigen Ausblenden von Machtgefällen.[41] Ein Muster, das bis heute in Hinblick auf die Debatte über kulturelle Aneignung kritisch diskutiert wird und für beide Geschlechter gilt.[42] Historisch allerdings wurden für den männlichen Körper andere Referenzen aktiviert. Einen »Hottentotten-Adonis« gab es nicht, konnte es nicht geben, weil im westlichen Kunstdiskurs dem *weiblichen* Körper die Aufgabe zugewiesen war, zentrale Konzepte wie Schönheit und Form buchstäblich zu verkörpern. Zugleich aber war dabei implizit stets von einem männlich gedachten, heterosexuellen Betrachter ausgegangen worden, dessen begehrender oder abwehrender Blick im Bild verhandelt wird. Das Bild ist ›weiblich‹, der Blick ›männlich‹.

AKT, MACHT, PORNOGRAFIE

Diese Aufteilung zwischen ›weiblichem‹ Bild und ›männlichem Blick‹ ist kaum je klarer zum Ausdruck gebracht worden als in einem Tagebucheintrag Wassily Kandinskys von 1913:

> »So habe ich gelernt, mit der Leinwand zu kämpfen, sie als meinem Wunsch(= Traum) widerspenstiges Wesen kennen zu lernen und sie gewalttätig diesem Wunsch zu beugen. Erst steht sie wie eine reine, keusche Jungfrau mit klarem Blick und himmlischer Freude da [...]. Und dann kommt der wünschende Pinsel, der sie bald hier, bald da allmählich, mit der ganzen, ihm eigenen Energie erobert, wie ein europäischer Kolonist, der in die wilde Jungfer Natur, die noch keiner berührte, mit Axt, Spaten, Hammer, Säge eindringt, um sie seinem Wunsch entsprechend zu biegen.«[43]

Kunst wird hier als eine »männliche Inbesitznahme«[44] imaginiert, als Überwindung und Gewaltakt. Die sexuellen Konnotationen liegen auf der Hand. Der »wünschende Pinsel« lässt sich gemäß einer bis in die Kunstliteratur der Frühen Neuzeit zurückreichenden Tradition auch als Synonym für den Penis deuten.[45] Und der Sieg über die »wilde Jungfer Natur«, mit dem der Künstler zum Kolonialherren wird, spiegelt das System sexueller Ausbeutung, das fester Bestandteil der Kolonialsysteme war.[46]

Die Idee, dass der (männliche) Künstler (weibliches) Material in eine Form zwingt, es zur Kunst macht, ist aber keineswegs eine Vorstellung der Moderne, sondern lässt sich bis Aristoteles zurückverfolgen, der in seiner Zeugungslehre die Dichotomie von passiv Weiblichem und aktiv Männlichem festschrieb. Das »Männchen« ist »Ursprung der Bewegung, das Weibchen [...] Ursprung des Stoffes«.[47] In der ästhetischen Gegenüberstellung von Form und Material spielt diese geschlechtsspezifische Zuteilung, wie nicht nur das Beispiel Kandinsky zeigt, weiterhin eine zentrale Rolle. Der weibliche Akt ist, so schrieb der englische Kunsthistoriker Kenneth Clark 1956 in seinem bis heute aufgelegten Buch *The Nude*, »das vollständigste Beispiel der Transformation von Materie zur Form«.[48]

Yves Klein, wichtiger Vertreter des Nouveau Réalisme, arbeitete in den 1960er Jahren für seine *Anthropometrien* genannten Werke mit weiblichen Modellen, die er als »lebende Pinsel« bezeichnete. Der Künstler hatte betont, sich nicht mit Farbe (= Materie) beschmutzen zu wollen, und so wurden unter der Leitung des männlichen, im Smoking auftretenden Künstlers die entkleideten weiblichen Körper zu Bildern. Das aggressive Moment, das bei Kandinsky dem Prozess der Kunstproduktion eingeschrieben war, findet sich auch hier, wenn Klein die solcherart entstandenen Bilder etwas später in einer anderen Aktion mit dem Flammenwerfer bearbeitete. Die Transformation des weiblichen Körpers von Materie zur Form führt schließlich auch zur Unterscheidung von *naked* (nackt) und *nude* (Akt). Nur der Akt gehört zur Kunst. Weibliche Körper, die den rigorosen Transformationsprozess zur idealen Form unterlaufen, bedrohen die Kunst und kratzen an der Grenze zum Obszönen. Die Kunsthistorikerin Lynda Nead argumentiert, dass diese Grenzziehung maßgeblich über Bilder des weiblichen Körpers läuft, wobei die ›gute Nacktheit‹ der Kunst der ›verwerflichen Nacktheit‹ der Pornografie gegenübersteht – wohlgemerkt aber immer die Nacktheit des *weiblichen* Körpers:

> »Am jeweiligen Ende des kulturellen Registers haben wir Bilder der Hochkunst oder der Pornografie. Einerseits ist da der Akt der Kunst als Symbol des reinen, interesse- und absichtslosen Blicks, der den weiblichen Körper transsubstantiiert; auf der anderen Seite stehen die Bilder der Pornografie, der Bereich des Profanen [...]. Zwischen diesen beiden Extremen liegt ein weites Feld kultureller Unterscheidungen und eine heilige Grenze, die gezogen und verändert wird anhand widerstreitender Definitionen [...]«.[49]

Der nackte weibliche Körper ist daher auf andere Weise vom Verdikt des Obszönen bedroht als der männliche. Vereinfacht und zugespitzt: Die Trennung von ›hoher Kunst‹ (die ideale Venus zum Beispiel) und Pornografie (in diese Richtung weist die ›andere‹, die ›schamlose‹ Venus) beruht auf der Beurteilung von Frauenkörpern. Auch dies ist ein Grund dafür, dass eine Frau, die oben ohne in der Öffentlichkeit auftritt, als ›enthemmt‹, ›offenherzig‹, womöglich ›unsittlich‹ diskreditiert wird, während der mit nacktem Oberkörper auftretende Mann höchstens als bierbäuchiger Prolet belächelt wird.

Dieser Doppelstandard wurde auch bei der Reaktion auf eine Performance der US-amerikanischen Künstlerin und Ex-Porno-Darstellerin Annie Sprinkle deutlich. Ihr *Public Cervix Announcement*, eine Performance, die medizinische, künstlerische und pornografische Diskurse verbindet, beinhaltete unter anderem die Aufforderung ans Publikum, durch ein Spekulum einen Blick auf ihren Muttermund zu werfen. In Cleveland verhinderte 1990 die örtliche Polizei Sprinkles Auftritt, indem sie ihn für obszön erklärte. Die Filmwissenschaftlerin Linda Williams nannte das Ereignis zu Recht »einen faszinierenden Kommentar zur amerikanischen Kultur«. Es sei bemerkenswert, »dass Sprinkle niemals Besuch von der Polizei erhielt, als sie in derselben Stadt Live Sex Shows aufführte«.[50] Sprinkle, die 2014 mit einer Einladung zur Kasseler Documenta einen Olymp zeitgenössischer Kunst erklommen hatte, beschreibt die von ihr bespielte Grenze zwischen Kunst und Pornografie aus Sicht einer ›Betroffenen‹:

»Dort [in der Kunst, AZ] gab es keinen ›kommerziellen Stil‹ oder eine ›Formel‹, an die man sich halten musste, so wie es im *sex biz* der Fall ist. Dort gab es totale kreative Freiheit und weit weniger Zensur. So musste man sich zum Beispiel in einer Burlesque Show ziemlich an bestimmte Regeln bezüglich Kleidung und Verhalten halten. Die Auftritte dauerten immer 20 Minuten, und es gab strikte Gesetze bezüglich Sex und Nacktheit. In der Kunst konnte man sich kleiden, wie man wollte, sich verhalten, wie man wollte, und so lange oder so kurz auftreten, wie man wollte, und es schien keine besonderen Vorgaben bezüglich Sex und Nacktheit zu geben«.[51]

Aus der Sicht einer Frau, die ihren nackten Körper einem Publikum zu sehen gibt, sind diese Unterschiede wichtig. Sie bedeuten für Sprinkle die Befreiung aus einem rigide strukturierten Raum kommerzieller Sexualität und Körperlichkeit ins ›Offene‹ der Kunst. Sprinkle wird nicht mehr als eine Prostituierte, sondern als Künstlerin wahrgenommen. Der nackte Körper ist, bei geglücktem Übertritt von der Pornografie, nicht mehr obszön, sondern Kunst. Wenn dies nicht glückt – siehe das Beispiel Cleveland –, folgt die Sanktion. Abgesehen von angenehmeren, weil selbstbestimmten Arbeitsbedingungen in der Kunst ist vor allem ein Zuwachs an kulturellem Kapital entscheidend, wie der Soziologe Pierre Bourdieu das breite Feld gesellschaftlicher Teilhabe- und Einflussmöglichkeiten nannte.[52] Dazu passt, dass Sprinkle laut eigener Aussage die erste Pornodarstellerin ist, die einen Doktorgrad erworben hat (sie promovierte 2002 am Institute for Advanced Study of Human Sexuality in San Francisco).

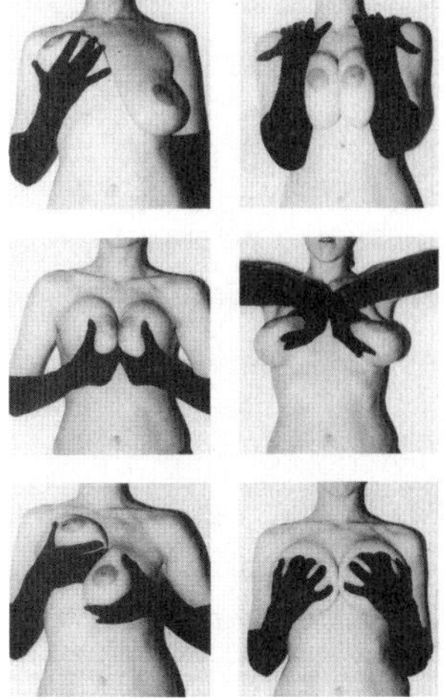

16 Den Busen lesen. A. Sprinkle: *Bosom Ballet*, 1991.

Ihr humorvoller Umgang mit den ungeschriebenen Regeln des Pornobusiness, der vor allem in den USA immer wieder für politische Forderungen nach Entzug von Fördergeldern für ›obszöne‹ Kunst sorgte, beruht ganz maßgeblich darauf, dass in ihrem Fall das Zeigen des weiblichen Körpers weder durch einen männlichen Künstler erfolgt noch den Gepflogenheiten der massenmedialen Bildindustrien der Pornografie entspricht. Trotzdem bespielt sie immer beide Felder und macht auf die Verbindungen aufmerksam. So erinnert ihr 1991 erstmals aufgeführtes *Bosom Ballet* (Busen-Ballett, Abb. 16) einerseits an einen absurden Katalog künstlerischer Posen oder Haltungen, die der weibliche Körper in der Geschichte der Aktdarstellung einnahm, andererseits an die erotischen Selbstberührungen bei einem Striptease.

Sprinkle parodiert dieses Durchspielen der Haltungen in der Kunst – aber auch im Striptease, für den nicht zufällig eine Reihe von speziellen Busen-Bekleidungen und Zeige-Techniken entwickelt wurde.[53] Auch die Präsentation der Brust im Striptease, einer hochartifiziellen Inszenierung, muss erlernt werden. Dass Sprinkles Performance und Bildanleitung sich dafür letztlich aber doch nicht nutzen lässt, macht ihre Arbeit als künstlerische Intervention erkennbar. Die einzelnen Bewegungen wirken weniger erotisch denn maschinenmäßig. Sie zeigt die Arbeit mit dem und am Busen als Körpertechnik – in der Kunst ebenso wie im *sex biz*.

BUSEN ZEIGEN. FEMINISTISCHE PROVOKATIONEN

Mittels des Busens wird der erotische Körper gleichzeitig gezeigt und verborgen, zum Beispiel durch die keusch erhobene Hand, die eine der beiden Brüste bedeckt, die andere aber umso stärker betont. Wo dieses Muster durchbrochen wird, da kommt es zu Konflikten. Oder es könnte zu Konflikten, zu Störungen im System kommen, wenn nicht flugs wieder die Meistererzählung darübergelegt würde. Die paläolithischen Figuren, die dem Ideal des schamhaften Bedeckens und durch den männlichen Künstler geleiteten Zeigens nicht entsprechen, werden »schamlos« genannt und dennoch zur Venus gemacht. Andere Abweichungen vom rigorosen Ideal dieser Figur werden in rassistischen Bildern und Praktiken auf die »Hottentottin« projiziert. Es geht also weniger um das Herzeigen von Körperteilen als darum, wer sie *wo*, *wann* und vor allem *wie* präsentieren darf. Wie die Kunstsoziologie gezeigt hat, bedeutet

Künstler*in sein auch, eine bestimmte Position einzunehmen, von der aus man *als* Künstler*in spricht. ›Künstler*in‹ bezeichnet aus dieser Perspektive nicht eine außerhalb der Gesellschaft stehende kreative Ausnahmepersönlichkeit, sondern eine kulturelle Figur, die in und durch bestimmte Diskurse (zum Beispiel Künstlerlegenden[54]) und Institutionen (zum Beispiel Kunstakademien, Biennalen, Museen, die Kunstgeschichte[55]) existiert; und diese Diskurse und Institutionen sind nicht nur historisch wandelbar, sondern auch geschlechtsspezifisch determiniert. Hierzu nur ein Beispiel. An Kunstakademien, die erste europäische war 1563 in Florenz gegründet worden,[56] durften über Jahrhunderte hinweg nur Männer studieren. In Deutschland kam die allgemeine Zulassung zu den staatlichen Akademien für Frauen erst im Zuge der Einführung des Frauenwahlrechts 1919. Hieran lässt sich sehr gut ablesen, dass Künstler*innenschaft etwas ist, das nicht im sprichwörtlichen luftleeren Raum existiert. Natürlich gab es immer Frauen, die Kunst produziert haben. Aber als Künstlerin konnten sie über einen sehr langen Zeitraum, teils bis heute, nur eingeschränkt in den oben genannten Diskursen und Institutionen auftreten. Oft tauchen sie lediglich als staunenswerte ›Ausnahme‹ auf, die die Regel bestätigt. Das Studium des nackten, insbesondere des männlichen Körpers galt noch zu Beginn des 20. Jahrhunderts als unschicklich für Frauen, weshalb Studentinnen vielfach nicht zu den Aktklassen zugelassen wurden. Umfassende Kenntnisse der menschlichen Anatomie aber waren die Voraussetzung dafür, wirklich ›große‹ Kunst zu schaffen; war sie nicht erfüllt, musste man unter Umständen auf die weniger angesehenen Genres wie etwa Stillleben oder Blumenmalerei ausweichen. Das große Historienbild jedenfalls ließ sich auf Basis einer Ausbildung, in der man nie einen entkleideten Körper zu Gesicht bekam, nicht produzieren.[57]

Den menschlichen Körper *zu sehen geben* – das ist etwas, das einerseits lange als vornehmste künstlerische Aufgabe galt, andererseits aber in der Ausbildung zum Künstler nur Männern vorbehalten war. Nachdem der Malprozess, wie etwa von Kandinsky, von den Künstlern zu Beginn des 20. Jahrhunderts als hochgradig sexualisierter Geschlechterkampf imaginiert worden war, war das Argument der ›Unschicklichkeit‹ also auch eines der Macht im doppelten Sinn. Neben der Ermächtigung zum Zutritt zu neuen realen

Räumen bedeuteten Frauen in den Aktklassen auch einen Zuwachs an Macht in den Räumen des Imaginären, denn nun bannte der weibliche Körper der Künstlerin den männlichen auf Papier oder Leinwand und gewann so visuelle Verfügungsmacht. Man muss sich allerdings vor Augen halten, dass erotische Darstellungen des männlichen Körpers durch Künstlerinnen sowohl historisch als auch bezogen auf die Gegenwart die absolute Ausnahme bilden.[58] Umso interessanter sind sie. So kam es 1972 zu einem kleineren Eklat, aber auch zur Erheiterung auf der Jahresversammlung der College Art Association, als die amerikanische Kunsthistorikerin Linda Nochlin anlässlich des Themenschwerpunkts »Erotik und das Bild der Frau im 19. Jahrhundert« zwei Fotografien zeigte (Abb. 17).

Die eine stammt aus dem 19. Jahrhundert und zeigt eine bis auf Strümpfe, Schuhe und ein Perlenhalsband nackte Frau, die vor ihrer Brust ein Tablett mit Äpfeln hält. Die dazugehörige Bildunterschrift des weichgezeichneten Bildes lautet: »Kaufen Sie Äpfel!« Die Brüste, letztlich die ganze Frau, erscheint als zum Verkauf stehende Ware.[59] Das andere Foto, das Nochlin selbst aufgenommen hatte, orientiert sich an dieser Bilderfindung, nur dass nun statt einer Frau ein ebenfalls bis auf Schuhe und Strümpfe nackter Mann in vergleichbarer Manier vor seinem nackten Geschlechtsteil Bananen präsentiert. Doch die einfache Umkehrung funktioniert nicht. Während die Präsentation der Brust für den erotischen Konsum auf einer langen Bildgeschichte aufruht, existieren solche Traditionen der Verdinglichung des männlichen Körpers nicht. Dies mag im Übrigen auch ein weiterer Grund dafür sein, dass Künstlerinnen nur vereinzelt einen sexualisierenden Blick auf den männlichen Körper geworfen haben.[60]

Feministische Künstlerinnen haben sich mit Strategien beschäftigt, in denen sich diese Zuweisungen womöglich durchkreuzen lassen. Ana Mendieta thematisierte die Gewaltförmigkeit der Übertragung des dreidimensionalen Körpers in die plane Fläche eines Bildes dadurch, dass sie sich eine Glasscheibe vor den Oberkörper presste, deren scharfe Kanten schmerzhaft in die Haut einzuschneiden scheinen und ihre Brüste deformieren (*Untitled: Glass on Body Imprints*, 1972).[61] Die Bildwerdung des Busens erscheint hier als peinigende Übertragung und Angriff auf die Integrität des Körpers.

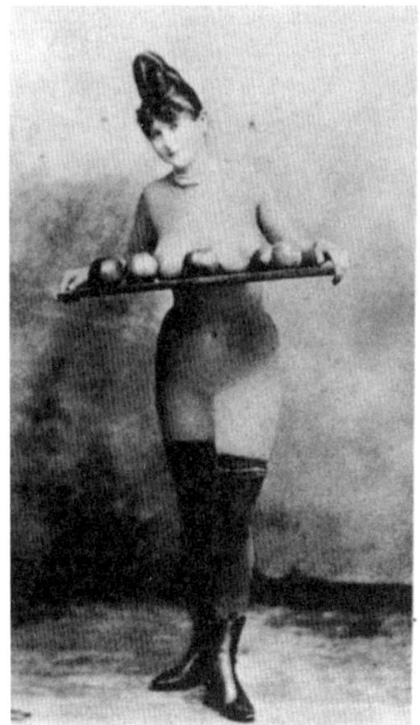
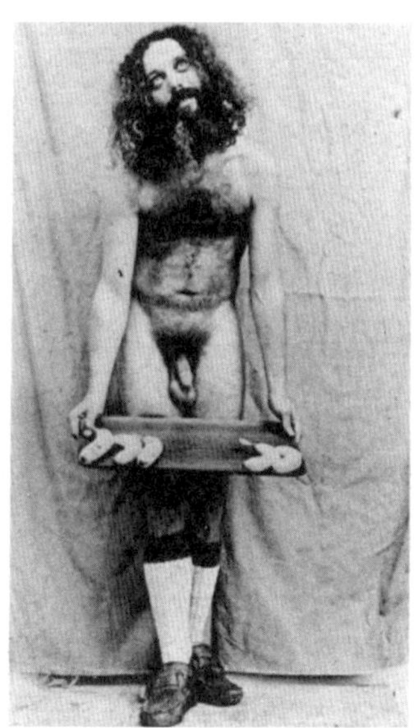

17 L. Nochlin: *Buy Some Apples – Buy Some Bananas*, 1972.

1968 hatte Valie Export ebenfalls mit dem Busen die Bildwerdung des weiblichen Körpers auf konfrontative Weise thematisiert. Ihr *Tapp- und Tastkino* kehrte die sinnliche Erfahrung des Wahrnehmens der Brust im Bild um. Statt mit den Augen auf der ebenen Fläche der Kinoleinwand einen dreidimensionalen Busen als zweidimensionales Bild zu sehen, konnten Passant*innen ihren ›echten‹ Busen berühren, aber nicht sehen. Dies wurde durch einen tragbaren Kasten ermöglicht, den sich die Künstlerin vor den Oberkörper geschnallt hatte. Ein Vorhang verhinderte dabei den Blick auf den Busen, ließ aber Öffnungen für die Hände derjenigen, die sich trauten, der Aufforderung zum *Tappen* und *Tasten* Folge zu leisten (Abb. 18).

Zusammen mit dem Künstler, Theoretiker und späteren Museumsdirektor Peter Weibel sorgte Export auf belebten öffentlichen Plätzen wie dem Münchner Stachus mit dieser Aktion für Gedränge. Das Foto, das anlässlich eines ihrer Auftritte entstand, gibt einen Eindruck der damaligen Stimmung. Eine aufgeregt-erregte Menge hatte sich um Export und Weibel geschart, voyeuristisch interessiert, aber auch unsicher, was zu tun sei. Manche schauten

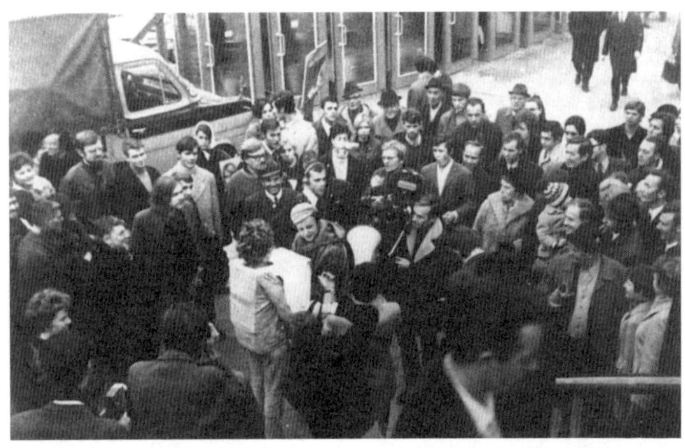

18 Der Busen auf der Straße. V. Export: *Tapp- und Tastkino*, Performance, 1968.

nur kurz im Vorbeigehen, während andere mutiger waren und mit den Händen in den Kasten griffen. Die hiervon kursierenden Bilder zeigen nur Männer. Auch die Aufteilung zwischen dem Objekt der Schau- und Tastlust und dem Subjekt, das vermittelt, erklärt und deutet, blieb traditionell. Peter Weibel verkündete mit dem Megafon, was es mit dem *Tapp- und Tastkino* auf sich habe, und ermutigte die Passant*innen zum Griff an die Brust. Und der ORF, der am 12. September in »Apropos Film« über die Aktion berichtete, erklärte süffisant, Exports Aktion ermögliche es »interessierte[n] Cineasten bei Valie sozusagen maßnehmen [zu] können«. Und »eigentlich« heiße die Künstlerin Waltraud Höllinger und sei Mutter. Ob Weibel Vater war, interessierte keinen. Der Kommentar führte durch seinen herablassenden Ton (die Künstlerin wird wie ein Kind beim Vornamen genannt) unfreiwillig den Sexismus vor, den die Arbeit Exports entlarvt.

Dass Export den Busen so streitbar in den öffentlichen, städtischen Raum brachte, lässt sich als Akt der Selbstermächtigung verstehen. Denn während Export nach ihrer Aktion wegen Pornografie angeklagt wurde, war in den 1960er Jahren der nackte Busen in der Öffentlichkeit überraschenderweise wesentlich präsenter als heute. Aber auch hier galt: *Wer* den Busen *wie* zu sehen gibt, ist entscheidend. Nicht der Busen in der Öffentlichkeit war anstößig, sondern dass eine Künstlerin ihre Brust nach eigenen Regeln ›öffentlich‹

machte und den tagtäglichen Busendiskurs der Massenmedien imitierend manipulierte.

Die oft ›prüde‹ genannten 1950er Jahre waren noch nicht allzu lange vorbei, als Export sich ihr taktiles Kino umschnallte, aber in den Zeitschriften und Kinos war der Busen ständig Thema. Die *Hörzu* verzeichnete 1969 *Technik der körperlichen Liebe* als »Film-Hit« Nummer eins. Es folgten *Die Jungfrau von 18 Karat*, *Kamasutra – Vollendung der Liebe*, *Marquis de Sade – Justine* und der Gruppensexfilm *Reitet das rosarote Pferdchen* mit dem Hinweis »Oben ohne zieht eben immer«.[62] Auch ein Blick auf die Titelblätter des Magazins *Stern* zeigt, dass die Vermarktung des (jungen) Idealbusens ab den frühen 1960ern rasant zunahm.[63] Am 14. Juli 1968 titelte das Blatt mit der Rückenansicht einer nackten Frau, die sich aber so zur Seite dreht, dass ihre Brust sichtbar wird. Ihr gegenüber steht ein bekleideter Polizist, der sie von oben herab zu tadeln scheint. Thema: »Lassen Sie sich nicht erwischen – was Spaß macht, ist nicht überall erlaubt«. Und wenige Wochen später sollte Interesse für das Thema »Sind Frauen wirklich schlechtere Autofahrer?« mit Hilfe eines nur spärlich verhüllten (Ober-)Körpers einer nackten Frau geweckt werden. Ab 1970 ist der Busen auf den Titelblättern des *Stern* regelmäßig zu wahllosen Themen gänzlich unverhüllt zu sehen. Dies war 1978 Anlass für die berühmte, von Alice Schwarzer und ihrer Zeitschrift *Emma* initiierte Sexismus-Klage gegen den *Stern*, die zwar abgewiesen wurde, aber eine Debatte über das Thema in Gang setzte.

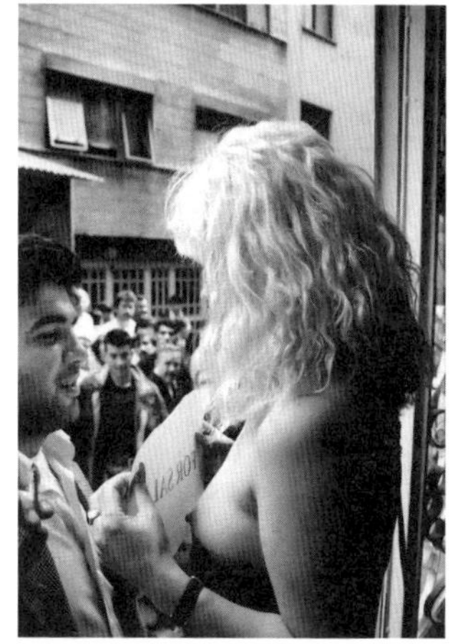

19 Museum als Bordell. Ş. Moral: *Bordello*, 1997.

Wie dieser kurze Exkurs offenbart, war die auffällige massenmediale Präsenz des Busens um 1970 alles andere als ein Zeichen emanzipativen Fortschritts, sondern eingebettet in eine Kultur des Sexismus. Die Idee, die mediale Dauersichtbarkeit des Busens, mit dem Filme ebenso wie Zeitschriften verkauft werden sollten, so auf die Spitze zu treiben, dass die vielen aus der Distanz zu betrachtenden Bilder des Busens plötzlich ersetzt wurden durch die tastende Konfrontation mit einer echten Brust, die aber zugleich für die Augen unsichtbar blieb, muss irritiert haben. Export hatte den Busen auf die Straße gebracht, aber hier konnte er nicht gedankenlos konsumiert werden. Er enthüllte eben nicht sich, sondern den Voyeurismus der erregten Menge.

Exports Arbeit blieb auch für nachfolgende Künstlerinnengenerationen ein wichtiger Bezugspunkt. 1997 trat die in der Türkei geborene Künstlerin Şükran Moral in ihrer mehrteiligen Arbeit *Bordello* mit nacktem Oberkörper in Istanbul vor eine schaulustige, nahezu rein männliche Öffentlichkeit (Abb. 19).

Vor ihrer Brust hielt sie einen Zettel »For sale«. An das Bordell, vor dem sie stand, hatte sie ein Schild mit der Aufschrift »Museum für zeitgenössische Kunst« gehängt. Die Künstlerin kommentierte ihre Arbeit mit dem Hinweis auf die »Macht des Gaffers und [die] Passivität des Angegafften«, die »der gesamten Kunstgeschichte zugrunde« liege.[64]

SCHÖNHEIT

Die inszenierten Blicke auf die Venus sind hochgradig normierend. Der ›schöne Busen‹ der künstlerischen Idealfiguren dient nicht der unschuldigen Feier von Liebreiz und Anmut, sondern schließt aus: nichtweiße Körper, alte Körper, trans* Körper usw. usw. Die Auseinandersetzung mit und Kritik an diesen normierenden Idealen war ein zentrales Thema feministischer Kunst um 1970. Ausgangspunkt für die Arbeiten war die Erkenntnis, dass es bestimmte bildliche Muster gibt, die einen großen Einfluss darauf ausüben, wie wir uns selbst und andere wahrnehmen, insbesondere auf unsere Vorstellung von einem ›schönen‹ Körper und der ›angemessenen‹ Art, ihn zu präsentieren. Andererseits aber bieten diese normierten Körperbilder eine Angriffsfläche. Sie können verändert, ironisiert, gebrochen oder neu erzählt und verbildlicht werden, und genau das haben feministische Künstler*innen seit den 1960er Jahren getan. Wie immer, wenn es um die Geschichte der Kunst geht, neigt die offizielle Geschichtsschreibung allerdings dazu, den Anteil von Frauen nicht angemessen zu berücksichtigen oder gleich ganz

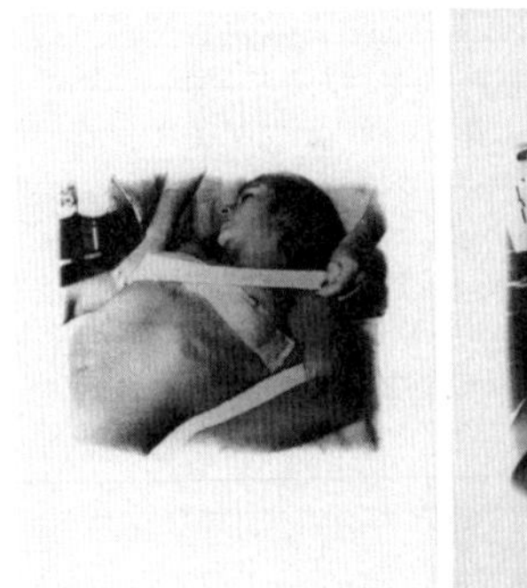
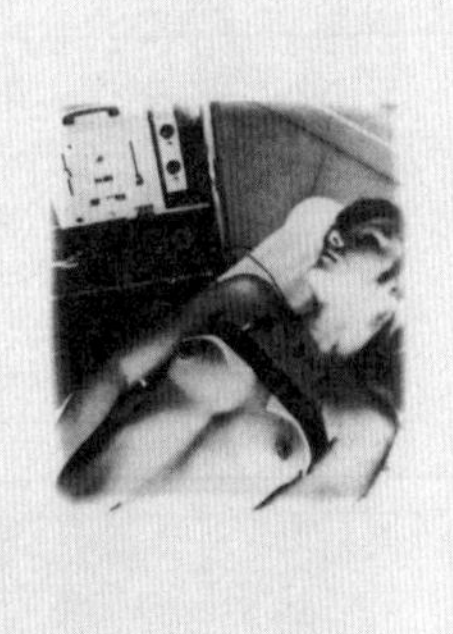
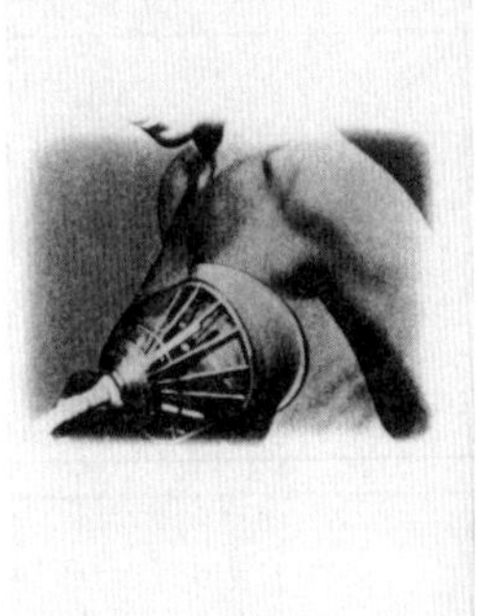

20 A. Messager: *Les Tortures Volontaires 14, 45, 49,* 1972.

zu verschweigen. Das war im Fall der Feministischen Avantgarde nicht anders. Erst seit etwa zehn Jahren wird mit diesem Begriff angezeigt, dass die Vielzahl und Qualität der feministischen Arbeiten um 1970 ihre Zugehörigkeit zu den Avantgarden der Kunst des 20. Jahrhunderts rechtfertigt.[65] Andere Kunstrichtungen wie Pop-Art oder der Abstrakte Expressionismus sind ein etablierter Teil der Nachkriegskunstgeschichte. Feministische Positionen gehörten lange Zeit nicht dazu, doch wird nun immer deutlicher, wie bahnbrechend die Arbeiten sind, in denen der Körper als politisches Terrain verstanden wurde. Annette Messagers *Le Tortures Volontaire* (1972) zeigt all die freiwilligen Torturen, denen sich Frauen unterziehen, um ›schön‹ zu sein. Angeschlossen an dubiose elektrische Maschinen, die Beine, Arme oder den Kopf in grotesken Apparaturen fixieren, erdulden die Frauen in Messagers mehrteiliger Bildserie die unglaublichsten Prozeduren. An den Busen werden Bänder, Gurte und Saugglocken angelegt, um ihn in welcher Weise auch immer zu ›verbessern‹ (Abb. 20).

Im selben Jahr probierte Nancy Youdelman in der kooperativen Arbeit *I tried everything* einige solcher Gadgets aus, für die mit Aussagen wie »Ashamed of you bosom?« (Schämen Sie sich Ihres Busens?) oder »Increase your bosom! Yes you can have a big bosom!« (Vergrößeren Sie Ihren Busen! Ja, auch Sie können eine große Brust haben!) in Annoncen geworben wurde. In vierzehn Fotografien dokumentierte sie ihre Bemühungen, machte Gymnastik, nutzte eine Hormoncreme, die den Busen angeblich vergrößern würde. Die

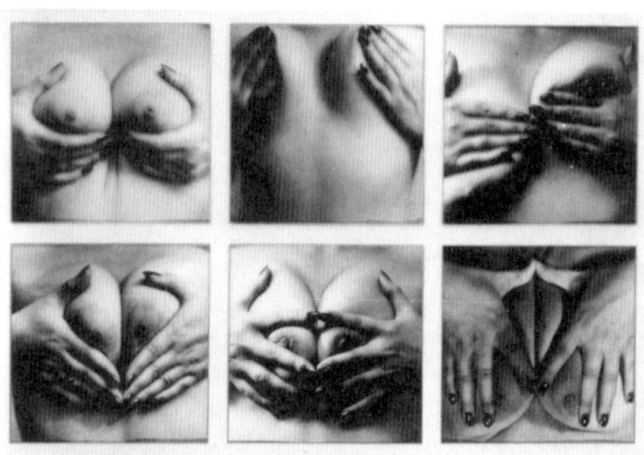

21 Busen, gerastert. F. Pezold: *Brustwerk*, 1973.

Werbezettel, Salben und anderen Mittelchen wurden ebenfalls mit ausgestellt. Der dokumentarische Charakter der Arbeit zeigt die Brust, wie die Kunsthistorikerin Gabriele Schor beschreibt, »nüchtern und ohne jedes Pathos, als Antithese zur erotisierten Darstellung in der Werbung, wie in historischen Gemälden und Skulpturen«.[66] Diesem sachlichen Modus der Konzeptkunst sind auch Arbeiten wie Martha Wilsons *Breast Forms Permutated* und Friederike Pezolds *Brustwerk* verpflichtet, die ebenfalls aus den 1970er Jahren stammen (Abb. 21).

Wilson zeigte Brüste verschiedener Frauen in Nahaufnahme und legte durch die an wissenschaftliche Abbildungsreihen erinnernde Präsentation die Verwobenheit dieses vermeintlich objektiven Brustdiskurses mit der erotisierten Bildsprache der Kunst nahe. Pezold dagegen richtete den Blick auf die eigene Brust, die sie, ähnlich wie nach ihr Annie Sprinkle (Abb. 16), zu teils schmerzhaft erscheinenden Posen manipulierte. Was aussieht wie das Abarbeiten einer unbekannten Anleitung zum Umgang mit dem Busen, führt zu neuen Lesarten. So gleicht beispielsweise die mit rautenförmig zusammengelegten Fingern zusammengepresste Brust einer Vulva. Pezolds Projekt, das auch andere Körperteile wie Augen, Nasenloch, Nabel oder Schenkel in Videoarbeiten und Fotografien einer Analyse unterzieht, trägt den Titel *Neue leibhaftige Zeichensprache eines Geschlechtes nach den Gesetzmäßigkeiten von Anatomie, Geometrie und Kinetik* (1973–76). Der geläufige Begriff der ›Körpersprache‹, der anerkennt, dass mit dem Körper vergleichbar dem mündlichen Sprechen kommuniziert werden kann, wird zur ›Zeichensprache‹. Denn wie der Körper, in diesem Fall der Busen, im Bild zu sehen ist, das lässt sich als Zeichen, als Code beschreiben. So signalisiert der jugendliche, teils verschämt bedeckte Idealbusen der Venus ebenso eine bestimmte Vorstellung von Weiblichkeit wie die offen präsentierte, ganz anders dargestellte Brust der *Venus von Willendorf*. Die Brust – um bei dem Beispiel zu bleiben, das Pezold hier verwendet – erscheint in der Kunst aber nicht unbedingt als ein solches Zeichen, das ›gelesen‹ werden muss, sondern als etwas Natürliches, als Teil des Körpers, der so abgebildet wird, wie er ›ist‹. Pezolds Gegenstrategie: Es »werden die alten Formen, Bilder, Zeichnungen zerschnitten und neu zusammengesetzt«.[67] Der Zoom auf die Brust, die in verschiedene Positionen geschoben, gequetscht und gedrückt wird, überführt sie gleichsam in eine Systematik. *Was* die Zeichen jeweils bedeuten, das steht nicht fest und kann auch nicht einfach ›abgelesen‹ werden. Aber genau das trifft letztlich auf alle Repräsentationen des Busens, ja des ganzen Körpers zu. Der Versuch, ihn auf der Bildebene auseinanderzunehmen und neu zusammenzusetzen, wie Pezold schreibt, wirkt wie ein Befreiungsschlag gegenüber den vielen »ganzen Körpern«,[68] die die Kunstgeschichte ständig produziert, und als eine Anerkennung der Tatsache, dass dem Busen so viele widerstreitende Bedeutungen zugeschrieben werden.

Das ästhetische Format des Rasters, das feministische Künstlerinnen in ihrer Auseinandersetzung mit dem Busen in den 1970er Jahren so oft gewählt hatten, tauchte jüngst wieder in der Werbung auf. In den sozialen Medien, aber auch auf riesigen Plakatwänden im öffentlichen Raum bewarb Anfang des Jahres 2022 die Sportartikelfirma Adidas ihre neuen Sport-BHs, die es nach eigener Aussage für jede mögliche Brustform gibt. In Serie waren dort Frontalaufnahmen weiblicher Brüste unterschiedlichen Alters, Hautfarbe und Form zu sehen. Im seit mehreren Jahren in der Werbung konstatierten Trend zur »Imperfection« werden Achselhaare gezeigt, Speckröllchen oder, wie hier, Busen, die nicht dem Ideal entsprechen. Auch die anonymen, weil ohne Kopf abgebildeten Frauenoberkörper scheinen auf den ersten Blick auf willkommene Weise mit den üblichen verführerischen Posen perfekter

Unterwäschemodels zu brechen – zumal hier gar keine Unterwäsche zu sehen ist. Es ist wohl kein Zufall, dass dieser emanzipative Impetus sich einer ästhetischen Form bedient, die feministische Künstlerinnen fast fünfzig Jahre zuvor erprobt hatten. Was die BH-Werbung von Martha Wilsons *Breast Forms Permutated*, Friederike Pezolds *Brustwerk* (Abb. 21) oder Youdelmans *I tried everything* aber unterscheidet, ist nicht zuletzt, dass hier etwas verkauft werden soll. Und zwar, wie so oft, mit einem nackten Frauenkörper. In Reaktion auf die Kampagne wurde zudem angemerkt, dass Adidas zum Beispiel Sporthosen für männliche Kunden *nicht* mit Nahaufnahmen verschiedener Penisformen bewirbt. Ja nicht einmal eine Riesenplakatwand mit kopflosen, nackten Männeroberkörpern vom Hänfling bis zum Muskelprotz als Werbung für Fußballtrikots kann man sich so recht vorstellen. Und das wiederum zeigt an, dass immer noch sehr unterschiedliche Regeln gelten für den Auftritt männlicher und weiblicher Körper.

Ob die Adidas-Werbung nun also als Beleg dafür gewertet werden kann, dass feministische Kritik Mainstream geworden ist, oder ob nicht umgekehrt feministische Positionen einem Marketing untergeordnet werden, dem politische Ziele letztlich gleichgültig sind, ist keineswegs eindeutig geklärt. Die österreichische Journalistin Beate Hausbichler spricht vom »verkauften Feminismus«.[69] Dies auch deswegen, weil die Differenzierungen und Differenzen ›des‹ Feminismus, der in Wirklichkeit aus vielen Feminismen besteht, die durchaus auch unterschiedliche Interessen verfolgen, in Werbekampagnen wie dieser übergangen werden. Hatten Künstlerinnen wie Pezold, Wilson, Youdelman und andere auf die politische Dimension des vermeintlich privaten Körpers hingewiesen, so suggeriert die Adidaskampagne, dass mit der Besinnung auf das ganz Private des eigenen, individuellen Busens die Ziele jener feministischen Körperpolitik schon eingelöst seien. Um die Vielzahl an nichtidealen Busen kümmert sich nun eine Firma und die jeweilige einzelne Frau, die für sich den passenden BH kauft. Sogar einen bekanntlich verkaufssteigernden Skandal kann die Werbung vorweisen. In Großbritannien wurde die Plakatwand mit den nackten Brüsten verboten.[70]

»Die Arbeit mit dem Bild der Venus scheint nicht enden zu wollen«, schrieb die feministische Künstlerin Ulrike Rosenbach in den 1970er Jahren. »Dauernd finde ich neue Abbildungen. [...] Meistens wird es in der Werbung in Verbindung gebracht mit abgeschmackten Reißern zur Erhaltung von Jugend und Schönheit.«[71] Rosenbach erkannte, dass die jahrhundertealten Bilder der römischen Göttin, die immer und immer wieder neu aufgelegt werden, großen Anteil an den Vorstellungen darüber haben, was ›eine Frau‹ ist, wie sie aussieht, was ›normale‹ und ›richtige‹ Weiblichkeit ist. Simone de Beauvoirs oft zitierte Beobachtung, dass man nicht als Frau geboren, sondern dazu gemacht wird, bezog sich auf kulturelle Normen und Vorgaben, die Menschen zu Frauen und Männern machen. Rosenbach startete 1976 mit *Reflexionen über die Geburt der Venus* eine Bildserie, in der sie Projektionen von Botticellis Venus in der Muschel mit ihrem eigenen Körper überblendete, bis beide nicht mehr klar erkennbar waren und die ›echte‹ Frau und ihr Bild ununterscheidbar werden (Abb. 22).

Der Wirkmacht der jahrhundertealten Idealbilder nackter Weiblichkeit ist nicht so schnell zu entkommen, das wird hier offensichtlich. Auch andere Künstlerinnen zeigten in den 1970er Jahren das Verschwinden des eigenen Körpers hinter all den kursierenden Bildformeln. Orlan inszenierte sich selbst in einem *Strip-Tease occasionnel à l'aide des draps du trousseau* (1974–75) mit Hilfe wilder Draperien von der Madonna über die heilige Teresa von Ávila bis zur Mänade mit entblößten Brüsten und schließlich zur Venus von Botticelli. In der letzten der Fotografien liegt nur noch der gebauschte Stoff am Boden. Der Körper ist verschwunden. Wenn alle Posen eingenommen, alle Körperteile gezeigt und alle Draperien angeordnet wurden, dann bleibt von der Frau: Nichts. Ohne Draperie, ohne die Bildformeln des Weiblichen verschwindet auch ›das‹ Weibliche.

Ulrike Rosenbach trägt in ihrer Videoarbeit einen schwarz-weißen, enganliegenden Anzug, der zur Projektionsfläche wird. Wenn sie sich auf die schwarze Seite dreht, verschwindet auch das Bild ihres Körpers. Die letzte Einstellung zeigt dort, wo bei Botticelli

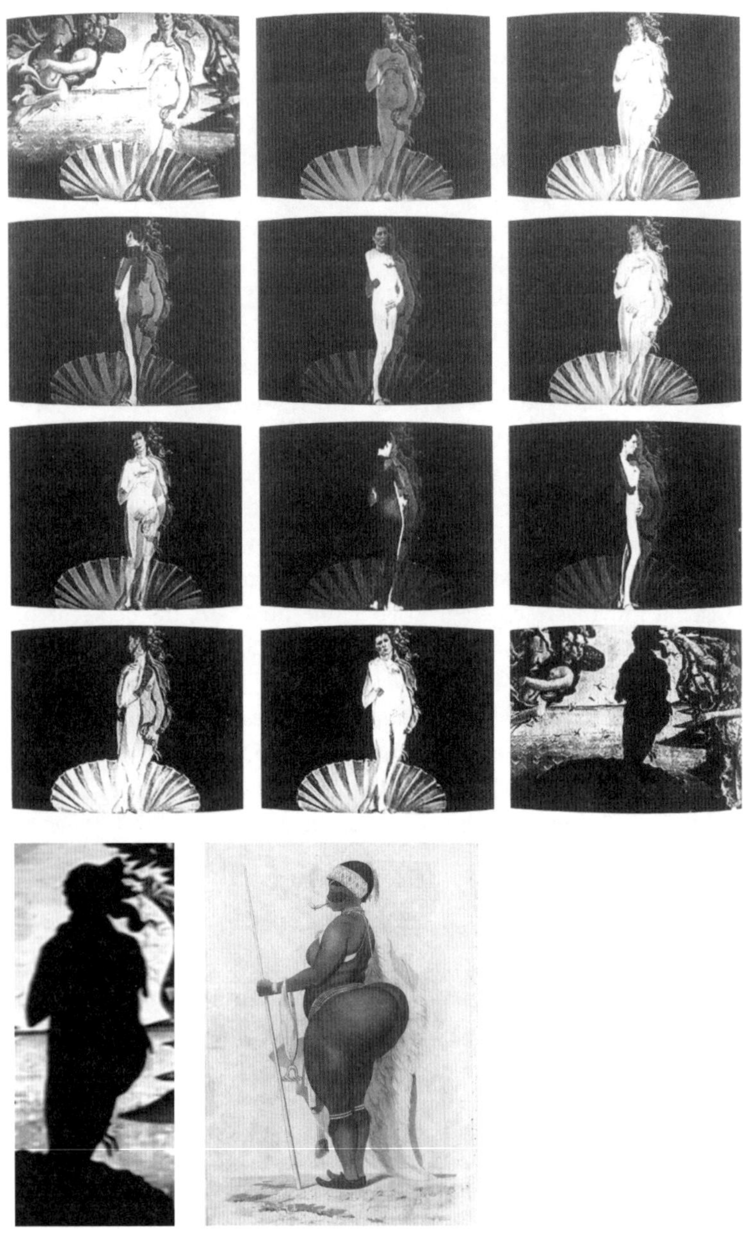

22 U. Rosenbach: *Reflexionen über die Geburt der Venus*, 1976, Videostills, unten links: Detail; unten rechts: F. Ch. Lewis: *Saartjee, the Hottentot Venus*, 1810.

der schlanke weiße Körper der Göttin zu sehen ist, eine schwarze Silhouette, die deutlich davon abweicht. Das Haar ist nicht mehr als solches sichtbar, sondern erscheint wie ein Teil des Gesäßes. Dass Rosenbach hier bewusst auf die Ikonografie der »Hottentottenvenus« Bezug genommen hat, ist nicht unbedingt wahrscheinlich, auch weil sie selbst es nie erwähnt hat. Gleichwohl heißt das nicht, dass dieser Aspekt nicht in die Deutung des Werkes miteinfließen kann. Denn dass sich die letzte Einstellung der Videosequenz als Repräsentation eines Schwarzen Körpers lesen lässt, ist ebenso offenkundig wie die Tatsache, dass auf diese Weise aus dem weißen Körper des Anfangsbildes ein Schwarzer geworden ist.

Bemerkenswert ist, dass genau das aber nie thematisiert wurde. Die ›Unsichtbarkeit‹ des ›Weiß-Seins‹ als grundlegend für die visuelle Kultur des Westens hat der Kulturwissenschaftler Richard Dyer bereits Ende der 1990er Jahre in einem *White* betitelten Buch ausführlich thematisiert.[72] Um ›Rasse‹ oder ethnische Differenz geht es immer nur, wenn ›Schwarze‹ Körper in Bildern, Texten, Filmen auftauchen. ›Weiß-Sein‹ bildete lange keine eigene Analysekategorie, dabei unterliegt es doch ebenso wie das ›Schwarz-Sein‹ einem elaborierten Konstruktionsprozess. Nur dass an dessen Ende die Überzeugung steht, ›Weiß-Sein‹ sei etwas, was keiner gesonderten Erwähnung bedürfe (also zum Beispiel, simpel formuliert: in dem Film *12 Years a Slave* ›geht es um Schwarze‹ – in *Das Leben der Anderen* aber nicht um ›Weiße‹, sondern um die DDR). Weiß-Sein und seine Darstellung ist das, was als ›normal‹ scheinbar keiner gesonderten Aufmerksamkeit bedarf. Dyer legt dar, wie Film und Foto (als »Lichtkünste«) an einer solchen stillschweigenden Konstruktion des ›Weiß-Seins‹ beteiligt sind. Aber auch das Schwarz-Weiß der Fotografie und des Films kann Metapher für Hautfarben und ethnische Differenz sein.[73] Rosenbachs Video verknüpft in diesem Sinn Sichtbarkeit mit der weißen Hälfte ihres hautengen Trikots, Unsichtbarkeit mit der Schwarzen. Die weiße Venus begleiten ›Schwarze‹ Gegenbilder, die eine Voraussetzung ihres Weiß-Seins darstellten, aber in der Regel ebenso unsichtbar bleiben. Nicht umsonst gibt es die Venus (das ist selbstredend die ›weiße‹) und die *Schwarze* Venus (die durch das Adjektiv als ›Andere‹ qualifiziert wird). Auch in der Rezeption der Arbeiten zum Thema Venus lässt sich dieser blinde Fleck feststellen, denn Rosenbachs

Video gilt in der Literatur als eine Arbeit, die sich der Konstruktion einer weiblichen Idealfigur widmet, nicht aber spezifisch einer ›weißen‹ Idealfigur.

Mehr über diese blinden Flecken lässt sich aus Arbeiten wie Renée Greens Installation *Seen* (1990) lernen, die auch die Relevanz der historischen Diskurse um die »Hottentottenvenus« für heutige Rassismusdebatten verdeutlicht. Das Werk besteht aus einer hölzernen Plattform, die betreten werden kann. Der eigene Körper erscheint dabei als Schattenriss auf einer hinter dem Podest angebrachten Leinwand und wird so zum Bild für alle anderen Galeriebesucher*innen. Auf dem Boden sind zeitgenössische Quellen zu Saartje Baartman und Josephine Baker zu lesen, die auch als »Schwarze Venus« tituliert wurde, und durch ein Loch im Fußboden scheint einen der Blick zweier blauer Augen zu verfolgen. Dass man beim Betrachten betrachtet wird, ist hier eine der zentralen Erfahrungen. Der ›andere‹ Körper der Schwarzen Frauen, die zu sehen gegeben wurden, bleibt unsichtbar.[74] Weder Bilder von Brüsten noch Gesäß werden vorgeführt. Nachdem es bei der Konstruktion der Venus immer um Sichtbarkeit, die Art des Auftretens vor einem oder einer imaginären Betrachter*in geht, ist diese Verweigerung eines Bildes als Kampfansage an das Prinzip Venus zu verstehen.

Und noch ein letztes Beispiel für ein feministisches Störmanöver in diesem Prozess der Bildwerdung der Venus als weißem Idealkörper: Im Jahr 2000 montierte die Künstlerin Jacqueline Hayden ein Aktfoto in eine Fotografie eines Ausstellungsraums des Pariser Musée d'Orsay (Abb. 23).

Im Hintergrund hängt Cabanels Gemälde *Geburt der Venus*, das oben schon erwähnt wurde. Davor jedoch die Montage. Es scheint, als ob der sitzende, entkleidete Körper einer nicht mehr ganz jungen Frau auf einem Sockel ruht. Sie wirkt wie ein Gegenkommentar, ein Einspruch zu Cabanels idealisierter, passiv am Boden liegender weiblicher Gestalt. Eine Art lebendig gewordene *Venus von Willendorf*. Allerdings beansprucht sie gar nicht, ein ›echter‹ Körper zu sein, einer, der alles einreißen könnte, was jahrhundertelang an einschränkenden Körperidealen in und durch die Kunst produziert wurde. Die Gestalt sitzt auf zwei Sockeln: Auf dem geometrisch verzierten, hohen Postament liegt noch die Basis der Skulptur aus roh behauenem Stein, die daran erinnert, dass dies das Material ist, aus

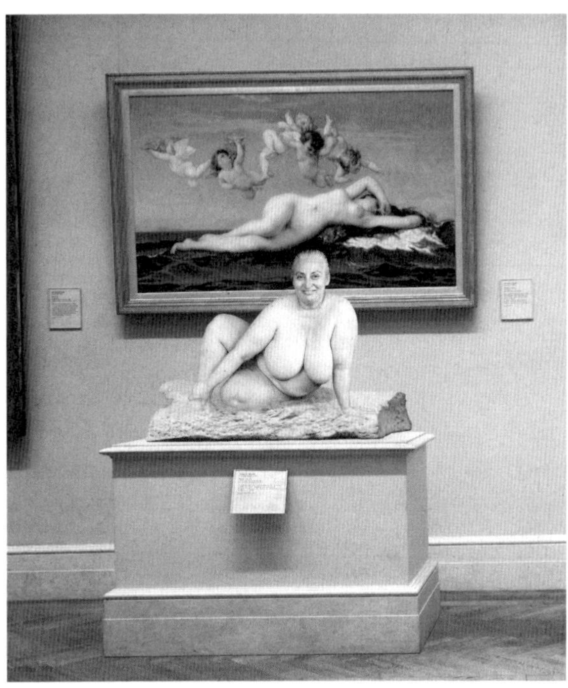

23 Gegenmodell. J. Hayden: *Carol Venus* (Ausschnitt), 2000 (Ancient Statury Series).

dem der Künstler oder die Künstlerin einen scheinbar lebendigen Körper zu formen vermag.

Denn, so lässt sich aus Haydens Bildkombination schließen, ausnahmslos alle weiblichen Körper geraten immer schon in eine Art metaphorische ›Aufsockelung‹. Ihr Auftreten und Sichtbar-Werden kann nie ganz einfach nur ›natürlich‹ sein, sondern muss sich – wie in diesem Fall – seit jeher mit bestehenden idealen Oberflächen und historischen Anordnungen messen lassen. Auch wenn Cabanels weißer, weiblicher Körper nicht an der Wand hinge, würde man ihn im Sinne eines Ideals, von dem die Figur im Vordergrund abweicht, unweigerlich mitdenken. Daher kann und sollte man den Auftritt eines älteren weiblichen Körpers, dessen Brust so gar nicht dem entspricht, was das dahinter an der Wand hängende Gemälde vorschreibt, positiv werten und sich freuen, dass hier Körper den Raum künstlerischer Repräsentation erobern, die anderes für weibliche Körper vorsehen als Jugendlichkeit und passive Verführung. Aber die Begeisterung für vielfältigere Körperbilder speist sich zu einem maßgeblichen Teil aus der Kenntnis und Ablehnung des Ideals. Erst dieses produziert die ›Abweichung‹. Und so steht in den Drogerien auch noch im Jahr 2023 der Damenrasierer *Venus* zum Verkauf, der die haarlose Glätte ebenmäßiger, junger weiblicher Haut, die vor über zweitausend Jahren zum steinernen Idealbild wurde, als Körperpraxis für Frauen und Mädchen von der Pubertät an erfolgreich propagiert. In mehreren Werbespots thematisierte die Herstellerfirma 2021 übrigens sowohl Transsexualität als auch *Colourism*[75] und Rassismus. Unter anderem eine trans* Frau und eine Frau, die sich im Film als »afrikanisch« identifiziert, tauchen auf – wo? Am Strand, also an dem Ort, den schon Botticelli für besonders geeignet für die Präsentation des weiblichen Körpers hielt. Einige Personen schwimmen im Wasser, während das Logo der Herstellerfirma und der Name des Rasierers, »Venus«, eingeblendet werden. Eine Bildkonstellation, die nicht zufällig an das Motiv des Jungbrunnens erinnert. Wie viel und ob Empowerment in diesem scheinbar bis heute nicht enden wollenden Strom an weiblichen Körpern liegt, die im, am oder durch das Wasser ihre Schönheit finden, ist zweifelhaft.

BRÜSTE UND ANDERE ILLUSIONEN DES NATÜRLICHEN

Fantasien und Fiktionen der Milchgabe • Politik macht Natur macht Wissenschaft: Stillpropaganda und die Klasse der Säugetiere • Die asexuelle Brust Gift aus dem Busen • Tierbrüste – Menschenbrüste • Halbe Brüste • Busen und Fremdheit • Männliche Brustwarze und männliche Würde • Die Moral der *künstlichen* Brust • Breastfeeding/Chestfeeding und ein Gesetz • Busen, Ball und anderes Gerät • Narben

•

Die Brust ist ein überdeterminierter Körperteil. Während andere sogenannte sekundäre Geschlechtsmerkmale, etwa der Bartwuchs, eine tiefe Stimme oder ein breites Becken, den Körper ebenfalls vergeschlechtlichen, wird die Brust im Vergleich dazu als eine Art Supersignal gesehen. Durch sie wird die ›Weiblichkeit‹ einer Person auch am bekleideten Körper ablesbar. Ihr Fehlen beglaubigt dagegen die ›Männlichkeit‹ eines Menschen. Brüste sind »der Inbegriff von Weiblichkeit«, wie in einem 2022 erschienenen Handbuch zum »Herzenswunsch Brustvergrößerung« zu lesen ist.[1] Schon 1904 schrieb der Mediziner und Kollege Sigmund Freuds, Friedrich Salomo Krauss, dass unter den sekundären Geschlechtsmerkmalen die »Brüste wohl die allervornehmste Stellung« einnähmen, und man eigentlich »statt sekundär primär« sagen müsse. Damit ist das Thema bereits benannt: Das Schicksal des Busens als dem Zeichen von Weiblichkeit schlechthin, als Hinweis auf die »Geschlechtscharaktere«, wie Krauss schreibt, und der scheinbar unverrückbaren Verbindung von Weiblichkeit und Busen.[2] Das eine scheint sich zwangsläufig aus dem anderen zu ergeben.

Die vorangegangenen Kapitel haben gezeigt, dass diese Zuschreibung keineswegs zwingend ist. Nicht zuletzt, weil sich die

Bedeutung des Busens und welche Bilder man sich von ihm gemacht hat, ständig und immer wieder radikal verändert haben. Dennoch: Frauen haben Brüste, Männer haben keine, und nur das, was in ihnen gesehen wird, verändert sich je nach kulturellen und politischen, moralischen, religiösen oder modischen Kontexten. Weibliche Attribute waren die Brüste schon immer.

Das folgende Kapitel stellt diese Vorstellungen infrage und nimmt dem Gegenstand dieses Buches etwas von seiner vermeintlichen Natürlichkeit und eindeutigen Geschlechterzuordnung. Die Überzeugung, aus dem Vorhandensein eines Busens könne man »auf den ersten Blick den Mann von der Frau« unterscheiden, wie es die Werbung einer Schönheitsklinik verspricht, führt in ihrer vermeintlichen Anschaulichkeit in sehr viel kompliziertere, aber dafür auch interessantere Gefilde. Denn wenn der Busen wirklich *der* Körperteil ist, an dem sich die Verschiedenheit der Geschlechter unmissverständlich zeigt, dann kann er zeigen, wie diese Unterscheidung funktioniert (oder eben auch gerade nicht), wozu sie dient (oder vielleicht auch nicht) und wieso gerade der Busen sich dafür so gut eignet. Es gilt eine unausgesprochene Grundlage der Beschäftigung mit der weiblichen Brust anzuzweifeln: Die reflexhafte Verbindung von Busen und Frau. Dieser Zweifel wird genährt vom Blick auf Gebiete, die allzu oft als Referenz für die Evidenz der Weiblichkeit der Brust herangezogen werden, wie etwa Biologie, Zoologie oder Medizin. Gerade sie nämlich erweisen sich als Fundgruben vergessener Gedanken, Überzeugungen und Fragen, die davon zeugen, dass weder Busen noch Weiblichkeit natürliche Konstanten sind. Wie sie jeweils bestimmt und zueinander ins Verhältnis gesetzt werden, ändert sich nicht nur im Laufe der Jahrhunderte, sondern hängt direkt zusammen mit kulturellen und politischen Einstellungen. Vor über dreißig Jahren schon erkannte die Soziologin Claudia Honegger, dass in Hinblick auf die Ordnung der Geschlechter eine »positive Legende der bloßen Naturauslegung [...] wesentlich an jenem Gestrüpp aus Theorien, Fiktionen und Projektionen mitgewirkt [hat], in dem wir noch immer gefangen und befangen sind«.[3] Daran hat sich bis heute nichts geändert. Es wird hier zu zeigen sein, dass sogar die so selbstverständliche Verknüpfung von Brust, Stillen und Weiblichkeit sich keineswegs aus ›der Natur‹ ergibt. In Berichten der Naturforscher und Reisenden des 18. und frühen 19. Jahrhunderts waren Männer, die Kinder stillen, ein populäres Thema.[4] Der britische Arzt John Hunter berichtete Ende des 18. Jahrhunderts über einen Vater von acht Kindern, der seiner Frau beim Stillen zu Hilfe eilte, als diese Zwillinge bekam – und zwar indem er sie selbst anlegte. 1825 wurde im *Dictionnaire classique d'histoire naturelle* verzeichnet, dass alle brasilianischen Männer dazu in der Lage seien, zu stillen. Milchproduktion war damit eine zwar berichtenswerte Ausnahme, aber dennoch grundsätzliche Fähigkeit auch der männlichen Brust. Die bis ins 19. Jahrhundert einflussreiche Säftelehre machte die männliche Laktation prinzipiell vorstellbar.[5] Galen und Hippokrates folgend wurden Milch und Blut als Körperflüssigkeiten verstanden, die sich ineinander verwandeln konnten. Isidor von Sevilla, der um 600 in einer Enzyklopädie einen Überblick über den damals aktuellen Wissensstand gab, war überzeugt, dass nach der Geburt »alles Blut, das nicht zur Ernährung der Gebärmutter verbraucht worden ist, auf natürlichen Wegen zu den Brüsten« wandert, »und indem es vermöge ihrer weiß wird [deshalb *lac*, sagt Isidor, vom griechischen *leukos* (weiß)], erhält es die Eigenschaft von Milch«.[6] Die Vorstellung, dass die Säfte des Körpers sich recht unkompliziert ineinander verwandeln können und dass aus Blut Milch wird, machte männliche Laktation plausibel. Denn wenn der männliche Körper Brüste aufwies und sich damit die entsprechenden Organe bereits gebildet hatten, war es auch denkbar, dass diese Milch geben konnten. Und so berichtete noch 1908 eine wissenschaftliche Studie zum *Hermaphroditismus beim Menschen* von einem »Mann mit Milch in den Brüsten, der sich für Geld zeigte«.[7]

FANTASIEN UND FIKTIONEN DER MILCHGABE

Die Fähigkeit als weiblich bezeichneter Brüste, Milch zu geben, gilt gemeinhin als ›biologische Tatsache‹. Die männliche Brust wird in diesem Zusammenhang meist völlig ausgeblendet, auch weil sie das Narrativ der Zweigeschlechtlichkeit stört. Untersucht man aber die Geschichte der Techniken, Anweisungen, Gerätschaften, Berichte, Institutionen des Milch-Gebens, die in diesem Diskurs der Natürlichkeit die entscheidende Rolle spielte, verliert der Begriff der biologischen Tatsache schnell seine Konturen. Die Historikerin Barbara Duden hat Anfang der 1990er Jahre, als in der kulturwissenschaftlichen Forschung das Thema Körpergeschichte immer wichtiger wurde, diesen Moment der Distanz und des Fremdwerdens gegenüber der Natürlichkeit des Körpers wie folgt beschrieben:

> »Wenn ich als Frau versuche, mich am Leib entlang in die Vergangenheit zu tasten, komme ich nach einer kurzen Weile an eine Stelle, an der keine Körperfaser mehr meinem eigenen Gefühl entspricht. Je weiter ich zurückgehe, um so fremder wird meinem Gespür, was sich mir in den Quellen als ›Körper‹ aufdrängt. Wörter, Sachen, Normen und Bedeutungen sind mir nicht mehr unmittelbar zugänglich. Der *Wortschatz*, mit dem noch im 18. Jahrhundert vom Körper gesprochen wird, verweist mich differenziert auf Sachverhalte an Mensch und Tier, Kind, Mann und Frau, die ich nicht kenne und vor denen ich wortlos bin.«[8]

Dies gilt nicht nur für den oben erwähnten Mann, der seine Milchbrüste Interessierten gegen einen kleinen Obolus vorführte, sondern auch für viele der folgenden Beispiele. Sie handeln von Frauen. Aber mindestens ebenso wichtig sind Männer – und Tiere. Einige Brustberichte mögen sehr fremd wirken: So beispielsweise wenn ein Theologe des 12. Jahrhunderts empfiehlt, an der Brust Christi zu saugen, um den Glauben zu festigen. Oder auch ein rätselhaftes Testament aus der Mitte des 17. Jahrhunderts, in dem ein englischer Rechtsanwalt einer seiner Töchter 100 Pfund mehr als ihren Schwestern vererbt, weil »ihre Mutter sie stillte«.[9] Was meinte 1806 ein Frankfurter Arzt, als er notierte, dass es »fast keinen Theil« des Körpers gebe, aus dem nicht »dann und wann« Milch ausfließe: »aus dem Munde, den Augen, dem Nabel, dem Rükken, der Biegung des Schenkels, aus den Füßen usw.«[10] Und wieso riet 1815 ein Mediziner dazu, sich eine Ziege anzuschaffen, um menschliche Säuglinge an deren Euter anzulegen?

Das alles sind Belege dafür, dass die biologische Tatsache ihre Evidenz nur vorgaukelt. Handlungen, Urteile und Gefühle über die Brust waren äußerst wandelbar. Sie beruhten auf fundamental anderen Schlüssen als denen, die man heute aus sogenannten natürlichen Fähigkeiten und Beschaffenheiten des Körpers zieht. Folglich bekommt die Vorstellung, dass Geburt, Mutterschaft und Stillen

Epitome der Weiblichkeit sind, weitere Risse. Denn nicht nur Natürlichkeit und Unnatürlichkeit geraten beim Thema Busen durcheinander, sondern auch Männlichkeit und Weiblichkeit.

So untersuchte die Religionshistorikerin Caroline Walker Bynum Ende der 1970er Jahre die faszinierenden Texte zisterziensischer Autoren, wie zum Beispiel Bernhard von Clairvaux' Briefe und seine Predigten zum Hohenlied.[11] Dort forderte er, »suge non tam vulnera quam ubera Crucifixi« (»sauge nicht so sehr die Wunden als die Brüste des Gekreuzigten«), und beschrieb die religiöse Unterweisung als Milchgabe.[12] Die *lactatio Bernardi*, das Wunder der Nährung des Heiligen von der Brust Mariens, das vielfach Thema der Kunst wurde (siehe Kapitel 1, S. 25 f.), findet hier seine Entsprechung in den Vorstellungsbildern, in denen Bernhard und andere Äbte und Theologen die Brust als Referenzbild für zentrale theologische und monastische Belange verwendeten. Doch die Brüste des Gekreuzigten waren nicht nur in einem übertragenen Sinne Spenderinnen geistlicher Tröstung. Sie fanden auch Eingang in die Kunst. Frühchristliche Jesus-Darstellungen zwischen dem 4. und 6. Jahrhundert stellten den Gottessohn als sehr weiblichen Mann, betont androgyn mit langem Haar, einem bartlosen Gesicht und gelegentlich sogar mit zartem Brustansatz dar.[13] Eine solche Statuette aus dem 4. Jahrhundert, die einen lehrenden Christus zeigt, wurde deswegen auch lange für eine *Sitzende Poetin* gehalten (Rom, Museo Nazionale, Palazzo Massimo alle Terme).

Auffällig ist, dass in den Texten von Mystikerinnen und anderen religiösen Autorinnen die Beziehung zum Göttlichen weniger in Bildern des milchspendenden Busens als in denen des fließenden Blutes gefasst wird, wenn etwa Nonnen imaginieren, aus der blutenden Seitenwunde Christi zu trinken.[14] Das Bild des milchspendenden Busens wurde von Mönchen benutzt und vielfach variiert, während religiöse Frauen nicht zwangsläufig auf dieselben weiblichen Körperbilder zurückgriffen. Allerdings reinigte man Bibelstellen von einer offenbar verstörenden Körperlichkeit, in denen Gott gebärt, einen Uterus und eine Vulva hat:

> »Hört mich, Haus Jacob und das ganze übrige Haus Israel, die ihr getragen werdet von meinem Uterus, die ihr fortgebracht werdet von meiner Vulva.« (Js 46,3–4)

Aus dieser Übersetzung aus dem Hebräischen ins Lateinische (»portamini a meo utero, qui gestamini a mea vulva«) von Hieronymus aus dem 4. Jahrhundert wurde in der deutschen Übersetzung der Lutherbibel »Hört mir zu [...], die ihr von mir getragen werdet von Mutterleibe an und vom Mutterschoße an mir aufgeladen seid.«[15] In der frühmittelalterlichen Frömmigkeit wurden vergleichbare weibliche Vorstellungsbilder dagegen noch intensiv genutzt. Der Benediktiner Rupert von Deutz entwarf in der ersten Hälfte des 12. Jahrhunderts in seiner Exegese des Hohenliedes einen Gott mit zwei Brüsten. Die eine war für die Sündenvergebung, die andere für die Verteilung der Gnaden zuständig. An ihnen sollte Maria nach ihrer Aufnahme in den Himmel saugen.[16]

Auch außerhalb religiöser Vorstellungswelten gibt es andere, spätere Belege dafür, dass der Busen nicht zwingend ›weiblich‹ sein musste. So zum Beispiel das buchstäbliche Aufweichen der Differenz zwischen der milchlosen (= männlichen) und milchgebenden (= weiblichen) Brust durch heute nicht mehr übliche Prozeduren. Ein Text zur Hebammenkunde kritisierte Ende des 17. Jahrhunderts Frauen, die der abergläubischen (»'tis superstitious«) Überzeugung gewesen seien, dass sie sich »das Unterhemd ihres Mannes, das noch warm ist, kurz nachdem er es ausgezogen hat« überstreifen könnten, um zu erreichen, dass »der Milchfluss versiegt«.[17] Die Wärme der männlichen, milchlosen Brust, gespeichert im Garn, das auf der Haut liegt, sollte eine Eigenschaft der männlichen auf die weibliche Brust übertragen. Eine Vorstellung, die eine klare Trennung der sozialen Rolle der Brust (Stillen vs. Nicht-Stillen) vorsieht, aber zugleich männliche und weibliche Brüste als Körperteile einander annäherte und deren Eigenschaften als übertragbar imaginierte. Die heutige Überzeugung, dass Männer zwar unbedingt in die Säuglingspflege mit einbezogen werden sollen, aber ihre Brüste nicht mehr im Austausch mit denen ihrer Partnerinnen in puncto Stillfähigkeit stehen, ist Ausdruck der genau gegenteiligen Gewichtung: Die Körper sind gänzlich verschieden, aber ihre Rollen sehr viel weniger (zumindest theoretisch).

In der inzwischen sehr gut dokumentierten Geschichte des Stillens zeigt sich zudem, dass sich Mutterschaft nur scheinbar einfach aus der Tatsache ›ergibt‹, ein Kind zu gebären und es dann an der Brust zu nähren.[18] Die Mutter ist über Jahrhunderte hinweg – und bis in unsere Gegenwart – eine erheblich politisierte Figur. Die Gebär- wie auch die Ernährfähigkeit des weiblichen Körpers galten als ebenso machtvoll wie mysteriös und waren Gegenstand vieler Dispute. So ist die Verknüpfung von milchgebendem Busen, Weiblichkeit und Mutterschaft durch die tatsächliche Praxis, wie Säuglinge versorgt wurden, keineswegs abschließend bestimmt. Wie die Mutterschaft aussah, die man aus der Existenz der laktierenden Brust als ›typisch weiblich‹ ableitete, war widersprüchlich. Betrachtet man auszugsweise ein zentrales Thema dieser Debatten, die Frage nämlich, ob leibliche Mütter oder Ammen die Kinder versorgen sollten, dann stellt man fest, dass sich die Einstellung dazu immer wieder grundlegend veränderte. Zwar wurde das Selbststillen gegenüber anderen Formen der Ernährung offenbar durchgängig als besser angesehen, doch das Bild und die Rolle der Mutter waren äußerst wandelbar.[19]

Während vom 16. bis in die Mitte des 18. Jahrhunderts die Gesundheit der Stillenden kaum eine Rolle gespielt und sich das Interesse auf das Überleben und Wohlergehen des Kindes gerichtet hatte, ging es danach mehr um positive Auswirkungen auf die Mutter. In der neuen Ideologie galt das Stillen als gesund für die Frau wie auch als notwendig für das Gedeihen des Staates. Die neuen Adressatinnen dieser Kampagnen waren Mütter. Hatten sich die Autoren zuvor in erster Linie an Hebammen, Ammen oder ein nicht näher spezifiziertes Publikum gerichtet,[20] sollten die Frauen jetzt selbst davon überzeugt werden, dass es gut sei zu stillen. Dazu wurden auch ganz neue mediale Kanäle genutzt. Neben Büchern, Zeitschriften oder Romanen wurde die Mutterliebe auch durch Inszenierungen wie das 1793 in Paris gefeierte »Fest der Einheit und Unteilbarkeit der Republik« propagiert, bei dem männliche Abgeordnete das aus den großen Brüsten einer überdimensionalen Isis-Figur sprudelnde Wasser tranken. Im ersten Kapitel wurde bereits gezeigt, wie die neue Sichtbarkeit des Busens im 18. Jahrhundert mit der Forderung nach dem Stillen einherging. Aber welche Rolle spielte diese Sichtbarkeit in Hinblick auf die Etablierung der Brust als biologische Referenz? Als ein körperliches Merkmal, das sowohl zur Begründung der politischen Rolle von Frauen herangezogen wurde als auch zur Kennzeichnung ihres »Geschlechtscharakters«?

POLITIK MACHT NATUR MACHT WISSENSCHAFT: STILLPROPAGANDA UND DIE KLASSE DER SÄUGETIERE

Politik ließ Brüste zur (weiblichen) Natur werden. Die Naturwissenschaften steuerten die wissenschaftlichen Argumente bei. Das ist die sehr kurze Kurzfassung jener Phase, in der sich das revolutionäre Paris um den *Brunnen der Regeneration* versammelte und den steinernen Brüsten der Isis zujubelte (Abb. 1).

Die spektakulär inszenierten Feste, die nach der Revolution den alten christlichen Festkalender ersetzen sollten, dienten der Selbstvergewisserung der jungen Republik und ihrer Ziele. 1793 bildete neben dem Isis-Brunnen der Auftritt eines Mädchenchors in jungfräulichem Weiß, der die Kantate »Hymne an die Natur« vortrug, einen Höhepunkt der Feier.[21] Anschließend näherten sich die männlichen Gesandten besagtem Brunnen und fingen mit Bechern das aus den Brüsten der Figur strömende Wasser auf, um es an Ort und Stelle zu trinken. Die anwesenden Frauen wurden ermuntert, ihre Kinder zu stillen, damit die gefeierten nationalen Tugenden mit der Muttermilch direkt in die Herzen der Säuglinge Frankreichs gelangen konnten.[22] Natur und Nation flossen so buchstäblich in eins. Allerdings ging diese Feier der Brust einher mit dem zunehmenden Ausschluss von Frauen aus dem öffentlichen politischen Leben.[23] Um 1800 setzt sich durch den Rekurs auf die Natur eine »neue Geschlechtertheorie« durch, nach der eine »Ausdehnung der Menschenrechte auf die Frauen« undenkbar erschien.[24] Und es verfestigte sich die Überzeugung, dass die »gesellschaftliche Nützlichkeit der Frau [...] in ihrer Fähigkeit zum Gebären und zum Stillen« liegt, »mit anderen Worten: in ihren biologischen Körperfunktionen«.[25] Für die tatsächliche Stillpraxis scheinen übrigens vor dem 18. Jahrhundert eher die Väter eine entscheidende Rolle gespielt zu haben: »Husbands for the most part are the cause that their wives nurse not their owne children« (»die Ehemänner sind meist der Grund dafür, dass ihre Frauen ihre eigenen Kinder nicht stillen«), wie der Puritaner William Gouge 1622 festhielt.[26] Und im *Conversationslexikon für das deutsche Volk* von 1838 wurden, wie Yvonne Schütze gezeigt hat, unter dem Stichwort *Liebe* Geschlechtsliebe, Eltern-, Kindes- und Geschwisterliebe aufgeführt – nicht aber Mutterliebe. Das

Stichwort *Mutter* existiert überraschenderweise gar nicht. Wohl aber der *Vater*, dem immerhin zwei Seiten gewidmet waren.[27] Und so ging auch die Anbetung der milchspendenden Brust als politischer Akt völlig konform damit, die Mütterlichkeit der Brüste zu hofieren und zugleich das Ideal der heterosexuellen Familie unter patriarchaler Autorität weiter zu festigen.[28]

Das Amalgam aus Brust, Weiblichkeit, Natur und Nation/Gesellschaft wurde aber auch aus der Wissenschaft entscheidend unterstützt. Sie forschte schon damals nicht in *splendid isolation*, sondern übermittelte die entdeckten Wahrheiten an die Gesellschaft und mischte von Anfang an in diesen Debatten mit. Der bereits im ersten Kapitel kurz erwähnte schwedische Botaniker Carl von Linné, der den Begriff *Mammalia* (von der Brust) 1758 in der zehnten Ausgabe des *Systema Naturae* in die zoologische Taxonomie einführte, hatte sich an der intensiv geführten Kampagne für das Stillen mit einem eigenen Beitrag beteiligt.[29] In seiner 1749 erschienen Dissertation kritisierte er das Ammenwesen mit dem Verweis darauf, dass es »wider die Natur« sei.

An der Geschichte des Begriffs Säugetiere, wie *Mammalia* auf Deutsch heißt, lässt sich zeigen, wie der behauptete Bezug auf das, was man am Körper sieht, tatsächlich erst als Teil kultureller Sehgewohnheit entstand. Weibliche, erwachsene, prämenopausale

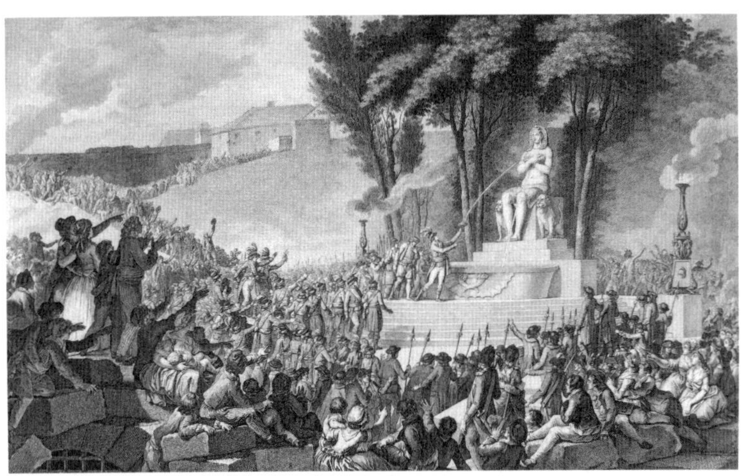

1 J.-L. David: *Der Brunnen der Regeneration*, 1798 (Stich v. Ch. Monnet).

Brüste als Referenz zoologischer Nomenklatur zu verwenden bedeutete, ein Körperorgan in den Mittelpunkt zu stellen, das Ende des 18. Jahrhunderts in Teilen Europas hochgradig politisiert war, wie man am *Brunnen der Regeneration* und seiner Inszenierung sehen kann. Ausgehend von diesem Befund ging die Wissenschaftshistorikerin Londa Schiebinger 1993 der Frage nach, was Linné überhaupt dazu veranlasste, die Säugetiere in die zoologische Taxonomie einzuführen.[30] Denn die Bezeichnung ist keineswegs selbstevident, hat doch die Klasse der Wirbeltiere, zu denen auch die Menschen gehören und die Linné Säugetiere nannte, noch viele andere gemeinsame Kennzeichen: ihre Behaarung zum Beispiel (man hätte sie also auch als ›Behaarte‹ bezeichnen können) oder die Anzahl ihrer Ohrknochen. Bis zu Linné war die seit Aristoteles gebräuchliche Bezeichnung *Quadrupedia*, Vierfüßler, gültig. Aber Linné entschied sich, die Brust ins Zentrum der Nomenklatur zu stellen. Andere Forscher schlugen alternative Begriffe vor, zum Beispiel *Tetracoilia*, was sich auf die vier Herzkammern aller Säugetiere bezog. Aber die Brüste setzten sich durch.

Was nun auf den ersten Blick wie eine emanzipatorische Entscheidung wirken könnte, nämlich den weiblichen Körper, genauer die laktierende Brust, zum gemeinsamen Referenzpunkt der höchsten Tierklasse zu machen, entpuppt sich, wie Schiebinger weiter ausführt, bei näherem Hinsehen als zweischneidig. Mit *Mammalia* nämlich werden Menschen und Tiere biologisch in dieselbe Kategorie eingeordnet und ihre Verbundenheit betont. Um aber die menschliche Überlegenheit gegenüber den Tieren weiterhin aufrechterhalten zu können, prägte Linné in derselben Schrift, in der er den Begriff *Mammalia* in die wissenschaftliche Diskussion einführte, auch die Bezeichnung *Homo sapiens*. Damit waren Menschen und andere Primaten, zum Beispiel Affen, erneut voneinander geschieden. Während die weibliche Brust die tierische Natur des Menschen betonte, unterschied die Vernunft als männlich konnotierte Eigenschaft Menschliches wiederum vom Tierischen. Dazu passt auch, dass alles, was mit der Milchproduktion zu tun hatte, ohnehin in einem Übergangs- und Kontaktfeld zwischen menschlichen und nichtmenschlichen Spezies angesiedelt war, wie sich an Mythen und Erzählungen von Tieren ablesen lässt, die Menschenkinder säugen. Abgesehen von der berühmten Legende der Wölfin, die Roms

Gründer, die Zwillinge Romulus und Remus, mit Milch versorgte, gab es viele andere ähnliche Geschichten. Von Zeus wird berichtet, er sei auf Kreta von einer Ziege gesäugt worden. Umgekehrt schien es naheliegend, dass auch Frauen Tiere säugen konnten und wollten. Die heilige Veronika Giuliani soll als Kind an Fastentagen die Milch ihrer Mutter verweigert haben und als Nonne, aus Dankbarkeit dem Lamm Gottes gegenüber, ein lebendiges Lamm zu sich ins Bett gelegt haben, um es zu säugen.

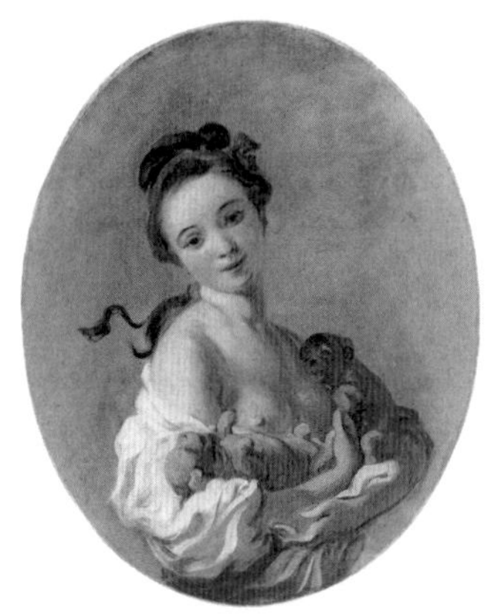

2 Welpen am Busen einer jungen Frau. J.-H. Fragonard: *Junges Mädchen mit Welpen*, um 1770.

Im 18. Jahrhundert gewann das Thema eine neue Dimension, die sich direkt an die Debatten über Vernunft und Empfindung anschloss. In Zurückweisung der von René Descartes vertretenen Auffassung, dass Tiere lediglich seelenlose Maschinen seien und daher grundsätzlich zu unterscheiden vom empfindungsfähigen Menschen, wurde in Texten wie Claude Yvons »Âme des bêtes« im ersten Band von Diderots und d'Alemberts *Encyclopédie* (1751) zunehmend dafür argumentiert, dass auch Tiere Emotionen haben und zeigen könnten.[31] Parallel dazu entstanden Gemälde, die Tiere, in diesem Fall Hunde, in enge Nähe zum weiblichen Körper brachten (Abb. 2).

Ein solches Gemälde zeigt eine junge Frau mit zwei Hundewelpen im Arm. Sie schmiegen sich dicht an ihre unbekleidete Brust, in einer Haltung, die menschlichen Babys im mütterlichen Arm nicht unähnlich ist. Die Szenerie legt aber nicht nur nahe, dass auch Tierbabys Interesse an der menschlichen Brust als Nahrungsquelle haben könnten, sondern ist durchaus erotisch suggestiv. Der Maler, Fragonard, hatte dies bereits zwei Jahre zuvor in seinem bekannteren Gemälde *Mädchen mit Hund* thematisiert, das eine nur halb bekleidete, liegende junge Frau zeigt, die einen weißen Hund auf ihren angezogenen Knien balanciert, dessen Schwanz eng an ihrer Vulva liegt. Immer wieder tauchen auf zeitgenössischen Gemälden kleine Hunde und nackte weibliche Körper zwischen Laken und weichen Kissen auf, die einander offensichtlich Freude bereiten. In dem

Eintrag »Jouissance« (das bedeutet Freude, aber auch Orgasmus), den Diderot für die *Encyclopédie* verfasste, sah er diese dadurch hervorgerufen, dass die Vernunft zum Sklaven des Instinkts gemacht werde und die Natur dadurch zu ihrem Recht komme.[32] Die Darstellung der sexualisierten körperlichen Nähe zwischen Hunden und Frauen fügte sich daher in ein Schema ein, das nicht nur das Ausschalten der Vernunft zur Erlangung körperlichen Genusses am weiblichen Körper exemplifizierte, sondern dies obendrein mit der grenzüberschreitenden Nähe menschlicher und tierischer Körper illustrierte. Zwei Welpen am Busen einer jungen Frau – ein solches Bild korrespondierte mit der wenige Jahrzehnte vorher von Linné etablierten Kopplung der Tier und Mensch umfassenden Klasse der *Mammalia* an das weibliche Brustorgan.

DIE ASEXUELLE BRUST

Die Neuordnung der zoologischen Nomenklatur durch die Erfindung der Säugetiere im 18. Jahrhundert sowie die Assoziation von Busen und Körperlichkeit suggerieren eine Verbindung zur Sexualität, die in den (populär-)wissenschaftlichen Texten zur weiblichen Brust tatsächlich kaum eine Rolle spielte. Stattdessen wurde der Busen immer mehr zu einem Organ, das auf besondere Weise den Zugang zum »Rätsel der Weiblichkeit« (Sigmund Freud, 1933) zu liefern versprach. Denn die »zarte weibliche Brust«, so ein anderer Wiener Arzt, Franz Liharžik, rund hundert Jahre zuvor, »macht einen zu wichtigen Theil des ganzen weiblichen Organismus aus, als dass ihre ausgezeichneten Functionen nicht den grössten Einfluss auf den ganzen übrigen Körper ausüben sollten«.[33] Wenn man die Brust verstand, verstand man auch den gesamten Körper, die ›ganze Frau‹. Aber die große Bedeutung, die dem Busen im Verständnis von Weiblichkeit – anatomisch, physiologisch, psychologisch, sozial – zugeschrieben wurde, ging mit einer Verengung des Blicks einher. Denn auch Liharžiks wissenschaftlich inspirierte Ode an den Busen fand sich in einem Buch, in dem es nicht um den Busen ging, sondern um die *Natürliche Ernährung der Kinder*. Die Fixierung auf die Funktion der Brust als Ernährungsorgan überschattete buchstäblich alles andere. Das Verständnis des »ganzen Körpers« bedeutete also vor allem, dass dieser durch nur *eine* Funktion der Brust betrachtet wurde, nämlich ihre Fähigkeit, zu bestimmten Zeiten und unter bestimmten Umständen Milch für (vorzugsweise eigene) Kinder zu produzieren. Es gibt nur wenige Bücher, die sich dem Thema Busen nicht aus der Warte der Kinderpflege nähern. 1806 erschien in dritter Auflage die Abhandlung *Über die weiblichen Brüste* des Frankfurter Mediziners Johann Georg Klees, eine der seltenen Ausnahmen, in denen der Busen nicht gleich schon im Titel in Verbindung mit Krankheit oder Mutterschaft genannt wird (Abb. 3).

Doch die Abwehr der Brust als Organ weiblicher sexueller Lust wird allein schon dadurch offenkundig, dass der Autor das Thema in Hinblick auf die »bekannte Erscheinung des Steifwerdens der Warzen bei einer wollüstigen Empfindung« kurz streift – und danach nie wieder erwähnt.[35] Vielmehr scheint sich jede Art von sexueller Brustfreude geradezu negativ auf den Busen auszuwirken:

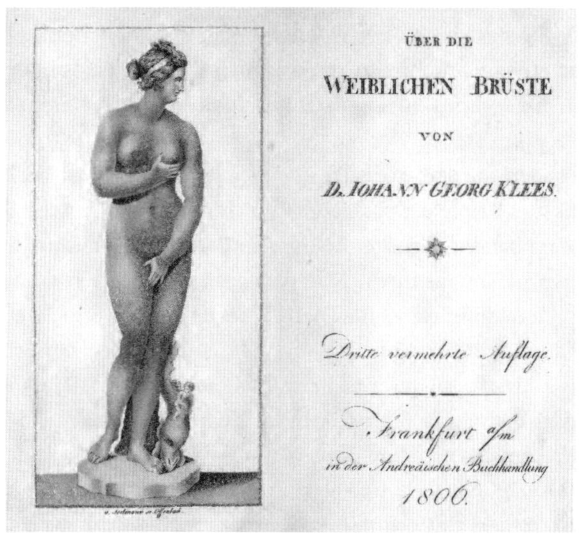

ÜBER DIE

WEIBLICHEN BRÜSTE

VON

D. JOHANN GEORG KLEES.

Dritte vermehrte Auflage.

Frankfurt a/m
in der Andreäischen Buchhandlung
1806.

3 Klees *Über die weiblichen Brüste* von 1806 [die erste Ausgabe ist von 1795] ist eines der wenigen Bücher zum Thema Brust: »Man findet sie kegelförmig, zugespitzt wie eine Birne, plattgedrükt wie einen Fladen, walzenförmig wie einen Handschuh, oder hängend und sakförmig wie Nester der Beutelmeise.«[34]

»Trotz aller Künste haben die leichten Jungfern welke Brüste vom Übermaß des Beischlafs«.[36] Noch schlimmer trifft es masturbierende Frauen: »Selten erlauben es die Kräfte einer ehemaligen Selbstbeflekkerin ihr Kind zu säugen; und wenn dieses doch wäre, so wird nie ihre Milch dazu tauglich seyn.«[37] Selbst in einem Buch mit dem Titel *Ueber die Eigenthümlichkeiten des weiblichen Körpers in Bezug auf seine sexuelle Sphäre* (1870) wird die Brust ausschließlich in Hinblick auf ihre Funktion als Milchspenderin behandelt: Der

> »Reichthum an venösen Gefässen und Nerven bedingt ihre Erektionsfähigkeit, welche es dem Neugeborenen erleichtert, auf dem ihm von der Natur vorgezeichneten Wege zu seiner Nahrung zu gelangen.«[38]

Schon Jahrzehnte vorher waren in einem Lehrbuch der Anatomie die »zahlreichen Tastwärzchen« erwähnt worden, die einen »wohltuenden Kitzel« hervorrufen können; aber auch hier wiederum nur bei der »Erfüllung der Mutterpflicht«, also beim Stillen.[39] Und so wird der Busen gleichzeitig zu einem Superzeichen von Weiblichkeit, aber zugleich entsexualisiert und immer stärker normiert. An der Brust lässt sich der vorgegebene Ablauf weiblichen Lebens ablesen, sie spiegelt nicht nur die weibliche Biografie, sondern führt geradezu ein eigenes Leben als Doppelgängerin ihrer Trägerin.

> »Bei neugebohrnen Kindern sind sie ein wenig geschwollen und weich, und bei dem Druck ergießt sich ein wenig Lymphe. Zur Zeit der Mannbarkeit, bei dem Erscheinen des Monatlichen erwachen sie gewissermaßen aus ihrem Schlafe: *sie fangen an zu leben*; es entsteht mehr Blutzufluß, sie werden fetter, härter, wachsen in ihrer ganzen Substanz und formiren die Halbrunde. [...] Zur Zeit der Schwangerschaft schwellen sie noch mehr und schmerzen. Nach der Geburt wird die Milch erst abgesondert; die bisher zusammengefallenen Milchgefäße erheben sich von dem Saugen an der Warze. Sie sehen nicht mehr knorpelweiß, blauweiß und glatt aus, sondern sie werden körnigt und uneben. Bei der Entwöhnung kommen sie wieder zur Ruhe bis zu einer neuen Schwangerschaft. Bei dem Aufhören des Monatlichen werden die Brüste ihrer Reizbarkeit beraubt, sie werden magerer, runzlicht, sie verwelken. *Die Brüste durchgehen demnach ihr eignes Leben.*«[40]

Diese nahtlose Überblendung eines Körperteils mit einem idealtypischen weiblichen Lebenslauf zurrte die Idee des ›Natürlichen‹ immer enger an die Brust.

Und selbstverständlich konnte der Busen allein im heterosexuellen *setting* sexuell interessant sein, denn »auf ihm ruht das lüsterne Auge des Jünglings mit Wohlgefallen«.[41] Der Fokus lag lange allein auf der männlichen Lust, die er entfacht. Erst ab den 1920er Jahren wurde bei Brustoperationen darauf geachtet, dass nicht nur die Brustwarze erhalten blieb, sondern auch die Vaskularisierung des Gewebes sichergestellt wurde, um die erotische Funktion der operierten Brust zu bewahren und nicht nur die Stillfähigkeit.[42]

Zuvor ging es um ganz andere Themen: um *natürliche* Ammen und *unnatürliche* Mütter, säugende Ziegen und weiße Milch, die aus der Brust floss und pures Gift sein konnte.

GIFT AUS DEM BUSEN

Die zahlreichen Empfehlungen und Aufforderungen an Mütter, ihre Kinder selbst zu stillen statt auf die Dienste einer Amme zurückzugreifen, können den Blick darauf verstellen, dass die Brust, die dabei als ›natürliche‹ Nahrungsquelle gerühmt wurde, etwas anderes war als heute. Wenn moderne Kampagnen fürs Stillen mit dem Slogan *Breast is best* werben, dann beziehen sie sich auf die inzwischen wissenschaftlich erwiesenen Vorzüge der menschlichen Milch. Dass Muttermilch sich günstig auf die Gesundheit der gestillten Kinder auswirkt, scheint zu beweisen, dass das Natürliche immer auch gut ist. Das behauptete der Arzt Friedrich Christian Strahsen bereits 1831:

> »Die Natur legte der Mutter die Pflicht auf, ihrem Kinde die Brust nicht zu versagen, sie schuf dazu die Organe und bereitete in ihnen mit gewöhnlicher mütterlicher Sorgfalt die nöthigste und angemessenste Nahrung.«[43]

Sein Buch allerdings trägt den Titel *Ueber die Eigenschaften, welche eine gute Amme besitzen muss, und über das Verhalten derselben beim*

Stillen und enthält eine überraschende Warnung. Schon auf den ersten Seiten nennt der Autor als eine der schlimmsten »Ursachen [...], wodurch die so große Sterblichkeit der Kinder begründet zu sein scheint«, nicht die Ammen (sie sind nur der »zweite Grund«). Vielmehr sei es die »Verzärtelung einer wohlgemeinten Mutterliebe«, die eine Gefahr für die Säuglinge darstellt.[44] Die Schrift, die den Einsatz einer Amme äußerst kritisch sieht und nur unter besonderen Umständen rechtfertigt, falls nämlich einer Mutter »das Selbststillen aus natürlichen Gründen unmöglich«[45] ist, stellt nicht die ›biologische‹ Mutter einer ›künstlichen‹ Amme gegenüber. Nein, es ist gerade die natürliche, ›übersteigerte‹ Mutterliebe, die das Kind gefährdet.

Dass Frauen jahrhundertelang überwiegend empfohlen wurde, ihre Kinder selbst zu stillen, beweist somit keineswegs, dass die Muttermilch durchgängig als natürlich und daher gesund angesehen wurde. Denn es gab einerseits überraschend viele Gründe, die für eine Amme sprachen, und andererseits verheerende Auswirkungen, die des Saugen am Busen der leiblichen Mutter haben konnte. Bis ins 19. Jahrhundert galt es als möglich, dass die Milch, die aus dem Busen fließt, auch Eigenschaften, Gefühlsregungen und moralische Unzulänglichkeiten der stillenden Frau in das Kind einschleusen konnte. Beweise dafür schien es viele zu geben. Man erzählte von Caligula, der von einer blutrünstigen Amme gesäugt wurde, die ihre Brustwarzen mit Blut bestrichen habe, was die legendäre Grausamkeit des römischen Kaisers erklären sollte. Zudem war menschliche Milch keineswegs etwas, das nur aus den Brüsten von Frauen kam. Es gab sie, so wurde berichtet, auch bei »Personen, die keine haben sollten, bei Kindern, Jungfern, Männern und alten Weibern«.[46] Ja, sie floss nicht einmal nur durch Brüste. Im Sinne der Humoralpathologie ging man davon aus, dass sich die verschiedenen Flüssigkeiten im Körper ineinander verwandeln konnten, was wiederum bedeutete, dass Milch im Prinzip an allen Stellen des Körpers austreten konnte. Und obendrein konnte die Milch auch noch ganz anders aussehen als normalerweise, da sie gelegentlich als »dikke pechschwarze Feuchtigkeit« austrat.[47]

Auch wenn diese Berichte gegen Ende des 19. Jahrhunderts weniger häufig zitiert werden, bleibt die Brust noch lange Zeit ein Einfallstor für alles mögliche Schlechte. Keineswegs schnitt die Brust der Mutter besser ab als die Brust der Ammen, auf deren Dienste im

19. Jahrhundert in wohlhabenden Kreisen noch häufig zurückgegriffen wurde. Die potentiellen Gefahren für den Säugling waren bei Ammen und leiblichen Müttern schlicht dieselben. Das »Säugen der Kinder unmittelbar nach Gemüths-Bewegungen«[48] etwa galt es unbedingt zu vermeiden, egal ob Mutter oder Amme. Zu groß war die Gefahr, dass der heftige Affekt die Qualität der Milch beeinträchtigte oder sich negative Gefühle direkt auf das Kind übertrugen.

Aus diesem Grund waren auch die »mannigfaltigen Betrügereien der Ammen, wodurch sie ihren Gesundheitszustand zu verbergen wissen« so problematisch. Nach Meinung des oben zitierten Autors war es »bei der Sittenverderbniß derjenigen Menschenklasse, aus welcher die Ammen meistens gewählt werden«[49] nicht zu vermeiden, dass »diese auch gewöhnlich die dieser Volksklasse eigenthümlichen Gemüthsfehler [...] in den Kreis ihrer Herrschaften bringen und dadurch zu ihrem Geschäfte als Amme untauglich werden«.[50] Und das hieß nichts anderes, als dass befürchtet wurde, dass das Kind die »Sittenverderbniß« der Amme mit der Muttermilch einsaugte, wie auch heute noch eine entsprechende Redewendung lautet. Strahsen wünschte daher eine »öffentliche Controlle«, welche die Amme »unter strenger Aufsicht« halten sollte.[51] Frauenmilch galt als potentiell gefährlich und im schlimmsten Falle gar als giftig:

> »Beischlaf, Geilheit und die monatliche Periode verderben die Milch [...]. Heftige Leidenschaften der Amme, Zorn, Ärger, Indignation, können ihre Milch so verändern, daß sie wie ein Gift wirkt, Erbrechen, Durchfall, Konvulsionen, Epilepsie und den Tod erregt.«[52]

Auch hier unterschieden sich Amme und die Mutter nicht per se, sondern allein durch die Möglichkeit, diese schädlichen Effekte schon vor ihrem Entstehen erfolgreich abwehren zu können. Die Mutter wusste, dass bei »Ärger« ebenso wie »Geilheit« die Milch zu einem Gift werden konnte, und war angehalten, in diesen Fällen auf eine Amme zurückzugreifen. So gab es neben der kontinuierlichen Idealisierung der Mutterbrust zahlreiche Arrangements, in denen andere Brüste als mindestens ebenso gute, ja vielfach sogar bessere Wahl erachtet wurden. Und in manchen Fällen waren es die einer Ziege.

Angesichts der Unabdingbarkeit, Babys und Kleinkinder zu ernähren, wurde nötigenfalls auch auf Tiere zurückgegriffen. Dies war keine randständige, verschämte Praxis, sondern konnte sogar im Gegenteil ein für alle Beteiligten ebenso vergnügliches wie nützliches Arrangement sein, wie ein Bericht vom Beginn des 19. Jahrhunderts belegt:

> »In Brückenau verlor der Schuhmacher Kaspar Happ seine Frau in der Niederkunft, die ihm ein gesundes Kind hinterließ. Der arme Vater befand sich in größter Verlegenheit, wie er ein Kind auferziehen sollte. Freunde riethen ihm, von einer Geiß sein Kind säugen zu lassen und er war genöthigt, sich dazu zu entschließen. Es wurde sogleich der Anfang dazu gemacht, und das Thier ließ sich willig dazu finden. Die Geiß wurde jedesmal zum Säugen in das Wohnzimmer gelassen; sie pflegte immer auf eine Bank am Fenster zu springen, und fand Vergnügen daran, zum Fenster hinaus zu sehen, welches den Vorübergehenden viel Spaß machte.«[53]

Bis ins frühe 20. Jahrhundert hinein gab es Bedingungen, die es ratsam erscheinen ließen, Kinder direkt an den Eutern von Ziegen und anderen Säugetieren trinken zu lassen.[54] Diese Praxis wurde gelegentlich mit dem Verweis auf mythologische Erzählungen gerechtfertigt, in denen verlassene Kinder von Wölfinnen gesäugt wurden. Außerdem ging man, wie schon erwähnt, davon aus, dass auch Eigenschaften des Tieres auf die gesäugten Kinder übergehen könnten. Dies konnte durchaus positive Wirkungen entfalten. Achill, der von einer Löwin gesäugt wurde, habe dadurch »den Muth erhalten, auf alle grimmigen Ungeheuer loszugehen«, wie es in einem Text von 1819 hieß.[55] Dies wiederum bedeutete, dass man die Charakterzüge der Tiere, die man zur Fütterung der Kinder einsetzte, genau kennen musste.

Gründe für den Einsatz nichtmenschlicher Brüste gab es viele. Einer war die Vermeidung von Ansteckung im Fall von Krankheiten wie der Syphilis, die erkrankte Kinder auf ihre Amme übertragen konnten. Einige Waisen- und Krankenhäuser verfügten zu diesem Zweck über eigene Stallungen, in denen Tiere gehalten wurden, damit diese Kinder am Euter trinken konnten (Abb. 4).

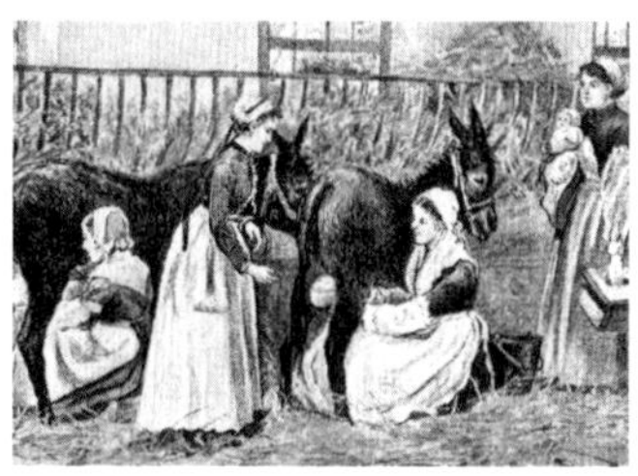

4 Im Pariser Krankenhaus *Hospice des enfants malades* wurden wie an vielen anderen Orten bis ins 20. Jahrhundert Esel als Ammen gehalten.

Um die Kinder zu behandeln, fütterte man die Ziegen mit Quecksilber oder strich ihnen dieses auf offene Wunden, um mit der solcherart giftig angereicherten Milch den Säugling zu heilen. Die Überlebensrate der Kinder (nicht die der Ziegen) erhöhte sich dadurch.

Doch die Ziege als Amme war keineswegs auf die sozialen Außenbezirke der Gesellschaft wie etwa Waisenhäuser beschränkt. Der deutsche Arzt Konrad Anton Zwierlein empfahl sie 1816 in einer Widmung allen »zärtlichen, schwächlichen und nothleidenden wie auch eiteln und galanten Frauen« und kratzte damit an der scharfen moralischen Trennung zwischen denjenigen, die körperlicher Gebrechen wegen nicht zum Stillen fähig waren, und den Müttern, die einfach keine Lust dazu hatten. Die Ziege, die Zwierlein als »beste und wohlfeilste Säugamme« anpries, wurde so die Dritte im Bunde – neben der Mutter und der Amme (Abb. 5).[56]

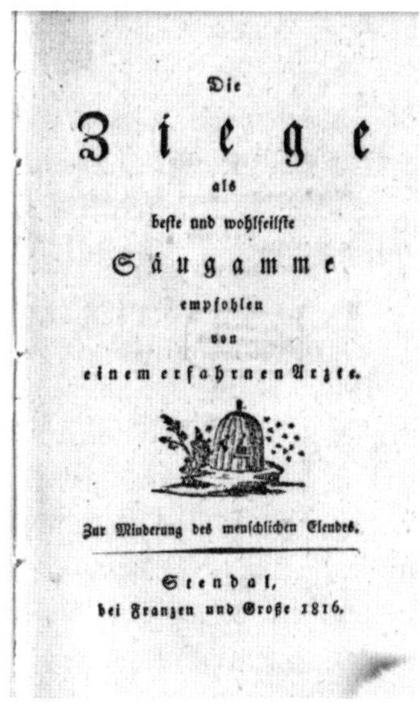

Die
Ziege
als
beste und wohlfeilste
Säugamme
empfohlen
von
einem erfahrnen Arzte.

Zur Minderung des menschlichen Elendes.

Stendal,
bei Franzen und Große 1816.

5 Der Arzt Konrad Anton Zwierlein empfahl 1816 »Die Ziege als beste und wohlfeilste Säugamme«. Die »nur für eigenes Vergnügen besorgte Mutter« galt ihm dazu als »unnatürlich«.

Doch mit dem Tier geriet die klare Unterscheidung zwischen dem vermeintlich ›natürlichen‹ Saugen an der Mutterbrust und der ›widernatürlichen‹ Fütterung durch eine Amme noch mehr ins Wanken:[57]

> »[E]s ist aber ein wahres Unglück für das junge Geschöpf, welches von der eiteln, leichtsinnigen, und nur für eigenes Vergnügen besorgten

Mutter durchaus vernachlässigt wird, und an seiner *unnatürlichen* Mutter eine Milch zu trinken bekömmt, die nicht zu seinem Gedeihen gereicht, sondern als Gift wirkt.«[58]

Wieder ist die Muttermilch potentiell giftig und zudem die Rede von einer »unnatürlichen Mutter«. Damit ist weder die Amme und schon gar nicht die Ziege gemeint, sondern die, wie man heute vielleicht sagen würde, ›natürliche‹ Mutter. Die ›natürliche‹ Mutter wird zur ›unnatürlichen‹. Offenkundig wurde der menschliche Busen schnell als ungeeignet zum Stillen (und damit unnatürlich) betrachtet, sowohl bei Ammen wie Müttern. Addiert man all die Fälle, in denen vom Stillen abgeraten wird, bleibt kaum noch eine Frau übrig, die ihr Kind bedenkenlos an die Brust legen kann. Dass die »Milch äußerst verdorben wird, daß sie die nachtheiligste, ja manchmal giftartige, Wirkung auf den Säugling äussert«, konnte allzu leicht geschehen.[59] Daran änderte auch die Mutterliebe nichts. »Ältere Mütter, mürrische, verdrießliche Mütter« sollten ebenso auf das Stillen verzichten wie jene, »welche alle Gesellschaften und Spazierfahrten mitmachen, Theater und Bälle besuchen; welche dem Putze und der Spielsucht ergeben sind, und daher keine Zeit finden können, sich mit ihrem Kinde abzugeben«.[60]

Die solcherart kompromittierte natürliche Funktion des Busens konnte durch die tierische Brust der Ziege ersetzt werden. All die Affekte und Ablenkungen, die die Milch der menschlichen Brust in reines Gift verwandeln, kümmerten die Ziege nicht. Sie wurde als ein sanftes Tier gesehen, dass »von keinen Leidenschaften [...] beunruhigt« wird.[61] Auch deswegen schien sie Zwierlein, der auch praktische Hinweise für die Haltung der Tiere in einer Stadtwohnung gab, das ideale Tier – und weil es nicht so dumm wie das Schaf sei. Zwierlein ging aber noch einen Schritt weiter und behauptete, die Ziegenbusen böten sich nicht zuletzt deswegen an, weil das Tier in seinem Wesen eine bemerkenswerte Ähnlichkeit mit dem weiblichen Geschlecht besitze: »Gleicht die Ziege an Laune, Flatterhaftigkeit und Veränderlichkeit nicht ganz und gar unseren jungen Damen?«, lautete seine rhetorische Frage.[62] Anstatt Schoßhündchen sollten die jungen Mütter »Schoosziegen« halten und überlegen, ob sie sich nicht auch noch nach dem Vorbild der Ziege frisieren lassen wollten: »Wie spaßig wird das sein, wenn die Köpfe der gnädigen

Frau und Fräulein Tochter jenem ihrer Schoosziege einander, wie ein Tropfen Wasser dem anderen, gleichen?«[63]

Die äußerliche Ähnlichkeit korrespondierte so mit der innerlichen Ähnlichkeit von Frau und Ziege und konzipierte eine artübergreifende Weiblichkeit, die auf dem grundsätzlich furchteinflößenden Potential einer Körperflüssigkeit beruhte. Zwierleins Buch hatte zur Folge, dass der Einsatz von Ziegen als Säugammen in europäischen Ländern für einige Jahre eine gewisse Popularität erfuhr.[64]

Doch der Ton änderte sich in den folgenden Jahrzehnten. Die Bedeutung des ›Natürlichen‹ ebenfalls. Es wurde immer enger an den menschlichen weiblichen Körper gebunden und die stillende Mutter in der zweiten Hälfte des Jahrhunderts zum unverzichtbaren Teil einer bürgerlichen Familie. Tiere spielten keine Rolle mehr. Die Kennzeichnung der Beziehung zwischen dem Säugling und seiner Mutter als eine, die in ihrer Einzigartigkeit zugleich ein Idealbild des Weiblichen ist, schraubte sich in immer weitere Höhen:

> »Welch' ein erhabenes, heiliges Lebensbild ist der Anblick einer ihr Kind stillenden Mutter! Hätte wohl jemals der Gatte, selbst wenn er zu den rohen, gutgearteten Naturmenschen gehören sollte, den sittlich schönen Eindruck nicht empfunden [...], als er sein Weib mit dem Säuglinge an der lebendige Nahrung spendenden Brust erblickte? Muß dieses Bild einer glücklichen Mutter in Ausübung ihrer süßesten Naturpflicht nicht harmonisch und liebreich durch das ganze Familienleben strahlen [...]!«[65]

So verklärte der Militärarzt Hermann Klencke in einem 1870 erschienenen Ratgeber *Die Mutter als Erzieherin ihrer Töchter und Söhne* zu einem Mysterium, dem der Vater nur staunend beiwohnen kann.

Im Nationalsozialismus wurde dieser Topos der ›Natürlichkeit‹ der Brüste Teil einer rassistischen Ideologisierung. Das bis in die 1980er Jahre aufgelegte und nach 1945 von allzu offensichtlichen NS-Verweisen ›gereinigte‹ Buch *Die deutsche Mutter und ihr erstes Kind* der Ärztin Johanna Haarer begann in der Ausgabe von 1941 das entsprechende Kapitel mit dem Befehl:

> »Deutsche Mutter, du mußt dein Kind stillen! Aus deiner Brust fließt die nährende Quelle, vom weisen Schöpfer mit allen Eigenschaften ausgestattet [...]. Auf dein eigenes Kind, das Fleisch von deinem Fleische und Blut von deinem Blute, ist diese Quelle deines Körpers vollkommen abgestimmt. [...] Deutsche Mutter, wenn du stillst, tust du nicht nur deine Schuldigkeit deinem Kinde gegenüber, sondern erfüllst auch eine rassische Pflicht. [....] Bedenke also die Verantwortung, die du deinen ferneren Nachkommen, ja deinem Volke und seiner Zukunft gegenüber trägst.«[66]

Diese Aufforderung zum Stillen war verbunden mit Warnungen vor einem »führerlos«[67] heranwachsenden Kind und »allzu lauten und heftigen Bekundungen mütterlicher Gefühle«.[68] Der eherne Grundsatz der »Wartung« des Säuglings lautete: »Das Kind wird gefüttert, gebadet und trockengelegt, im übrigen aber vollkommen in Ruhe gelassen.«[69] Diese Mischung aus Drill und Lieblosigkeit (»schreien lassen!«[70]) verband sich hier mit dem Verweis auf die Brust als »nährende Quelle«. Aus dem Stillen ergab sich also keineswegs automatisch eine besonders innige, lustvolle oder zärtliche – oder: *natürliche* – Beziehung.

HALBE BRÜSTE

Noch im 18., 19. und sogar bis ins 20. Jahrhundert hinein war der weibliche Busen in vielerlei Hinsicht ein *anderer*. Er war eine potentielle Giftquelle, konnte durch das Euter einer Ziege ersetzt werden und Eigenschaften einer anderen, einer männlichen Brust nur durch das Auflegen eines körperwarmen Stoffes annehmen. Er war ein Körperteil, dessen sexuelle Erregbarkeit sorgsam verschwiegen wurde. Darüber hinaus entschieden sich an der menschlichen Brust und der Differenzierung zwischen männlicher und weiblicher Brustform allgemeinere Fragen des Menschseins. Sie begannen bei der Frage, wie ein Mensch mehrgeschlechtlich sein konnte, und endeten nicht mit der, warum auch Männer Brüste haben konnten.

Im 12. und 13. Jahrhundert war für die Darstellung non-binärer Körper ein Format entwickelt worden, bei dem die Brust das gleichzeitige Vorhandensein von ›Männlichem‹ und ›Weiblichem‹ signalisierte.[71] Solche Figuren, die als Hermaphroditen bezeichnet wurden, entstanden in Kenntnis von Plinius' *Naturkunde*, der *Naturalis Historia*, aus dem 1. Jahrhundert. Dort berichtete der römische Gelehrte von einem mythischen afrikanischen Volk, Hermaphroditen, die er als »Androgyne« bezeichnet:

> »Jenseits der Nasamonen und ihnen benachbart wohnen, wie Kalliphanes berichtet, die androgynen Machlyer, Zwitterwesen, die sich wechselseitig begatten. Aristoteles fügt noch hinzu, daß ihre rechte Brust männlich, ihre linke weiblich gebildet sei.«[72]

Das Sprachbild von der zugleich männlichen und weiblichen Brust fiel auf fruchtbaren Boden. Denn mehrere Beispiele sind erhalten, in denen Hermaphroditen exakt durch einen solchen weiblichen Einzelbusen charakterisiert sind, darunter eine Illustration in *Marvels of the East*, einem Manuskript aus dem 12. Jahrhundert. Auch dort heißt es, dass die hermaphroditischen Menschen so genannt würden, weil sie rechts eine männliche, links eine weibliche Brust hätten und sich so beide Geschlechter in ihnen zeigten (»appareat«). Zudem seien sie in der Lage, abwechselnd Kinder zu zeugen und zu gebären. Auffällig ist, dass in der bildlichen Darstellung *nur* der Oberkörper als doppelgeschlechtlich gezeigt wird. Die linke Brust der Figur ist weiblich, die rechte dagegen männlich, der Körper wirkt wie senkrecht geteilt. Die Frage der primären Geschlechtsorgane aber wird visuell weder gestellt noch beantwortet, denn es gibt keinerlei Hinweise auf Genitalien. Genauso ist dies in einem etwas später datierten Londoner Bestiarium, einer mittelalterlichen Tierdichtung aus dem 13. Jahrhundert (Abb. 6).

Auch dort ist die zweigeschlechtliche Figur, die ganz unten rechts abgebildet ist, vertikal in einen männlichen Teil mit flacher Brust und einen weiblichen Teil mit Busen gegliedert, hat aber keine Genitalien. Dafür reckt sie auf der Busenseite eine große Schere in die Luft und auf der anderen Seite ein großes Schwert. Unschwer lassen sich diese Objekte nicht nur als Stellvertreter für weibliche und männliche Tätigkeiten lesen, sondern ihre Formen evozieren passenderweise Phallus beziehungsweise Vulva. Am Körper werden diese Organe nicht zu sehen gegeben. Sie *erscheinen* in Form von

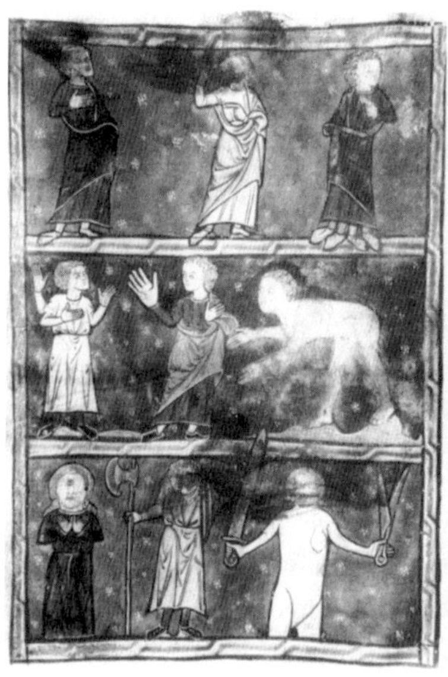

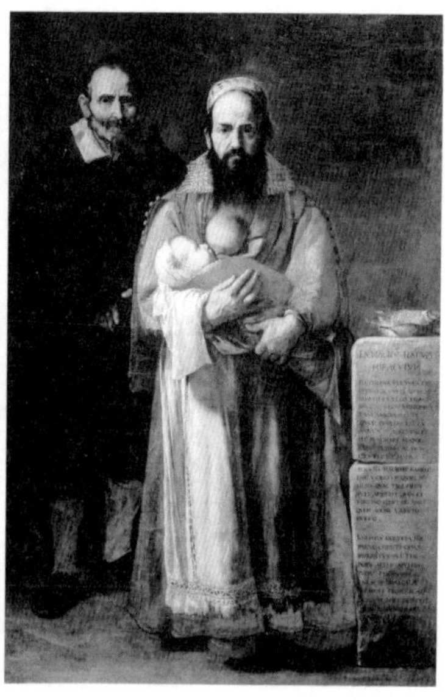

6 Dieses *Bestiarium* aus dem 13. Jahrhundert (London, Westminster Abbey Library) stellt eine non-binäre Figur senkrecht geteilt in einen weiblichen (mit Busen) und einen männlichen (ohne Busen) Teil dar. Auf der männlichen Seite hält sie ein phallisches Schwert, auf der weiblichen eine vulvaförmige Schere.

7 *Die bärtige Frau*, gemalt 1631 von Jusepe de Ribera, zeigt Magdalena Ventura, der nach der Geburt ihrer drei Kinder ein Bart wuchs.

Gegenständen, die auf soziale Geschlechterrollen verweisen und so das Wunder des doppelten Körpers visuell fassbar werden lassen.

Die Historikerin Leah DeVun, die jüngst die Geschichte non-binärer Geschlechter vom Mittelalter bis zur Renaissance ausführlich analysiert hat, erläutert, wie sich Geschlecht in den mittelalterlichen Diskursen nicht in erster Linie durch eine körperliche Eigenschaft ergab, sondern erst durch soziale Wahrnehmungen und Interaktionen. Mit dem Schwert kämpfen oder einen Faden abschneiden bringt Geschlecht nicht als Körper, sondern als Handeln gemäß sozialer Rollen ins Spiel. In den 1990er Jahren hatte Judith Butler in ihrem einflussreichen Buch das *Unbehagen der Geschlechter* von der »Performativität« von Geschlecht gesprochen und es als etwas bezeichnet, das man nicht nur hat, sondern vor allem auch tut. DeVun verbindet diese Erkenntnis mit den mittelalterlichen Bildern halb-brüstiger Hermaphroditen. Denn auch sie erzählen mehr von geschlechtsspezifischen Aufgaben als von geschlechtsspezifischen Körpern.[73]

Viele hundert Jahre nach den mittelalterlichen Darstellungen dieser doppelbrüstigen Wesen, genauer gesagt 1631, entsteht ein Gemälde, in dem die Frage nach dem Geschlecht wieder mit Hilfe einer Brust thematisiert wird. Obwohl ganz anders, verdankt es sich den mittelalterlichen Bildern und weist zugleich voraus ins 19. und 20. Jahrhundert. Die Rede ist von Jusepe de Riberas Bildnis *Die bärtige* Frau, gemalt im Auftrag des Vizekönigs von Neapel, Don Fernando Afán de Ribera y Enríquez (Abb. 7).[74]

Der Topos der bärtigen Frau war bereits in Hagiografien wie die der heiligen Wilgefortis bespielt, der auf inständiges Bitten ein Bart gewachsen war, der sie vor der Verheiratung mit einem ungläubigen Bräutigam bewahren sollte. Zur Strafe ließ ihr erboster Vater sie ans Kreuz nageln, was eine Reihe von Abbildungen anregte, in denen eine bärtige Frau am Kreuz hängt. Doch eines der berühmtesten Bilder einer bärtigen Frau in der Kunstgeschichte ist eben jenes von Ribera, das eine Frau namens Magdalena Ventura zusammen mit ihrem Mann und einem Säugling zeigt, den sie an ihre rechte Brust hält. Da ihr Körper in ein prächtiges, bodenlanges Gewand gehüllt ist, stechen sowohl die Brust als auch der Bart als körperliche Merkmale besonders hervor. Anders als die mittelalterlichen Illustrationen, die Hermaphroditen zeigen, zielt dieses Bild darauf, die Portraitierte als Frau auszuweisen. Auf der an einer steinernen Stele angebrachten lateinischen Bildinschrift ist ihre Geschichte festgehalten: Sie wird als Wunder der Natur (»Magnum natura Miraculum«) vorgestellt und als eine Frau aus der nahe Neapel gelegenen Stadt Accumoli. Nachdem sie drei Kinder geboren hatte, sei ihr im Alter von 37 Jahren ein Bart gewachsen. Ventura, die nach heutiger medizinischer Einschätzung vermutlich an einem Androblastom litt, einem Tumor, der zu verstärkter Testosteronbildung führt, ist auf dem Bild im Alter von 52 Jahren dargestellt.[75] Der Säugling an ihrer Brust ist also doppelt verwirrend, denn in diesem Alter wird keines ihrer Kinder, die sie bekommen hatte, bevor der Bartwuchs einsetzte, noch so klein gewesen sein. Wer also ist das Kind? Und warum ist Ventura als über Fünfzigjährige noch als stillende Mutter/Frau dargestellt? Möglicherweise diente die entblößte Brust dem Maler als Beweis von Weiblichkeit. Ventura einfach nur mit nackter Brust zu portraitieren, hätte dem Anstand widersprochen.[76] Die einem Baby gereichte Brust war dagegen ein etablierter visueller Topos der ehrbaren Enthüllung, auf den Ribera zurückgreifen konnte. Zumal, bei genauem Hinsehen, das Baby gar nicht gestillt wird, sein Mund liegt lediglich in der Nähe ihrer Brustwarze. Es soll also nur darauf verweisen, dass mit dieser Brust tatsächlich einmal gestillt wurde, auch wenn Venturas Erscheinung im Übrigen vollkommen männlich wirkt.

Die zweite Merkwürdigkeit dieses an Merkwürdigkeiten reichen Bildes ist die Anatomie Venturas. Ihre Brust, die sie dem Kind an die Wange hält, wirkt kaum als organischer Teil ihres Körpers. Eher erscheint sie als eine Art Solitär, der sich hoch an ihrem Oberkörper ausstülpt. Eine zweite Brust scheint es nicht zu geben, lässt sich doch keinerlei Erhebung unter dem ansonsten völlig glatt herabfallenden Gewand erkennen. Wie man auf zahlreichen anderen Gemälden Riberas feststellen kann, war dieser durchaus in der Lage, Körper naturalistisch darzustellen.

Dafür hatte Venturas Zeitgenosse und Landsmann Franciso de Zurbarán nahezu zeitgleich ein Bildnis der heiligen Agatha gemalt, auf dem die Brüste entsprechend der jahrhundertealten Ikonografie dieser Heiligen wie fremde, sogar abnehmbare Objekte erscheinen. Auch bei Zurbarán ging es nicht um Anatomie, sondern um die Brust als Hinweis auf etwas anderes, in diesem Fall das Martyrium der Heiligen, die im dritten Jahrhundert den Heiratsantrag eines heidnischen Mannes ablehnte, der ihr daraufhin die Brüste abschneiden ließ (Abb. 8).

Bei Zurbarán präsentiert Agatha die abgetrennten Körperteile, die keine Zeichen gewaltvoller Misshandlung aufweisen, ruhig und abgeklärt als zwei perfekt gerundete Halbkugeln auf einem silbernen Tablett. Noch heute wird in Sizilien, der Heimat Agathas, ein Gebäck in Brustform (*Minne di Sant'Agata – Brüste der Agatha*) verzehrt, das überraschend ähnlich aussieht. Die Präsentation der Brüste als etwas, über das die Heilige im Gemälde frei verfügen kann, hat dazu angeregt, das Bild in Bezug zu aktuellen Debatten über Transgeschlechtlichkeit zu setzen. So unternahm die aus Iran stammende Künstler*in Katayoun Jalilipour in ihrer Arbeit *Study of Saint Agatha as a Boy* (Studie der Heiligen Agatha als ein Junge)

2023 eine queere Relektüre des Bildes, in der sie die Entfernung der Brust als Ausübung körperlicher Autonomie deutet und den freiwillig erlittenen Verzicht als eine Form der Selbstermächtigung.[77] Die abgetrennte Brust, die Zurbaráns Gemälde als etwas zeigt, das nicht mehr Teil des Körpers ist, ist für Agatha kein Anlass für Trauer oder Schmerz. Die auf dem Tablett präsentierten Organe bezeugen vielmehr, dass die Heilige sich in schwieriger Lage dazu entschieden hat, ihrem Körper die Qual der Amputation zuzumuten, um ihre körperliche und seelische Identität – Jungfrau und Christin – in Einklang zu bringen. Dieser Bezug zum Thema Transgeschlechtlichkeit, um das es weiter unten noch ausführlicher gehen wird, ist kein Zufall. Geht es doch dort unter anderem darum, nicht nur Verfügungsgewalt über den eigenen Körper einzufordern, sondern zugleich die Vorstellung infrage zu stellen, aus den sekundären und primären Geschlechtsmerkmalen ergebe sich eine eindeutige, für immer festgelegte Identität, auf die das Individuum keinen Einfluss nehmen könne.

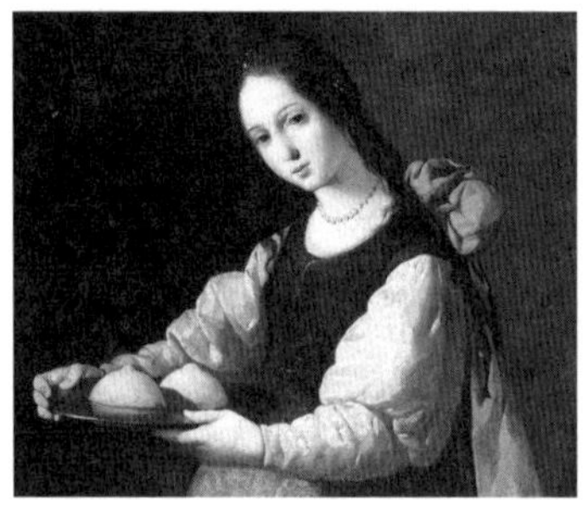

8 Francisco de Zurbarán: *Heilige Agatha* (Detail), 1630–33.

Eine anatomisch plausible Körperdarstellung, wie sie dagegen im 19. und 20. Jahrhundert immer mehr zum unentbehrlichen Mittel wird, um den Unsicherheiten des Geschlechts im und am Körper auf die Spur zu kommen, steht weder hier noch bei den mittelalterlichen Zwitterwesen oder Riberas *Bärtiger Frau* im Mittelpunkt. Es geht um etwas anderes. Die Brust wird buchstäblich zum Fremd-Körper, fungiert als Weiblichkeitszeichen, das losgelöst vom Körper auftaucht oder durch außerhalb des Körpers liegende Belege beglaubigt werden muss. Der bei Ventura wie einzeln am Körper befestigte Busen ähnelt darum eher den Darstellungskonventionen hermaphroditischer Zweigeschlechtlichkeit als dem ›echten‹ Körper. Auch dort fungierte die vereinzelte Brust als ein Requisit der Veruneindeutigung.

Die Inschrift hält fest, dass der Bart der Frau mehr zu einem »bärtigen Magister« passe als zu einer Frau, die schon drei Kinder geboren habe. *Magister* ist ein Titel, der Würde und ökonomischen

Erfolg impliziert und mit Männlichkeit verbunden ist.[78] Auch hier also sind es soziale Aspekte der Geschlechterdifferenz, die der Künstler betont. Auch das lediglich zitierte Stillen wird als Aufgabe der Menschen mit Brust sichtbar und nicht als Funktion des Körperteils im Moment seiner Darstellung. Zudem betont die Spindel, die auf dem mit der ausführlichen Inschrift versehenen Pfeiler am rechten Bildrand liegt, ebenfalls die gesellschaftliche Rolle der Abgebildeten als Frau. Die anatomisch so offensichtlich unwahrscheinliche Brust, verbunden mit dem Verweis auf soziale Handlungen, die die Deutung der körperlichen Geschlechtszeichen erst plausibilisieren, verbindet Riberas Bild mit den wesentlich älteren Beispielen. Der hier visuell verarbeitete Glitch zwischen Männlichkeit und Weiblichkeit, den er als Gegensatz von Busen und Bart ins Bild bringt, weist dagegen voraus auf spätere Thematisierungen von Brust und Geschlechterdifferenz.

BUSEN UND FREMDHEIT

Die nichtbinären Figuren der mittelalterlichen Texte liefen dem Denken in Geschlechterdualitäten zuwider und markierten ein Außerhalb, denn die »monströsen Rassen der Erde«, wie die Bestiarien, Monsterbücher und *Mappaemundi* (Weltkarten) sie zeigten, waren am äußersten Rand der bewohnten Welt lokalisiert und zeigten durch ihre Zugehörigkeit zu den ›anderen‹ die Trennung von ›uns‹ an.[79] Diese Verknüpfung von räumlicher und körperlicher Verschiedenheit bleibt hinsichtlich weiblich-männlicher Brüste eine Konstante. So wie die Kombination von männlicher und weiblicher Brust manche Figuren des Mittelalters doppeldeutig erscheinen ließen, so brachten auch die Gynäkomasten, die Männer mit weiblicher Brust, über die ab dem Beginn des 19. Jahrhunderts verstärkt diskutiert wurde, vergleichbare Zuordnungen ins Wanken. Und dadurch, dass sie mit ihren Brüsten oft auch erfolgreich Kinder stillten, potenzierte sich die Geschlechterkonfusion noch. Anders jedoch als die senkrecht in der Körpermitte geteilten mythischen Hermaphroditen der mittelalterlichen Buchillustrationen, die nie jemand mit eigenen Augen gesehen hatte, waren Männer mit

Brüsten tatsächlich existent. Umso auffälliger ist es, dass auch dort die Fälle überhandnahmen, die sich aufs Hörensagen bezogen und deren staunenswerte Eigenheiten daher großzügig ausgeschmückt werden konnten. Das lag daran, dass die Geschichten über männliche Brüste und ihre Fähigkeiten mit dem geografisch Fremden assoziiert waren. Sie tauchten bevorzugt in Reiseberichten auf, wodurch fremde Anatomie und fremde Länder zwangsläufig verbunden schienen. Francesco Saverio Claverigo behauptet in seiner *Storia Antica del Messico* (1780/81), einer Geschichte des präkolumbianischen Mexikos, dass eigentlich alle Männer der Neuen Welt in der Lage gewesen seien, zu stillen (»nel nuovo Mondo quasi tutti gli uomini abbondano di latte nelle mammelle«).[80] Diese, und nicht die Frauen, hätten die Aufzucht der Kinder übernommen. Zwar zitierte Alexander von Humboldt dies bereits 1818 als absurden Irrglauben, aber das hinderte ihn nicht daran, neue Geschichten zu diesem Thema beizusteuern. Auch er hatte die stillenden Männer nicht selbst gesehen, sondern musste sich auf Augenzeugen und schriftliche Berichte wie den folgenden verlassen:

> »Im nämlichen Dorfe lebt ein Landbauer, Francisco Lozano, welcher eine merkwürdig auffallende, obgleich mit den bekannten Gesetzen der organischen Natur sehr übereinstimmende physiologische Erscheinung darbietet. Dieser Mann hat einen Sohn mit seiner eignen Milch gestillt. Als die Mutter krank ward, nahm der Vater das Kind, um es zu beruhigen, in sein Bett, und drückte es an seine Brust. Lozano war zwey und dreysig Jahre alt, und hatte bis dahin keine Milch in der Brust verspürt; aber die Reizung der Warze, an der das Kind sog, bewirkte die Ansammlung dieser Flüssigkeit. Die Milch war dicht und sehr süß. Der Vater, über das Anschwellen seiner Brust erstaunt, reichte sie dem Kind, und stillte solches fünf Monate durch zwey- bis dreymal täglich. Er erregte die Aufmerksamkeit der Nachbarn, dachte aber nicht daran, wie in Europa geschehen wäre, die Neugier der Leute sich zu Nutze zu machen. Wir sahen den, zu Erwahrung der bemerkenswerthen Thatsache, an Ort und Stelle aufgenommenen Verbalproceß, und die noch lebenden Augenzeugen versicherten uns, der Knabe habe, so lange er gestillt ward, neben der Vatermilch keine andere Nahrung erhalten. Lozano, der sich während unsrer Reise in den Missionen nicht in Arenas befand, besuchte uns nachher in Cumana. Sein dreyzehn oder

> vierzehn Jahr alter Sohn begleitete ihn. Hr. Bonpland, welcher des Vaters Brust aufmerksam untersuchte, fand sie, wie bey Frauen welche Kinder gestillt haben, runzlicht. Er bemerkte, daß vorzüglich die linke Brust sehr ausgedehnt war, welches Lozano uns durch den Umstand erklärte, daß beyde Brüste nie in gleicher Menge Milch lieferten. Der Gouverneur der Provinz, Don Vicente Emparan, hat eine umständliche Beschreibung des Vorfalls nach Cadix gesandt.«[81]

Latent schwang in all diesen Schilderungen das Klischee einer ethnisierten Verweiblichung und Verweichlichung mit. Auch Humboldt legte dar, dass die indigenen Völker Nordamerikas als »schwach« bezeichnet worden seien, da auffallend viele Männer unter ihnen in der Lage seien, ihre Kinder zu stillen. Das aber sei falsch, denn auch »ein weisser Mensch von europäischer Abstammung« habe dort seine Kinder gestillt. Stärke und Männlichkeit wurden Menschen mit europäischer Abstammung zugeordnet, waren diese gegeben, dann konnte auch das Stillen solche Männner nicht mehr ›schwächen‹. Ganz ähnlich verfuhr Humboldt auch mit den zahlreichen Informationen über die Verbreitung männlicher Ammen in Russland. Gerade dort, so behaupteten manche Meldungen, seien nahezu alle Männer fähig, Kinder zu stillen. Humboldt berief sich auf Anatomen in St. Petersburg, die dort reihenweise Männer mit laktierenden Brüsten seziert hätten. Da man aber »die Russen [...] eben nie für Schwächlinge oder Weichlinge gehalten« habe, sei dies ein weiterer Beweis dafür, dass stillende Männer nicht zwangsläufig Zeichen der Schwäche einer Nation seien.[82]

In anderen Reiseberichten, wie John Franklins kurz nach Humboldt publizierten *Narrative of a journey to the shores of the polar sea 1819–1822* bleiben Männer mit »Weiberbrüsten« dennoch der Inbegriff von Fremdheit. Seine Beschreibung eines »Chipewyan-Indianers«, dem nach dem Tod seiner Frau »Milch aus der Brust floss«, trug dazu bei, die Menschen in den von Franklin bereisten Gebieten als staunenswert *anders* zu charakterisieren.[83] Wenn jedoch die Betroffenen nicht in fernen Ländern auf Expeditionen von europäischen Reisenden ›entdeckt‹ wurden, sondern in westlichen Ländern, so wurden sie meist mit Verweis auf ethnische Alterität beschrieben:

> »Bey einem wohlbeleibten Manne von 45 Jahren bemerkte man eine enorme Entwicklung der Brüste, welche gleich denen der Hottentotten herabhingen. Er hatte sich wegen dieser Deformität nie verheirathen können.«[84]

Die Existenz eines Männerbusens bedeutete hier unmittelbar seine potentielle Ent-Europäisierung, wie auch in vielen anderen Texten die Brust als Indikator für ›Primitivität‹ galt. Dass Brüste hervorragende Anzeiger rassistischer Abwertungen waren, lässt sich wiederum im ersten Kapitel nachlesen, in dem gezeigt wird, wie der Gynäkologe Carl Heinrich Stratz Anfang des 20. Jahrhunderts den Busen zu einem Körperteil machte, das ›Primitivität‹ und Fremdheit offenbart. In den Sortierungen, die am Busen eifrig durchgeführt wurden, vermischen sich ›Rasse‹ und ›Geschlecht‹ als zwei maßgebliche Kategorien. Beharrlich werden sie zugleich hergestellt und austariert.

MÄNNLICHE BRUSTWARZE UND MÄNNLICHE WÜRDE

Das Thema war vertrackt. Das »Daseyn der Brustwarze beym Manne hat die Philosophen lange in Verlegenheit gesetzt«, wie Humboldt 1818 festhielt. Warum, so lautete die Frage, ähnelten sich die männliche und die weibliche Brust in Hinblick auf das auffällige Merkmal der Brustwarze? Alexander von Humboldt zitierte aus einem 1735 erschienenen Bericht der Akademie der Wissenschaften in St. Petersburg die Begründung, dass »die Natur [...] dem einen Geschlecht das Vermögen des Säugens versagt, weil dieses Geschäft mit der Würde des Mannes unverträglich seyn würde«.[85] Ihm schien das nicht überzeugend. Doch die Vorstellung, die weibliche Brust sei per se eine Art entwürdigendes morphologisches Phänomen, etwas, das Frauenkörper aufweisen, damit sie die ihnen zugedachten Aufgaben der Kinderpflege übernehmen, war durch eine skeptische Bemerkung allein nicht aus der Welt zu schaffen. Das Fehlen des Busens beim Mann wurde auch Jahrzehnte nach Humboldt noch als sichtbares Zeichen für dessen relative Vollkommenheit verstanden. So war der einflussreiche österreichische Anatom Joseph Hyrtl davon überzeugt, dass eine »große, weite und breite Brust« des Mannes »Ausdruck körperlicher Kraft« sei. Dagegen »eine schmale, eingesunkene, lange, vorn gekielte, ein Zeichen von Lebensschwäche und Siechthum«. Und er fuhr fort:

> »Es liegt ein tiefer Sinn in unserer Sprachweise, welche den Muth, die Kühnheit, die kriegerische Tapferkeit in die kräftige Brust des Mannes verlegte, während das Weib, welches nicht geboren stark zu sein, den Ausdruck seiner Abhängigkeit und Schwäche in der unentwickelten Form seines knöchernen Brustkorbes und der Prävalenz seiner weichen Zugaben zur Schau trägt.«[86]

Die »weichen Zugaben« waren die Brüste. Und der Begriff der Prävalenz, der aus der medizinischen Statistik stammt, signalisierte subtil, aber eindringlich den Status des Weiblichen als per se medizinisch abweichend. Die männliche Brustwarze galt als Beleg für die Höherstellung des Mannes. Entwicklungsgeschichtlich wurde sie als »Trümmer des Fötuslebens« gedeutet und mit der Klitoris verglichen. Beide waren für die Anatomie »Denkmäler der Vorzeit, wo das Individuum beyderley Geschlechts war«, wie es 1819 hieß.[87] Ebenso wie die männliche Papille war damit auch die Klitoris im Grunde funktionslos, was wiederum sehr gut zur Austreibung des Sexuellen aus der Deutung der weiblichen Brust passte.

Der Begriff des »sekundären Geschlechtsmerkmals«, der sich heute in jedem Schulbuch findet, war um 1800 noch brandneu. Er sorgte dafür, dass Brüste und andere nichtgenitale Geschlechtsunterschiede wissenschaftliche Studienobjekte eigenen Rechts werden konnten, wenn es darum ging, die damals noch völlig unklaren Ursprünge der Geschlechtsentwicklung zu untersuchen.[88] Auch hier wurde weniger entdeckt und beschrieben als vielmehr gedeutet, und zwar in eine ganz bestimmte Richtung. Es war der oben erwähnte John Hunter, der erstmals in seinem 1780 erschienenen *Account of an Extraordinary Pheasant* (Bericht über einen außerordentlichen Fasan) von der Brust als *secondary organ* sprach. Seine Berichte über stillende Männer finden in der heutigen Anatomie keine Beachtung mehr, aber die Wortschöpfung der »sekundären Geschlechtsmerkmale« war überaus erfolgreich, wie die Verwendung des Begriffs bis heute zeigt.

Hunter interessierten die weiblichen sekundären Geschlechtsorgane überraschenderweise nicht so sehr in Bezug auf reproduktive Fähigkeiten, sondern in Hinblick auf eine Hierarchie:

> »Jedes Weibchen ähnelt gerade im Reifealter mehr den Jungen derselben Art, als dies bei den Männchen beobachtet wird; und wenn das Männchen in jungen Jahren die Hoden verliert, behält es mehr von der ursprünglichen Form und ähnelt daher mehr dem Weibchen.«[89]

Während sich männliche Menschen also nach Meinung Hunters immer weiter vom Kind zum Erwachsenen entwickelten, zeigten die sekundären Geschlechtsorgane seiner Ansicht nach, dass Frauen auf diesem Weg irgendwann stehenblieben, zumindest nicht so weit kamen wie die Männer. Auf diese Weise signalisierten weibliche Brüste eine Nähe zur Kindlichkeit und wurden zu einem ›natürlichen‹ Zeichen, mit dem sich Differenz hierarchisch deuten ließ.

Trotz aller Versuche, Schwäche dauerhaft mit der weichen, weiblichen Brust und Stärke mit der »großen, weiten« Brust der Männer zu assoziieren, blieb diese Zuordnung interpretationsbedürftig – genauso wie die vielen andere Dinge, die sich aus dem Busen ergeben sollten. Denn die männlichen Brustwarzen, die im Prinzip nicht zum Stillen geeignet waren, konnten, so hieß es, manchmal eben doch Milch geben und damit zum äußerst nützlichen Teil einer sich überraschenderweise rundenden Männerbrust werden. Noch bis weit ins 19. Jahrhundert hinein wurde das Publikum mit Mitteilungen über stillende Männer versorgt. 1876 erfuhren Leser*innen eines *Unterhaltungsblatts zum Würzburger Journal* von einem Pommerschen Arzt, der in der Lage gewesen sei, »bei jedem menschlichen Wesen die Milchabsonderung zu reizen» und auf diesem Wege gleichermaßen weibliche wie männliche Ammen »zu besorgen«.[90] Da in der medizinischen Fachliteratur Ärzte und Anatomen aber immer häufiger davon ausgingen, dass es sich bei solchen Geschichten größtenteils um »Fabeln« handelte, spielten Berichte über das männliche Stillen bald keine Rolle mehr. Stattdessen rückte die Frage in den Fokus, wie die Existenz des männlichen Busens wissenschaftlich angemessen zu erklären sei.

In seinem Buch *Über die männliche Brustdrüse und über die Gynaecomastie* von 1866 hatte der österreichische Anatom Wenzel Gruber

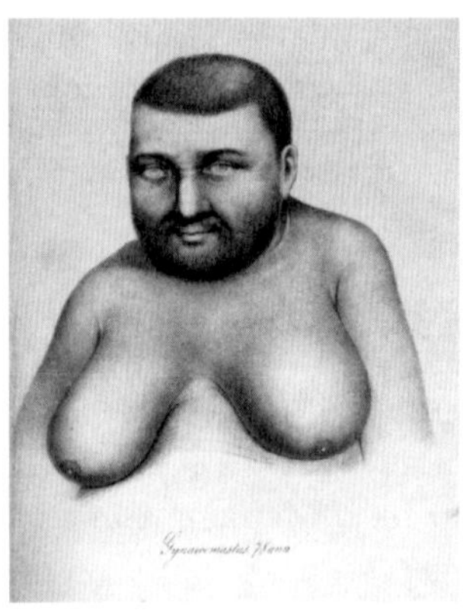

9 Ein »echter« Gynäkomast, der im St. Petersburger Marien-Hospital an einem Schlaganfall starb. W. Gruber 1866.

solche Fälle zusammengetragen und bebildert.[91] Der Mediziner hatte es sich zur Aufgabe gemacht, die in der Literatur beschriebenen sowie die ihm selbst bekannt gewordenen Fälle zu systematisieren. Dazu gehörte neben einem kritischen Humboldt-Referat, das die Berichte über männliche Laktation zurückweist, unter anderem die akribische Dokumentation eigens durchgeführter »Massenuntersuchungen der männlichen Brust und Brustdrüse an Lebenden und Leichen«.[92] Probanden dafür fand Gruber in einer Militärschule und in einem Lazarett. Das Ergebnis waren lange Listen, in denen er »Größe, Farbe und Gestalt der Brustwarze«, auf den Millimeter genau, als »schräg-elliptisch« oder »fast vertical« beschrieb.[93] Er unterschied zwischen echten und falschen »Gynaekomasten«, wie Männer mit weiblich erscheinenden Brüsten genannt wurden. Die »echten« wiesen zum Beispiel durch Krankheiten vergrößerte Brüste auf. Die Oberweite der »falschen« entstand durch natürliche Fetteinlagerungen im Alter oder bei Übergewicht.

Die einzige Abbildung (Abb. 9) in Grubers Studie zeigt einen Patienten, den er im März 1866 im St. Petersburger Marien-Hospital angetroffen hatte und der bald, nach erneuter Aufnahme ins Krankenhaus, an einem Schlaganfall starb. Die Anamnese ergab, dass der Kranke, ein »echter« Gynäkomast mit »enorm entwickelten Brüsten«,[94] mit fünfzehn Jahren Soldat geworden, mittlerweile Alkoholiker und zudem blind war. Dass der Leidende für einen Zeichner Modell saß, war nichts Ungewöhnliches. Denn obwohl zu diesem Zeitpunkt die Fotografie längst erfunden war, griff man zur Illustration in wissenschaftlicher Literatur nicht zwangsläufig darauf zurück. Vielfach schätzte man die künstlerischen Möglichkeiten der Zeichnung, Dinge hervorzuheben, die für wichtig erachtet wurden, und andere wiederum auszublenden.[95] Auch hier machte der Künstler von dieser Möglichkeit Gebrauch, indem er den unterhalb der Brustwarzen liegenden Teil des Körpers nicht einmal mehr andeutete. Da, wo sich der Bauchnabel des Mannes befunden haben muss, lesen wir die Inschrift »Gynaecomastus«. So konnte die Aufmerksamkeit auf Aussehen und Lage der Brüste im Kontrast zum Kopf gelegt werden, dessen kurz geschorenes Haar und der tiefe Bartschatten Männlichkeit beglaubigen, während die Brust deren Störung signalisierte. Der Illustrator wählte hier also eine ganz ähnliche Kombination wie Ribera in seinem Bildnis der Magdalena Ventura: Bart und Brust (Abb. 7). Aber er konnte, anders als Ribera und seine Vorgänger, jegliche weitere Verweise auf das soziale Geschlecht des Dargestellten weglassen. Weder Schwert noch Schere, kein Wickelkind und auch keine Spindel mussten mehr assistieren, denn die ›weibliche‹ Brust und der ›männliche‹ Bart waren jetzt als Körperzeichen des Geschlechts lesbar, die ihre gesellschaftliche Bedeutung wie von selbst mitlieferten.

Und so änderte sich die Problemlage der Männerbrust noch einmal. Die Fremdheit anderer Orte und mythischer Lebensformen oder das Staunen über männliche Ammen mitten ›unter uns‹ verblassten. Ein wissenschaftlicher, Objektivität beanspruchender Blick gewann die Oberhand. Dass die Männerbrust trotzdem prekäre, gleichsam im Dunkeln liegende Gebiete bevölkerte, lassen Psychiatrie und Kriminalanthropologie erahnen.

So sah der Psychiater Hans Kurella in den männlichen Brüsten ein typisches Merkmal des Kriminellen, wie er in seiner 1893 veröffentlichten *Naturgeschichte des Verbrechers* darlegte, die auf den Erkenntnissen Cesare Lombrosos beruhte.[96] In der Psychologie wurde die ›Männerbrust‹ zudem schon früh als Ursache für Neurosen aller Art vermerkt. Der österreichische Psychologe Alfred Adler führte in seiner 1912 erschienenen Studie *Über den nervösen Charakter* den Fall eines Patienten auf, bei dem unter anderem die »starke Entwickelung seiner Mammae« dazu geführt habe, dass er glaubte, »er könne gar ein Mädchen sein«, zumindest aber »kein ganzer Mann« werden.[97] Brüste und Säugen signalisierten ihm das Gefühl der »Minderwertigkeit als weiblich«. Sander Gilman weist in seiner Studie zur Geschichte der Schönheitschirurgie an diesem Beispiel darauf hin, wie sehr sich die Art und Weise des Umgangs mit der ›Männerbrust‹ innerhalb weniger Jahrzehnte veränderte. Während Adler Anfang der 1910er Jahre eine Gesprächstherapie als Mittel der Wahl sah, um dem Patienten zu helfen, hielt er Mitte der 1930er

Jahre die plastische Chirurgie für die beste Methode, um die Psyche eines Menschen zu stabilisieren, der unter seinem körperlichen Erscheinungsbild litt.[98]

Auch hier also kündigte sich eine folgenschwere Veränderung an, war doch die Männerbrust im Gegensatz zur weiblichen Brust lange Zeit ausdrücklich von operativen Eingriffen verschont geblieben. In den chirurgischen Lehrbüchern des 19. Jahrhunderts wurde die krankhafte Vergrößerung der männlichen Brüste regelmäßig beschrieben und festgehalten: »Selten erreicht dieser Zustand einen solchen Grad, daß chirurgische Hülfe nothwendig wird, welche übrigens in ähnlicher Weise wie bei der Hypertrophie der weiblichen Brüste geleistet würde.«[99] Noch 1877 schließt ein Bericht im *Medicinischen Correspondenz-Blatt* über einen »Fall von Gynäkomastie« aus Stuttgart mit den Worten: »Von einem therapeutischen Eingreifen war natürlich abgesehen worden.«[100]

DIE MORAL DER *KÜNSTLICHEN* BRUST

Mittlerweile ist die operative Entfernung von Brustgewebe bei Männern ein Routineeingriff der modernen Schönheitschirurgie und rangiert unter den Top 3 der Behandlungswünsche von Männern. Während es bei Frauen aber darum geht, Weiblichkeit zu erhalten, wiederherzustellen oder zu optimieren, ist das Ziel der Brustveränderung bei Männern, weibliche Eigenschaften zu verhindern. Schon das Kompositum Männerbusen bezeichnet einen Körperteil, der im Widerspruch steht zu einem ›echten‹ männlichen Körper. Auch die Unterschiede in der Beurteilung der chirurgischen Arbeit am weiblichen und männlichen Busen sind enorm. Beim Männerbusen wird nicht wie beim weiblichen Busen differenziert zwischen der verwerflichen Fixierung auf übertriebene Schönheitsideale einerseits und den legitimen Wünschen nach Brustchirurgie im Krankheitsfall andererseits. Die Entfernung der ›Männerbrust‹ bei cis Männern, also Menschen, deren Geschlechtsidentifikation mit dem Geschlecht übereinstimmt, das ihnen bei ihrer Geburt zugewiesen wurde, erscheint als unbedingt legitimer

Wunsch. Er wird übrigens auch nicht als »geschlechtsanpassende« Operation bezeichnet, wie das bei einer Mastektomie eines trans* Mannes der Fall ist. Es ist einfach eine Brustentfernung. Auch Binding, eine Praxis, bei der trans* Männer und nichtbinäre Menschen ihre Brust komprimieren, um einen flacheren Eindruck hervorzurufen, kann in diesem Sinn als »geschlechtsanpassend« bezeichnet werden, während ein sogenannter Minimizer-BH, der ebenfalls für eine optische Verkleinerung der Brust sorgen soll, nicht mit diesem Adjektiv charakterisiert wird. Er ›passt‹ das Geschlecht seiner Nutzerin nicht ›an‹, sondern bestätigt es.

In all dem erfährt die doppelte Moral in Hinblick auf trans* Personen eine weitere Steigerung. Das Bundesverfassungsgericht hat 2011 entschieden, dass bei ihnen eine Pflicht zu einem operativen Eingriff gegen das Grundgesetz verstößt. Während aber der operative Brustaufbau nach einer Krebsbehandlung bei cis Frauen problemlos von den Krankenkassen bezahlt wird, urteilte das Landessozialgericht Berlin 2011, dass es keinen Anspruch auf eine »möglichst große Annäherung an ein vermeintliches Idealbild« gebe, und lehnte den Antrag einer trans* Frau auf Übernahme der Kosten für eine Brustvergrößerungsoperation ab (L 1 KR 243/09).

Insgesamt gibt es große nationale Unterschiede in Art und Umfang der sogenannten Schönheitsoperationen, wie an wenigen Zahlen ersichtlich wird. Prozentual am häufigsten werden Brustvergrößerungen in den USA vorgenommen, die zum Beispiel 2021 mit 22,5 Prozent den größten Anteil an der weltweiten Gesamtzahl hatten. Den vierten Platz belegte Deutschland mit vier Prozent. Auf dem zweiten Platz rangierte in dieser Statistik Brasilien mit 10,6 Prozent.[101] Das Land ist aus zwei Gründen in diesem Zusammenhang nennenswert. Zum einen, weil dort der Zugang zu *plástica* sehr viel leichter, vielfach sogar kostenlos ist; auch Kinder, die von Mobbing betroffen sind, gelten dort als Zielgruppe.[102] Zum anderen, weil Art und Umfang der OPs in engem Zusammenhang mit Vorstellungen von ethnischer Differenz stehen. Noch vor rund zwanzig Jahren waren Brust*verkleinerungen* besonders nachgefragt. Vor allem in der oberen Mittelklasse war der Grund hierfür die mit niedrigerer sozialer Stellung und *Blackness* assoziierte große Brust.[103] Obwohl die körperliche Sichtbarkeit unterschiedlicher Herkünfte positiv besetzt ist, kommt es bis heute zu mehr oder weniger subtilen Wertungen. Die Eingriffe verändern den Körper meist, wie brasilianische Chirurgen zugeben, »in the direction of Europe, not Africa« (in Richtung Europa, nicht Afrika).[104] In Deutschland hingegen zeichnete sich 2021 eine Trendwende ab: Der Anteil der Brustverkleinerungen stieg um 12,4 Prozent, während jener der Brustvergrößerungen (insgesamt waren es 4171) um denselben Wert sank. Zugleich erhöhte sich die Zahl der Facelifts bei Frauen um 80,4 Prozent.[105] Die chirurgischen Fachgesellschaften erklären dies durch Corona. Die immer häufigeren Online-Konferenzen führten dazu, dass sich Patientinnen eine Behandlung wünschen, »weil sie etwas an ihrem eigenen Videokonferenzbild stört«.[106] Auf dem, so ist zu ergänzen, die Brust in der Regel nicht sichtbar wird.

Schon zu Beginn der modernen Brustchirurgie gab es ›Verschönerungen‹ der Brust, die als verwerflich angesehen und deswegen nicht durchgeführt wurden. Selbst wenn der Wiener Chirurg Joseph Gersuny 1903 klarstellte, dass die herrschenden Schönheitsvorstellungen mehr mit antiken Idealkörpern als mit normalen Menschen zu tun hatten, und diese dadurch in Schutz nahm, machte er feine, aber bedeutsame Unterschiede. Während er die Korrektur einer »Hakennase« bei einem Schauspieler, der Schwierigkeiten hatte, geeignete Rollen zu finden, vorbehaltlos guthieß, sah das beim Busen schon ganz anders aus:

> »Der Schönheitshunger alter Koketten wollte mir auch die Aufgabe stellen, die ersten Fältchen der welkenden Haut zu beseitigen, dem erschlaffenden Busen jugendlichen Turgor zurückzugeben – ich konnte mich nicht entschließen, darauf einzugehen und die Grenzen unserer Kunst nach – abwärts zu erweitern.«[107]

Woher kam diese Trennung zwischen den ›guten‹ und den ›schlechten‹ chirurgischen Brustveränderungen? Vielfach begründete sie sich aus dem Gegensatzpaar natürlich und künstlich. Gut war alles, was dem Leitstern des Natürlichen entsprach. Schlecht alles Künstliche und *Falsche*. Dabei waren die Grenzen dieser Begriffe sehr elastisch. Eine der auffälligsten Veränderungen in der Geschichte der Brustoperationen seit dem 19. Jahrhundert betrifft die Frage der ›richtigen‹ Größe der Brust. Nicht nur in Europa galt, wie bereits erwähnt, bis weit in die ersten Jahrzehnte des 20. Jahrhunderts eine große Brust als ›primitiv‹, dementsprechend waren die ersten Eingriffe der modernen Schönheitschirurgie Ende des 19. Jahrhunderts Brust*verkleinerungen*.[108] »Uebergroße Brüste können unter Umständen selbst ihre Amputation nothwendig machen«, vermerkte der Anatom Joseph Hyrtl 1847.[109] Von Vergrößerungen war dagegen nicht die Rede. Und so wurden bis in die Mitte des 20. Jahrhunderts vor allem brustverkleinernde Operationen durchgeführt (die erste ›moderne‹ fand 1897 statt). Erst ab den 1940er Jahren wurden größere Brüste allmählich allgemein als erotischer angesehen, was die Zahl der Brust*vergrößerungen* in den USA und Europa signifikant ansteigen ließ.[110] In allen Fällen folgte man dem Selbstverständnis der plastischen Chirurgie, wie es ihr Fürsprecher Eduard Zeis bereits 1838 im *Handbuch der plastischen Chirurgie* artikuliert hatte, nämlich den »widrigen Anblick« eines verstümmelten Körperteils zu korrigieren.[111] Auch wenn weder der große noch der kleine Busen verstümmelt waren, so wurden doch erst der eine, dann der andere als Entstellung wahrgenommen. Seine chirurgische Reduktion wurde als Rekonstruktion eines Busens verstanden, der keine Merkmale ethnischer Differenz mehr trug, sondern noch in den 1920er Jahren dem Ideal der modernen *Neuen Frau* – mit Bubikopf und kleinen Brüsten – entsprach.[112] Ähnliches galt dann mit umgekehrten Vorzeichen bei der brustvergrößernden Operation, die ebenfalls zu etwas wurde, das Weiblichkeit ›wiederherstellte‹, nur dass dafür jetzt ein größerer Busen notwendig schien.

Natürlichkeit aber bedeutete ab dem Ende des 19. Jahrhunderts auch, dass der operierte Busen keine Narben aufwies und mit einer Brustwarze versehen wurde. Dass diese auch erotisch stimulierbar sein sollte, spielte allerdings lange Zeit keine Rolle, bis Mitte der 1920er Jahre nicht mehr nur die Stillfähigkeit zur ›natürlichen‹ Funktion der Brustwarze gerechnet wurde, sondern auch deren erotische Stimulationsfähigkeit.

Dazu passt, dass alternden weiblichen Brüsten eine chirurgische Verjüngung nicht gestattet wurde und derartige Prozeduren als Herabsetzung der ärztlichen Kunst abgelehnt wurden. Den erotischen Reiz einer »alten Koketten« zu erhöhen, schien auch deswegen unerhört, weil dies die Anerkennung weiblicher Sexualität jenseits idealisierter Jugendlichkeit bedeutet hätte. Die Erwähnung des Berufs von Patientinnen, denen man eine der seltenen

Brustvergrößerungen zubilligte, die um 1900 durchgeführt wurden, war daher zugleich auch eine Rechtfertigung. Der Heidelberger Vincenz Czerny wird als der erste Arzt genannt, der 1895 eine Brustrekonstruktion durchführte, indem er Fettgewebe vom Rücken der Patientin nach der Behandlung einer gutartigen Geschwulst in ihre Brust injizierte.[113] Der Hinweis darauf, dass es sich bei der Kranken um eine Schauspielerin gehandelt habe, legitimiert den Eingriff als begründete Voraussetzung für die weitere Berufsausübung.

Nachdem Gersunys Versuche mit der Injektion von Paraffin, das er nicht nur für Brüste nutzte, sondern auch, um die Mundhöhle oder die Nase in die gewünschte Form zu bringen, eine Reihe von Nebenwirkungen zeigten, wurde nach neuen Materialien gesucht.[114] Silikon, ursprünglich ein Werkstoff, der vom amerikanischen Militär zur elektrischen Isolierung verwendet wurde, schien auch im Kontext von Brustvergrößerungen interessant. In der Geschichte der Schönheitschirurgie wird Silikon direkt mit Sex verbunden. Das Material sei zunächst an japanischen Prostituierten verwendet worden, die es sich injizieren ließen, um damit dem Wunsch US-amerikanischer Soldaten nach großen Brüsten entgegenzukommen. In der Literatur dazu ist etwas verklausuliert die Rede davon, dass die Silikoninjektionen später als Schwarzmarktangebot an US-amerikanische Frauen »in der Unterhaltungsindustrie« vermarktet worden seien.[115] Artikel aus dezidiert feministischer Perspektive sprechen von »sex slavery«.[116] Illegale Silikoninjektionen finden tragischerweise bis heute statt und können dramatische Gesundheitsprobleme verursachen, etwa Geschwüre und Nekrosen – oftmals noch Jahre nach der eigentlichen Behandlung. Bereits 2004 wies die US-amerikanische *National Coalition for Lesbian Gay Bisexual Transgender Health* darauf hin, dass vor allem trans* Frauen hiervon immer wieder in besonderer Weise betroffen sind. Da die Silikoninjektionen für einen Bruchteil dessen zu haben sind, was eine medizinisch korrekte Behandlung kosten würde, locken sie vor allem arme Menschen, die sich keine Krankenversicherung leisten können.[117] Bis in die 1970er Jahre aber war ungeachtet aller Gesundheitsbedenken die Injektion von Silikon in Ländern wie den USA oder Deutschland legal. In Zeitschriften wurde damit geworben, der Brustumfang ließe sich in zehn schmerzlosen Minuten um fünf Zentimeter vergrößern (Abb. 10).

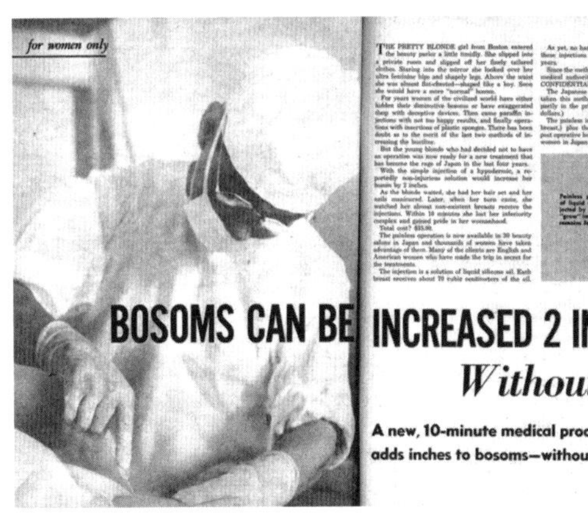
for women only

BOSOMS CAN BE INCREASED 2 INCHES–

Without Pain

A new, 10-minute medical procedure in Japan adds inches to bosoms—without an operation.

10 Werbung für gesundheitlich hoch problematische Silikoninjektionen zur Brustvergrößerung in der US-amerikanischen Zeitschrift *Confidential*, 1950er Jahre.

Bis zu 50 000 Frauen sollen sich dieser Prozedur zwischen 1940 und 1970 allein in den USA unterzogen haben. Darunter auch Carol Doda, Topless Dancer im *Condor Club* im San Francisco der 1960er Jahre. Als angeblich erste Frau, die in den USA in den Stripclubs der 1960er Jahre vollständig oben ohne aufgetreten sei (also auch ohne Nipplecover), erreichte sie große Popularität.[118] Über ihre Entscheidung, sich ihre Brüste durch Silikoninjektionen vergrößern zu lassen, wurde in den Medien berichtet, was wiederum zur wachsenden Beliebtheit der Behandlung beitrug (Abb. 11).[119]

Trotz der offensichtlichen Assoziation von Silikon-Brustvergrößerungen mit Sex Business wurde in den 1950er und 1960er Jahren sehr häufig »marital happiness«, also eheliches Glück, als Zweck der Brustvergrößerung angegeben; eine psychiatrische Studie aus den 1950er Jahren berücksichtigte die Zufriedenheit des Ehemannes mit den neuen Brüsten als eigene Kategorie.[120]

Bis heute wird bei der Beurteilung desselben Eingriffs am Busen moralisch unterschieden zwischen ehelicher Pflichterfüllung und ausschweifender Sexualität. Seit 1992 wurde in den USA vor Silikonimplantaten, die die direkten Injektionen ersetzt hatten, aus medizinischen Gründen gewarnt. Doch während sie zur ›kosmetischen‹ Verwendung gänzlich verboten wurden, blieb ihre Anwendung für plastisch-rekonstruktive Brustoperationen nach

Krebsbehandlungen erlaubt.[121] Sie sollten weiterhin verfügbar sein für jene »who have an urgent need for breast implants«, bei denen also ein »dringender Bedarf« danach bestehe, wie es die zuständige Behörde FDA (Food and Drug Administration) formulierte.[122] Abgesehen von der Frage, warum es für eine Frau »dringlicher« sein sollte, zwei Brüste zu haben, als gesundheitliche Schäden zu vermeiden, lässt sich auch umgekehrt fragen, wieso das Bedürfnis nach zwei Brüsten bei nicht von Krebs Betroffenen oder trans* Personen weniger dringlich sein sollte.

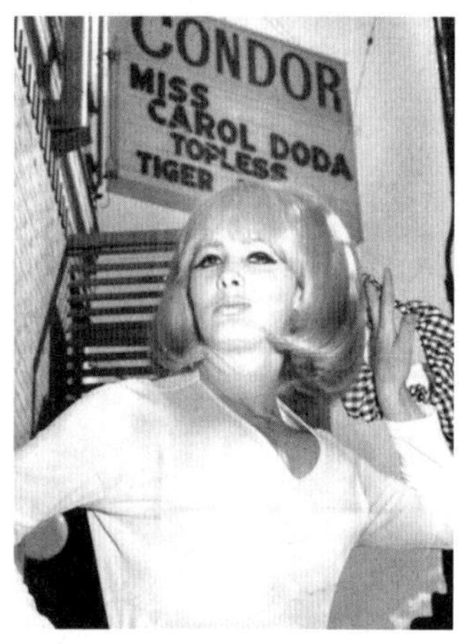

11 »Topless Tiger« Carol Duda vor dem *Condor-Club* in San Francisco. Duda machte die Vergrößerung ihrer Brüste mittels Silikoninjektion öffentlich, was zur weiteren Verbreitung der Methode beitrug.

Auch gesundheitspolitische Belange wie etwa die Finanzierung solcher Eingriffe werden von diesen Überlegungen beeinflusst. Denn die Unterscheidung zwischen »rekonstruktiven« und »kosmetischen« Operationen hat nicht nur mit Geld zu tun. Der Eingriff wird einerseits als legitime ›Wiederherstellung‹ eines weiblichen Körpers durch einen ›normalen‹ Busen gewertet, andererseits als tendenziell eitle Laune in der moralisch fragwürdigen Absicht, die eigene erotische Attraktivität zu steigern. Diese Trennung verunklärt sich im Fall von trans* Frauen. Voraussetzung für eine Brust-OP ist bei ihnen die Pathologisierung. Spanische Soziolog*innen wiesen in einer Studie darauf hin, dass die unterschiedliche Beurteilung von Brustvergrößerungen bei trans* Frauen, Frauen nach einer Krebsbehandlung sowie Frauen, die ihre gesunden Brüste aus anderen Gründen vergrößern möchten, in jedem der ansonsten völlig identischen medizinischen Verfahren davon abhängig gemacht wird, »ob die Person, die die verweiblichende Operation haben möchte, als wirklich weiblich angesehen wird«.[123] Und, so fügen sie hinzu, davon, was als normal, schön oder begehrenswert gilt.

Wie bei kaum einer anderen Dienstleistung der Schönheitschirurgie wird die Vergrößerung des Busens zudem an eine weitere Grenze gebunden, die den Übertritt von sogenannter normaler, natürlicher Weiblichkeit hin zu Hypersexualisierung und Groteske markiert. Der belgische Pornostar Lolo Ferrari, deren Pseudonym den französischen Slangausdruck für Brüste und Muttermilch mit dem Namen des italienischen Herstellers PS-potenter Autos kombinierte, fiel mit ihrem riesigen Busen unter dieses Verdikt (Abb. 12).

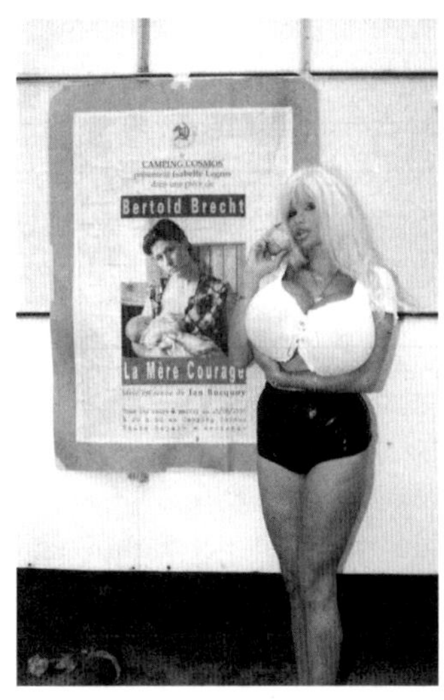

12 Lolo Ferrari in ihrer Rolle als Campingplatzbesitzerin in der belgischen Filmsatire *Camping Cosmos* (1996). In dem Foto werden Sexualität und Mutterschaft als in der Brust verkörperter Gegensatz pointiert dargestellt.

Mit Hilfe Dutzender Operationen – die genaue Zahl ist unbekannt – brachte sie es zu einem Eintrag ins Guinness-Buch der Rekorde für den größten Busen der Welt, starb aber unter ungeklärten Umständen bereits mit 30 oder 37 Jahren – auch dazu finden sich keine verlässlichen Angaben – an einer Überdosis Antidepressiva. Zwischenzeitlich geriet auch ihr Ehemann unter Verdacht, etwas mit ihrem Tod zu tun zu haben. Allerdings wurde ihr Tod vor allem in Zusammenhang mit ihrem Busen gebracht. Es kursierten Gerüchte, sie sei unter ihren eigenen Brüsten im Schlaf erstickt oder ihre Brüste seien im Flugzeug wegen Unterdrucks geplatzt. »Death by Breast«, Tod durch die Brust, wie die australische Kulturwissenschaftlerin Meredith Jones diese sexistisch-abschätzigen Legenden nennt.[124] Die Künstlichkeit der von ihr kreierten Weiblichkeit aber eignete sich Ferrari aktiv an: »Ich bin wie ein Transvestit [...], ich habe eine Weiblichkeit erschaffen, die komplett künstlich ist.«[125]

BREASTFEEDING/CHESTFEEDING UND EIN GESETZ

Künstlichkeit bleibt ein Reizwort. Im Frühjahr 2023 wird in Deutschland über ein neues Gesetz diskutiert. Unter dem Namen Selbstbestimmungsgesetz soll es das seit vierzig Jahren geltende

Transsexuellengesetz ablösen. Bis 2009 sah es vor, dass sich Eheleute scheiden lassen mussten, wenn eine*r von ihnen sein Geschlecht änderte, und bis 2011 setzte es ungeheuerlicherweise voraus, dass für eine Änderung des Geschlechtseintrags eine Sterilisation vorgenommen wurde.[126] Wichtige Eckpunkte des neuen Entwurfs sind der Verzicht auf Gerichtsverfahren oder ärztliche Begutachtungen. Jedem Menschen soll es fortan freistehen, sowohl Vornamen als auch Geschlecht in einem einfachen Verfahren beim Standesamt ändern zu lassen.[127] Für Betroffene eine große und positive Veränderung, auch wenn sie im Einzelnen berechtigte Kritik üben.[128] Die aufgebrachten Stimmen in der Diskussion, die dieses Gesetzesvorhaben der Bunderegierung begleiten, sind Teil einer weitverzweigten Debatte. Das Soziolog*innenteam Ruth Pearce, Sonja Erikainen und Ben Vincent fassten sie 2020 unter dem Titel »TERF wars« (›TERF-Kriege‹) zusammen.[129] Das Akronym TERF schlüsselt sich auf in Trans-Exclusionary Radical Feminist (›Trans-ausschließende radikale Feministin‹) und gilt, wie der Name schon sagt, all jenen, die in der geplanten Gesetzesänderung Gefahren sehen, zum Beispiel die, dass sich ›künstliche Frauen‹ (das heißt Männer) in Frauentoiletten oder Umkleidekabinen ›einschleichen‹ und dort Frauen belästigen. Dieses Argument, das auch in anderen Ländern immer wieder ventiliert wurde, in denen vergleichbare gesetzliche Reformen angestrebt wurden, ist aus transaktivistischer Perspektive scharf zurückgewiesen worden.[130] Nicht nur, weil ohne weitere Begründung einfach geleugnet wird, dass trans* Frauen, die öffentliche Toiletten aufsuchen, Frauen sind (und nicht ›in Wirklichkeit‹ Männer). Sondern auch, weil ausgeblendet wird, dass (sexuelle) Gewalt in den allermeisten Fällen etwas ist, dem trans* Personen *ausgesetzt* sind, nicht etwas, das sie selbst ausüben. Das aber ist lediglich ein kleiner Teil einer Riesendiskussion, deren weitverzweigte historische Dimensionen inklusive der juristischen Feinheiten hier nicht angemessen dargestellt werden können.

Ein Kreuzungspunkt im großen Debattennetz aber soll genauer betrachtet werden, weil er ein weiterer und sehr aktueller Kristallisationskern des politischen Busens ist und weil er zeigt, wie sehr der Wunsch nach unbedingter Kopplung von Weiblichkeit, Busen und Natürlichkeit noch immer besteht. Die Rede ist von der 2022 von Alice Schwarzer und ihrer *Emma*-Redaktionskollegin Chantal

Louis herausgegebenen Streitschrift *Transsexualität*. Der Untertitel *Was ist eine Frau? Was ist ein Mann?* suggeriert eine einfache Frage, die jenseits des Politischen angesiedelt ist, im Körper. Aber es wird sehr schnell deutlich, dass auch die Autorinnen diese Frage gar nicht beantworten können, die genau deswegen aufs politische Feld führt. Sie stören sich an einem angeblichen »trans Trend«, der die biologischen Grundlagen der Geschlechterdifferenz (eine »simple und offensichtliche Tatsache«[131]) leugne. Eines der Beispiele, die dies belegen soll, lautet wie folgt:

> »Anfang 2021 [wiesen] mehrere englische Unikliniken ihre Hebammen an, künftig statt des Wortes ›Breastfeeding‹ – das Stillen von Babys an der weiblichen Brust – den ›inklusiven‹ Begriff ›Chestfeeding‹ (Chest – Brustkorb) zu verwenden und das Wort ›Muttermilch‹ (breastmilk) durch ›Menschenmilch‹ (human milk) zu ersetzen. Begründung: ›Elemente der gängigen Narrative und Diskurse um die Geburt sind biologistisch und transphob‹.«[132]

Chantal Louis konstatiert ein »Verschwinden der Frauen«.[133] Wie so oft in ähnlichen Diskussionen wird mehr oder weniger subtil angedeutet, bestimmte Begriffe ›dürften‹ nicht mehr benutzt werden oder man werde ›angewiesen‹, auf eine bestimmte Art und Weise zu sprechen. Tatsächlich richtete sich die zitierte ›Anweisung‹ aber explizit an Angestellte, die mit Menschen arbeiten, die trans* und/oder non-binär sind.[134] Selbstverständlich dürfen Mütter weiterhin ihre Kinder an die Brust legen, doch das sollte ebenfalls gelten, wenn ein trans* Mann (also eine Person, die bei ihrer Geburt als weiblich identifiziert wurde und nun als Mann lebt) ein Kind hat und dieses stillen möchte. Dass dieser Mensch sich möglicherweise in den gängigen Sprechweisen nicht wiederfindet, dürfte einleuchten. Die Kulturwissenschaftlerin Karen Fitts bezeichnet Sprache in einer sexistischen Gesellschaft als eine »loaded gun«, eine geladene Waffe, mit der sich ähnlich tiefe Verletzungen beibringen lassen.[135] Schon vor Jahren wiesen Studien nach, dass die Verwendung von offenkundig geschlechtsspezifisch markierten Begriffen wie »Brüste« oder »Muttermilch« von den Betroffenen als verletzend empfunden werden und tatsächlich auch negative Auswirkungen auf deren Gesundheit haben können.[136]

Der Busen, der die ›echte‹ Frau ausweisen soll, wird ganz unterschiedlich wahrgenommen. Das dürften schon die vielen hier vorgestellten Busentechniken der letzten Jahrhunderte gezeigt haben. Er kann ein Organ sein, das sich wunderbar dafür eignet, ein Baby mit Nahrung zu versorgen, und gleichzeitig von dem- oder derjenigen, deren Körper dieses Merkmal aufweisen, gar nicht als Beleg des eigenen Frau-Seins verstanden werden. Der Beitrag von Schwarzer und Louis wird von Verbänden wie dem *Lesben- und Schwulenverband* auch deswegen kritisiert, weil er »in letzter Konsequenz [...] ein Plädoyer dafür [ist], es trans* Menschen so schwer wie möglich zu machen, sie in die Unsichtbarkeit zu drängen und als Problem und ungleichwertig darzustellen«.[137] Nicht nur werden bestimmte Erfahrungen des Busen-Habens rigoros ausgegrenzt. Auch die (feministische) Geschichte des Stillens, die den Zusammenhang mit fragwürdigen »moralische[n] Vorstellungen über die Rolle der Frau in der Gesellschaft« zutage gefördert hat, wird geleugnet.[138] Und es steht auch nicht zu befürchten, dass Frauen verschwinden, wenn trans*Männer ihre Kinder *chestfeeden*. Was verschwinden könnte, wären die idealisierten und normativen Weiblichkeitsvorstellungen, die mit dem Stillen erwiesenermaßen verbunden sind.

Ein zentrales Argument von Schwarzer und Louis lautet übrigens, dass die neue rechtliche Stellung der Transgeschlechtlichkeit, die den Wechsel des Geschlechts erleichtert, überkommene Rollenbilder wiederherstelle. Es seien vor allem die »unangepassten jungen Mädchen«, denen »leichtfertig suggeriert« werde:

> »Ihr müsst nur den passenden Körper zu eurer seelischen Befindlichkeit haben. Statt ihnen zu sagen: Du kannst ein Mädchen sein, das für Mathematik brennt, gerne Fußball spielt oder sich in seine beste Freundin verliebt – und trotzdem einen weiblichen Körper haben. Das passt.«[139]

Dies ist aus drei Gründen irreführend. Erst einmal ist es unplausibel, weil selbst die Verfasserinnen keinen konkreten Beleg dafür liefern können, dass Mädchen, die Fußball spielen wollen, »gesagt« werde: Ihr seid trans*, und daraufhin massenhaft Kinder, die gerne kicken, in die Transgeschlechtlichkeit gedrängt werden. Aber selbst wenn man diese Zuspitzung als rhetorisches Stilmittel versteht, bleibt von dem Argument wenig Substanz. Denn darüber hinaus wird so getan, als ob gerade die Bemühungen um gesetzliche Anti-Diskriminierung von trans* Menschen in unserer Gesellschaft den überkommenen Geschlechtervorstellungen und frauenfeindlichen Ideologien Vorschub leisten. Nach dem Motto: Endlich spielen auch Mädchen Fußball und interessieren sich für Mathe, und prompt müssen sie sich dafür umoperieren lassen. Nur umgekehrt wird daraus ein (Fußball-)Schuh. Denn es ist drittens gerade die bestehende Gesetzeslage (die Schwarzer und Louis verteidigen) inklusive der Begutachtung durch Ärzte, Psychologinnen und Richterinnen, die solche normierenden Geschlechtervorstellungen befördert. Denn die derart Begutachteten müssen, wie die trans* Aktivistin und Soziologin Felicia Ewert schreibt, »möglichst überzeugend cis-normative Vorstellungen […] verkörpern«. Ein »als ›uneindeutig‹ wahrgenommenes Auftreten [kann] als nicht überzeugend betrachtet und beispielsweise in einem Gutachten negativ bewertet werden«.[140] Das ständige Ausforschen der geschlechtlichen Identität, dem Menschen hier unterworfen werden, birgt weit mehr die Gefahr, dass stereotype Geschlechtervorstellungen reproduziert werden, als der Verzicht auf die bisher geforderten Prozeduren. Der Kultur- und Medienwissenschaftler Josch Hoenes weist zu Recht darauf hin, dass die bislang geltenden »gesetzlichen Regelungen an den Kriterien der Eindeutigkeit, Dauerhaftigkeit und Kohärenz strikt festhalten« und gerade damit »Grundannahmen heteronormativer Zweigeschlechtlichkeit« wieder und wieder bestätigen – und das, obwohl der Geschlechtswechsel schon allein deshalb, weil es ihn gibt, diese Grundannahmen ad absurdum führt.[141] Das heißt, die von Schwarzer und Louis verteidigten Vorgaben des bisherigen Gesetzes sorgen genau für jene normativen, platten Zuordnungen von Zweigeschlechtlichkeit (à la *Fußball ist männlich*), die sie eigentlich kritisieren wollen. Laut der neuen Gesetzesvorlage steht daher auch ausdrücklich nicht mehr zur Debatte, ob eine Person, die ihren Geschlechtseintrag beim Standesamt ändern möchte, dafür ›weiblich‹ oder ›männlich‹ genug ist. Und das ist etwas, an dem auch Feminist*innen aller Art interessiert sein müssten.

Es lohnt sich, noch ein wenig beim Beispiel der Fußball spielenden Mädchen zu bleiben. Denn tatsächlich ist der Sport ein zentraler Bereich, in dem Geschlecht, Körper und gesellschaftliche Vorstellungen eng miteinander verbunden sind. Der Verweis auf das Einschleichen von trans* Frauen in Sportwettkämpfe zum Nachteil »echter« Frauen zeigt, dass sich im Sport die Frage danach, was eine Frau oder was ein Mann ist, dringlich stellt. Die Sportsoziolog*innen Gabriele Sobiech und Gian-Claudio Gentile sprechen davon, dass im Sport »Geschlechterklassifikationen« und Hierarchien der Gesellschaft »wie durch ein Vergrößerungsglas hervorgehoben« werden.[142]

Besonders deutlich wird das in der Verbindung von Busen und Ball. 1955 sprach der Deutsche Fußball-Bund (DFB) auf Antrag des Verbandes Niederrhein ein Verbot des Frauenfußballs aus. Ein Mitgrund dafür war der Busen. Rückblickend fasst das damalige Vorstandsmitglied Hubert Claessen die Bedenken zusammen: »Das war schon eine schwere Sünde, dass die Mädchen da mit einem wackeligen Busen übers Feld liefen und dann auch noch gegen den Ball traten oder sich gegenseitig foulten.«[143] Den Frauen, die mit ›hängenden‹ Brüsten Fußball spielen wollten, drohte das Verdikt des ›Schamlosen‹: »Im Kampf um den Ball verschwindet die weibliche Anmut, Körper und Seele erleiden unweigerlich Schaden, und das Zurschaustellen des Körpers verletzt Schicklichkeit und Anstand«, so begründete der DFB sein Verbot, von dem er erst 1970 wieder abrückte. Warum sich die teils heftigen (Kultur-)Kämpfe um den Frauenfußball so auf den Busen konzentrierten, liegt zweifellos auch daran, dass dieser die Weiblichkeit der Spielerinnen in einem in Europa als typisch männlich gesehenen Sport besonders augenfällig werden lässt. Von anzüglichen Witzen über den Trikottausch, die den Frauenfußball seit seinen Anfängen begleiten, bis zum noch immer kolportierten Mythos, Fußballerinnen würden sich in Anlehnung an die angeblichen Brustamputationen der sagenumwobenen antiken Amazonen die Brust ›abbinden‹ – was impliziert, dieser Körperteil müsse irgendwie einer besonders rigorosen Behandlung unterzogen werden, damit frau kicken kann –, hat sich die Fokussierung auf den Busen in den Debatten und Praktiken des Frauenfußballs bis heute gehalten.

Besonders erklärungsbedürftig ist die Tatsache, dass im Unterschied zu der in Europa gehegten Überzeugung, Busen und Ball würden nicht zusammenpassen, beispielsweise in den USA die genau gegenteilige Meinung vertreten wird. Denn dort gilt *Soccer* als ausgesprochen weiblicher Sport, sogar als ›weibisch‹, weswegen erfolgreiche internationale Männerteams selten sind. ›Echte‹ Männer beweisen sich im *American Football*; Frauen spielen in diesem Sport bislang allenfalls am Rande eine Rolle und erleben ähnliche Anfeindungen wie ihre deutschen Fußball-Kolleginnen.

Der DFB sorgte übrigens dafür, dass die behauptete körperliche Unfähigkeit von Frauen, ebenso Fußball zu spielen wie die Männer, für Zuschauer*innen und Spielerinnen gleichermaßen spür- und sichtbar blieb. Denn zunächst mussten die deutschen Fußballerinnen mit leichteren Jugendbällen spielen. Auf den Platz durften sie nur bei »guten Wetterverhältnissen«.[144] Und ihr Spiel dauerte auch nicht die üblichen 90, sondern nur 70 Minuten – alles um ihrer ›schwächeren Natur‹ Rechnung zu tragen. Diese Einschränkungen wurden erst Anfang der 1990er Jahre aufgehoben.

Heute müssen sich Spielerinnen mit der Frage auseinandersetzen, wie »Frauenfußball populärer wird«. Tragischerweise haben sie dabei offenbar die Vorstellung übernommen, dies könne gelingen, indem die Spielerinnen »ihre weiblichen Reize« zeigen, um dem Verdikt des Amazonentums zu entgehen. Die Sportwissenschaftlerin Karolin Heckemeyer zitiert 2018 in einer Studie die Aussage einer Fußballerin, dass der sexy Auftritt es erlaube, »›Zuschauer zu ziehen‹«, vor allem »auch gerade halt männliche Zuschauer, die dann halt auch an den Spielerinnen interessiert sind«.[145] Dass dies nicht funktioniert, macht eine Bilderstrecke deutlich, die das Fernsehmagazin *ran* noch 2020 unbehelligt von allen #MeToo-Debatten ins Netz stellte. Unter dem Titel »Die schönsten Fußballerinnen der Welt: Morgan, Ekroth, Ertz« findet sich dort ein Bild der ehemaligen kanadischen Nationalspielerin Kaylyn Kyle im Bikini, versehen mit dem Kommentar: »Wir geben zu, viel wissen wir nicht über die fußballerischen Stärken der Blondine. Aber angesichts solcher Bilder hätte Kaylyn einen Platz in unserer Mannschaft sowas von sicher, auch wenn sie nicht einmal einen Zwei-Meter-Pass an die

Mitspielerin bringen kann.«[146] Die Präsentation der »weiblichen Reize« trägt, wie man sehen kann, nicht zur »Akzeptanz des Frauenfußballs« bei. Im Gegenteil führt sie gerade zur Aberkennung aller sportlichen Kompetenz. Bis heute scheint zu gelten, dass das Zu-Sehen-Geben des ›schönen Körpers‹ Zweifel an den sportlichen Fähigkeiten der betroffenen Frau aufkommen lässt.

Sportlerinnen befinden sich daher in einem Zwiespalt, dem sie kaum entrinnen können, denn bei der Brust werden noch immer Projektionen, Ideale und Zerrbilder je nach Bedarf aktiviert. Die »wackeligen Brüste«, über die die Funktionäre des DFB fantasierten, um ihr Verbot des Frauenfußballs zu begründen, erinnern an verwandte Vorstellungen über weibliche Körper im Sport: die brustlose Amazone ebenso wie das ›Mannweib‹, beides Frauen ohne Brüste. Doch auch die Frau *mit* Brüsten kann keine ›echte‹ Sportlerin sein, weil die attraktiven Brüste echtes Sportlertum vorgeblich unmöglich machen. Ein Zirkelschluss, der trotz seiner offensichtlichen Unlogik in der tatsächlichen Praxis der Sportler*innen, Journalist*inen, Zuschauer*innen etc. immer wieder das Handeln bestimmt.

Dies mag auch daran liegen, dass in den ersten Jahrzehnten des 20. Jahrhunderts eine Flut von aus heutiger Sicht pseudowissenschaftlicher Literatur zum Thema Frauen und Sport produziert wurde, die solche Vorstellungen plausibel gemacht haben. Von zentralem Interesse war dabei die Frage nach den *Einwirkungen der Leibesübungen auf weibliche Konstitution, Geburt und Menstruation*, die ein 1929 erschienener Beitrag behauptete.[147] Dieser Diskurs beruhte auf der nicht hinterfragten Prämisse, dass »die Körperbetätigung der Frau grundverschieden von der des Mannes ist und auch sein soll«, wie der Autor einer 1930 publizierten Schrift zu *Frauensport und Frauenkörper* befand.[148] Diese Annahme bildete das Denkraster, in das alle Überlegungen eingepasst werden mussten. Jede Bewegung, die weiblichen Menschen gestattet wurde, hatte sich der »Erfüllung des natürlichen Frauenberufes«, dem Kinderkriegen, unterzuordnen.[149] Der Fokus der fast ausschließlich männlichen Autoren, die sich zu diesem Thema äußerten, lag auf dem Einfluss des Sports auf die Fortpflanzungsorgane. Aber auch die Brust, die ja zum Stillen des Nachwuchses benötigt wird, schien in Gefahr. So wird erwähnt, dass möglicherweise »Schwimmen beim Stillen auf die Menge der Milch und deren Zusammensetzung einen ungünstigen Einfluß« haben könne.[150] Ein fernes Echo der Vorstellung vom giftigen Busen derjenigen Frauen, die sich in irgendeiner Weise abweichend verhielten. Es hallt bis heute auch durch die Erzählungen über abgebundene Brüste im Frauenfußball. Denn diese seien »während der sportlichen Betätigung infolge ihrer Konfiguration mitunter recht hinderlich« und müssten hochgebunden werden. Dieses »Hochbinden« führe jedoch zu einer »ungünstigen Lagerung der Drüsensubstanz«. Am Ende kommt es dann zu so traurigen Fällen wie dem »›trockene[n] trainierte[n] Typus der Dauersportlerin«, die »sehr häufig ein Schlaffwerden der Brüste aufweist«.[151] Kein Wunder, dass der Verfasser dieser Sätze »das Fußballspiel für Frauen« mit der Begründung »ganz ablehnen muß«, dass es »für die Frau zu robust und zu grob« sei.[152] Heute gibt es eine unübersehbare Fülle an Spezial-BHs für den Sport. Erfunden wurden sie erst in den 1970er Jahren in dem Bemühen, das Argument zu entkräften, die weibliche Brust sei ein Bewegungshindernis. Aber auch vor der Erfindung spezieller BH-Modelle gab es selbstverständlich Sport treibende Frauen. Sie argumentierten kontinuierlich gegen die Idee der prinzipiellen Untauglichkeit weiblicher Körper für den Sport. 1925 erschien das kleine Büchlein *Die Frau und der Sport*, in dem festgehalten wurde, dass »die anatomischen Unterschiede zwischen Mann und Frau nicht so erheblich sind, daß durch sie die sportliche Betätigung der Frau eingeengt werden müßte«.[153] Vom Busen ist nirgends die Rede. Dafür kann man sich viele Fotos ansehen, die Frauen beim Sport zeigen. Etwa von »Fräulein Lingner, Berlin«, der »beste[n] Berliner Waldläuferin«, die damals »den Rekord über 800 Meter mit 2,36,4 Min.« hielt.[154]

Im 18. Jahrhundert, als erste Schriften sich in der Folge von Rousseaus Pädagogik des Themas körperlicher Ertüchtigung annahmen, waren Mädchen und Frauen sogar noch grundsätzlich davon ausgenommen – und zwar so selbstverständlich, dass deren Nicht-Beachtung zunächst gar nicht begründet werden musste. Der Philanthrop Johann Christoph Friedrich Gutsmuths verfasste 1793 eine *Gymnastik für die Jugend, enthaltend eine praktische Anweisung zu Leibesübungen*, die er als *Beitrag zur nöthigsten Verbesserung der körperlichen Erziehung* verstand. Viel ist darin die Rede von Knaben und noch mehr davon, dass die Stärkung des Körpers durch Bewegung der Vermännlichung derjenigen dient, die sie betreiben.

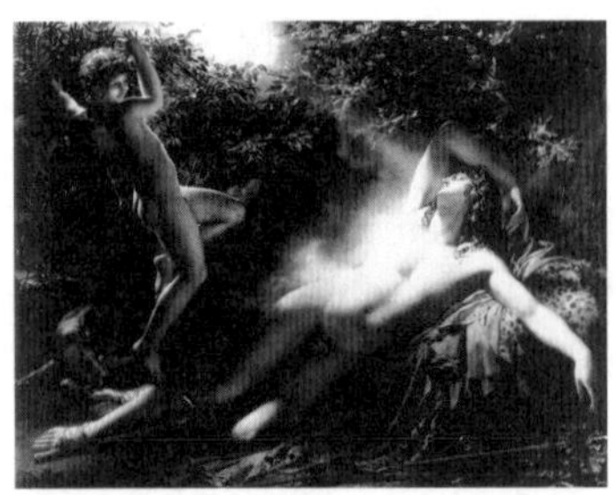

13 Der androgyne, sich hingebende Männerkörper. A.-L. Girodet-Trioson: *Der Schlaf des Endymion*, 1791.

Verbunden wurde dies mit einer gezielt politischen Volte: Jungen müssten Sport treiben, weil auf sie körperlich herausfordernde Tätigkeiten in der Politik warteten: »Er hat im Staate das Seinige zu thun.« Interessant bleibt die in dem Text immer wieder beschworene Angst vor einer Verweichlichung/ Verweiblichung des männlichen, unsportlichen Körpers, geht doch die »übertriebene Zartheit des weiblichen Wesens [...] nur gar zu leicht auf das junge männliche Geschlecht über«. Gymnastik sorgt dafür, dass »der männliche Charakter wieder der herrschende werden« kann.[155]

Was meinte der Autor damit? Kunsthistorikerinnen wie Abigail Solomon-Godeau oder Mechthild Fend sprechen von einer »Repräsentationskrise« und von in jener Zeit immer sichtbarer werdenden »Grenzen der Männlichkeit«.[156] Beides lässt sich an einer Vielzahl an Bildern um 1800 ablesen, in denen androgyne Männerkörper gezeigt werden, die oftmals in Haltung, Zartheit und Mimik weiblich wirken. Dem schlafenden Endymion in Anne-Louis Girodet-Triosons 1791 entstandenem Gemälde hätte Gutsmuths sicherlich einige Runden kräftigende Gymnastik empfohlen (Abb. 13).

Zwar ist auf dem Gemälde keine weibliche Brust zu sehen, aber sehr wohl eine Haltung, wie sie in der Ikonografie vom Akt bis zum Pin-up etabliert ist, um die weibliche Brust dem Blick des Betrachters zu präsentieren: liegend, ein Arm hinter den Kopf erhoben.

Zu der weiblichen Pose des Liebhabers der Mondgöttin Selene, als der Endymion in der griechischen Mythologie auftaucht, kommen das helle Inkarnat, die schlanken, wenig muskulösen, unbehaarten Beine und die passive Lagerung des Körpers auf einem mit Kissen und Decken gepolsterten Waldboden.

›Weibliche‹ Männerkörper wie diese erregten um 1800 Besorgnis. Die Angst, die männlichen Körper könnten der »übertriebenen Zartheit des weiblichen Wesens«, wie Gutsmuths es nannte, erliegen, war auch eine vor der Verwirrung der Geschlechter. Dass diese Gefahr mit Hilfe des damals gerade erst in Mode kommenden

Sports gebannt werden sollte, ist insofern aufschlussreich, als sich die Angst vor Körpern, die im Sport ihre vermeintlich natürlichen Geschlechtergrenzen überschreiten oder verunklären, bis in unsere Gegenwart hinein wiederfinden lässt.

Der Busen als Weiblichkeitszeichen ist im Sport prekär, völlig unabhängig davon, ob seine Größe (»wackelig«) oder seine Kleinheit (»Mannweib«) die natürliche Ungeeignetheit des weiblichen Körpers für einen Sport belegen soll. Entscheidend ist, dass er als ein Problem in Bezug auf eine ›normale‹ Geschlechterordnung hin konstruiert wird. Das wird vielleicht nirgendwo deutlicher als im Bodybuilding. Während nach intensivem Training (oder Einnahme von Anabolika) der männliche Brustmuskel zum Männerbusen werden kann, droht den weiblichen Bodybuilderinnen umgekehrt die Gefahr einer ›Vermännlichung‹ ihrer Brust.[157] Beides ist heikel, wobei Letzteres mitunter zu restriktiven Gegenmaßnahmen der Preisrichter führt. Sie wachen dann umso strenger über die Einhaltung der Geschlechternormen. So berichtet die Schwarze Bodybuilderin René Toney, die den Weltrekord für den größten je bei einer Frau gemessenen Bizeps hält, dass ihr nahegelegt wurde, ihre Haare, die sie kurz trug, auf »konventionelle Länge« wachsen zu lassen, weil es ihrem muskulösen, kleinbrüstigen Körper ansonsten an ›Weiblichkeit‹ fehle (Abb. 14).[158]

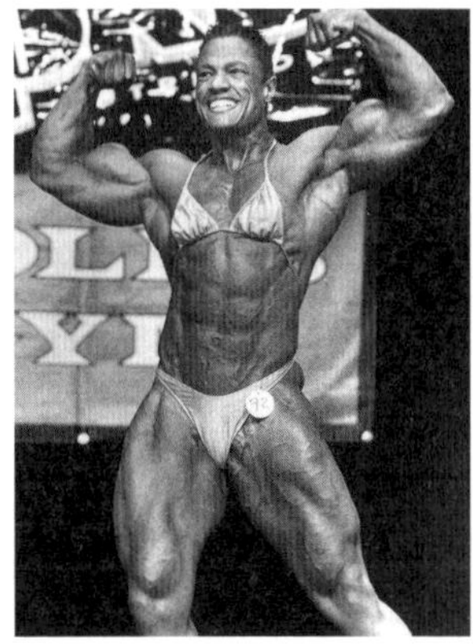

14 René Toney, März 1998, Palm Springs Muscle Classic. Die Bodybuilderin wurde von den Preisrichtern angewiesen, ihre Haare auf »konventionelle Länge« zu bringen. Das Credo lautet: Sie hat Muskeln, aber ist *trotzdem* weiblich.

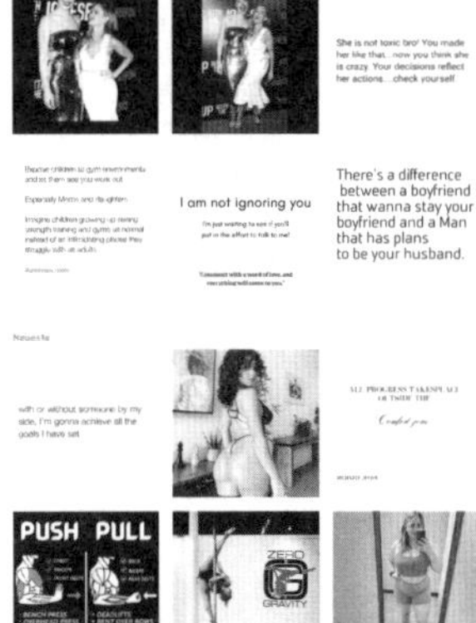

15 »#girlswholift, Juni 2023: Viel *Girls*, wenig *Lift*. Und Tipps, wie frau aus einem *boyfriend* einen *husband* machen kann.

Es ist die obsessive Suche nach klaren Zuordnungen, obwohl doch die Art, wie sich Körper zeigen und durch den Sport verändern, ungleich vielfältiger ist. Der Bezug auf den männlichen Körper, der mit dem Gebot der langen Haare abgewehrt werden soll, ist aber für Toney elementar:

> »Das klingt richtig bizarr, aber wenn ich mir die Art des Körpers vorstelle, die ich für mich will und die ich der Welt präsentieren möchte, dann ist das der Körper eines männlichen Bodybuilders; aber ich möchte nicht zum Mann werden, indem ich Gewichte stemme.«[159]

Solche Aussagen stehen im Gegensatz zu einem »Body-Bilding«,[160] bei dem unter Hashtags wie #girlswholift hypersexualisierte Weiblichkeitsbilder zwischen Poledancing und heterosexuellen Beziehungstipps zelebriert werden (Abb. 15). Für ein Dazwischen der Körperbilder, wie es Toney formuliert, ist da kein Platz mehr. Muskeln *mögen* vorhanden sein, aber Brüste *müssen* es sein.

NARBEN

Der Grat ist schmal. Das Zuviel an künstlicher Brust macht »Weiblichkeit als Maskerade« sichtbar, wie eine berühmt gewordene Formulierung der Psychoanalytikerin Joan Riviere von 1929 lautet. Es führt zu Abwertung. Einen ›künstlichen‹ Busen zu bekommen, weil man bei der Geburt als Mann identifiziert wurde, sich aber nun als weiblich versteht, ist mit einer Reihe von rechtlichen und sozialen Hürden verbunden. Und wird womöglich als Täuschung und willkürlich diskreditiert.[161] Aber auch der Verzicht auf einen ›neuen‹ Busen, etwa nach einer Krebsbehandlung, kann Probleme bereiten. Denn auch der abwesende Busen ist ein Busen, über den debattiert, für den Ein- und Bekleidungen vorgesehen sind und von dem sehr unterschiedliche Bilder zirkulieren.

Bis weit ins 20. Jahrhundert hinein sahen Therapien gegen Krebs standardmäßig die vollständige Entfernung der Brust vor, die Mastektomie, die heute nur noch etwa bei zwanzig Prozent der Patient*innen durchgeführt wird (von Brustkrebs sind jährlich in Deutschland ebenfalls circa 700 Männer betroffen[162]). Bevor in der zweiten Hälfte des 19. Jahrhunderts Narkosen üblich wurden, waren die Prozeduren drastisch: Glühende Eisen wurden auf »Stellen, welchen nicht zu trauen war« gedrückt.[163] Doch nach erfolgreicher Behandlung blieb der – nun fehlende – Busen im Fokus der Aufmerksamkeit. Bereits 1873 wurde in den USA das erste Patent für eine Brustprothese erteilt (Abb. 16); es folgten bis heute Hunderte weitere.

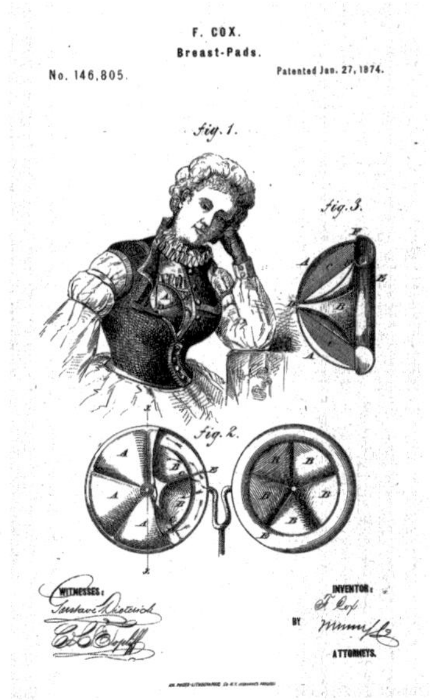

16 1874 wurde Frederick Cox ein Patent für eine aufblasbare Brust erteilt. Wie die Zeichnung nahelegt, war ein Ziel, das weiterhin ein Korsett getragen werden konnte, das eine schmale Taille und größere Brüste betont.

Die oben beschriebenen operativen Verfahren, die zur Vergrößerung der Brust entwickelt worden waren, wurden und werden genutzt, um die verlorene Brust ›wiederherzustellen‹. Dagegen jedoch regte sich in den 1980er Jahren Widerstand. Was als zwangsläufiger Wunsch von Frauen unterstellt wurde, die durch Krebs ihre Brust verloren hatten, wurde von ebendiesen Frauen kritisiert. Die Schwarze Schriftstellerin und Aktivistin Audre Lorde problematisierte 1980 in ihren *Cancer Journals* die normalisierende Wirkung von Prothesen und rekonstruktiver Chirurgie. Sie verstärkten, so Lorde, toxische Weiblichkeitsstereotypen, die das Aussehen von Frauen an erste Stelle setzten – und verhinderten so eine Auseinandersetzung mit Trauma und Verletzlichkeit.[164] Heute, über vierzig Jahre später, wird die rigorose Ablehnung von Prothesen und rekonstruktiver Chirurgie auch aus feministischer Perspektive differenzierter gesehen. Doch zu fragen, ob und wieso eine ›Wiederherstellung‹ der Brust überhaupt notwendig sei, ist ein bleibendes Verdienst Lordes.

Zu dieser Infragestellung trugen auch Arbeiten bildender Künstlerinnen bei, die ähnliche Taktiken der Sichtbarmachung verfolgten. Auch sie reagierten in ihren Arbeiten auf den Effekt von Prothesen und Operationen, erlittene Traumata unsichtbar werden zu lassen, und zeigten die Versehrtheit der Brust ganz absichtsvoll. In

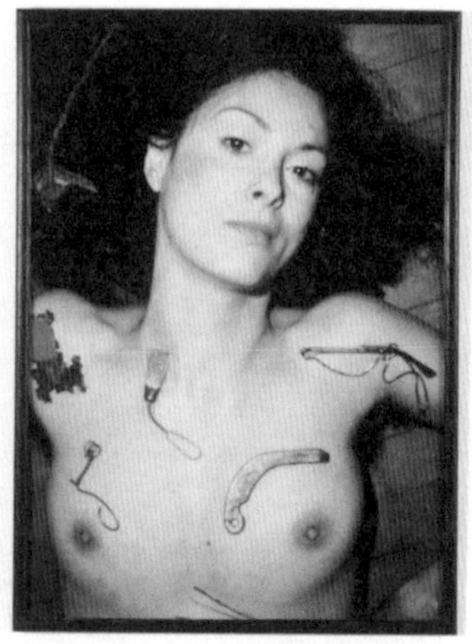
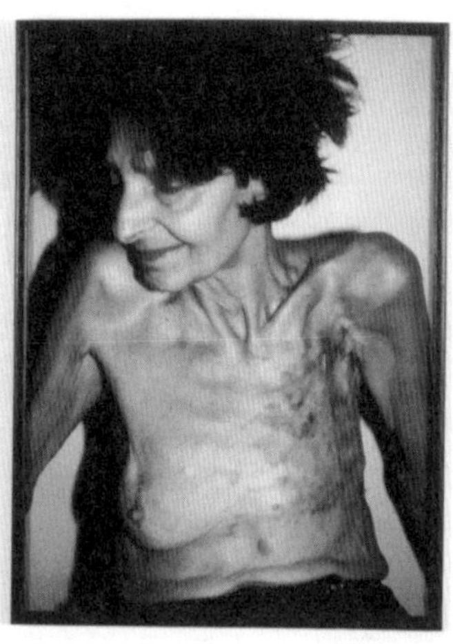

17 H. Wilke: *So Help Me Hannah Series, Portrait of the Artist with her mother, Selma Butter*, 1978/81.

einem Doppelportrait stellte Ende der 1970er Jahre die New Yorker Performancekünstlerin Hannah Wilke ein Foto ihrer krebskranken Mutter, Selma Butter, neben ihr eigenes (Abb. 17).

Beide Frauen werden mit entblößtem Oberkörper gezeigt. Der junge, schöne Körper der Künstlerin steht in beklemmendem Kontrast zu dem von der Krankheit gezeichneten ihrer Mutter. Ihre Narbe ist ebenso sichtbar wie die kleinen roten Hautveränderungen, die die Rückkehr des Tumors signalisieren. Wilke zitiert diese durch kleine, pistolenförmig gestaltete Gegenstände, die sie auf ihrer Brust platziert. Die Künstlerin, die später selbst Krebs bekam und 1993 daran verstarb, hat auch ihre eigene Krankheit künstlerisch in einer anderen Serie mit dem Titel *Intra-Venus* bearbeitet. Im Doppelportrait mit ihrer Mutter scheint ihr Körper in seiner Gesundheit und Jugendlichkeit davon noch weit entfernt.

Auf den ersten Blick ähnelt Wilkes Gegenüberstellung des alten und des jungen weiblichen Körpers einem etablierten Bildmotiv der Kunst: der Konfrontation von jungem und altem weiblichen Körper (vgl. Lucas Cranachs d. Ä. *Jungbrunnen*, Kapitel 2). Manchmal sogar zusammengezogen in einen einzigen Körper, wie zum Beispiel in einer geschnitzten Statuette einer weiblichen Figur aus dem späten 15. Jahrhundert (Abb. 18).

An der Figur weist der hängende, faltige Busen, den sie im Stil einer *Venus pudica* mit der rechten Hand vergeblich zu verdecken versucht, und der zahnlose Mund sie als *Garstige Alte* aus. In der Rückenansicht jedoch erweckt sie den Anschein einer sehr viel jüngeren Frau.

Die Mahnung, sich der Vergänglichkeit irdischer Schönheit bewusst zu sein, wird als raffinierte Blicktäuschung und Vexierspiel am weiblichen Körper übermittelt. Bei Wilkes Doppelportrait jedoch seht stattdessen die generationenübergreifende Beziehung zweier Frauen im Vordergrund.[165] Und auch wenn diese in ihrer zeitlichen Dimension kommendes Alter und womöglich Leid impliziert, verweist sie zugleich auf Fürsorge, Zuwendung, Sorge umeinander.

Die Strategie der Visualisierung der fehlenden Brust, der beschädigten Brust und der Narben ist ein Versuch, Handlungsspielräume zurückzugewinnen. Die britische Fotografin Jo Spence erkrankte 1982 an Brustkrebs und dokumentierte fotografisch ihre Aufenthalte in der Klinik, inklusive Mammografien, ärztliche Visiten und OPs.

In ihrer Arbeit legt sie großen Wert auf die Sichtbarmachung nicht nur des Körpers *nach* einer traumatischen Behandlung, sondern auch der medizinischen Prozesse, die sie aus der Perspektive derjenigen zeigt, die sie durchleidet. Die Bilder reklamieren Selbstermächtigung gegenüber einer Medizin, die »die Körper von Frauen kontrolliert«, wie Spence schreibt. Ihre Arbeit sieht sie als »Forschungsprojekt zu den Politiken von Krebs«.[166] Welchen medizinischen Verfahren, Geräten, Berührungen, Anordnungen muss sich der Körper fügen? Welchen Blick wirft diejenige darauf, die sie erdulden muss? Ein Foto, das die Künstlerin während einer Mammografie zeigt, ließ Spence von der Röntgenassistentin aufnehmen (diese »war darüber etwas unglücklich, aber ließ sich überzeugen, dass das immer noch besser war, als wenn ich die Kamera auf Armeslänge ausgestreckt und so ein Selbstportrait gemacht hätte«).[167] Auf

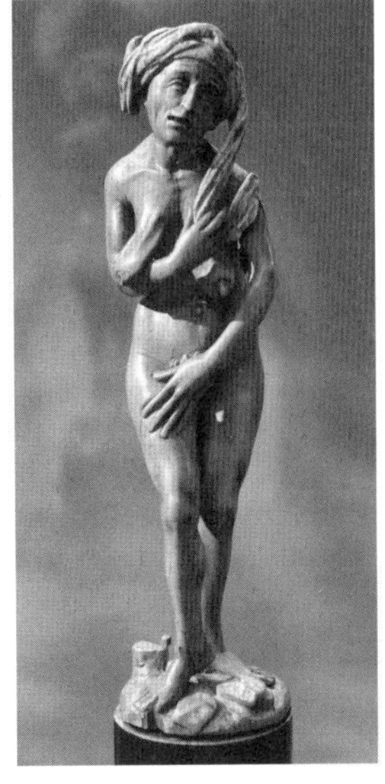

18 Ulmer Bildschnitzer: *Garstige Alte*, um 1480.

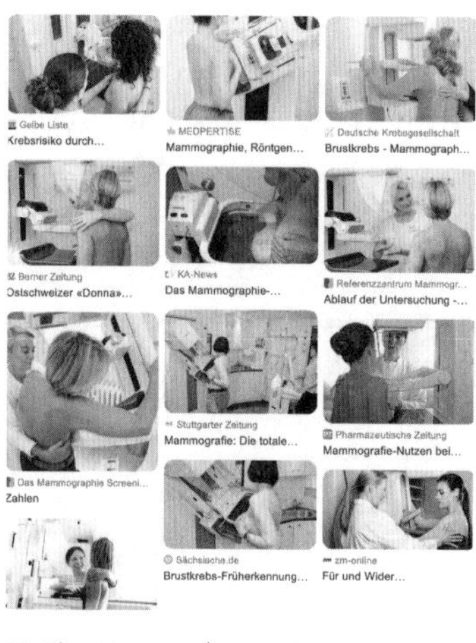

19 Eine Untersuchung wie eine Umarmung. Google-Bildsuche zum Stichwort »Mammografie«.

einem Schnappschuss, den Spence von ihrem Bett aus aufgenommen hat, sind Ärzte und Studenten in ihren weißen Kitteln von hinten zu sehen. Man ahnt, dass sich die Männer gleich der Kranken zuwenden und sie betrachten werden, aber für den Moment ist *sie* noch Herrin des Blicks. Die beängstigende Erfahrung, die Abhängigkeit, das Warten, das Aus-der-Hand-Geben der Verfügung über den eigenen Körper und die eigene Zeit wird in diesen und den vielen anderen Bildern der Serie spürbar, die so gar nicht dem Bildmodus der Aufklärung und/oder Werbung entsprechen, die man sonst geliefert bekommt (Abb. 19).

Spence' Arbeit erfuhr nie eine vergleichbar große massenmediale Aufmerksamkeit wie rund zehn Jahre später die Fotografien der feministischen Künstlerin Matuschka. Ein Grund hierfür liegt vermutlich auch im Versprechen Matuschkas, gängige Schönheitsposen neu zu besetzen und Verletzung zu ästhetisieren. Sie zeigt eher ergreifende Überwindung als banalen Krankenhausalltag. Den spektakulären Auftakt ihrer Kampagne bildete 1993 ein Titelbild des *New York Times Magazine*, das die Künstlerin in speziell dafür entworfener Abendgarderobe präsentierte.

Die asymmetrische Schnittführung ihres weißen Kleides machte die lange Narbe nach der Mastektomie sichtbar. Ein weißer, flatternder Stoff, der den linken Arm verdeckte, war um ihren Kopf geschlungen und weckte dadurch Assoziationen an einen Verband. Die für das Heft verantwortliche Art-Direktorin Janet Froelich erinnerte sich viele Jahre später: »Niemand hatte je eine solche Narbe gesehen, außer man selbst oder ein enges Familienmitglied hatte eine. Das Bild haute uns um.«[168] Das Foto war Teil einer nach dem Vorbild des AIDS-Aktivismus der 1980er Jahre angelegten gesundheitspolitischen Kampagne zum Thema Brustkrebs.[169] Es ging um Kritik an der Annahme, Frauen nach einer Brustkrebsbehandlung sei es vor allem wichtig, möglichst schnell wieder so auszusehen ›wie vorher‹. Die Aktivist*innen wiesen jedoch stattdessen auf hohe Inzidenzraten, unterfinanzierte Forschung und die Torturen der Behandlung hin.[170] Und kritisierten die »kulturelle Binsenweisheit, dass eine Frau ohne Brüste schlimmer ist als gar keine Frau«.[171] Doch während Matuschka ein Bild favorisierte, das auf der Schönheit des amputierten Körpers bestand und heroisierende Anklänge an das Amazonenmotiv einkalkulierte, war Spence daran nicht interessiert. Auf einer der Fotografien, die nach ihrer OP entstanden, fordert sie keinen ›positiven‹ Blick auf ihren versehrten Körper ein, sondern fragt, wie dieser Körper überhaupt sichtbar wird und was passiert, wenn er nicht den gängigen Erwartungen entspricht. Im Mittelpunkt steht die Zuweisung von ›Hässlichkeit‹ an den weiblichen Körper mit ›deformierter‹ Brust. Spence steht nackt da, öffnet den grünen OP-Kittel weit und gibt das auf ihre Brust gemalte Wort ›MONSTER‹ zu lesen (Abb. 20).

Die Geste des geöffneten Kittels ist explizite Sichtbarmachung, ähnlich wie bei Matuschka. Spence aber thematisiert den Blick auf die traumatisierte Brust weniger als affirmatives Statement im Sinne von »Ich bin, wie ich bin – kommt damit klar!«. Vielmehr bezieht sich ›MONSTER‹ auf den Prozess der ›Ver-Anderung‹. Und dieser Prozess produziert: Zuschreibungen, Wertungen, Einordnungen. Wenn dieser Körper zum Bild wird, wird er zum ›Monster‹.

Doch ›Monster‹ sind auch dazu in der Lage, Grenzen zu überschreiten, wie die feministische Kulturwissenschaftlerin Marsha Meskimmon erläutert: Einerseits macht der klinische Blick in Kombination mit bestehenden Schönheitsnormen aus allen ›Monster‹, die diesen nicht entsprechen. Andererseits sind diese Körper außerhalb dieser Zuweisungen angesiedelt.[172] Sie entziehen sich der Norm. Nicht zufällig sind es meist weiblich codierte Figuren, die unter das Verdikt des Monströsen oder Grotesken fallen. Die Literaturwissenschaftlerin Mary Russo gab ihrer Studie mit dem Titel *The Female Grotesque* eine umfangreiche, aber unvermeidlich unvollständige Liste bei: »Die Medusa, das alte Weib, die bärtige Frau, die fette Frau, [...] die Hottentottenvenus, die Hysterikerin«, aber auch körperliche Zustände, die an weiblichen Körpern anders wahrgenommen werden als an männlichen, wie »Krankheit, Alter, Fruchtbarkeit, Unfruchtbarkeit, Sekrete, Geschwüre [...], Narben, Make-up und Prothesen«.[173]

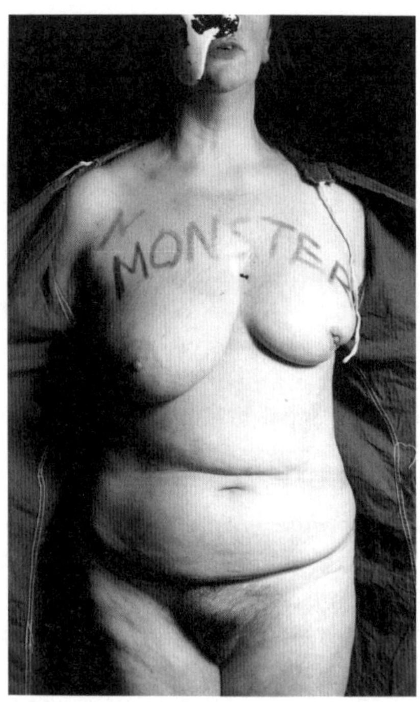

20 Der Blick auf einen postoperativen Körper.
J. Spence: *Narratives of Dis-ease* (Exiled), 1989.

Alle diese Zustände und Körper markieren Abweichung von einem Ideal. Sie machen aber zugleich dessen Problematik deutlich, denn niemand kann ihm wirklich genügen. Mit dem Begriff »Body Positivity« ist seit den 2010er Jahren, vor allem in den sozialen Medien, der Versuch verbunden, dies zu hinterfragen. Intensiv wird hier darüber diskutiert, wie »mehr Akzeptanz für nicht-normative Körper« geschaffen werden kann.[174] Zugleich mehren sich aber auch kritische Stimmen, die darauf hinweisen, dass die Bemühungen um ein ›positives‹ Körperbild »nicht den Kern des Problems« treffen, »die Verortung bestimmter Körper in einem gesellschaftlichen Außen inklusive aller damit verbundenen Diskriminierungen«, wie Anna Klauke jüngst anmerkte.[175] Denn es ist wohl nicht damit getan, die ›Schönheit‹ aller Körper zu behaupten, wenn nicht zugleich reflektiert wird, welche politischen Auswirkungen die Ausgrenzung bestimmter Körperlichkeiten hat.

Jede*r macht Erfahrungen mit dem Körper, der in Hinblick auf eine geschlechtlich markierte Normalität, also den Körper einer ›Frau‹ oder den eines ›Mannes‹, verändert und hergerichtet wird. Über unseren Körper zu verfügen, ihn zu haben und zugleich zu sein, ist eine »kontingente Dimension unserer Sozialität« wie die Soziologin Paula-Irene Villa betont, gehört also zu dem, was Menschen zu sozialen Wesen oder kurz gesagt: zu Menschen macht.[176] Wenn Muskeln und die ›zu kleine‹ Brust einer Bodybuilderin es notwendig erscheinen lassen, dass diese auf andere Weise ihr ›wahres‹ Geschlecht bestätigt, zum Beispiel durch lange Haare, oder wenn stillenden trans* Männern abgesprochen wird, andere Worte für Busen und Muttermilch zu nutzen, dann wird daran auch deutlich, wie unterschiedlich diese Techniken des Selbst ausgelegt, gefordert oder sanktioniert werden.

Daher sind auch ›Busentechniken‹, die benötigt werden, damit der Busen als sekundäres Geschlechtsmerkmal funktioniert, derart vielfältig: Sie reichen von alltäglichen Einkleidungen wie dem BH bis hin zur Brust-OP. Damit soll nicht gesagt werden, dass diese beiden Dinge letztlich dasselbe seien. Es ist ein physisch und ökonomisch drastischer Unterschied, ob ich einen BH trage oder mich einer potentiell lebensgefährlichen Operation unterziehe. Die Vorstellung aber, dass das eine im Einklang mit dem natürlichen Körper, das andere irgendwie ›künstlich‹ wäre, ist nicht aufrechtzuerhalten.[177] Vielmehr sind die zahlreichen Interventionen am Busen, die Menschen anwenden und angewendet haben, um ihn zu vergrößern, zu verkleinern, wiederherzustellen, zu ersetzen, abzunehmen, hoch zu pushen, abzubinden, loszuwerden und so weiter Anzeichen für die Notwendigkeit, Weiblichkeit, Männlichkeit oder gar ihr Mensch-Sein immer wieder unter Beweis zu stellen. Einigen scheint das mit Leichtigkeit zu gelingen, während es anderen sogar per Gesetz schwergemacht wird.

I AM GOD

Der Busen als Protestorgan

Sind Busen wie Schwerter? • Amazonen als Identifikationsfiguren • »Anarchistische Amazonen«: Die Busen der Achtundsechzigerinnen • Brennende BHs: Feminismus als Busen-Befreiung? • ›Schöne Frauen‹: Grenzen des Protests • Hysterie, Ekstase und der Tanz der Mänade. Der nackte Busen als Zeichen des ›Anderen‹ • Die zwei Körper der Kanzlerin: Busen und Macht

•

Bisher ging es um Gemälde, Fotos, Figuren oder Statuen, die den Busen zeigen, verbergen, idealisieren oder dämonisieren. All dies hängt direkt mit gesellschaftlichen und politischen Zuständen zusammen. Wir erinnern uns: Dass im 18. Jahrhundert Bilder von stillenden Müttern en vogue wurden, korreliert mit der Propagierung eines neuen Umgangs mit Babys, die nicht mehr am Busen fremder Ammen, sondern dem der eigenen Mutter saugen sollten. Und dass mit der antiken Figur der Venus/Aphrodite ein bis heute vielfach überschriebenes und modernisiertes Busen- und Körperideal in die Welt kam, zeigt, wie Bilder gesellschaftliche Wirklichkeit bestimmen und umgekehrt. Sie beeinflussen Praktiken und Politiken der Körperwahrnehmung, Zuschreibung von Schönheitsmerkmalen und ›passendem‹ Verhalten. Sie hängen zusammen mit Vorstellungen von Sexualität, von ›eigener‹ und ›fremder‹ Weiblichkeit oder der Rolle, die Schwangerschaft, Geburt und Kindererziehung in weiblichen Leben spielen (sollten). Was aber im Zusammenhang mit all den Bildern idealer, heiliger, bedeckter, verworfener etc. Busen bisher nicht zur Sprache kam, war Aggression. Sie scheint zunächst nichts mit der weiblichen Brust zu tun zu haben, die so sehr als Organ der Fürsorge, der Sexualität und der ›Weiblichkeit an sich‹ gilt. Inmitten der Bilderfülle stillender Marien, tugendhaft-lockender Venusfiguren, rassistischer

Darstellungen der »Hottentottenvenus« oder der ihr festes Posenrepertoire abarbeitenden Pin-up-Girls scheinen sich alle Zuschreibungen an den Busen mehr oder weniger auf Sex, Sünde oder Mutterschaft zu beziehen. Ein neues Themenfeld eröffnet sich nun mit Brüsten, die Mittel zum Angriff sind. Es geht dabei nicht um abgeschmackte Von-den-Waffen-einer-Frau-Erzählungen, die darauf beruhen, dass Frauen gerade *keine* Waffen im eigentlichen Sinn nutzen, sondern nur ihren Körper, ihre Sexualität und die damit verbundene Verführungsmacht einsetzen können, um ihre Ziele zu erreichen. Stattdessen soll das Augenmerk darauf gelenkt werden, dass der Busen Protest und Angriff buchstäblich ver-körpern kann, weil die Verfügungsgewalt über diesen Körperteil einen besonders wirkungsvollen und offensichtlichen Bruch mit der Geschlechter- und Gesellschaftsordnung signalisiert. Wird der Busen bei ›unpassender‹ Gelegenheit öffentlich, weil seine Besitzerin das möchte, steht dies für Angriff, Aggression und Grenzüberschreitung.

SIND BUSEN WIE SCHWERTER?

Die These vom Busen als Protestorgan beschwört Ereignisse der neueren Zeit herauf, zum Beispiel das sogenannte Busenattentat auf Theodor W. Adorno 1969. Oder, erst jüngst: eine Aktion, bei der sich im Sommer 2022 zwei *Femen*-Aktivistinnen am Tag der offenen Tür im Kanzleramtsgarten rechts und links neben den Bundeskanzler Olaf Scholz stellten. Sie zogen ihre Oberteile aus, entblößten ihre Brüste, auf die sie »Gas-Embargo now« geschrieben hatten, um einen Gasboykott gegen Russland zu fordern.[1]

Doch diese neueren Beispiele haben zahlreiche Vorläufer. Tatsächlich reichen die Geschichten von Menschen, die Brüste haben und sie als Waffe verwenden, sehr viel weiter zurück. Der Historiker, Archäologe und Nordist Heiko Hiltmann beschäftigte sich mit einer isländischen Sage aus dem 13. Jahrhundert, der *Geschichte Eriks des Roten*, über die Eroberung Grönlands und Neufundlands durch isländische Seefahrer*innen.[2] Die dort kolportierte Geschichte einer Frau, die mit Hilfe ihrer Brust aktiv in einen Kampf eingreift, ist weniger bekannt als die Amazonen, die als Figuren der geläufigeren griechischen Mythologie breiten Eingang ins (pop-)kulturelle Gedächtnis gefunden haben.[3] Dabei geht die brustkämpfende Wikingerin, anders als die Amazonen, siegreich aus dem Kampf hervor. Freydís Eiríksdóttir, die Heldin der Geschichte, nimmt an einer Schiffsexpedition nach Neufundland teil. Dort angekommen, werden die Entdecker*innen von den Einheimischen angegriffen. Die Männer aus der isländischen Gruppe flüchten. Nicht aber, wie die Sage erzählt, die mutige Eiríksdóttir. Sie weist zunächst ihre männlichen Begleiter zurecht: »Und wenn ich eine Waffe hätte, dünkte mir, sollte ich mich besser schlagen als jeder von euch«, ergreift dann ein Schwert und stellt sich gegen die Angreifer. Aber nicht nur das. Denn Eiríksdóttir »zog die Brust aus der Kleidung heraus und [schlug] mit dem blanken Schwert dagegen«. Das versetzte die Einheimischen in Furcht, die sich daraufhin zurückzogen. Der Kampf war gewonnen.

In der westlichen Kunst ist die weibliche Brust als Signal der Wut, des Angriffs mit eigener Ikonografie belegbar. In der Arenakapelle in Padua stellte Giotto neben der *Temperantia*, der Mäßigung, die mit hochgeschlossenem Kleid und Kopftuch dargestellt ist, den Zorn, lateinisch *Ira*, korrespondierend als weibliche Figur dar, die sich ihr Kleid mit beiden Händen aufreißt und die Brust entblößt (Abb. 1).

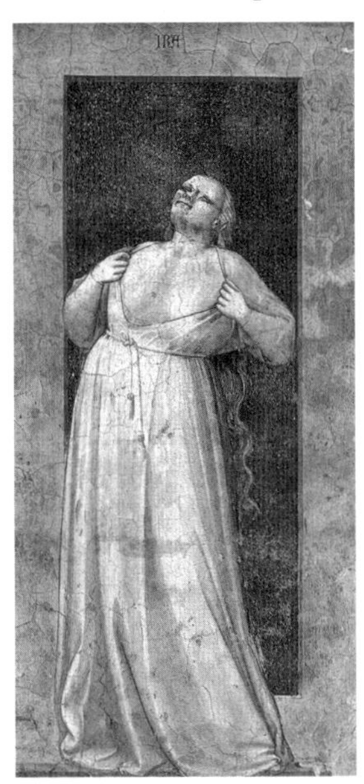

1 Die Wut ist eine Brust. Giotto: *Personifikation des Zorns*, Padua, Arenakapelle, 1305–07.

Zwar ist die offensive Präsentation der weiblichen Brust mit dem Ziel, das mächtige Gefühl des Zorns, einer der sieben Todsünden, zu verbildlichen, in der Kunst im Vergleich zu anderen Repräsentationen des Busens selten. Aber weibliche Personifikationen des Zorns, in denen der Busen eine hervorgehobene Rolle spielt, existieren durchaus. Zweihundert Jahre nach Giotto stattete Georg Pencz seine *Ira* mit einem Brustpanzer aus, der den Busen der Figur auffällig betont (Abb. 2).

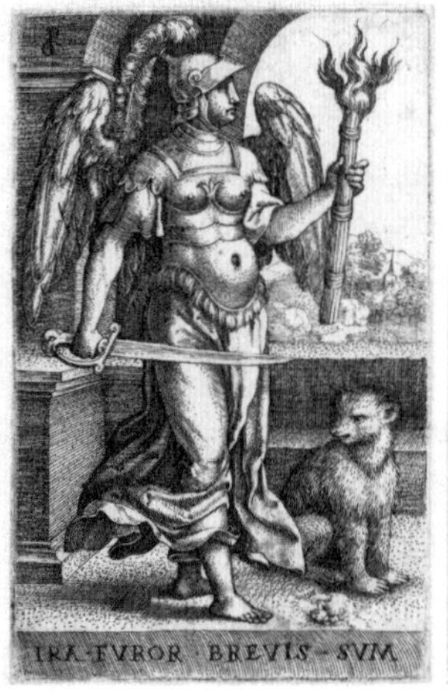

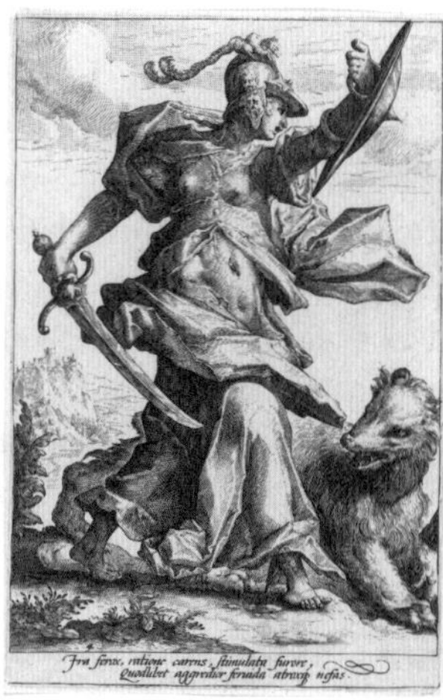

2 G. Pencz: *Ira Furor Brevis Sum*, 1539–43.

3 »Ira ferox«, der »wilde Zorn«. J. Matham: *Ira*, 1585–89.

Nicht nur unterstreicht und markiert der Panzer die Brustwarzen ausdrücklich, auch ein arabeskenartiges Ornament unter der Brust steigert ihre Sichtbarkeit. Mit Schwert (das kennen wir von Eiríksdóttir) und Reisigfackel, die für den leicht entzündlichen Zorn steht, geht es auch hier um den Angriff. Doch die Inschrift mahnt, dass der Zorn nur eine kurze Raserei sei, der man sich besser nicht hingebe. Ein weiterer Stich aus dem 16. Jahrhundert zeigt wiederum *Ira* mit entblößter Brust und in einem Gewand, das aussieht, als habe sie es sich im Zorn vom Leib gerissen. Ganz so wie Eiríksdóttir und die *Ira* Giottos. Auch hier wird gewarnt vor dem wilden Zorn (»ira ferox«), der alles angreift und mit sich reißt (Abb. 3).

Man sollte sich hier aber schon einmal merken, dass diese ›starken Frauen‹, die mit entblößter Brust in den Kampf ziehen – anders als Freydís Eiríksdóttir –, nicht als positive Identifikationsfiguren auftauchen und die Existenz weiblicher Stärke belegen, sondern im Gegenteil besonders abschreckende Bilder eines negativ bewerteten Affekts abgeben sollen. Sie sind Warnbilder.

Die Forschungsliteratur zum Thema Busen und Aggressivität ist nicht besonders umfangreich, und ähnlich wie bei den Deutungen der großbusigen steinzeitlichen Venusfigurinen (*Venus von Willendorf* etc., S. 71–81) ist unsicher, wie diese aggressive Rolle der Brust zu bewerten ist. Immer wieder wird betont, beispielsweise in Hinblick auf eine Deutung des Brüste-Zeigens von Eiríksdóttir, dass es dabei vor allem um »Schmähung, Beschwichtigung, Beschämung und Abschreckung« gegangen sei.[4] Alles Substantive, die eigentlich gar nicht zur aggressiven Situation passen, in denen Eiríksdóttir beschließt, ihren Busen zu präsentieren. Auch aus diesem Grund macht der anfangs erwähnte Artikel zur Sage über Eiríksdóttir unmissverständlich klar, dass die entblößte Brust hier tatsächlich als »zweite Waffe« neben dem Schwert eingesetzt wurde. Der »nackte Oberkörper soll dem Feind die ungehemmte Kampfwut und das Vertrauen in die eigene Unverwundbarkeit suggerieren«.[5] Die »offensiv-kriegerische Konnotation der nackten Brust«[6] lässt sich aber nicht nur durch die mittelalterliche Sage und entsprechende Ikonografien der Personifikation der *Ira* belegen, sondern findet sich überdies noch in vielen anderen Bildern und Taten von Menschen mit Brüsten, so auch in der biblischen Geschichte von Judith und Holofernes. Dort spielt der Busen der Hauptfigur Judith zwar eigentlich keine besondere Rolle, umso mehr allerdings in den Bildern und Skulpturen, die Künstler*innen wie Artemisia Gentileschi, Donatello, Peter Paul Rubens und viele andere zu diesem Thema schufen. In der Erzählung, die im alttestamentarischen Buch Judith festgehalten ist, rettet eine Witwe dieses Namens, die »eine schöne Gestalt und ein blühendes Aussehen« (Jdt 8,7) hatte und »sehr gottesfürchtig« (Jdt 8,8) war, die Bewohner der jüdischen Stadt Bethulia. Nötig war dies, da die Stadt vom grausamen Feldherrn Holofernes belagert wurde. Und so machte sich Judith mit ihrer Magd zu dessen Zelt auf. Der offenbar etwas einfältige Kriegsherr glaubte seiner Besucherin, als sie ihm vom kommenden Sieg erzählt. Mehrere Tage bleibt sie bei ihm. Schließlich jedoch denkt Holofernes: »Es wäre wahrhaftig eine Schande für uns, wenn wir eine solche Frau gehen ließen, ohne mit ihr zusammen gewesen zu sein. Sie selber würde uns auslachen, wenn wir sie nicht an uns rissen« (Jdt 12,12). Mit dieser Einschätzung allerdings täuschte er sich. Denn nach ausgiebigem Alkoholgenuss sinkt er wehrlos auf sein Nachtlager und wird mit seinem eigenen Schwert von *der* Frau enthauptet, von der er dachte, sie könne sich nichts mehr wünschen, als vergewaltigt zu werden. Den abgeschlagenen Kopf packen Judith und ihre Magd ein und überbringen ihn den dankbaren Stadtbewohner*innen. Die

Assyrer – nun ohne Anführer – fliehen. Bethulia ist befreit. Von Judith erfahren wir nicht viel mehr, als dass sie weiterhin äußerst tugendhaft ist, ihre Magd zum Dank aus dem Dienst entlässt und selbst das gesegnete Alter von 105 Jahren erreicht. Dass diese Geschichte, die mit den Themen Frau, Sex und Gewalt einige besonders voyeuristisch anziehende Motive miteinander verbindet, durch die Jahrhunderte immer wieder zur künstlerischen Bearbeitung angeregt hat, verwundert nicht.[7] Da es sich um eine Frau handelt, die erfolgreich mit dem Schwert, einer Kriegswaffe, einen Mann zu Tode bringt, liegt es zudem nahe, bei ihrer visuellen Ausgestaltung auf die Ikonografie der *Ira* zurückzugreifen (Abb. 4).

Schließlich lag mit ihr bereits ein gültiges Formular für die Verbildlichung von Aggressivität und Gewalt in Gestalt eines weiblichen Körpers vor. Oft wird in den Deutungen entsprechender Werke die Sichtbarkeit und Betonung der Brust als Hinweis auf die dem Mord vorangegangene Verführungssituation verstanden. Allerdings scheint es mindestens so plausibel, dass die entblößte Brust der Judith ihre Stärke, Wut und Aggressivität signalisiert. Ein Vergleich eines Kupferstichs von Maarten de Vos mit der *Ira*-Darstellung von Jacob Matham (Abb. 3 und 4) führt die Ähnlichkeit der beiden Frauenfiguren vor Augen. Wallende Gewänder, das Schwert in der rechten Hand, und dies alles in Kombination mit dem nackten

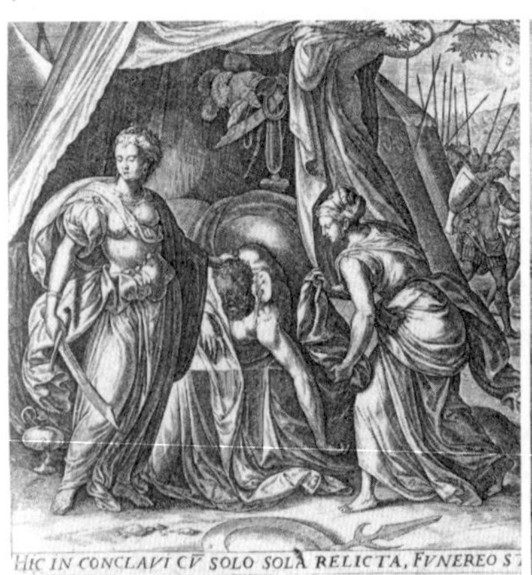

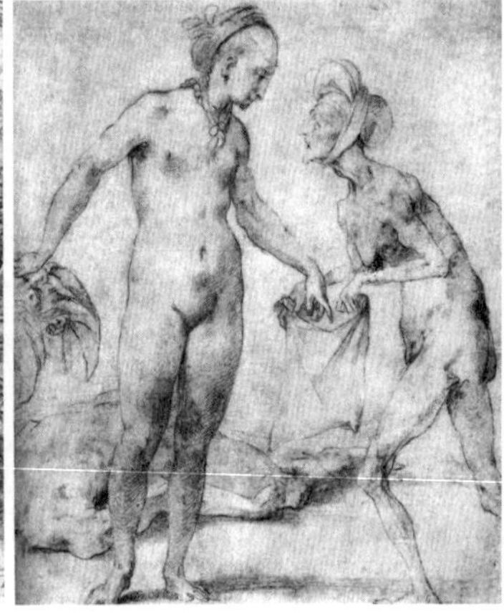

4 Detail aus M. de Vos: *Judith und Holofernes*, Kupferstich, um 1585.

5 R. Fiorentino: *Judith mit dem Haupt des Holofernes*, Kreidezeichnung, 1540.

Busen. Übrigens wurde das Thema gelegentlich auch dazu genutzt, einen visuell als reizvoll erachteten Kontrast zwischen dem jugendlichen Körper der Judith und ihrer als alte Frau gezeichneten Magd vorzuführen. Dabei wird das Alter der Magd im biblischen Text gar nicht erwähnt. Vom Florentiner Künstler Rosso Fiorentino ist eine Kreidezeichnung überliefert, die das Thema zum Anlass (oder Vorwand) nimmt, weibliche Jugend und Schönheit dem Alter und Verfall gegenüberzustellen und beide Körperzustände dadurch umso eindringlicher zu charakterisieren (Abb. 5). Holofernes taucht in dem Blatt nur noch im Hintergrund als kopfloser Körper auf, mit wenigen Strichen angedeutet.

Die Gegenüberstellung von Alt und Jung, von ›schönem‹ und ›hässlichem‹ Körper wurde in den vorangegangenen Kapiteln bereits als ein wichtiges Element des visuellen Brustdiskurses herausgestellt, etwa auf Lucas Cranachs d. Ä. Gemälde *Jungbrunnen* (Kapitel 2, Abb. 11). Jedoch ist es gerade nicht der ›alte‹ Busen, der aggressive Effekte entfalten darf. Der durch die Geste des Brüste-Weisens vorgetragene Angriff ist nahezu ausschließlich dem jungen Körper vorbehalten. Ganz in Übereinstimmung mit diesem visuellen Paradigma westlicher Kunst entspricht der Busen, der zum Zeichen des Angriffs gezeigt wird, daher weitgehend dem herrschenden Schönheits-(= Jugendlichkeits-)Ideal.

AMAZONEN ALS IDENTIFIKATIONSFIGUREN

Auch die Amazone ist in der Kunst meist eine ›schöne Frau‹: jung, mit zwei Brüsten, von denen eine oder beide unbekleidet dargestellt sind (Abb. 6).[8]

Das ist seltsam, denn diese Figur, in der bis heute Vorstellungen von Grenzüberschreitung, Wildheit und Frauenmacht aufbewahrt sind, wird in den griechischen Mythologien, denen sie entstammen, mit einem schaurigen Brauch in Verbindung gebracht. Und der passt so gar nicht zum Bild der ›schönen Wilden‹. Schon ihren kleinen Töchtern sollen die Amazonenmütter die rechte Brust verstümmelt haben, damit sie besser mit Pfeil und Bogen umzugehen lernten. Jungs wurden übrigens gar nicht erst aufgezogen, sondern den Vätern, die nicht Teil der Gemeinschaft waren, übergeben – oder gleich getötet. Die plausible, aber falsche Etymologie des Wortes Amazone (*a-mazos*, »ohne Brust«), von der erstmals Hippokrates berichtete, zogen auch andere antike und moderne Autoren als Beleg für die Verstümmelungspraxis heran. In Benjamin Hederichs *Gründlichem mythologischem Lexicon* (1770), das Gelehrten, Schriftstellern und Dichtern Anfang des 19. Jahrhunderts eine wichtige Quelle war, wird diese Verstümmelung der Brust in ihren verschiedenen Praktiken beschrieben:

> »AMAZONES: [...] Den Namen sollen diese kriegerischen Weiber von dem *α privativum* und *mazos*, die Brust, haben, weil sie allen Mägdchen gleich nach ihrer Geburt die rechte Brust abgebrannt, damit sie ihnen hernachmals im Fechten keine Hinderung geben könnte. [...] Sie bildeten in Asien und Africa besondere Königreiche, indem sie eigene Königinnen hatten, nach einigen, kein Mannsvolk unter sich litten, sondern sich, damit doch ihr Geschlecht nicht untergienge, zu gewissen Zeiten an die Gränzen ihrer Länder begaben, da denn das Mannsvolk aus den benachbarten Landschaften sich einfand, und sie nach ihrem Willen bedienete. Wenn sie darauf niederkamen, so behielten sie die Mägdchen bey sich, brannten ihnen auf obgedachte Art die rechte Brust weg, unterrichteten sie im Laufen, Jagen, Reiten, Schießen, und dergleichen Kriegsübungen, bis sie geschickt waren, die Waffen zu führen. [...] Die Knaben aber brachten sie um, oder gaben sie, nach andern, ihren Vätern zurück [...].«[9]

1971 wiesen Bakteriologen darauf hin, dass die Erzählung von den amputierten Brüsten äußerst unwahrscheinlich ist.[10] Wieso sollte eine Frau mit zwei Brüsten keinen Bogen abschießen können? Und weshalb sollte das Kämpfen mit einem verstümmelten Körper einfacher sein? In einer Zeit ohne Desinfektionsmittel hätte eine solche Prozedur zudem sicherlich den Tod einer großen Zahl der auf diese Weise Versehrten bedeutet.

Dass die Geschichte mit den abgeschnittenen Brüsten zweifelhaft erscheint, liegt vielleicht auch daran, dass die antiken Quellen, etwa Herodot, Diodor und Strabo, allesamt nur vom Hörensagen berichten.[11] Wirklich begegnet sind die antiken Geschichtsschreiber den männerlosen Frauen nicht, die gemeinsam in den Krieg gegen die Griechen zogen. Das war vermutlich auch gar nicht möglich, denn ob es Amazonen wirklich gab, ist mehr als fraglich. Doch das war kein Hinderungsgrund, diese bis heute faszinierenden Frauenfiguren und ihre Taten genau zu beschreiben. Und die grausige Rolle der Brust bei der Ausgestaltung des Amazonenmythos erfüllte einen Zweck: In ihr war ein eingängiges Bild gefunden für den unerhörten Bruch mit konventionellen Geschlechtervorstellungen, den das Leben der Amazonen darstellte. Das Töten der Feinde passte dazu: »Das Widernatürliche ihres Unterfangens drückt sich schon in der symbolischen Reduktion [ihres Körpers] aus«, wie es der Literaturwissenschaftler Heinz-Peter Preußer beschreibt.[12] Alles deutet also darauf hin, dass die Erzählung vom abgeschnittenen Busen das kriegerische Handeln der Amazone plausibel machen soll. Den antiken Quellen nach wird die Amazone erst dadurch zur »Männervertilgerin« (Hellanikos von Lesbos). Ihre Handlungen verbreiteten »männerbezwingende Furcht« (Pindar).[13] Und der Mythos von der abgeschnittenen Brust passt dazu, denn in Geschichtswissenschaft und Archäologie wird davon ausgegangen, dass die Bilder, Statuen und Berichte über die Amazonen im antiken Griechenland keine Indizien dafür sind, dass man damals die Herrschaft der Frauen über die Männer akzeptabel fand. Vielmehr signalisiert das Brüsteabschneiden, dass die Amazonen als Gegenbild zu dem fungierten, was in der patriarchalen Gesellschaft als ›gut‹ und ›normal‹ galt.[14] Ihre Wirkung konnten sie gerade deshalb entfalten, weil sie das *Andere* waren. Als eine solche anziehend-abstoßende »Schreckensvision« blieben sie bis ins 19. Jahrhundert einflussreich.[15] Hegel steigerte das Grauen, das in der Vorstellung weiblicher Herrschaft liegt, 1837 noch einmal in seinen *Vorlesungen über die Philosophie der Geschichte,* in denen eine Anekdote über den »Weiberstaat« die vermeintliche afrikanische Unfähigkeit zur Errichtung eines geregelten Staatswesens illustriert:[16]

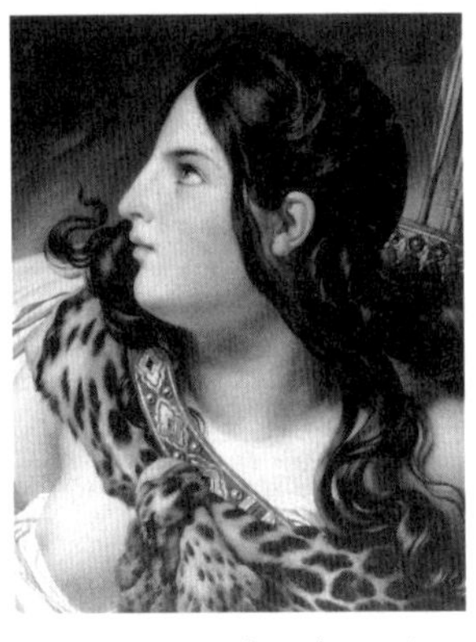

6 Die Amazone als »schöne« junge Frau mit intakter Brust. A.-L. Girodet-Trioson: *Amazone*, 1812.

> »In früherer Zeit hat sich ein Weiberstaat besonders durch seine Eroberungen berühmt gemacht: es war ein Staat, an dessen Spitze eine Frau stand. Sie hat ihren eigenen Sohn in einem Mörser zerstoßen, sich mit dem Blute bestrichen und veranstaltet, daß das Blut zerstampfter Kinder stets vorrätig sei. Die Männer hat sie verjagt oder umgebracht und befohlen, alle männlichen Kinder zu töten. Diese Furien zerstörten alles in der Nachbarschaft und waren, weil sie das Land nicht bauten, zu steten Plünderungen getrieben. Die Kriegsgefangenen wurden als Männer gebraucht, die schwangeren Frauen mußten sich außerhalb des Lagers begeben und, hatten sie einen Sohn geboren, diesen entfernen.«[17]

Übrigens werden die berittenen Kämpferinnen in den antiken Mythen irgendwann alle von den griechischen Heroen besiegt. Oder sie töten sich selbst, wie Kleists *Penthesilea* (1808), und sagen sich »vom Gesetz der Fraun« los. Über die Amazonen informiert hatte sich der Dichter übrigens in dem oben erwähnten *Mythologischen Lexicon* von Benjamin Hederich.[18] Kleists Drama markiert einen frühen Höhepunkt des Interesses an den Amazonen im 19. Jahrhundert, das sich auch in ethnografischen Forschungen manifestierte.[19] Britische Anthropologen wie Henry Sumner Maine, Autor von *Ancient Law* (1861), oder sein Gegenspieler John Ferguson McLennan, Autor von *Primitive Marriage* (1865), sind nur zwei Beispiele für das große Interesse an der Entstehung des Patriarchats und der Rolle der Amazonen als Beleg für matriarchale Gesellschaften.

In den feministischen Aneignungen und Umdeutungen des Mythos wurden die Amazonen zu positiven Identifikationsfiguren als ›starke Frauen‹. Daran zeigt sich, wie flexibel Mythen eingesetzt werden können, denn sie sind alles andere als abgeschlossene Erzählungen, deren ›wirkliche‹ Bedeutung sich endgültig entschlüsseln lässt. Die Idee einer unabhängig von patriarchaler Herrschaft organisierten weiblichen Gemeinschaft war über einen erstaunlich langen Zeitraum hinweg eine äußerst reizvolle feministische Alternative. Christine de Pizans *Le Livre de la Cité des Dames* (Buch der Stadt der Frauen, 1405) ist ein faszinierend frühes Beispiel und einflussreicher Beitrag zur »Querelle des femmes«, der jahrhundertelangen Debatten über Geschlechterdifferenz und Frauenrechte. In ihrem Buch verweist die Autorin auf die Amazonen, um zu zeigen, dass Frauen von Männern unabhängig sein und kämpfen können.[20]

Sicherlich war es auch dieser Aspekt, der die mythische Figur viele hundert Jahre später in der westdeutschen Frauenbewegung der 1960er und 70er Jahre erneut attraktiv machte. Die Kunsthistorikerin Cillie Rentmeister nennt diese Jahre »die amazonische, die radikale Zeit, die Zeit der Studentinnen, die Gründerinnenzeit der Frauenzentren und Projekte«.[21] Es war »Frauenkampf mit Doppelaxt«.[22] Diese trugen »vor allem lesbische Frauen demonstrativ um den Hals«.[23] Dazu kam ein Interesse an Forschungen zur Geschichte der Matriarchate und die in Vergessenheit geratenen Forschungen des frühen 20. Jahrhunderts. Mathilde Vaertings *Die weibliche Eigenart im Männerstaat und die männliche Eigenart im Frauenstaat* von 1921 erschien als Raubdruck eines Berliner Frauenkollektivs 1974 und wurde als »unentbehrlicher Beitrag [...] für das Selbstverständnis der Frauenbewegung« propagiert.[24] 1975 wurde das von der österreichischen Schriftstellerin Bertha Eckstein-Diener ursprünglich 1932 unter dem Pseudonym Sir Galahad veröffentlichte Buch *Mütter und Amazonen. Ein Umriß weiblicher Reiche* nachgedruckt. Man las auch das bereits 1861 erschienene Buch des Baseler Gelehrten Johann Jakob Bachofen *Das Mutterrecht. Eine Untersuchung über die Gynaikokratie der Alten Welt nach ihrer religiösen und rechtlichen Natur*. Und Frauenbuchläden benannten sich nach Amazonenköniginnen. In Tübingen etwa wählte der 1979 aus der autonomen Frauenbewegung hervorgegangene Laden den Namen *Thalestris*, eine Amazonenkönigin, von der die antiken Historiker Diodor und Curtius Rufus berichten. Er existiert bis heute.[25]

Vor allem eines wird bei diesen kurzen Schlaglichtern auf die Amazonenbegeisterung von der Antike bis in die zweite Frauenbewegung aber bereits deutlich: In der langen Geschichte von Amazonenbildern und Amazonengeschichten änderte sich stark, was man in ihnen sah, welche Hoffnungen, aber auch Ängste sich mit ihnen verbanden. Dies ging sogar so weit, dass die Schwärmerei für die Amazonen und das mit ihnen assoziierte Matriarchat in gänzlich konträren Denksystemen und antagonistischen Milieus gepflegt werden konnte. Denn nicht nur für frauenbewegte Feministinnen der 1970er Jahre waren Amazonen verlockend. Auch der deutsche Faschismus hatte die Idee des Matriarchats keineswegs zurückgewiesen, sondern im Gegenteil als passend zur eigenen Ideologie gesehen, weswegen sich

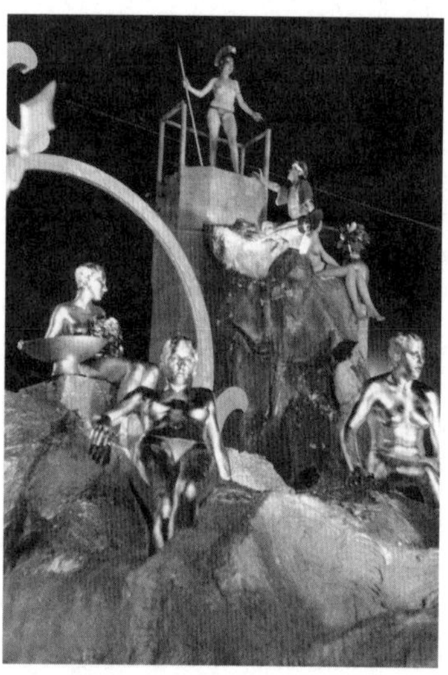

7 Die Nationalsozialisten waren von den Amazonen begeistert. *Nacht der Amazonen*, München, 1938.

Mitte der 1980er Jahre Jost Hermand und Brita Rang in der Zeitschrift *Argument* darüber stritten, ob »Matriarchatskonzepte faschistisch« sind.[26] Rang verneinte das mit dem Hinweis auf die »Ambivalenz, Widersprüchlichkeit, Heterogenität mutterrechtlicher Ansätze« und führte die vielfältigen Praktiken der Frauenbewegung als Beleg an.[27] Hermand argumentierte mit einer Fülle von Textstellen, die erkennen ließen, wie sich anti-emanzipatorische Ziele und Amazonenbegeisterung verbinden. Zum Beispiel in den Schriften des Philosophen und späteren Mitbegründers des *Völkisch-antisemitischen Kampfbundes für deutsche Kultur* Alfred Baeumler, der 1926 festhielt: »Des Volkes Art ist Weibes Art, anonym, ohne Person, unbewußt hervorbringend, still wirkend wie die Natur«.[28] Die »präfaschistische Mutterverkultung« suchte nach einem »deutschbewusste[n] Matriarchat«, aber wandte sich dabei, wie es in einer zeitgenössischen Quelle heißt, gegen »Mannweiber«, die man »zwangsweise begatten« und so zur Mutterschaft zwingen solle.[29]

Zwischen 1936 und 1939 fand jährlich in München die *Nacht der Amazonen* statt, ein pompöses Spektakel mit Tausenden Schauspieler*innen, darunter über hundert ›Amazonen‹: bis auf eine knappe Bikinihose nackte Darstellerinnen, die in der erläuternden Broschüre mit den Worten beschrieben wurden (Abb. 7):

> »Die ›Nacht der Amazonen‹ will […] in die heroische Größe einer von keinem Flittertand verschnörkelten Zeit zu den klassischen Göttersagen zurückgreifen. Waldgötter werden wach, Pan zieht in den Park und mit ihm kommen leicht geschürzt, wild und edel: die Amazonen, die ewig-kriegerischen Reiterinnen, göttinnengleich und doch so menschennahe.«[30]

Der Auftritt der kämpferischen, unabhängigen Frauen war somit kein Gegenmodell zum frauenfeindlichen und rassistischen Geschlechterverständnis des Nationalsozialismus, in dem Frauen als vor allem und insbesondere für die Produktion »erbgesunden« Nachwuchses und den Erhalt der »Rasse« verantwortlich angesehen wurden. Diese fatale »Rollenverteilung [wurde] durch das Sujet der Amazone ergänzt«, wie die Kulturwissenschaftlerin Doris Fuchsberger in ihrer Studie zu den sogenannten Münchner »Amazonennächten« schreibt.[31] Das heißt, Amazonen garantieren noch lange keine subversive, revolutionäre oder progressive Idee von Weiblichkeit. Im Gegenteil.

»ANARCHISTISCHE AMAZONEN«: DIE BUSEN DER ACHTUNDSECHZIGERINNEN

Während die Amazonen für die Neue Frauenbewegung in den 1970er Jahren positive Identifikationsfiguren waren und Beweis dafür, dass ein Leben jenseits patriarchaler Herrschaft denkbar war, wurde ›Amazone‹ zugleich zum Signalbegriff an ganz anderer Stelle. Für große Teile der damaligen Presse war er ein Schlüsselwort, wenn es zu erklären galt, warum mit dem Beginn der RAF im Jahr 1970 auch Frauen politische Gewalt ausüben konnten. Das schien bis dahin unvorstellbar. Nach der Festnahme der am sogenannten ›Puddingattentat‹ gegen den US-Vizepräsidenten Hubert H. Humphrey in Berlin Beteiligten wurden die Frauen der Gruppe gleich wieder freigelassen, weil sie als »Anhängsel« der Männer gesehen wurden und daher »nicht verantwortlich« sein konnten, wie sich eine der beteiligten Frauen später erinnert.[32] Es war daher ein naheliegender Reflex, beim Thema »mordende Frauen« auf die Amazonen zu verfallen. Sie fungierten als Bild für etwas Undenkbares und Unvorstellbares. Und dies galt auch und vielleicht noch mehr in Hinblick auf Emanzipation und Feminismus. Immer mehr verbreitete sich eine Lesart, die die Existenz von Terroristinnen als Beleg für eine aus dem Ruder gelaufene Emanzipation sah. Und was war die ultimative Steigerung von Frauenemanzipation? Die Frau, die tötet!

1976 waren die weiblichen Mitglieder der RAF für die *Stuttgarter Nachrichten* »Furien des Terrors«, *Christ und Welt* bezeichnete sie als »anarchistische Amazonen«.[33] *Die Welt* schrieb von »Emanzipation mit Bomben und Pistolen«, während im *Spiegel* über den Verdacht berichtet wurde, die Frauen der RAF seien »die dunkle Seite der Bewegung für volle Gleichberechtigung«.[34] Ebenfalls dort notierte man erstaunt und zitierte den damaligen Chef des Hamburger Verfassungsschutzes Hans Josef Horchem, dass »einzelne« Frauen »gar [...] Manns genug« seien, »›nicht nur gleichberechtigt, sondern prägend‹ zu handeln«. Dies sei »etwas Irrationales«, führte der Text unter Berufung auf den ehemaligen Chef des Verfassungsschutzes Günther Nollau aus, der die weibliche Gewalt als einen »Exzeß der Befreiung der Frau« geißelte. Der *Spiegel* selbst sah in den Aktionen ein »romantisches Amazonen-Verständnis von der Waffengleichheit der Geschlechter im Untergrund« am Werk.[35] So wurde die Matriarchatsbegeisterung der Neuen Frauenbewegung geradezu als Blaupause terroristischer Akte verstanden, wenn es der Psychologe Peter R. Hofstätter »für höchst wahrscheinlich, ja nahezu sicher« hielt, »daß die Frauen in der terroristischen Bewegung sich am Konzept des Matriarchats orientieren, das ihnen zumindest aus Bebels Buch ›Die Frau und der Sozialismus‹ bekannt ist.«[36]

Tatsächlich waren die Verbindungen zwischen den feministischen Politiken der Frauenbewegung und dem Selbstverständnis der RAF-Frauen wenig ausgeprägt.[37] Explizit feministische Strategien, wie sie in der Neuen Frauenbewegung formuliert wurden, spielten bei ihnen allenfalls eine untergeordnete Rolle. Umso auffälliger ist die exzessive Verknüpfung von Emanzipation und weiblichem Terror in den zeitgenössischen Medien, die sich auf Einschätzungen der Polizei und Behördenvertreter berufen konnten.

Frauen wie Ulrike Meinhof oder Gudrun Ensslin, die die Gründung der linksextremistischen terroristischen Vereinigung mitverantwortet hatten, wurden in der Presse zugleich sexualisiert und dämonisiert. Die Zeitschrift *Quick*, die zwischen 1949 und 1992 in der Bundesrepublik ihre Leser*innen mit schlüpfrigen Storys unterhielt und in den 1960er und 1970er Jahren mit dem Vorabdruck der Aufklärungsbücher Oswalt Kolles viel Aufmerksamkeit bekam, veröffentlichte 1978 ein Foto der barbusigen Gudrun Ensslin mit der Unterschrift »Die Braut des Terrors«.[38] Aus der Amazone war nun eine Braut geworden, eine Bezeichnung, die für die Achtundsechzigerinnen immer wieder aufgewärmt wurde. Als »Bräute der Revolte«[39] wurden sie nicht nur zwangsheterosexualisiert, sondern völlig auf ihre Beziehung zu männlichen Revoluzzern reduziert. Andreas Baader, Rudi Dutschke oder die männlichen Teilnehmer der Demonstration gegen den Besuch des Schahs, bei der am 2. Juni 1967 Benno Ohnesorg erschossen wurde, nannte niemand ›Bräutigame der Revolution‹. Sie *waren* die Revolution.

Das Revolutionäre an der Revolution wurde hingegen immer wieder mit Hilfe des nackten Busens illustriert. Auf einer Fotografie Werner Bokelbergs aus dem Jahr 1968 posierten Mitglieder der Kommune 1 gemeinsam auf dem Boden sitzend mit nacktem Oberkörper, ganz wie es dem neuen Lebensgefühl zwischen Matratzen, Sit-ins und Sitzblockaden entsprach. Das Auf-dem-Boden-Sitzen war ein »zentrales Element im Körpercode der revoltierenden« Achtundsechziger.[40] Und so ließen sich auch die Kommunard*innen, die ihren Lebensunterhalt unter anderem mit den Honoraren für solche Fotosessions bestritten, selbstverständlich auf dem Boden nieder. Ganz links sind Uschi Obermaier und Rainer Langhans zu sehen. Der nackte Busen scheint Gleichheit der Geschlechter zu signalisieren; alle Kommunard*innen tragen Jeans und kein Oberteil. Die partielle Nacktheit ist politisch zu verstehen, war doch die geforderte Befreiung von ›repressiver‹ Sexualität und Körperscham im Diskurs der 1960er Jahre als Schlüssel zur Überwindung des Faschismus gesehen worden. 1962 hatte die Frankfurter Unizeitung *Diskurs* in diesem Sinne argumentiert und ›unterdrückte‹ Sexualität als Quelle des Rassismus identifiziert: »Ohne Tabus kein Triebverzicht, ohne diesen keine aufgestauten Aggressionen, die sich zu gegebener Zeit gegen Minoritäten oder äußere Feinde – Juden, Kapitalisten, Kommunisten – dirigieren ließen.«[41]

Aber nicht nur der deutsche Faschismus konnte mit der unterdrückten Sexualität erklärt werden. In der in Hamburg herausgegebenen Zeitschrift *Sex-Pol* (Abkürzung von »Sexualpolitik«), die sich als »Organ der undogmatischen und antiautoritären neuen Linken zum Thema Sexualität und Herrschaft« verstand, wurde die Liste im Januar 1973 noch erweitert: »Eigenschaften wie krankhaftes Leistungsstreben, Aggressivität, Brutalität, übertriebene

Genauigkeit und Pünktlichkeit, übersteigertes Pflicht- und Ehrgefühl sind durch sexuelle Unterdrückung zu erklären.«[42] Allerdings wurde die sogenannte sexuelle Revolution auffallend einseitig bebildert. Die der 68er-Bewegung nahestehende Zeitschrift *konkret* titelte in den 1960er und 70er Jahren nahezu durchgängig mit nackten Frauen und Mädchen in Playboy-Posen zu Themen wie »Vorsicht: Minderjährig!« oder »Frühe Liebe mit 14« und zeigte eine sehr junge barbusige Frau (1970). Die befreiende Wirkung ›tabuloser‹ Sexualität hieß also nicht, dass auch Schluss gemacht worden wäre mit der »Genitalisierung der Sexualität, [der] heterosexuellen Zwangsmatrix« oder den »traditionell[en] aktiv-passiv-Attributierungen«, die allesamt »frauenfeindlich« waren, wie der Historiker Pascal Eitler in einer Analyse der Körperpolitik der 68er-Bewegung schonungslos festhält.[43] Ebenso frauenfeindlich war auch die Praxis im SDS, dem Sozialistischen Deutschen Studentenbund, in dem sich die westdeutsche Studentenbewegung sammelte. Die ehemalige Kommunardin Dagmar Przytulla erinnerte sich 2002: »Die Haltung bei Linken war generell die, dass Frauen zwar dabeisitzen konnten, aber keine Beiträge von ihnen erwartet wurden.«[44] In Westberlin wurde 1968 auch deswegen der *Aktionsrat zur Befreiung der Frauen* gegründet, aus dessen Reihen die berühmte Tomate auf der 23. Delegiertenkonferenz des SDS im September 1968 geworfen wurde: nach einer Rede von Helke Sander, Filmemacherin und Sprecherin des *Aktionsrats*, in der sie die männlichen Genossen harsch kritisierte und ihnen vorwarf, die »Frauenfrage« weder theoretisch noch praktisch angemessen zu behandeln. Geworfen hatte Sigrid Rüger und feuerte damit auch einen Startschuss für den Beginn der Neuen Frauenbewegung in Westdeutschland.

Im Foto der Kommune 1 signalisiert der Busen Obermaiers aber mehr die revolutionäre Bohème als die Befreiung der Frau. Sie, die als »68er-Ikone« (*Gala*) bis heute die Klatschpresse interessiert, ist zwar nicht die einzige (nackte) Frau im Bild. Aber ihr Körper ist in seiner partiellen Nacktheit derjenige, der maßgeblich das Revolutionäre, die Unkonventionalität und die verwirklichte sexuelle ›Befreiung‹ in der Kommune 1 belegt. Nur Männer mit nacktem Oberkörper hätten nicht funktioniert. Der weibliche Busen signalisiert Protest, indem er stellvertretender Teil einer ganzen »Protestinszenierung« wird.[45]

Aber: Weil die Brüste der anderen beiden Frauen auf dem Foto nicht zu sehen sind, fällt die Aufnahme auch in die Kategorie eines ›Gruppenbilds mit Dame‹, wie sie in der revolutionären Ästhetik schon zu Anfang des 20. Jahrhunderts gepflegt wurde. Der Umsturz gelingt über den weiblichen Körper, wird über ihn visualisiert. In einer 1924 entstandenen Fotografie Man Rays, die auf dem Titel der ersten Ausgabe der Zeitschrift *La Révolution Surréaliste* zu sehen war, umringt eine Gruppe surrealistischer Künstler, unter anderem André Breton und Robert Desnos, die an einer Schreibmaschine sitzende Simone Breton, die auf eine kleine Kiste hinunterblickt, die Desnos geöffnet in Händen hält. Das von den Surrealisten theoretisierte Konzept der *écriture automatique* sollte den Zugang zum Unterbewussten ermöglichen und so den Blick in die Büchse der Pandora. Hier symbolisiert die an einer Schreibmaschine sitzende Frau dieses Verfahren des automatischen Schreibens. Sie ist jedoch nur die Mittlerin dieses Vorgangs, durch den die männlichen Künstler die Kunst und das Leben revolutionieren: Ihnen dient das »mythologisierte Bild der Frau als Medium und Instrument [ihrer] avantgardistischen künstlerischen Methoden und Ziele«.[46]

Nur wenige Jahre später erscheint wiederum in *La Révolution Surréaliste* eine Fotomontage um René Magrittes Bild *Die verborgene Frau*, die diese Konstellation auf die Spitze treibt (Abb. 8). Wie ein Rahmen umfassen sechzehn Passbilder männlicher Surrealisten das Bild einer stehenden Nackten, das oberhalb und unterhalb mit dem Schriftzug »je ne vois pas la [femme] cachée dans la fôret« (ich sehe die im Wald versteckte [Frau] nicht) versehen ist. Folgerichtig halten auf den Fotos alle ihre Augen geschlossen. Durch ›blindes Sehen‹ empfangen die männlichen Kunst-Revolutionäre Inspiration. Im Verbund mit dem entblößten weiblichen Körper

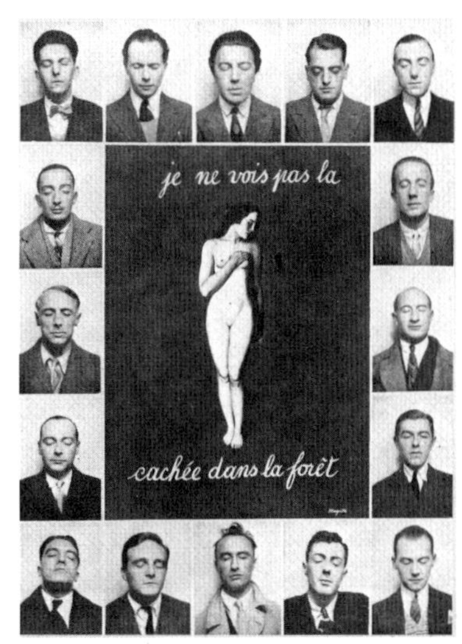

8 Fotomontage um René Magrittes *Die verborgene Frau*, 1929.

wird so verwiesen auf jenes gefährliche, die bürgerliche Ordnung Umstürzende, das die Surrealisten mit ihrer Kunst anstrebten.

Das Residuum dieser Jahrhundertwende-Ästhetik des Revolutionären findet sich noch in der Fotoinszenierung der Kommune 1, auch wenn die Bildsprache modernisiert wurde. Zum Beispiel: Obermaier ist Teil der Kommune, nicht nur namenlose Nackte. Die männlichen Kommunarden haben ebenfalls Teile ihrer Kleidung abgelegt. Und sowohl die anwesenden Frauen wie die Männer blicken gemeinsam aus dem Bild heraus zur Betrachter*in. Aber trotz allem bleibt ein Ungleichgewicht. Ihr Ablegen von Pulli, Bluse oder Hemd, ihre nackte Brust, sexualisiert Obermaier. Und genau dies führt dazu, dass sie – die aufgrund von Anordnung und Perspektive im Foto eine Einzelerscheinung bleibt – mit ihrem Körper *für* die Ideale und Ziele der Männer im Bild einsteht und diese auf eine Weise ver-körpert wie das umgekehrt nicht der Fall ist.

Wie aber sieht es mit den Protesten aus, die Frauen alleine organisierten? Denn die Wirkmächtigkeit nackter Brüste, die selbstbestimmt von ihren Besitzerinnen im öffentlichen Raum sichtbar gemacht werden, wurde durchaus erkannt und entsprechend genutzt. Den eigenen Körper als Protestmittel einzusetzen, das hatte die Studentenbewegung auch von den Aktionskünstler*innen gelernt, die seit den späten 1950er Jahren in Happening, Art Nouveau und Performance ihre Auftritte außerhalb von Museum und Galerie auf der Straße zur Kunst erklärten.[47] Valie Exports *Tapp- und Tastkino* (1968) ist dafür ein Beispiel (siehe Kapitel 2, S. 101–104). Ob die drei Frauen, die 1969 Theodor W. Adorno in einem Hörsaal der Frankfurter Universität mit nackter Brust umringten, Exports Aktion kannten, weiß man nicht, aber ihre Aktion war mindestens ebenso aufsehenerregend. In die Geschichte ging sie unter der Bezeichnung ›Busenattentat‹ ein. Als eine Gewalttat also. Dazu trägt auch bei, dass der tödliche Herzinfarkt des berühmten Philosophen nur wenige Monate später während eines Urlaubs in den Bergen immer wieder als verspätete Folge der Aktion interpretiert wurde. Was war geschehen? Am 22. April 1969 hatte Adorno den Hörsaal VI betreten, um eine Vorlesung zum Thema »Einführung in das dialektische Denken« zu halten. Die Stimmung war aufgeheizt, nicht zuletzt weil Adorno einige Zeit zuvor das von Studierenden besetzte Institut für Sozialforschung von der Polizei hatte räumen lassen. In dem Saal, in dem er nun sprechen wollte, waren Flugblätter mit der Aufschrift »Adorno als Institution ist tot« verteilt worden. Kurz vor Vorlesungsbeginn stürmten drei Frauen auf Adorno zu, entblößten ihre Brüste, umringten ihn und bewarfen ihn mit Blumen.

Die Journalistin Tanja Stelzer hat 2003 versucht, mit den Akteurinnen über das Ereignis zu sprechen, stieß aber auf Schweigen und Ablehnung.[48] Keine der damaligen Beteiligten wollte mehr darüber reden. Und der Fotograf, der das von der Presse genutzte Foto der Aktion gemacht hatte, wehrte sich inzwischen mit juristischen Mitteln gegen die Veröffentlichung seines Bildes. Dass es von dem Ereignis nur ein einziges, zudem sehr verschwommenes Bild gibt, unterstreicht einen fundamentalen Unterschied zur heutigen Handy-Zeit und den nackten Brüsten der *Femen*-Aktivistinnen, von denen es Bilder zuhauf gibt. Nach langer Suche gelang es Stelzer dann doch noch, mit einer der Beteiligten zu sprechen, der Kunsthistorikerin Hannah Weitemeier. Dreißig Jahre nach dem Angriff auf Adorno überwog bei ihr die Scham; Weitemeier, die 2013 starb, bekundete sogar, dass sie Adorno, den von Nationalsozialisten Vertriebenen und Überlebenden des Holocaust, am liebsten bitten würde, »dass er mir vergibt«. Ernüchtert äußern sich andere Frauen, die den Auftritt mit dem nackten Busen als eine Protestform der sogenannten Achtundsechzigerinnen etablierten. Bei einer

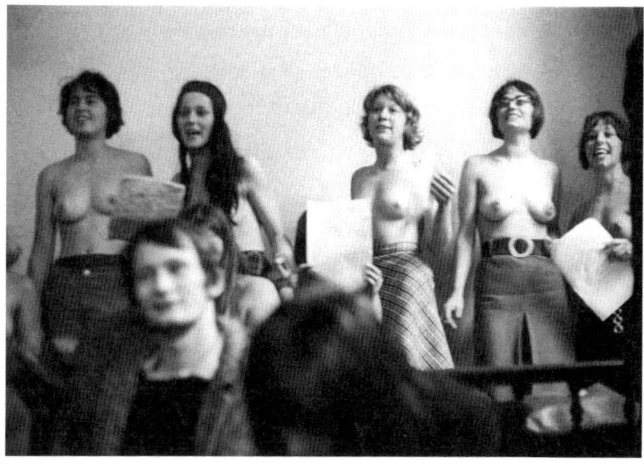

9 »Es passierte nichts!«: Am 12.12.1968 traten Unterstützerinnen beim Prozess gegen die SDS-Aktivistin Ursula Seppel oben ohne auf.

solchen Aktion, einer Gerichtsverhandlung gegen die SDS-Aktivistin Ursula Seppel, entkleideten sie und acht weitere Aktivistinnen ihre Brust und stimmten ein selbst erdachtes Protestlied an: »Meine Herren, heute sehen Sie uns nackt hier stehen, / Und wir zeigen unsere Brüste für jeden.« (Abb. 9).

Doch der Auftritt ist den Beteiligten als wenig machtvoll in Erinnerung. Sie müssen feststellen:

> »Es passierte nichts! Wir dachten, der Richter muss empört sein und die Polizei rufen. Aber er reagierte nicht! Dieser Mann war sehr souverän, ganz anders als erwartet. Wir waren hilflos, mehr hatten wir ja nicht vorbereitet. Also haben wir das Lied noch einmal gesungen.«[49]

Beide Erinnerungen an Busen-Aktionen der späten sechziger Jahre, in denen es um Befreiung von Repressionen aller Art ging, muten seltsam kleinlaut an. Oder, positiv gewendet: reflektiert, nicht heroisiert. Und so ist es auch kein Wunder, dass *Femen* bei der Suche nach historischen Vorbildern des Kampfes mit dem Busen die zeitlich und inhaltlich viel näherliegenden Achtundsechziger-Aktivistinnen ignorieren und sich stattdessen auf die mythischen Amazonen beziehen, die als Projektionsfläche für Nationalsozialisten ebenso taugten wie für den als feministisch verstandenen Protest der Gegenwart.

Die heutige Einschätzung der Beteiligten steht überdies in krassem Gegensatz zur öffentlichen Meinung der damaligen Zeit. Schon die Bezeichnung »Attentat« für die Aktion im Hörsaal anlässlich der Auseinandersetzung der Studierenden mit Adorno zeugt von der aufgeheizten Stimmung damals, die in nackten Brüsten Werkzeuge für ein Attentat sah.

BRENNENDE BHS: FEMINISMUS ALS BUSEN-BEFREIUNG?

Ähnlich hoch kochte die Stimmung auch in den USA. Feministinnen, die sich als Teil von *Women's Lib* für die Rechte von Frauen einsetzten, wurden als *Bra-Burners*, als BH-Verbrennerinnen, wahlweise gefeiert oder geächtet. Die Erzählung von den brennenden BHs hat sich im kollektiven Gedächtnis festgesetzt. In unzähligen Berichten über den Feminismus und die zweite Frauenbewegung heißt es, es sei »die Parole ›Verbrennt eure Büstenhalter‹ ausgegeben« worden, und so wurden aus Feministinnen Frauen, die dadurch gekennzeichnet waren, dass sie *das* zentrale weibliche Kleidungsstück nicht nur nicht trugen, sondern es den Flammen übergaben.[50] Auch der *Spiegel* schrieb vor nicht allzu langer Zeit im Vorspann zu einem Text über die »BH-Revolution – Er lebe hoch!«, der BH sei als »Symbol der Unterdrückung verbrannt« worden.[51] Dass das so nicht stimmt, räumt der dann folgende Artikel kurioserweise selbst ein. Aber die Legende ist so schön, dass sie immer wieder erzählt werden muss, obwohl kein einziger BH verbrannt wurde. Aber warum zieht die Geschichte so? Es lohnt sich, einen genaueren Blick auf die historisch verbürgten Ereignisse zu werfen, die den Anfangspunkt der Geschichte bilden und in denen auch BHs vorkommen. Nur eben anders, als die *Bra-Burner*-Story es behauptet.

Es beginnt alles mit einer Gruppe Frauen, die sich in New York Ende der 1960er Jahre zusammenfinden und als »New York Radical Women« feministische Politik machen.[52] Einige ihrer Mitglieder schreiben später grundlegende Texte der Frauenbewegung: Kate Millett *Sexual Politics* (1970), Anne Koedt *The Myth of the Vaginal Orgasm* (1970) und Susan Brownmiller *Against Our Will: Men, Women, and Rape* (1975). Sie beschließen, am 7. September 1968 gegen den in den USA seit 1921 organisierten Schönheitswettbewerb »Miss America« zu protestieren und fahren nach Atlantic City. Kate Millett verfasst das Statement »No More Miss America!« gegen das »Degrading Mindless-Boob-Girlie-Symbol« Miss America.[53] Der Protest ist erfolgreich. Nicht nur gelangen einige Teilnehmerinnen in den Veranstaltungssaal und entrollen ein Transparent mit der Aufschrift »Women's Liberation«. Die Aktion wird zudem in der Presse intensiv kommentiert und diskutiert. Dies liegt auch am großen Stellenwert der Veranstaltung, die im Fernsehen übertragen wird und damals bis zu 27 Millionen Zuschauer*innen hat. Vor Ort sehen sich nahezu 25 000 Menschen die Wahl zur Miss America an. Es ist vor allem ein Artikel in der *New York Post*, der große Wirkung erzielt. Geschrieben wurde er von der damals erst 23-jährigen Reporterin Lindsy van Gelder, die viele Jahre später einen Bericht über ihre damalige Arbeit verfasste.[54]

»Aber *Bra-Burner* hatte, abgesehen von der verlockenden Alliteration des Begriffs, eine Konnotation, die 1968 moralisches Gewicht hatte. Am Höhepunkt des [Vietnam-]Kriegs hatten Tausende junger Männer ihre Einberufungsbescheide bei öffentlichen Demonstrationen angezündet. Es war eine Aktion, die mit Würde, Mut und unbestechlicher Politik assoziiert war. Davon zu sprechen, dass BHs brannten, bedeutete, in einer Sprache zu sprechen, die die Jungs aus der Redaktion verstehen (d. h., Titten), und in einem Code zu sprechen, den die Radikalen unserer Generation verstehen. Und so lautete der Anfang meiner Geschichte in der *Post*: ›Einen Einberufungsbefehl anzuzünden ist im Laufe der letzten Jahre zu einer Routineübung von Protestgruppen geworden, aber an diesem Samstag soll etwas Neues in Flammen aufgehen. Würden Sie glauben, dass es eine BH-Verbrennung ist?‹«[55]

Das Bild von Frauen, die ihre BHs verbrennen, entwickelte von da an ein Eigenleben. Es wurde zu einem flexibel einsetzbaren Zeichen für feministischen Aktivismus. 1991 zündete eine junge Marge Simpson in der Comic-Serie *Die Simpsons* einen BH an, um die feministisch-rebellische Phase der mittlerweile etwas matronenhaft gewordenen Heldin der Geschichte zu illustrieren (Abb. 11).

Die Demonstrantinnen warfen aber nicht nur BHs, sondern noch viele andere Sachen in die »Freedom Trash Can« (Abb. 10). Daher bleibt es erklärungsbedürftig, warum sich gerade die Idee der *BH*-verbrennenden Feministinnen so festgesetzt hat und nicht der Brand der künstlichen Wimpern, Lockenwickler oder *Playboy*-Magazine, die ebenfalls in die Tonne flogen. Um eine Antwort zu finden, muss man zwei Dinge zusammendenken: zum einen die Rolle der Bekleidung der Brust als Politikum im Kampf um Emanzipation und weibliche Freiheit; zum anderen die noch weit hinter diese Debatten um Korsett und BH zurückreichende Geschichte der weiblichen Brust als Waffe. Beides verbindet sich im Bild der angeblichen *Bra-Burners* zu einem Amalgam, in dem sowohl die potentiell gesellschaftsrevolutionierende Macht des feministischen Protests sichtbar wurde als auch die Erkenntnis, dass die Entkleidung des Busens mit Emanzipation zu tun hat.

Aber die Erzählung über einen der Startpunkte des westlichen Feminismus beruht nicht nur auf einer Begebenheit, die so nie stattgefunden hat. Sie ist auch verzerrend, was den Anteil Schwarzer

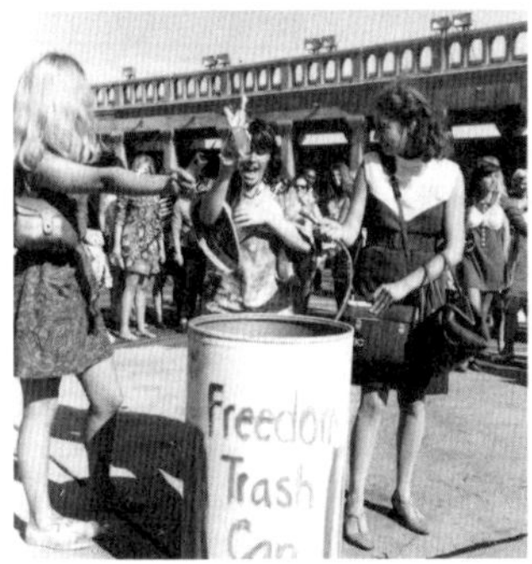

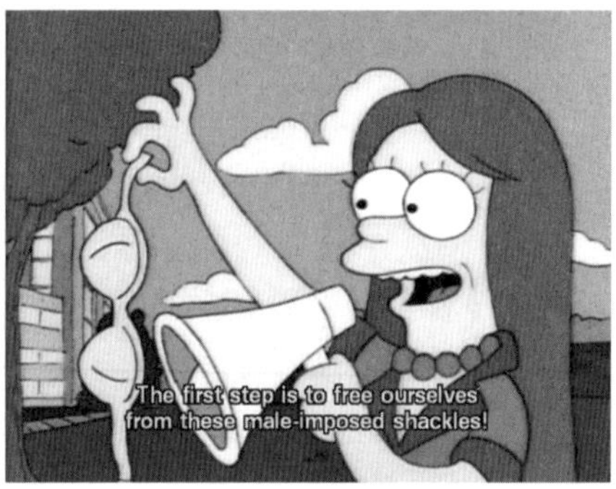

10 und 11 In der »Freedom Trash Can« entsorgten gegen die Miss-Wahlen in Atlantic City protestierende Frauen 1968 Dinge, die sie als frauenfeindlich ansahen – aber verbrannten sie nicht. Das machte zwanzig Jahre später nur die ältere Marge Simpson, um ihre feministische Vergangenheit zu demonstrieren.

Frauen betrifft. Bereits der Aufruf gegen die Miss-Wahlen in Atlantic City benannte das Thema Rassismus. Nicht nur, dass der Wettbewerb in den Jahrzehnten seines Bestehens keine einzige Schwarze Finalistin hatte, es gab auch nie – wie das Protestpapier aufzählt – hispanische Gewinnerinnen oder solche aus Hawaii oder Alaska oder eine Vertreterin der indigenen Völker Nordamerikas. Kurzum, ein »Racism with Roses«.[56] Tatsächlich waren bereits die Statuten der Miss-Wahlen rassistisch. In den 1940er Jahren verlangten sie, dass Bewerberinnen »of the white race« sein mussten.[57] Alle Bewerberinnen wurden intensiv auf ›angemessenes‹ Verhalten hin geprüft – also kein Sex, Drugs und eigentlich auch kein Rock 'n' Roll. Verheiratete Frauen konnten ohnehin nicht teilnehmen. Bis 1970 waren Schwarze Frauen de facto vom Wettbewerb ausgeschlossen, auch wenn der entsprechende Passus in den Statuten in den 1950er Jahren gestrichen wurde. Die Amerikanerin, die hier als Ideal propagiert wurde, war »weiß, wohlhabend, asexuell und unpolitisch«.[58]

Während die Frauen der »New York Radical Women«, zu denen auch Schwarze Feministinnen wie die Anwältin Florynce Kennedy und Bonnie Allen gehörten, Schönheitswettbewerbe grundsätzlich ablehnten, taten dies zwei Männer nicht: J. Morris Anderson, ein Schwarzer Geschäftsmann, und Phillip H. Savage, lokaler Vertreter des NAACP (National Association for the Advancement of Colored People), der 1909 gegründeten und bis heute bestehenden Bürgerrechtsorganisation. Sie organisierten einen weiteren Wettbewerb, bei dem eine »Miss Black America« gewählt wurde. Der Wettbewerb, der ebenfalls einen Protest gegen die Miss-America-Wahlen darstellte, fand zeitgleich statt. Und eine Reihe Schwarzer Frauen nahm daran teil und sah diese Teilnahme im Kontext der Schwarzen Bürgerrechtsbewegung – gegen die rein weiße Miss-America-Veranstaltung. In einem Korso zogen die Finalistinnen, die Gewinnerin war Saundra Williams, in Abendkleidern durch die Stadt und führten damit buchstäblich ein Gegenbild zur diskreditierten Miss-Wahl auf. Das amerikanische Fernsehen konnte sich erst 1977 dazu durchringen, den Wettbewerb zu übertragen.

Ebenso wie die Wahlen zur Miss America ihre rassistische Abwehr nichtweißer Teilnehmerinnen nicht thematisierte und einfach behauptet wurde, die jährliche Wahl einer weißen Frau verkörpere ›Amerika‹, lässt sich in der Erzählung der *Bra-Burners* die Tendenz feststellen, den Anteil zu verschweigen, den Schwarze Frauen an Idee und Durchführung dieses Protests hatten. Die Künstlerin und Historikerin Georgia Paige Welch untersuchte in einem Artikel das über Gebühr durch weiße Frauen bestimmte Bildgedächtnis rund um die *Bra-Burners*.[59] Eine der zentralen Figuren des Protests, die oben erwähnte Schwarze Rechtsanwältin Florynce Kennedy, wurde praktisch nie in Zusammenhang mit den Aktionen in Atlantic City genannt, obwohl sie später in einem Interview darlegte, dass sie eine der treibenden Kräfte der Aktion gewesen sei.[60]

›SCHÖNE FRAUEN‹: GRENZEN DES PROTESTS

Im Zorn, der in der weiblichen Figur personifiziert wird, die sich die Kleider aufreißt und die nackte Brust präsentiert, liegt Macht und Kraft. Den Busen, einen zarten und empfindlichen Körperteil, in aggressiver Absicht feindlichen Kriegern entgegenzustrecken, wie dies Eiríksdóttir der Sage nach tat, macht aus Schwäche Stärke. Auch die Aktionen, mit denen die in der Ukraine 2008 gegründete und inzwischen international aktive Gruppe *Femen* auf sich aufmerksam macht, setzen auf diese dem Busen zugeschriebenen

Effekte.[61] *Femen* kämpft für eine Vielzahl erstrebenswerter Ziele. Darunter die Abschaffung des § 218, die Aufklärung über und Verhinderung von Femiziden oder auch die Überarbeitung einer von der Bundeszentrale für gesundheitliche Aufklärung vertriebenen Broschüre namens »Das kleine Körper-ABC«, in der steht, dass die Klitoris eine »Stelle« sei und die Scheide eine »Röhre«. Die Gruppe, die sich als feministisch definiert, will aber noch mehr. Es geht um Wahrnehmung und um eine ganz bestimmte Art, weibliche Körper in der Öffentlichkeit sichtbar werden zu lassen: als weiblich, mutig und kämpferisch. Und eine Inszenierung, die darin besteht, dass, wie *Femen* selbst auf ihrer Website sagen, mutige »Aktivistinnen [...] ihre nackten Oberkörper mit Slogans bemalen«, »auf ihren Köpfen bunte Blumenkränze tragen«[62] und davon Bilder zirkulieren lassen.

2013 stürmte die damalige *Femen*-Aktivistin Josephine Witt den Weihnachtsgottesdienst im Kölner Dom, sprang barbusig auf den Altar, öffnete die Arme in Kreuzeshaltung und gab die auf ihrem Oberkörper geschriebenen Worte »I am God« zu lesen. Das Foto, das in der Berichterstattung über Witt im Kölner Dom immer wieder genutzt wurde, zeigt die Aktivistin am Kulminationspunkt der Aktion. Wir blicken zu ihr auf wie zu einem Altarbild. Die Haltung Witts verdoppelt die von Christus am Kreuz. Die entblößte Brust, die hier nicht in den etablierten christlichen Repräsentationsformen ›mütterliche Brust Mariens‹ oder als Verweis auf das ›Laster‹ auftaucht, funktioniert in dieser Bildinszenierung als Protest gegen ein männliches Gottesbild, gegen Homophobie und Frauenfeindlichkeit der Kirche, eben weil sie alle bekannten Repräsentationsformen durchkreuzt. Später wurde Witt vor Gericht zu einer Geldstrafe wegen Störung der Religionsausübung verurteilt.

Eine weitere, wie immer spektakuläre Aktion fand 2014 auf dem Vorplatz des Mailänder Doms statt. Dort protestierten *Femen*-Aktivistinnen gegen die russische Annexion der Krim. Auch Bilder dieses Auftritts finden sich noch immer auf den deutschsprachigen Facebook-Seiten von *Femen*. Diese Fotos haben allerdings nicht nur dokumentarischen Charakter, die Bildproduktion ist vielmehr entscheidender Bestandteil des Protests (Abb. 12).

Die Fotos folgen dabei der Choreografie der Aktionen: Auftauchen, Aufschreien, Abführen. Von allen drei Stationen lassen sich wirkungsvolle Bilder herstellen, die ausnahmslos eine Absicht eint:

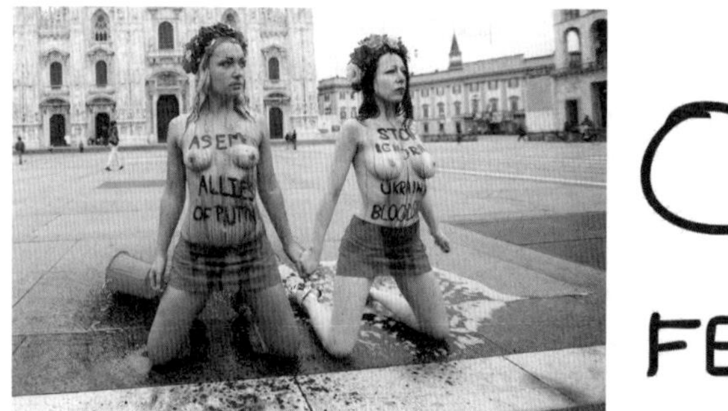

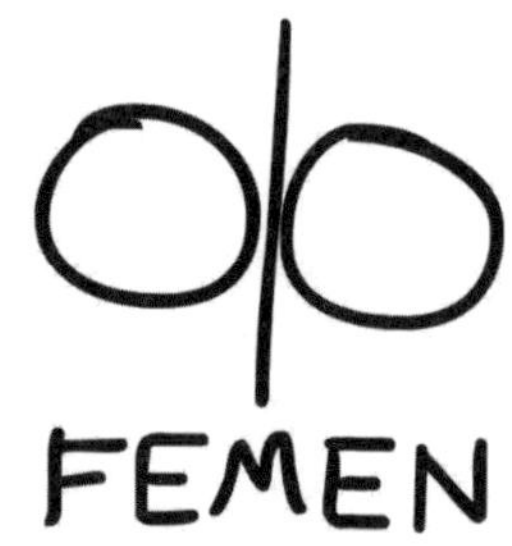

12 Pin-up-Pose gegen Putin: *Femen*-Aktivistinnen auf dem Vorplatz des Mailänder Doms, Oktober 2014, in Reaktion auf die Krim-Annexion durch Russland.

13 Zwei Brüste: *Femen*-Logo.

Die Brüste der Protestierenden müssen gut zu sehen sein. Denn sie bilden das visuelle und ideologische Zentrum, was sich auch im Logo von *Femen* widerspiegelt, dem kleinen kyrillischen F (ф), das an zwei Brüste erinnert (Abb. 13).

Neben der Brust ist der häufig im Haar getragene Blumenkranz, der ukrainische *vinok*, wichtig, der als ein »Symbol der Weiblichkeit« und eine »Krone des Heldinnentums« bezeichnet wird.[63] Derart mit Pathos beladen ist auch die Selbstbeschreibung der Aktivistinnen »als Spezialeinheit der feministischen Bewegung«, als eine »kriegerische Speerspitze« und als »die moderne Inkarnation der furchtlosen und freien Amazone«.[64] Die unter dem *Femen*-Logo vereinten Aktivistinnen argumentieren für die Waffenfähigkeit der Brust als naturgegebene Stärke der Frauen:

> »Wir nutzen keine Gewalt, denn unsere nackten Körper sprechen für uns: sie sind unser Manifest und unser Kampfplatz. Unsere Brüste sind unsere Waffen, weil die etablierte Macht sie als solche sieht. Die Natur gibt uns diese Waffen, weil die sozialen, politischen und ökonomischen Regeln, alle durch eine konventionelle Moral regiert, unseren Versuch der Befreiung kriminalisiert.«[65]

Inna Schewtschenko, eine der Gründerinnen der Gruppe, spricht dabei ganz offen aus, dass »der klassische Feminismus nicht mehr funktioniere«. Er sei »impotent« geworden.[66] Der angeblich »neue«

Feminismus wird auch von Viktor Swyatski vertreten, der in den Anfängen als ›Kopf‹ der Gruppe auftrat und die Rückwärtsgewandtheit dieses ›Neuen‹ erkennbar macht, wenn er ausführt:

> »Der neue Feminismus sagt: Es ist gut, dass Frauen anders sind als Männer. Die Frau ist schön; ihre Brüste sind ein Symbol der Weiblichkeit. Das ist der Grund, warum die Frauen von *Femen* oben ohne auf die Straße gehen. Nur durch Unterschiede können wir wirkliche Gleichberechtigung erreichen.«[67]

Swyatski sprach außerdem von den ›grauen Pullovern‹ und dem ›Achselhaar‹ des nun seiner Meinung nach überholten Feminismus aus Vor-*Femen*-Zeiten. Abgesehen davon, dass die politische Dimension der Debatten der zweiten Frauenbewegung über Kleidung, Mode, Make-up, Haarstile etc. hier nur noch als antifeministisches Abziehbild vorkommt, mutet allein schon der implizierte Alleinvertretungsanspruch merkwürdig an. Feminismus ist nur im Plural zu haben. Und: Andere feministische Positionen plädieren dafür, die Kategorie ›Frau‹ infrage zu stellen, die bei Swyatski als gegeben vorausgesetzt wird. Die Geschlechterforscherin Paula-Irene Villa schreibt:

> »Frau ist eine soziale Konstruktion. Die ›Frau‹ ist die eine Seite einer Geschlechterdifferenz, die aus Biologischem wie Kulturellem besteht. Besser, weil genauer entlang der Forschung gesprochen: ›Frau‹ ist eingelassen in eine biosoziale Differenzierung [...], die selbst kulturell gedeutet und historisch konstituiert ist. Eine Differenzierung, die beständig praktisch getan wird, dabei institutionell gerahmt und auch Gegenstand andauernder politischer, juristischer und kultureller Auseinandersetzungen ist. Hört sich kompliziert an? Ist es auch.«[68]

Auch wenn sich die Gruppe mittlerweile von Swyatski getrennt haben will, suggeriert die Rede davon, dass ›Frauen‹ ihre Brust zum politischen Protest einsetzen, eine Vielfalt, die es in den Protesten gar nicht gibt. Zwar wiederholen die Verlautbarungen, mit denen *Femen* an die Öffentlichkeit tritt, inzwischen nicht mehr das uneingeschränkt sexistische Diktum »the woman is beautiful«, aber die Praxis des Straßenprotests und dessen Verbildlichung folgt ihm dennoch. Die nach eigener Einschätzung in Kürze »einflussreichste und kampffähigste Frauen-Vereinigung der Welt« zielt damit auf eine »neue Ästhetik der Frauenrevolution«, die sich vom Kritisierten nicht unterscheiden lässt.[69] Zu fragen ist nämlich, ob die so ausgeprägt auf die Brust fokussierte Rhetorik und Bildinszenierung von *Femen* nicht eine durch und durch patriarchale Erzählung am Leben erhält. Wenn junge, schöne Aktivistinnen vor dem Mailänder Dom knien, mit gespreizten Beinen, versehen mit einem ultrakurzen schwarzen Minirock und mit durchgestrecktem Rücken, dann ähnelt das nicht nur, sondern ist eine Pin-up-Pose. Eine solche einzunehmen ist selbstverständlich kein Kriterium, das von feministischem Aktivismus ausschließen würde. Das zeigen schon die Auftritte feministischer Burlesque, also jene Praktiken des späten 20. Jahrhunderts und der Gegenwart, in denen Striptease und Kritik an patriarchaler Kultur zusammengedacht werden.[70] Allerdings gilt hier wie dort, wie Kay Siebler, Professorin für Englisch an der Missouri Western State University, zu bedenken gibt:

> »Etwas wird nicht automatisch feministisch, einfach weil es von einer Feministin vorgetragen, geschrieben oder aufgeführt wird.«[71]

Denn ein weiteres Problem liegt darin, dass nahezu ausschließlich solche Menschen oben ohne auftreten, die herrschenden Idealen einer ›schönen Frau‹ entsprechen. Was ist mit dem Protest derjenigen, die nicht in dieses Raster passen? Die nicht der Kategorie entsprechen, die hier unter der Bezeichnung ›Frau‹ läuft? Ungeachtet des Regelverstoßes, den der nackte Busen in der Öffentlichkeit als Protestsignal verkörpert – ein solcher Auftritt bleibt in recht eng definierten (Schönheits-)Grenzen.

Eine dieser Grenzen ergibt sich aus dem Medium, auf das *Femen* angewiesen ist, dem Internet. Auf vielen Social-Media-Plattformen darf ein Teil der weiblichen Brust grundsätzlich nicht sichtbar sein: die Brustwarze. Die Revolution, die *Femen* durch die Entblößung der weiblichen Brust initiieren will, verliert damit viel von ihrer revolutionären Konsequenz. Um ihre Aktionen visuell in den sozialen Medien dokumentieren zu können (was ja ein zentraler Aspekt einer »neuen Ästhetik« sein muss, wie sie *Femen* im Sinn hat), werden die Brustwarzen der Aktivistinnen unscharf gepixelt. Dies gilt insbesondere deswegen, weil die Regularien, die Instagram und Co. rigoros durchsetzen, durchaus frauenfeindlich genannt werden können. Nur ein weiteres Beispiel dazu: der Instagrampost der Schriftstellerin Rupi Kaur, die sich gegen die Tabuisierung von allem wendet, was mit Menstruation zusammenhängt. In einer gemeinsam mit ihrer Schwester entwickelten Fotoserie entstand auch das Bild der im Bett liegenden Künstlerin, in Rückenansicht, auf ihrer grauen Jogginghose und auf dem Bettlaken ein kleiner Blutfleck. Ein Anblick, der alltäglicher nicht sein könnte und sicherlich allen (menstruierenden) Menschen und deren Partnern*innen und Kindern wohlvertraut sein dürfte.[72] Dennoch löschte Instagram das Foto zwei Mal mit dem Verweis auf seine Richtlinien, die Bilder verbieten, die »violent, nude, partially nude, discriminatory, unlawful, infringing, hateful, pornographic or sexually suggestive« (gewalttätig, nackt, teilweise nackt, diskriminierend, gesetzeswidrig, verletzend, hasserfüllt, pornografisch oder anzüglich) sind. Nichts von alledem trifft auf Kaurs Fotografien zu. Offenbar aber hat der Verweis auf diese Körperfunktion das Potential, all das zu sein, auch wenn Instagram nach breitem Protest die Bilder schließlich doch gestattete. Analog dazu funktioniert auch die seltsame Regel, die Brustwarze in den visuellen Welten der sozialen Netze niemals und unter keinen Umständen sichtbar werden zu lassen.[73] Ein weiterer Teil des weiblichen Körpers, der nicht zu sehen gegeben werden darf.

Die Reaktionen der mächtigen Männer, die meist das Ziel der *Femen*-Aktionen sind, tragen ebenfalls dazu bei, dass die üblichen Grenzen trotz allem gewahrt bleiben. Auf Empörung und großen Widerstand stoßen die Aktivistinnen nur bedingt, denn das übernehmen die Bodyguards, während die eigentlichen Adressaten des Auftritts nicht selten milde lächeln oder, wie Putin bei einer Aktion auf der Hannover-Messe am 8. April 2013, sogar beide Daumen nach oben strecken. Eine Geste, mit der er seine Rolle als Mann bekräftigt, der weibliche Körper taxieren kann, darf, soll. Ergänzt wird das durch süffisante Pressekommentare, die bestätigend festhalten, dass sich das »Entsetzen bei Putin [...] in Grenzen gehalten« habe.[74] Im deutschen Recht findet dies seine Entsprechung darin, dass nach § 183 StGB Exhibitionismus ein Delikt ist, dass ausschließlich von einem »Mann, der eine andere Person durch eine exhibitionistische Handlung belästigt« begangen werden kann. Interessant ist die

Begründung dafür, dass es sich hier ausnahmsweise um ein Gesetz handelt, das ausschließlich Männer betrifft. Der Paragraf wurde erst in den 1970er Jahren verfasst und sollte den zuvor gebrauchten geschlechtsneutralen Ausdruck »unzüchtige Handlungen« ersetzen. In der Erklärung zur Reform heißt es, dass solche Taten von Frauen »kaum jemals die von exhibitionistischen Handlungen eines Mannes typischerweise ausgehenden negativen Auswirkungen« hätten.[75] Was nichts anderes heißt, als dass entblößte weibliche Körper juristisch nicht dieselbe Macht zugesprochen bekommen wie männliche. Sie sind im Sinne eines justiziablen Angriffs auf andere harmlos. Sich öffentlich entblößende Menschen mit weiblichem Körper können deswegen allenfalls wegen »Erregung öffentlichen Ärgernisses« angeklagt werden. Männliche Verletzbarkeit wird damit genauso geleugnet wie weibliche Fähigkeit zur Aggression.[76]

HYSTERIE, EKSTASE UND DER TANZ DER MÄNADE. DER NACKTE BUSEN ALS ZEICHEN DES ANDEREN

Zum Aufstand des Oben-ohne-Protests gehört in der massenmedialen Bildlogik auch die Überwältigung. Denn nicht nur der eigentliche Auftritt schafft es in die Zeitungen und Bildwelten des Netzes, sondern mindestens ebenso oft dessen Ende. Die Frauen werden abgeführt. Bevorzugt werden Fotos verwendet, in denen die Dramatik des politischen Konflikts im nackten weiblichen Körper zugleich ihren Höhepunkt und ihren Abschluss findet. Die Bildregie legt dabei großen Wert auf folgende Ingredienzien: Der nackte Busen muss sichtbar sein, wallendes Haar signalisiert Wildheit und ein sich in männlichen Armen windender weiblicher Körper (vergeblichen) Widerstand gegen die Mächtigen (Abb. 14).

So entkommt die Bebilderung des Protests mittels Busen nicht den Bildformularen der Überwältigung des nackten weiblichen Körpers durch Männer, die an ihm zerren und ziehen und seine Wehrhaftigkeit schließlich brechen. Vor-Bilder wie etwa Rubens verharmlosend *Raub der Töchter des Leukippos* betiteltes Ölgemälde, das zwischen 1615 und 1618 gemalt wurde und von der Kunsthistorikerin Margaret D. Carroll als »celebratory depiction of sexual

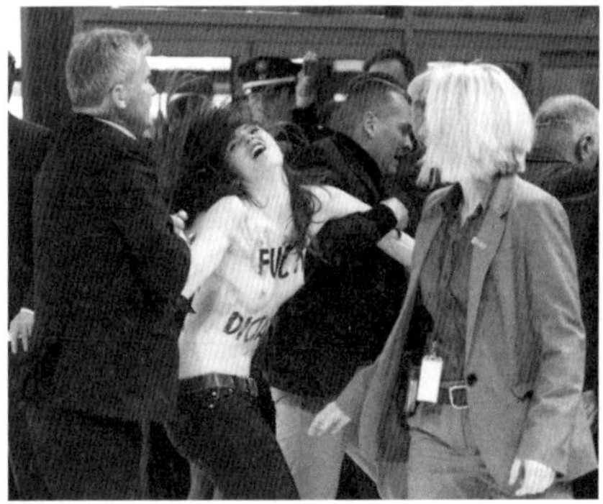

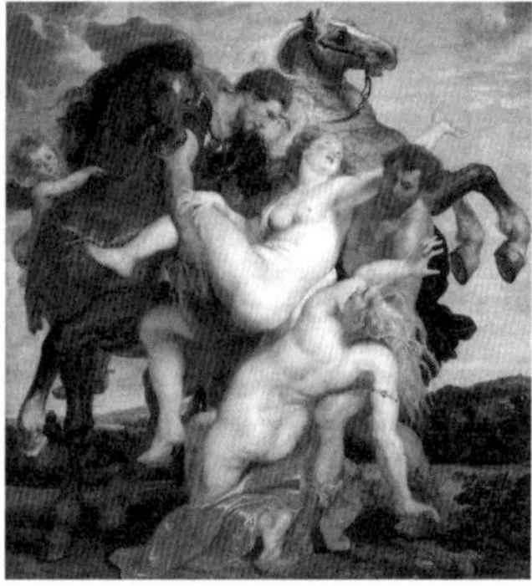

14 und 15 Männer führen Frauen ab, Haare wehen, Brüste sind nackt. *Femen*-Protest 2013; P. P. Rubens: *Der Raub der Töchter des Leukippos*, um 1616.

violence«, eine Feier sexueller Gewalt im Bild, beschrieben wurde (Abb. 15).[77] Die von Rubens gemalte Szene zeigt die von Ovid und Theokrit wiedergegebene Geschichte der Zwillinge Castor und Pollux, den sogenannten Dioskuren, die die Töchter des Königs Leukippos zuerst entführten und dann heirateten. Ein Teil der Kunstgeschichtsschreibung hat die Darstellung der Gewalt gegen Phoibe und Hilaeira im Sinne der männlichen Gewaltausübung fortgeschrieben. Da ist die Rede davon, wie Phoibe durch die Vergewaltigung ihre »Bestimmung als Frau« erfahre und dass der Kampf der Geschlechter eine »Naturnotwendigkeit« sei.[78] Anfang des 20. Jahrhunderts wurde diese frauenfeindliche Idee von der insgeheimen weiblichen Sehnsucht nach Vergewaltigung dann auch am Beispiel von Rubens' Gemälde in Karikaturen verbreitet (Abb. 16).

Eine dieser Karikaturen zeigt eine einsame, nicht mehr ganz junge Museumsbesucherin vor dem Bild, die sich laut Bildunterschrift, in die »gute alte Zeit« zurücksehnt. Die Überwältigung der beiden nackten weiblichen Körper, die Rubens als Geschehen zeigt, in dem die Körper der Pferde und jene der Männer voller Kraft und zielgerichteter Bewegung sind, steht in größtmöglichem Kontrast zur statisch, mit hängenden Schultern, hängenden Mundwinkeln und hängenden Wangen arretierten Dame im Vordergrund. Sie ist die stillgestellte Weiblichkeit, die sich – so die Lesevorgabe der Karikatur – nach Wildheit, Körperlichkeit und Sexualität sehnt und in Haltung, Kleidung und Habitus das genaue Gegenteil verkörpert.

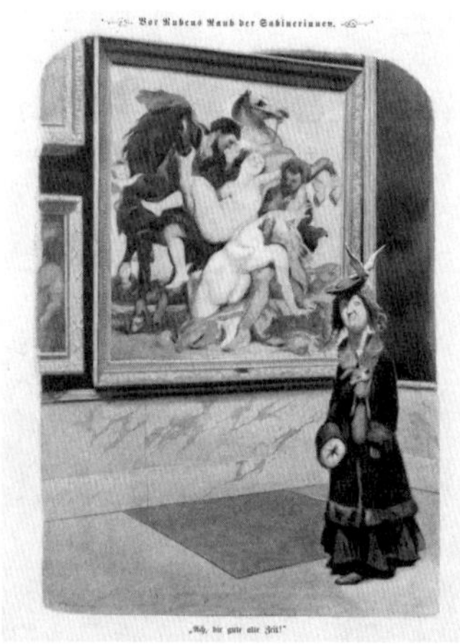

16 E. Kirchner: »Vor Rubens Raub der Sabinerinnen: ›Ach, die gute alte Zeit!‹«, *Fliegende Blätter*, 1906.

Und so kalkuliert der Protest mit dem nackten Busen seine mediale Vermittlung immer mit ein. Protestiert wird, wenn die Kameras schon bereit sind, etwa beim Auftritt von Politiker*innen. Der nackte Busen sichert maximale Aufmerksamkeit. Doch die Art der Bilder, die anschließend zirkulieren und maßgeblich mitbestimmen, als was der Auftritt der Aktivistinnen wahrgenommen wird, spielen in einer durchaus konventionellen Bildarena. Wildheit, Anderssein, Ausbruch aus der Ordnung – für all das steht in unterschiedlichen historischen und kulturellen Konstellationen immer wieder der weibliche Körper mit nackter Brust und aufgelöstem Haar. Kaum zu bändigen, aber schließlich eben doch. Den Fotografien protestierender Frauen, deren Protest durch körperliche Überwältigung ein Ende bereitet wird, sind mehrere solcher ikonografischen Stränge eingewoben (Abb. 17 bis 19).

Da wäre beispielsweise die Figur der Mänade, Begleiterin des Gottes Dionysos, die mehr ein Zustand als eine Wesensbezeichnung ist und deren Name sich vom griechischen *mainas* ableitet, das die Rasende bedeutet (daher kommt auch die ›Manie‹ oder, englisch, *maniac* = Wahnsinnige*r), ist ein solches visuelles Emblem weiblicher Wildheit und Bedrohung.[79] Sehr gut kann man sich an dieser antiken »Übertretungsfigur«[80] vergegenwärtigen, wie die in ihr angelegten Motive von Ekstase, weiblichem Kampf und Aufbrechen männlicher Ordnung durch die Jahrhunderte immer wieder neu verhandelt und dabei verändert werden. Der antike Mythos ist unter anderem in den *Bacchen* des Euripides niedergelegt. Die Geschichte ist, wie so oft in der Welt griechisch-römischer Göttinnen und Götter, etwas kompliziert und soll hier daher nur in ihren dramatischen Eckpunkten referiert werden. Die Bacchantinnen, Gefährtinnen des Gottes Bacchus, wie der lateinische Name des Dionysos lautet, frönen einem ekstatischen Kult, der den

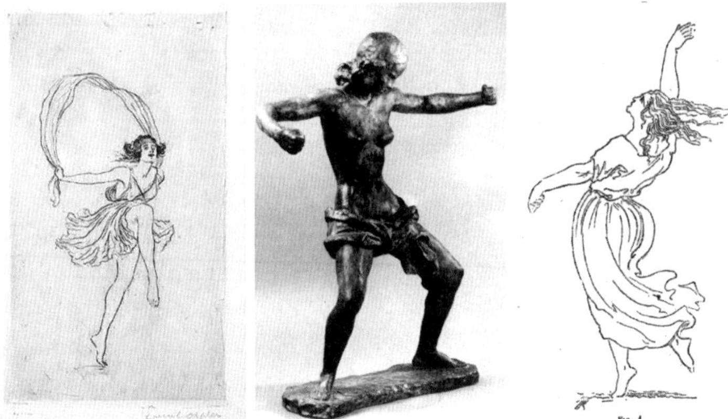

17, 18, 19 Weiblichkeit als das ›Andere‹ der gesellschaftlich-zivilisatorischen Ordnung. (V. l. n. r.: E. Oppler: *Die Pawlowa als Bacchantin*, 1918/19; F. Klimsch: *Mänade*, 1929; P. Richer: *Tableau des Hysterischen Anfalls* (Detail), 1879.

Herrschenden, namentlich dem König von Theben, Pentheus, missfällt und den er als barbarisch diskreditiert. Dass die Mänaden, nur bewaffnet mit dem sogenannten Thyrsosstab, Männer in die Flucht schlagen konnten, trug sicherlich zur ablehnenden Haltung bei. Insgeheim lockte den kritischen König allerdings das Treiben, das er eigentlich verbieten wollte. Faszination und Abscheu gehören auch hier zueinander, und so ließ er sich überreden, dem Bacchanal heimlich zuzusehen. Doch er wird entdeckt und schließlich unter Führung seiner Mutter, die ihn zunächst nicht erkennt, von den rasenden Mänaden getötet. Doch nicht nur das. In ihrer Raserei schicken sie sich an, das Opfer zu verspeisen – eine Praxis, die, als Omophagie bezeichnet, einen festen Platz im Kult des Dionysos hatte und den Verzehr des rohen Fleisches der während der kultischen Handlung getöteten Tiere bezeichnete.

Der antike Mythos der rasenden, ekstatisch Tanzenden, die zu Menschenfresserinnen werden, findet sich verwandelt in der Neuzeit wieder. Treffend hat das die Kunsthistorikerin Ines Lindner als »Einschießen des mythischen Stoffs [in] den biblischen Text« bezeichnet. Sie belegt dies unter anderem anhand der Beschreibung von Salomes Tanz, der bekanntlich zur Enthauptung von Johannes dem Täufer führte, durch einen griechischen Kirchenvater des frühen Mittelalters:[81]

»[…] und sie tanzte wie eine Bacchantin, indem sie ihr Haar schüttelte, sich unziemlich drehte, die Arme emporstreckte, ihre Brüste entblößte […], durch die Schnelligkeit der wirbelnden Bewegung ihren Körper enthüllte […].«

Der anziehenden, von den christlichen Kirchenvätern verdammten Bewegung und Sichtbarmachung des Körpers der Mänaden schenkten auch schon die antiken Darstellungen, die sich auf Vasen der Zeit um 500 v. Chr. finden, besondere Beachtung. Ein durchsichtiger Chiton, der sich dem Körper der Tanzenden eng anschmiegt, weist die Mänaden als anmutig und begehrenswert aus. Als bedrohlich-anziehende Frauenfigur geisterte sie nicht nur durch Antike und Mittelalter, sondern spielte auch für einen viel späteren Typus der außer sich geratenen Frau eine Rolle: die Hysterikerin.

Erst 1980 wurde die Hysterie, deren Bezeichnung sich vom griechischen Wort für Gebärmutter, *hystera*, ableitet, aus dem maßgeblichen *Diagnostic and Statistic Manual of Mental Disorders* gestrichen. In der Medizin an der Wende vom 19. zum 20. Jahrhundert war sie eines *der* Themen. Statt Vasenmalereien gab es nun Fotografien. Und in diesem damals hochmodernen Medium wollte man der Krankheit auf die Spur kommen, die heute nicht mehr existiert. Die Bilder, die dabei geschaffen wurden, hatten einiges mit denen der Mänade gemein:

»Der zurückgeworfene Kopf, das gelöste Haar, die herabgeglittene Kleidung und weitere Kennzeichen der Hysterikerin sind der Mänadenikonographie entlehnt. Dies impliziert zudem eine Ästhetisierung der Krankheits-Bilder. Die Frau wird einmal mehr auf ihren ›Status als Bild‹ verwiesen.«[82]

Dies gilt insbesondere im Fall des Pariser Arztes Jean Martin Charcot, der von seinen als hysterisch diagnostizierten Patientinnen unzählige Fotografien anfertigen ließ, die ihre Körper in den von ihm beschriebenen Phasen eines hysterischen Anfalls zeigten. Erst in diesen zum Bild gewordenen Anfällen wurde das, was die Medizin unter Hysterie verstand, überhaupt sicht- und beschreibbar. Charcot entwickelte Methoden, mit denen er hysterische Anfälle zuverlässig bei den Patientinnen auslösen konnte. Dazu drückte er auf die Eierstöcke oder führte vergleichbar schmerzhafte Prozeduren durch, um seine Patientinnen vorführen zu können. Sigmund Freud nutzte 1885 ein Reisestipendium, um mehrere Monate in der Salpêtrière zu verbringen, der Pariser Klinik, in der Charcot tätig war, und schloss mit seinen Forschungen zur Hysterie an seine Erfahrungen in Paris an.[83] Jede Woche führte Charcot dort in Vorlesungen Patientinnen vor. Angezogen vom Spektakel, saßen auch Künstler und Schauspieler im Publikum. Berühmt geworden ist besonders eine der Patientinnen, Augustine genannt (Abb. 20).

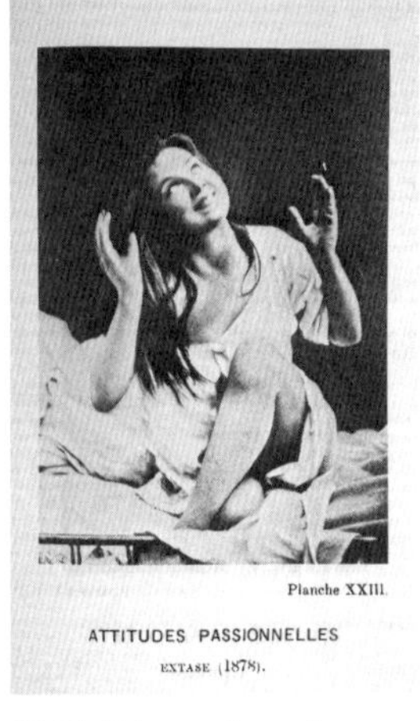

20 Ein Foto von Augustine, von Charcot als »ideale Patientin« bezeichnet, in »Extase«, 1878.

Sie wurde von Charcot als »ideale Patientin« bezeichnet und war als 15-Jährige 1873 in das Krankenhaus eingeliefert worden, »eine Art weiblicher Hölle«,[84] in der über 4 000 Frauen eingesperrt und viele Todesfälle zu verzeichnen waren. Nach einigen Jahren floh Augustine. Man weiß nicht, was aus ihr geworden ist. Geblieben sind die Fotografien, die *Iconographie photographique de la Salpêtrière*, in denen Augustine die Anfälle in allen Phasen mustergültig aufführte: die »Vorzeichen«, die »epileptoide Phase«, die »leidenschaftlichen Haltungen«, die »Extasen«, die Charcots Kollege und Professor für künstlerische Anatomie, Paul Richer, in konzentrierten Strichzeichnungen auf einem Tableau idealtypisch systematisierte (Abb. 19). Der französische Kunsthistoriker Georges Didi-Huberman beschreibt den

> »wechselseitige[n] Reiz [...] zwischen Medizinern, die gierig waren auf Bilder der Hysterie, und Hysterischen, die voller Zustimmung in der Theatralität ihrer Körper überbordeten. So wurde die Klinik der Hysterie zu einem Schauspiel, zur *Erfindung der Hysterie*. Verstohlen identifizierte sie sich sogar mit etwas wie einer Kunst. Ganz nahe beim Theater und bei der Malerei.«[85]

Die Surrealisten waren von diesen ekstatischen Frauenfiguren fasziniert. Zum »fünfzigsten Geburtstag« der Hysterie veröffentlichten

Louis Aragon und André Breton in *La Révolution Surréaliste* eine Auswahl der Fotos von Augustine, in der sie das von ihnen entworfene Ideal einer »konvulsivischen Schönheit« verkörpert sahen. Der krampfartige Anfall der Hysterikerin, ihr Außer-sich-Sein wurde als »Entladung nicht angepaßter seelischer Kräfte« idealisiert.[86] 1938 trat auf Dalís Vorschlag die Tänzerin und bildende Künstlerin Hélène Vanel zur Eröffnung der *Exposition internationale du surréalisme* auf, nur spärlich verhüllt von einem zerrissenen Kleid. Von den Beteiligten wurde die Vorführung als »eine nur zu realistische Vorstellung eines hysterischen Anfalls« wahrgenommen.[87]

Die kulturwissenschaftlichen Forschungen zu Charcots Hysterie haben freilich darlegen können, wie abhängig dessen medizinische Praxis, die maßgeblich auf der Produktion von Bildern beruhte, von der Nutzung kunsthistorischer Vorbilder war.[88] In dem von Charcot und Richer herausgegebenen Buch *Die Besessenen in der Kunst* (1887) sahen die Autoren in Kunstwerken wie zum Beispiel Rubens' Gemälde *Der heilige Ignatius erlöst eine Besessene und weckt ein Kind von den Toten auf* den Beweis dafür, dass das von ihnen beschriebene Krankheitsbild ›schon immer‹ existierte. Nur hatten sie es erstmals wissenschaftlich entdeckt und konnten mit diesen Kenntnissen dann wieder die Kunstgeschichte durchforsten, auf der Suche nach neuen Beweisen für die vermeintliche Überzeitlichkeit der Hysterie. Ein perfekter Zirkelschluss. Die visuellen Inszenierungen der Hysterikerinnen der Medizin und der Kunst wurden zum Vexierbild, in dem die ›Krankheit‹ Hysterie und ihre Repräsentationen, die sich an älteren Bildvorlagen orientierten, ununterscheidbar wurden.

Und ebenso ist auch der öffentliche nackte Busen als Signalgeber des Protests in den *Femen*-Aktionen fest gebunden an die vergangenen Pathosformeln weiblicher Ohn/Macht.[89]

Das bedeutet, dass die gegenwärtig in den Medien immer wieder gezeigten Fotos der Aktivistinnen, die von meist männlichen Sicherheitsleuten weggezerrt werden, keine zufällig entstandenen Schnappschüsse sind, die auch ganz anders hätten ausfallen können. Die Fotos vom Protest reaktivieren wesentlich ältere Bilder, und nach diesem Schema werden sie ausgesucht. Die ›alten‹ Vorstellungen aber verschwinden nicht einfach. Sie tragen im Gegenteil dazu bei, dass die Fotos verstanden werden.[90] Was von *Femen* als Bruch mit der patriarchalen Ordnung angepriesen wird, ist folglich eine ganz traditionelle Zuweisung von Irrationalität und Regelbruch an den weiblichen Körper. Der nackte Busen der Protestierenden fungiert in diesem Sinne als Zeichen für die spätestens seit dem 19. Jahrhundert verbildlichte Nähe von Mänade (= wilder Frau) und Natur, bei der »Nacktheit und Naturzustand [...] in eins gesetzt« werden. »Auf diese Weise erlaubt«, so die Kunsthistorikerin Alexandra Karentzos, »die Mänadendarstellung, die Affinität der Frau zum Wahnsinn als unveränderbar ›naturhaft‹ [...] anzusehen.«[91]

In den abgeführten Aktivistinnen verknüpft sich diese Idee der wilden, sexuellen, naturhaften Weiblichkeit mit einer modernisierten Wiederherstellung der Ordnung. Die Frauen tauchen auf, stören den Ablauf, werden zum Verschwinden gebracht.

DIE ZWEI KÖRPER DER KANZLERIN: BUSEN UND MACHT

Die Tageszeitung *Die Welt* fragte am 14. April 2008 anlässlich des Auftritts der damaligen Bundeskanzlerin bei der Eröffnung der Osloer Oper, zu der Merkel in tief dekolletierter Abendgarderobe erschienen war, »Wieviel Dekolleté darf eine Kanzlerin zeigen?«. Ob eine solch seltsame Frage auch heute noch gestellt würde, ist schwer zu sagen, aber wenn man an die Debatten über die angeblich zu hohen Schuhe der 2023 zurückgetretenen Verteidigungsministerin Christine Lambrecht denkt, ist wohl auch das nicht auszuschließen (*Bild*, April 2022: »Stöckelschuh-Ministerin«).[92] Wenn also sowohl seriöse Medien als auch der Boulevard spezifisch als ›weiblich‹ apostrophierte Kleidungsteile (Stöckelschuhe, Dekolleté) mächtiger Politikerinnen bis heute auf diese Weise thematisieren, dann bestätigt sich darin, dass Kleidung »nicht nur Erkennungszeichen, sondern Austragungsort politischer Kämpfe« ist.[93] Und: Kleidungsstücke sind Orte, an denen Macht und Mächtigkeit sichtbar werden. Wer darf was anziehen? Die Frage, ob Merkel etwas anziehen *darf*, lässt an Gesetze und Verbote denken. Deren Zeit scheint eigentlich lang vorbei: Anfang des 13. Jahrhunderts tauchen die ersten schriftlich festgehaltenen Kleiderordnungen auf.[94] Die letzte bayerische Kleidervorschrift erschien 1730.[95] Die vielen Ordnungen regelten die Art und Verwendung bestimmter Stoffe, Pelze, Knöpfe, Kopfbedeckungen etc. strengstens.[96] Heute kann jede anziehen, was sie will? Anscheinend nicht. Zwar sind männliche Politiker weitgehend »uniformiert«, und auch Joschka Fischer machte in den achtziger Jahren als »Turnschuhminister« Skandal, aber dass sich die heutigen Debatten über Kleidervorschriften nahezu ausschließlich an Frauen richten (Dekolleté, High Heels, Kopftuch, Burkini), verbindet sie mit den längst Geschichte gewordenen Kleidervorschriften des Mittelalters und der Frühen Neuzeit.[97] Denn diese Ordnungen, die in Leipzig 1550 etwa bei Strafe verboten, dass »gemeine Handwerksleute« sich in Seide hüllten oder goldene Arm- oder Halsbänder trugen, fokussierten neben der Klassen-Differenz auch auf die Aufrechterhaltung der Geschlechterdifferenz in der Kleidung.[98] Sehr sorgfältig wurde zwischen dem unterschieden, was sich für eine Frau, und jenem, was sich für einen Mann ›schickte‹. 1365 wurde in Speyer Frauen das Tragen von Männermänteln untersagt.[99] So wurde der Unterschied der Geschlechter nicht nur ablesbar, sondern zugleich hergestellt. Dass ein Verstoß gegen diese Kleidernormen schreckliche Folgen haben konnte, zeigen historische Fälle wie etwa jener der 1721 hingerichteten Catherina Link, die als Mann gekleidet 1717 eine Frau geheiratet, dann verraten und der Sodomie angeklagt wurde.[100] Die Herstellung der Geschlechterdifferenz lässt sich aber auch daran ablesen, dass zum Beispiel die Hamburger Kleiderordnung vom 7. September 1500 die Art der Bekleidung der Frauen vom Steueraufkommen ihrer Ehemänner abhängig machte. Bei unverheirateten Frauen richtete sich die Erlaubnis, ob sie »Borten oder Brusttücher« oder gar »Goldspange[n] mit Steinen und Perlen« anlegen durften, nach dem Vermögen ihrer Eltern. Erlassen wurde diese Ordnung ohnehin nur, um die »Zierung und Pracht der Frauen zu mäßigen«.[101]

Während sich die historischen Kleiderordnungen also vor allem auf die Kostbarkeit der Stoffe und verwendeten Schmuckelemente wie Spangen, Hauben, Borten oder Knöpfe konzentrieren, spielten Fragen der Bedeckung einzelner Körperteile eine vergleichsweise geringere Rolle. Dies markiert auch einen gewichtigen Unterschied zu den heutigen Debatten über ›Kleiderordnungen‹, wie etwa diejenige, mittels der Frauen an französischen Stränden zum Ablegen eines Burkinis genötigt werden sollten (vgl. Kapitel 1), oder zu den nicht enden wollenden Debatten über das Tragen eines Kopftuchs.[102] Die zu große Freizügigkeit, bei Männern und Frauen, scheint vor allem in Hinblick auf die Begründung eine Rolle gespielt zu haben, also die Frage, *warum* es denn überhaupt entsprechender Ordnungen bedürfe, weniger als Thema, das per se zu regeln war. So findet sich zum Beispiel in einer Limburger Chronik aus der Zeit, nachdem die Pest die Stadt heimgesucht hatte, der Hinweis, dass die Menschen nach den schlimmen Monaten »wider an[fingen] zu leben unde frolich zu sein«.[103] Bemängelt wird hier zwar auch ausdrücklich der »die Brust bloßlegende[...] Zuschnitt« der neuen Kleidung der Frauen, an anderer Stelle auch einmal die »zu großen« Ausschnitte ihrer Kleider.[104] Wesentlich wichtiger aber waren den städtischen Magistraten und Territorialherren, die diese Ordnungen erließen,[105] in den schriftlichen Verordnungen Dinge wie etwa die Farben der Kleidung. Dies allein schon deswegen, weil die Farben aufgrund ihrer sehr unterschiedlichen Herstellungskosten auf Reichtum, bescheidene Mittel oder blanke Armut verwiesen und damit ein wichtiger Beitrag zur sozialen Differenzierung waren. Königlicher Purpur und grau-braune, ungefärbte Schafwolle waren auf den ersten Blick zu unterscheiden.

Während all das heute keine Rolle mehr zu spielen scheint, bleibt die Geschlechtertrennung als *das* zentrale Element jener heute so fern anmutenden justiziablen Kleiderordnungen weiterhin relevant. Bis in die 50er und 60er Jahre des vergangenen Jahrhunderts galt an Schulen ein Verbot für Mädchen, Hosen zu tragen.[106] Das Oben-ohne-Verbot, über das zurzeit immer wieder vor den Gerichten gestritten wird, ist eine der letzten geschlechtsspezifischen Kleiderregeln.[107] Aber auch wenn es im Allgemeinen keine Geldstrafen oder Gerichtsverfahren mehr gibt, zeigt die Aufregung um Merkels Dekolleté: Kleiderordnungen bestehen weiter in Form anderer Disziplinierungen, die insbesondere Frauen in der Politik treffen. Ein länger zurückliegendes Beispiel ist der berühmt gewordene Hosenanzug, den die Abgeordnete des Deutschen Bundestags Lenelotte von Bothmer am 14. Oktober 1970 trug. Tatsächlich hatte der damalige Vizepräsident des Bundestags, Richard Jaeger, verlautbart, er werde es nicht gestatten, dass eine Frau in Hosen ans Rednerpult tritt. Das weckte den Widerstandsgeist der Politikerin,

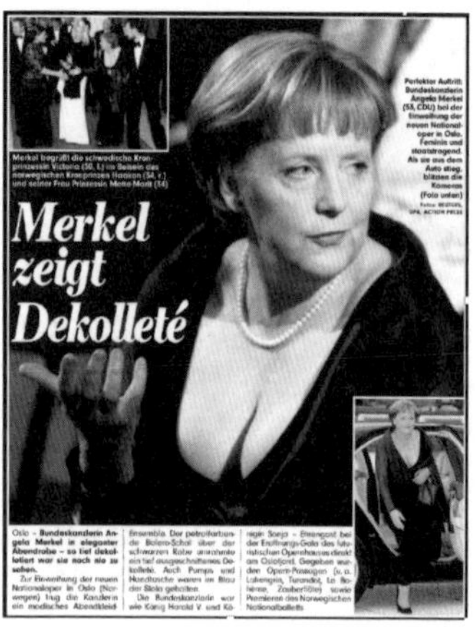

Merkel begrüßt die schwedische Kronprinzessin Victoria (30, l.) im Beisein des norwegischen Kronprinzen Haakon (34, r.) und seiner Frau Prinzessin Mette-Marit (34)

Perfekter Auftritt: Bundeskanzlerin Angela Merkel (53, CDU) bei der Einweihung der neuen Nationaloper in Oslo. Feminin und staatstragend. Als sie aus dem Auto stieg, blitzten die Kameras (Foto unten)

Merkel zeigt Dekolleté

Oslo – Bundeskanzlerin Angela Merkel in eleganter Abendrobe – so tief dekolletiert war sie noch nie zu sehen.

Zur Einweihung der neuen Nationaloper in Oslo (Norwegen) trug die Kanzlerin ein modisches Abendkleid-Ensemble. Der petrolfarbene Bolero-Schal über der schwarzen Robe umrahmte ein tief ausgeschnittenes Dekolleté. Auch Pumps und Handtasche waren im Blau der Stola gehalten.

Die Bundeskanzlerin war wie König Harald V. und Königin Sonja – Ehrengast bei der Eröffnungs-Gala des futuristischen Opernhauses direkt am Oslofjord. Gegeben wurden Opern-Passagen (u. a. Lohengrin, Turandot, La Bohème, Zauberflöte) sowie Premieren des Norwegischen Nationalballetts.

21 »So tief dekolletiert war sie noch nie zu sehen«. Die BILD-Zeitung berichtet am 14.4.2008 über Merkels Besuch in Oslo.

die sich daraufhin ein elegantes, helles Modell mit lang geschnittenem Blazer zulegte und damit vors Plenum trat. Dies wurde nicht nur von der Tagesschau als berichtenswert erachtet, sondern rief auch eine Flut an beleidigenden Briefen hervor – lange vor Twitter und Co. Sie sei ein »Schwein«, und es wurde gemutmaßt: »Nächstens kommen Sie wohl oben ohne!«[108] Der Hosenanzug führt also – horribile dictu – direkt zum blanken Busen.

Über dreißig Jahre später lautet die Frage immer noch, ob sie das ›darf‹. Merkel mit Dekolleté? Mehrheitlich wurde diese ›Freizügigkeit‹ abgelehnt und die Debatte machte überdeutlich, dass der Busen in Hinblick auf Macht und Politik noch immer eine dringend erwähnenswerte Rolle spielt. So sah die Bildzeitung mit dem Dekolleté »Politik mal anders« (Abb. 21).

Der *Focus* nahm das Ereignis zum Anlass, den Mutti-Topos aufzuwärmen, der Merkel durch ihre gesamte Amtszeit begleitete. Die ›Mutti‹ bereitete den gedanklichen Untergrund der Busendebatte. Denn dieser Begriff, der auf eine körperliche Funktion verweist (das Gebären von Kindern), rückt nicht nur das Geschlecht der so Bezeichneten in den Vordergrund, sondern verknüpft die angesprochene Weiblichkeit sogleich mit Mütterlichkeit. Auch deswegen machte der *Focus* in besagtem Artikel Merkel zur »Königinmutter« und sah in ihr eine »Alma Mater, die nicht nur zankende Politiker zähmt und Tibet rettet, sondern auch die ganze Nation an ihre Brust drücken will«.[109] Brüste dienten fast allen Medien als willkommener Anknüpfungspunkt für diverse Wortspiele. Die *Zeit* sprach vom »Wettbrüsten«, und die *Frankfurter Allgemeine Sonntagszeitung* vermutete hinter dem »teilblanken Busen Merkels blankes Kalkül«. Gönnerhafte Einlassungen waren in der *Bunten* zu lesen, die feststellte, dass Merkels »Dekolleté eben doch ein Politikum [ist], wenn auch ein sehr charmantes«.

Dass der Kanzlerinnen-Busen das Potential zum Politikum hat – sogar ihr Pressesprecher musste zum Dekolleté seiner Chefin Stellung nehmen –, erklärt noch einmal, warum der Busen als Protestorgan funktioniert. Zwar wurde er als solcher hier nicht gebraucht. Merkel protestierte gegen nichts, sondern nahm in ihrer Funktion als deutsche Bundeskanzlerin einen offiziellen Termin wahr. Aber die Aufregung um ihren Busen zeigt, dass seine Sichtbarmachung, die er zu einem Gutteil auch den entsprechend ausgewählten Fotos verdankte, mit der Macht der Person kollidiert, zu deren Körper er gehört. Es geht um weit mehr als um die boulevardeske Frage nach den Roben der Stars und Sternchen, sondern es geht, wie allein schon die oben zitierten Überschriften und Schlagworte nahelegen, um Politik. Augenfällig wird das in einem Gemälde, das eine weitere machtvolle Frau darstellt, die ihren Busen zeigt. Es verknüpft wie kaum ein anderes Politik, Macht/Ohnmacht und Protest im kollektiven Bildgedächtnis nicht nur westlicher Gesellschaften: Eugène Delacroix' *Die Freiheit führt das Volk an*, gemalt 1830 (Abb. 22).

Delacroix' berühmtes Bild wurde anlässlich der drei Tage dauernden Juli-Revolution von 1830 gemalt, die den Sturz König Karls X. zur Folge hatte. Bereits kurz nach seiner ersten Präsentation in der Salonausstellung 1831 verschwand es im Depot und wurde erst mehr als zwanzig Jahre später wieder öffentlich gezeigt. Die Aufstände in Paris hatte der Künstler selbst miterlebt. Sein Werk zeigt Momente höchster Dramatik. Die Barrikadenkämpfe haben bereits Opfer unter den Aufständischen gefordert. Im Vordergrund liegen Tote. Links einer, der nackt ist bis auf ein blutdurchtränktes Hemd und einen herabgerollten Strumpf. Angeführt von einer weiblichen Figur stürmen die Straßenkämpfer voran, über die Opfer hinweg. Wer ist diese einzige Frau inmitten der ansonsten rein männlichen Truppe der Revolutionäre? In der viele Regalmeter umfassenden Literatur zu Delacroix' Bild wurde sie einmal als »Geschöpf aus der Welt der Ideen« bezeichnet, und das trifft es ganz gut.[110] Denn sie ist nicht wirklich anwesend, befindet sich nicht im selben Raum wie die sie umgebenden Personen. Niemand scheint sie wahrzunehmen, niemand blickt sie an – außer dem Sterbenden, der neben den Toten kniend zu ihr aufsieht. Vielleicht, wie die Forschung weiter mutmaßte, eine Vision des Sterbenden, in dessen Vorstellungskraft

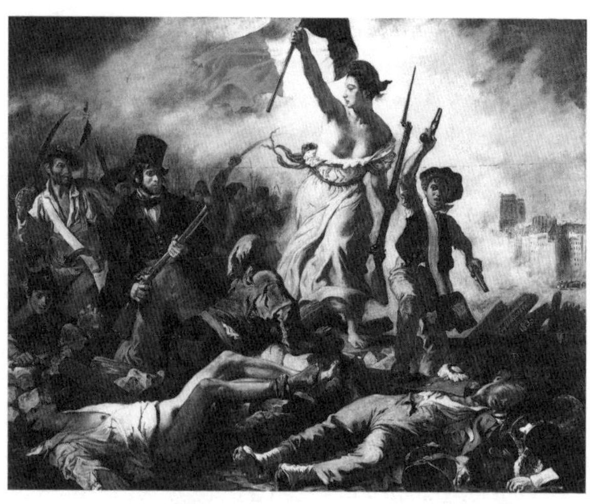

22 Der blanke Busen verkörpert Aufstand und Freiheit.
E. Delacroix: *Die Freiheit führt das Volk an*, 1830.

sie nur für ihn sichtbar ist, als inneres Bild.[111] Dass die Allegorie oder Personifikation der Freiheit weiblich ist, ist kein Zufall. Aleida Assmann sieht den weiblichen Körper als »Matrix des Unsichtbaren«, ein Zustand, der es überhaupt erst möglich macht, abstrakte Werte wie Freiheit, die Nation, Recht oder Frieden zu verkörpern.[112] In patriarchalen Gesellschaften, die Frauen in ihren politischen Einflussmöglichkeiten einschränken, erscheinen weibliche Körper als ideale Projektionsfläche, weil »sie weder Namen, Charakter noch Geschichte« haben.[113] Dazu passt auch, dass zum Beispiel die personifizierte Freiheit in Delacroix' Bild eine spezifische Form der Körperlichkeit zeigt, die von derjenigen der in der Realität kämpfenden und sterbenden Männer abweicht. Mit der fast vollständig entblößten Brust besitzt sie einen anziehenden, nach üblicher Vorstellung schönen jungen Körper. Nur wenn sie Negatives verkörpern, zum Beispiel Geiz, Neid oder illegitime Sexualität, sind die Allegorien ›hässlich‹.[114]

Die »Freiheit«, die, wie der Titel des Bildes angibt, »das Volk anführt«, schwingt die Trikolore, trägt die Mütze der *Liberté* und hält in der linken Hand ein Gewehr mit aufgepflanztem Bajonett. Offensichtlich ist sie bereit, für ihre Ziele und Überzeugungen zu kämpfen. Ihr antikisierendes, von einem wehenden roten Gürtel zusammengehaltenes Kleid ist im unteren Drittel vom Waten durch die Barrikaden schon staubig geworden. Dass der Chiton, der ihre Brust vielleicht einmal ganz bedeckt hat, zur Seite gerutscht ist und die rechte Hälfte ihres Oberkörpers gänzlich und die linke Brust ebenfalls zu einem Gutteil entblößt, lässt sich plausibel durch die im Bild dargestellten Geschehnisse erklären. Der hochgerissene rechte Arm scheint sich wie von selbst aus der einengenden Kleidung befreit zu haben. Die Freiheit stürmt voran. Ums Decorum kann sie sich nicht mehr kümmern. Aufmerksamen Leser*innen dieses Buches dürfte diese asymmetrisch freigelegte Brust bereits bekannt vorkommen. So hatte zum Beispiel die französische Malerin Marie-Guillemine Benoist um 1800 sowohl die von ihr portraitierte Schwarze Frau als auch sich selbst (notabene allerdings nur in Andeutung) mit halb entblößter Brust dargestellt (Kapitel 2, S. 58, Abb. 18 und 19). Auch die Maler der Amazonen führen ihre Heldinnen immer wieder so vor. Johann Heinrich Wilhelm Tischbeins *Ausreitende Amazonen*, ein Ölgemälde von 1788 (Landesmuseum Oldenburg), zeigt die mit Lanzen, Pfeil und Bogen bewaffneten Kämpferinnen allesamt mit kurzem Chiton, der nur an der linken Schulter zusammengerafft ist und die rechte Brust vollständig unbekleidet lässt. So war es auch in Hederichs *Gründlichem mythologischem Lexicon* (1770) zu lesen: »Sie giengen mit der rechten Seite bis unter die Brust bloß.«[115] Diese so nachlässige, dem Augenblick geschuldete Kleidung ist also tatsächlich viel mehr ein Typus denn ein Zufall. Wie Anne Hollander in Bezug zu Delacroix' *Freiheit* darlegt:

> »Ihre zur Schau gestellte Brust wurde nie und nimmer von den Anstrengungen des Augenblicks enthüllt: Das Zur-Schau-Stellen gehört vielmehr selbst zum Kostüm, ist originärer Bestandteil ihres zugleich heiligen, begehrenswerten und ungestümen Wesens.«[116]

Das heißt, die wie zufällig wirkende Kleidung, die vollen körperlichen Einsatz signalisiert, ist in Wirklichkeit alles andere als bloßer Zufall. Die vielschichtigen Assoziationen, die gerade die halb entblößte Brust bei zeitgenössischen Betrachter*innen auszulösen imstande war, sind vielmehr kalkuliert. Der Bezug zwischen den Kämpfen der Französischen Revolution und den Amazonen war in Kunst und Literatur im Frankreich des 18. Jahrhunderts fest etabliert. Prudhomme nannte die Revolutionärinnen von 1789 »unsere tapferen Amazonen«. Dies hinderte ihn allerdings nicht, bereits 1791 zu befinden: »Die bürgerliche und politische Freiheit ist für die Frauen unnötig.« Er wies damit Forderungen nach Gleichberechtigung zurück, wie sie im selben Jahr etwa Olympe de Gouges, die 1793 mit der Guillotine hingerichtet wurde, mit ihrer *Déclaration des droits de la femme et de la citoyenne* (Erklärung der Rechte der Frau und der Bürgerin) erhoben hatte.[117] Und im selben Jahr wurden denjenigen Frauen, die aktiv in die revolutionären Kämpfe eingriffen – etwa indem sie in Frauenclubs die republikanischen Ideale diskutierten –, mit dem Verweis auf die Brust als körperlichem Zeichen ihrer »Natur« ihre angeblich daraus resultierende Unfähigkeit zu politischem Handeln vorgehalten:

> »Seit wann ist es üblich, daß Frauen ihre heiligen Pflichten der Familie, die Wiege ihrer Kinder verlassen, um auf dem öffentlichen Platz die feierliche Rednertribüne zu betreten? Hat die Natur ihnen nicht Brüste zum Nähren unserer Kinder gegen? Die Natur hat der Frau gesagt: Sei Frau«.[118]

So formulierte es ein Vertreter der Stadt Paris 1793. In diesem Jahr wurden auch die erwähnten Frauenclubs verboten (siehe Kapitel 3, S. 121 f.).

Die britische Literaturwissenschaftlerin Marina Warner beschreibt in ihrer 1985 zuerst auf Englisch erschienenen Studie zur Allegorie und der Frage, warum diese nahezu ausschließlich in weiblicher Gestalt auftritt, die Wirkung dieser Assoziation von Brust, Wildheit, Amazonentum und Politik:

> »In der Gestalt, die sie im 19. Jahrhundert annahm, offenbart die Freiheit, daß Frauen, mit dem besonderen Stigma einer engen Beziehung zum Wilden, in Zeiten der Gärung eine als positiv verstandene und erwünschte Macht ausüben konnten. Die Brust einer Frau ist in der visuellen Darstellung, im Unterschied zu der Brust der menschlichen Spezies allgemein, ein Zeichen für Natur und die mit der Natur einhergehenden Konnotationen von Wildheit, die den magischen Außenseiterstatus der Amazone ergänzen und bestärken.«[119]

Auch hier könnte man einwenden, dass »magische Außenseiterinnen« als identifikatorisches Ideal aufmüpfiger Frauen womöglich durchaus reizvoll sein könnten. Aber ein solcher ›wilder‹, mit Natur und Entgrenzung assoziierter Status des Weiblichen ist zugleich eine Falle. Denn wie der Ausschluss der französischen Frauen von den revolutionären Idealen der Freiheit, Gleichheit und Brüderlichkeit (sic!) beweist, lässt sich mit einem solchen Ideal trefflich auch die Unterdrückung derjenigen kombinieren, deren Körper als Idealbilder der durch Männer zu beschützenden Freiheit imaginiert werden, oder noch einmal in den Worten Warners: »Anderssein ist eine Quelle von Stärke und Macht, das Zentrum läßt sich damit jedoch nicht besetzen.«[120]

Und damit kommen wir noch einmal an den Anfang dieses Abschnitts zurück, auf Merkel und die Frage, weshalb ihr Dekolleté ein solches Skandalon werden konnte. Mit Warner gesprochen besetzt die damalige deutsche Kanzlerin das »Zentrum«. Ihr Körper verweist gerade nicht auf *imaginäre* weibliche Macht im Sinne andersartiger Wildheit und Befreiung althergebrachter Beschränkungen, ist vielmehr *real*. Es ist der Körper einer regierenden Amtsinhaberin, was bedeutet, dass sie Macht und Freiheit nicht als Abstraktum repräsentiert, sondern als individuelle, historische Person tatsächlich besitzt. Daher sind die aufgeregten Bilder-Debatten, in denen immer wieder neue ›Beweisfotos‹ für das inkriminierte Dekolleté geliefert wurden, nicht mit einem für das 21. Jahrhundert merkwürdigen Rückfall in verklemmte Zeiten oder gar frühneuzeitliche Kleiderordnungen zu verwechseln. Vielmehr zeigen die Reaktionen auf ein Ereignis, das eigentlich keins war (eine Frau besucht in einem Abendkleid eine Oper), die offenbar immer noch wirksame Inkongruenz von Weiblichkeit und Macht. Dies aber nicht deswegen, weil die Kleidung Merkels zu ›weiblich‹ gewesen wäre, sondern weil das Bild des weiblichen Busens eine für die moderne Selbstreflexion freiheitlicher Gesellschaften äußerst wirkungsvolle Körpermetapher darstellt. Das im ersten Kapitel abgedruckte Bildnis einer jungen Frau, die den Stoff ihres Kleides so weit geöffnet hat, dass beide Brüste sichtbar sind, trägt die Bildunterschrift: »La France républicaine ouvrant son sein à tous les Français« (Das republikanische Frankreich öffnet seine Brust allen Franzosen) (Kapitel 1, S. 18, Abb. 2). Der *Focus* schreibt zu den Oslo-Bildern, Merkel wolle »die ganze Nation an ihre Brust drücken«.[121] Das wirkt betulich, um Witz bemüht, aber bestätigt letzten Endes die immer noch wirksame Verbindung von Busen und Nation. Die aber, so ist hinzuzufügen, historisch fest verknüpft ist mit dem Ausschluss realer Frauen von den republikanischen Freiheiten und so den Grund legt für die Politisierung und Skandalisierung des (fast) nackten Busens von Merkel. Dieser stellt die Autorität der Politikerin infrage, da die weibliche Brust in der Sphäre des Politischen den weiblichen Körper zur Allegorie werden lässt, die sich nicht mit »Individualisierung und Selbstbestimmung der Frauen« in eins bringen lässt.[122] Denn Angela Merkel ist keine Allegorie, sondern eine mit demokratischer Macht versehene Politikerin.

Auch die unmittelbaren Reaktionen auf die Figur der über die Barrikaden marschierenden *Liberté* waren ablehnend. Sie erschien den Zeitgenossen abstoßend, eine »Courtisane der untersten Schicht«, eine »schlampige Dirne« oder ein »dreckiges, entehrtes Straßenmädchen«.[123] Assoziationen, die sich für heutige Betrachter*innen so nicht mehr ohne weiteres einstellen. Die Kunsthistorikerin Monika Wagner interpretiert sie im Kontext der damaligen Vorstellungen von Weiblichkeit und der (Un-)Möglichkeiten, dass Frauen sich am politischen Kampf beteiligen. Die Freiheit, die bei Delacroix mit einem modernen Gewehr ausgestattet ist und mit schmutzigen Füßen fest auf den Barrikaden steht, verließ, so Wagner, die Konventionen der »Bildpropaganda der Revolutionsjahre«, weil sie »selbst aktiv und damit nicht mehr verfügbar ist«.[124] Sie ist weder unbewaffnete *femme fragile*, die von Herkules und anderen bewaffneten männlichen Kämpfern *für* die Freiheit beschützt werden muss, noch mythische Amazone. Das ließ sie in den Augen zeitgenössischer Kritiker zur verworfensten Form von Weiblichkeit absinken, zu einer Hure, die sich nicht mehr als Projektionsfläche eignete. In ihr, so lässt sich schlussfolgern, prallten für die zeitgenössischen Rezensenten unvereinbare Weiblichkeitsbilder aufeinander. Also ›durfte‹ sie so, wie sie war, nicht auftreten. Ganz anders heute: Das Bild, das sich seit 1874 in der Sammlung des Louvre befindet, hat seinen Schrecken verloren. Die *Liberté* auf den Barrikaden der Juli-Revolution, in der man vor knapp zweihundert Jahren noch eine Hure sah – in der Gegenwart ist sie zu einer Identifikationsfigur geworden, auf die sich unter anderem Protestkunst in arabischen und afrikanischen Ländern bezieht (Abb. 23).[125]

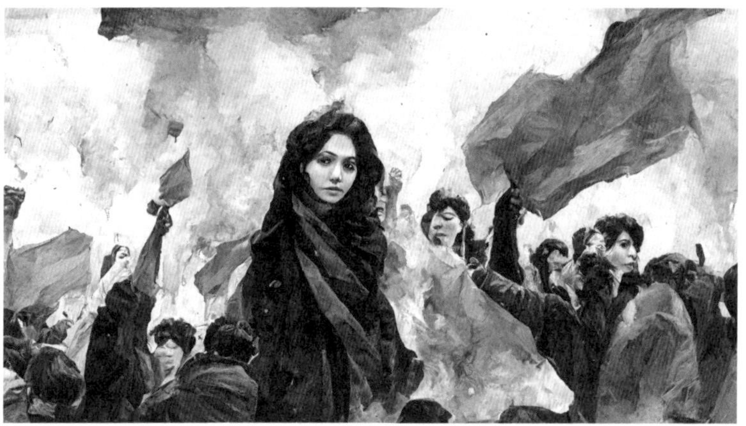

23 Aus der kämpferischen, voranschreitenden, den Busen entblößenden *Liberté* ist in diesem Werk, das im Netz zur Bebilderung der politischen Proteste in Iran Verwendung findet, eine statische, nahezu gänzlich in dunklen Stoff gehüllte Figur geworden.

Mittlerweile wird sie als Kühlschrankmagnet vertrieben.[126] Die einst geschmähte Allegorie wird hofiert. Ihre Aktualisierung als Figur, die für Freiheit steht, belegt, dass der weibliche Körper nach wie vor im Sinne einer allegorischen Projektionsfläche funktionieren kann, und dies auch bei heutigen Betrachter*innen, die nichts von den ursprünglichen politischen Umständen oder den Konzepten von Allegorie und Allegorese wissen. Herkules dagegen, der in der revolutionären Ikonografie der Freiheit eine nicht ganz unwichtige Rolle als deren Beschützer spielte (so wurde 1793 ein Wettbewerb für eine 15 Meter hohe Bronzefigur des Herkules ausgeschrieben, der in der einen Hand seine allgegenwärtige Keule, in der anderen im Vergleich zu seiner Statur winzige Figuren der *Liberté* und der *Fraternité* halten sollte[127]), ist der gegenwärtigen Freiheitsbebilderung gänzlich verlorengegangen. Stattdessen ist Delacroix' 1830 gemalte Figur zu einer universell einsetzbaren Chiffre des Abstraktums ›Freiheit‹ geworden.

Die Konflikte, die das Bild einst auslöste, und der Wunsch nach einer Projektionsfigur in Gestalt eines weiblichen Körpers vermögen sich überraschenderweise auch heute noch am Bild des (allzu) gewagten Dekolletés einer Kanzlerin zu aktualisieren. Ein neuer alter Streit, entzündet am nackten Busen. Unvereinbar scheinen – so wie bei Delacroix – die idealisierte Allegorie der Freiheit und das »Flintenweib«,[128] das sich unter die sterblichen Kämpfer mischt – hier die mächtige (= männliche) Frau und der Blick auf den Busen, die die Allegorisierung und den damit verbundenen Ausschluss realer Frauen von der Macht wachruft.

Der Historiker Ernst Kantorowicz prägte 1957 das in den Kulturwissenschaften sehr einflussreich gewordene Konzept der »zwei Körper des Königs«.[129] Es besagt, dass in der mittelalterlichen Theologie der politische Körper eines verstorbenen Königs in Form des institutionalisierten Amtes weiter fortbestand: »Der König ist tot, es lebe der König«, wie der in Frankreich bis zum Tod Ludwigs XVII. gebrauchte Spruch zur Bekräftigung der Kontinuität königlicher Herrschaft lautete. Nun war Merkel keine Königin, sondern eine demokratisch gewählte Volksvertreterin, deren Macht sich eben gerade nicht aus ihrem Körper ergibt, sondern aus dem Amt. Aber auch im Disput um den Busen in der Oper interagieren, im übertragenen Sinn, zwei Körper: Da ist zum einen Merkels weiblich gelesener Körper, der in den entsprechenden Fotoserien zum Opernbesuch in Oslo offensiv in Hinblick auf den sichtbaren Busen inszeniert wurde. Und zum anderen der Körper der Amtsträgerin, dessen Auftritt stets auch Ausdruck einer politischen Stellvertretung ist. Im Bild ihres Busens kollidieren beide Sphären, die sich nicht mehr zwanglos verbinden und konfliktlos gleichermaßen bespielt werden können, sondern als unvereinbar erschienen. So gesehen liegt im Osloer Dekolleté der ehemaligen Kanzlerin mehr politische Sprengkraft als im nackten Busen der *Femen*-Straßenproteste. Denn dessen immer wieder reproduzierte Bilderfolgen finden in den Diskursen auch ihre Einhegung. Als Mänaden, Hysterikerinnen und überwältigte Amazonen wird das Aufbegehren aus einer ausschließlich weiblich markierten Position durchgespielt und folgt dabei einem Skript, das andere geschrieben haben.

Merkels Dekolleté dagegen produzierte Bilder, die die Kanzlerin *nicht* wiederholen wollte. Sie trug, wie man in den Zeitschriften lesen kann, danach in der Öffentlichkeit nie wieder ein so tief ausgeschnittenes Kleid.

Busen und Macht – eine offenbar bis heute unkontrollierbare Kombination.

ZUM SCHLUSS: BUSEN VON GEWICHT

•

Die Brust scheint harmlos und provoziert dennoch. Sie ist multifunktional und mehrdeutig, und sie galt im Lauf der Geschichte unter anderem als sündig, anziehend, heilig, befreiend, abstoßend oder heroisch. Ihr Ansehen und ihre Bedeutung ergab sich vorgeblich aus der Natur, der göttlichen Vorsehung oder der Wissenschaft. So wurde die Brust zum Gegenstand moralischer, wissenschaftlicher, künstlerischer und feministischer Auseinandersetzungen und damit politisch. In all diesen Konstellationen offenbarten sich in ihrem Bild die herrschenden Geschlechterverhältnisse, und zugleich ihr Potential diese kräftig durcheinanderzubringen.

Ihr Störpotential ist augenfällig: Denn einerseits wird ihr die Verkörperung von Weiblichkeit, ja Geschlechterdifferenz ›an sich‹ zugeschrieben, andererseits bringt sie klare Zuordnungen durcheinander. Daher irritiert der Busen bis heute. In den vorangegangenen Kapiteln wurde gezeigt, wie männlich der Busen sein kann oder inwiefern er die Unsicherheit von Geschlechterzuordnungen verbildlicht, etwa in Darstellungen der *Bärtigen Frau*. Auch die angeblich einzigartige Aufgabe und Fähigkeit der weiblichen Brust, Kinder zu stillen, wurde immer wieder relativiert, zum Beispiel durch die Propagierung von Ziegeneutern, die mitunter als bessere Alternative galten und auch den Gegensatz von natürlich und künstlich ins Wanken brachten. Dass erst kürzlich um einen nackten Busen im Park gestritten wurde und seine Bedeckung ebenso wie seine Verhüllung Gegenstand juristischer Auseinandersetzungen werden kann, ist ein weiterer Hinweis auf das transgressive Potential dieses unterschätzten Körperteils. Seine Sichtbarkeit vermag aus der Fassung zu bringen und verlangt Reglementierung. Kurzgefasst: Am Busen geraten auch gegenwärtig die westlichen Freiheitsversprechen an ihre Grenzen.

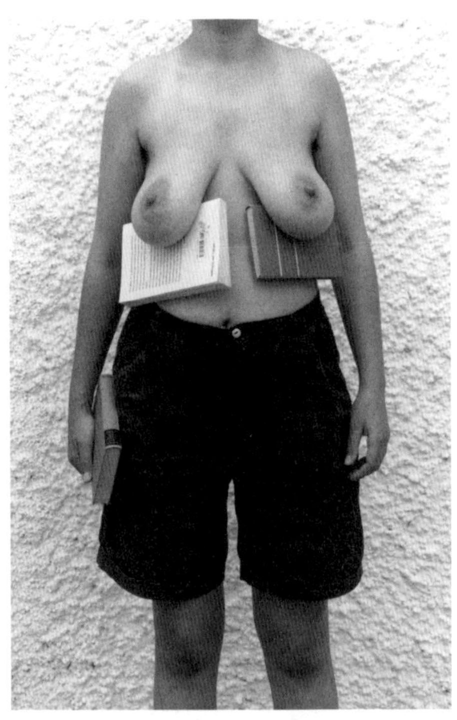

1 Keine Bücher über Busen, sondern ein Busen über Büchern. Evgenia Tsanana: Fotografie aus dem Langzeitprojekt *Körperteile von Gewicht* (Teil einer Serie von vier Fotografien), 1996, (Foto: Judith Adam).

Es ist daher ebenso notwendig wie erhellend, seine weit gespannten Dimensionen zwischen angeblich asexueller Mutterschaft, nationalem Symbol, Angriffswaffe, Lustobjekt oder Gegenstand der Medizin auf ihre politischen Effekte hin zu untersuchen. Dazu gehört, zu beleuchten, inwiefern die kulturellen Zuweisungen im Verbund mit gesellschaftlichen Differenzen und Hierarchien stehen und so zu Ausschlüssen und Ungleichheiten führen, etwa in Hinblick auf die unauslöschlich in die Geschichte der Brust eingeschriebenen Rassismen oder die patriarchale Obsession von einem Idealbusen, die zur Unsichtbarkeit und Abwertung von Körpern führt, die nicht dieser Norm entsprechen.

Der solcherart ebenso vieldeutige wie widersprüchliche Busen mag den Wunsch nach klaren Botschaften und einfachen Slogans wecken. Nach Schuldigen und Rettungsankern. Doch weder Befreiungsrhetorik noch essentialistische Antworten auf die Frage, was der Busen denn nun ›eigentlich‹ sei, werden hier geliefert. Und so steht am Ende die Erkenntnis: Der verwirrenden Flut an Ansprüchen, Projektionen, Idealen, die die Brust bis heute stärker formen als Push-up-BHs und Schönheitsoperationen, lässt sich nicht entkommen. Immer wieder wussten zu viele zu genau, was, wie und wozu der Busen sein soll, denn er war und ist ein Multitool des Patriarchats.

Manchmal jedoch bedarf es nur einer kleinen, aber umso radikaleren Änderung im Protokoll, um die Meistererzählung zu stören. Ein Halbsatz zum Beispiel, der dazu führt, dass seit Kurzem Benutzungsordnungen von Parks und Schwimmbädern vielerorts nicht mehr zwischen männlichen und weiblichen Brüsten unterscheiden, kann als progressives Zeichen gelesen werden für die Gleichberechtigung vieler Geschlechter und des Selbstbestimmungsrechts über den eigenen Körper. Elegant und gewitzt lassen sich Zuschreibungen umgehen, identitäre Zuweisungen abwehren und ebenso lustvolle wie lustige Einsprüche formulieren. Nicht um einen neuen Entwurf dessen zu liefern, was der Busen sein soll, sondern um das Entwerfen selbst zu verstehen. Der Charme und die politische Sprengkraft einer solchen nüchternen Distanz zu einem überbordenden Busendiskurs lässt sich abschließend an einer Arbeit der in Hamburg lebenden Künstler*in Evgenia Tsanana besichtigen (Abb. 1).

Tsanana schreibt dazu: »Ich werde den Busen weder symbolisch noch erotisch, noch medizinisch und kaum ästhetisch behandeln, sondern als das, was ich als erstes von ihm mitkriege: als Gewicht.« Damit erteilt sie den fortdauernden Bestrebungen, den Busen zu erklären, zu disziplinieren oder zu idealisieren, eine wirkungsvolle Absage und fragt stattdessen humorvoll, ob »Körperteile von Gewicht auch praktisch eingesetzt werden« können, zum Beispiel »im Haushalt und sogar für die Bildung«. Und klemmt auf den Fotografien Schaufel und Besen, Teller oder, wie hier, zwei Bücher unter ihre Brüste. Was also wäre der Busen, wenn er, statt die vielen komplizierten Aufgaben, die ihm via Gesellschaft, Politik und Kunst ständig gestellt werden, zu erfüllen – einfach mal rumhängen dürfte? An wem und wie auch immer.

Dank

•

Gemeinhin kommt der Dank immer ans Ende, aber eigentlich müsste er am Anfang stehen, denn in diesem Fall geht er an Menschen, die das Projekt angestoßen haben und mich auf die Spur eines Körperteils gesetzt haben, das schon allein deswegen interessant ist, weil es in den westlichen Kulturen auf so auffällige Weise zugleich sichtbar und unsichtbar ist. Meine Lektorin Annette Wassermann hatte Interesse am Busen und dankenswerterweise noch viel mehr Ideen, wie dieses schier unendliche Thema zu einem endlichen Buch werden kann. Susanne Schüssler sei dafür gedankt, dass sie für den Busen einen Platz im Verlagsprogramm sah. Corinna Gathmann danke ich für die geduldige Unterstützung bei der Einrichtung des Textes und der Abbildungen. Die Teilnehmenden meines Seminars zum Politischen in der Kunst, das an der Universität Oldenburg stattfand, halfen mir mit ihrem Engagement und ihrem Input, wenn es um die Arbeit von Künstler*innen ging, die ihren Körper (und ihre Brust) politisch verstehen. Martin Cremers Angebot, bei Bedarf lateinische Zitate zu übersetzen, beruhigte mich. Elvira Mienert versorgte mich punktgenau mit Busen-Memes. Ganz zum Schluss half Iris Carstensen, großzügig wie immer. Die Unzulänglichkeiten dieses Buches bestehen ausnahmslos *trotz* dieser Unterstützung.

Dank des Entgegenkommens mehrerer Künstler*innen konnte ich Abbildungen im Buch verwenden, auf die ich sonst hätte verzichten müssen. Ein Riesendank an Annie Sprinkle für ihr *Bosom Ballet*. Şükran Morals Werk zeigen zu können ist ein großer Gewinn. Ebenfalls richtig toll ist, dass Evgenia Tsanana mir erlaubt hat, eines ihrer wunderbaren Fotos aus ihrer Serie zum Busen hier abzudrucken. Danke hoch drei! Ganz zum Schluss, und das entspricht nun gar nicht mehr der tatsächlichen Reihenfolge, geht mein letzter Dank an Ida und Ulli für Erläuterungen zu 2023, Testlesen in Wisconsin, *malectus* – und alles andere.

Anmerkungen

•

POLITIK DER BRUST. EINE EINLEITUNG

1 {bit.ly/43cMGMrOben-Ohne-Schwimmen}.

2 {twitter.com/EqualBodyRights}.

3 Ein weiteres Beispiel für einen Gerichtsprozess, bei dem Frauen auf ihr Recht klagten, ihre Brust am Strand ebenso zu entkleiden, wie dies Männern erlaubt ist: 2019 klagten drei Amerikanerinnen aus New Hampshire vor dem Supreme Court. Sie waren am Strand nach Entblößung ihres Oberkörpers verhaftet worden, {www.faz.net/aktuell/gesellschaft/menschen/frauen-ziehen-gegen-oben-ohne-verbot-vor-obersten-gerichtshof-16344646.html}.

4 Benthien/Wulf 2001, »Einleitung«, S. 17.

5 So schreibt der frühmittelalterliche Gelehrte Isidor von Sevilla, zit. n. Lange 1966, S. 98.

6 Herrmann/Wienand 2017.

7 Kohout 2019.

8 Kaufmann 2006, S. 117.

9 Klees 1806, S. 30.

10 Krauss 1904, »Von der schönen Frauen Brust und Taille«, S. 286–300.

11 Ebd., S. 291.

12 Ebd., S. 292.

13 Gilman 1999, S. 221.

14 Freeman 2020; zum Thema Werbung vgl. Emilia Roigs Analyse eines Instagram-Posts der Firma Rossmann während des ersten Corona-Lockdowns, in dem unter dem Hashtag #badhair das Bild einer Schwarzen Frau mit einem gepflegten Afro als Illustration zum Thema vernachlässigte, »hässliche« Haare auftauchte, Roig 2021, S. 176 f.

15 Criado-Perez 2020.

16 Bischoff 2001, S. 293.

17 Young 2005 [zuerst 1990], S. 88.

18 Zu diesen Themen siehe die folgenden Kapitel sowie zum Beispiel Bynum 1977; Fildes 1986; Sykora 1994; Gilman 1999.

19 {www.sueddeutsche.de/stil/mode-haut-couture-1.4924561}.

ANZIEHEN! AUSZIEHEN!
AMBIVALENZEN DES UN/SICHTBAREN BUSENS

1 {www.zeit.de/kultur/2016-09/frankreich-manuel-valls-burkini-marianne-symbol} [15.12.2021].

2 Hark/Villa 2017.

3 Peters 2021.

4 Leserbriefe zu Lisa Marie Peters: »Brust raus!«, Die *Zeit*, Nr. 17, in: *Die Zeit*, Nr. 19, 6.5.2021, S. 19.

5 Einen Überblick über das Gebiet liefert Schmincke 2019.

6 Sanyal 2020.

7 Laqueur 1992.

8 Irigaray 1980, S. 169.

9 Kohl 1934.

10 Hammer-Tugendhat 1987, S. 29.

11 Zit. n. Bologne 2001, S. 60.

12 Bonetti 2020.

13 {www.ksta.de/ratgeber/-heiliger-knigge-katholische-kirche-hut-ab-vor-der-heiligkeit-3133600?cb=1645432684632&}.

14 Kania 2010; Thesander 1997, S. 57.

15 Zit n. Bologne 2001, S. 59.

16 Bologne 2001, S. 61.

17 Barbe 2012.

18 Junker/Stille 1988, S. 109.

19 Thesander 1997, S. 83 und S. 36 ff. für die Ausführungen oben.

20 Ebd.

21 Zum Beispiel Junker/Stille 1988; Steele 2001; Ober 2005; Härtel 2020.

22 Zit. n. Bologne 2001, S. 63.

23 Zit. n. ebd., S. 74.

24 Zit. n. Kunzle 1982.

25 Juvernay 1637.

26 Zit. n. Bologne 2001, S. 77.

27 Duerr 1997, S. 48 f.

28 Christian Tobias Ephraim Reinhard: *Satyrische Abhandlung von denen Krankheiten der Frauenspersonen […]*, Teil 2, Berlin/Leipzig 1757, S. 12 ff., zit. n. Junker/Stille 1988, S. 39 f.

29 Schade 1994.

30 Wenk 1986, S. 224.

31 Zit. n. Junker/Stille 1988, S. 61.

32 Die Formulierung verdankt sich Johanna Schaffer 2008.

33 Die folgenden Abschnitte beruhen größtenteils auf den Ausführungen von Barta 1987.

34 Ebd., S. 94.

35 Thesander 1997, S. 36–38.

36 Barta 1987, S. 101.

37 Rousseau 1844 [zuerst 1762], S. 32 f.

38 Badinter 1981.
39 Duncan 1973.
40 Schiebinger 1993, S. 40.
41 Feher 1989, S. 11 (Übers. AZ).
42 Vgl. auch den Überblick von Lorenz 2000.
43 Zum Verhältnis von Sehen und Denken im Hinblick auf sich wandelnde Weltbilder vgl. die immer noch grundlegenden Arbeiten des Wissenschaftshistorikers Ludwik Fleck 1980 [zuerst 1935] sowie Zimmermann 2009.
44 Bonnaud 1770.
45 Ebd., S. XVI (Übers. AZ).
46 Zit n. Junker/Stille 1988, S. 43; dort auch der Hinweis auf den Einsatz des Korsetts als Mittel zur Geburtenkontrolle.
47 Sömmerring 1793, S. 8.
48 Ebd., S. 11.
49 Weitere Beispiele für die Übernahme der Abbildung aus Sömmerring finden sich in *Das Pfennig-Magazin der Gesellschaft zur Verbreitung gemeinnütziger Kenntnisse*, 1. Bd., 1. Abteilung, Leipzig 1833 (Nr. 12, 20.7.1833, S. 92), und J. F. Albrecht: *Heimlichkeiten der Frauenzimmer oder die Geheimnisse der Natur hinsichtlich der Fortpflanzung des Menschen*, Quedlinburg/Leipzig 1851.
50 Richter-Wittenfeld 2006, S. 301.
51 Diers 1997.
52 Schultze-Naumburg 1901, S. 6.
53 Zum Thema Moderne, Sehen und der Erfindung des Betrachters vgl. Crary 1996.
54 Ebd.
55 Welsch 1996.
56 Bruns 1901, S. 378.
57 Ebd.
58 Junker/Stille 1988, S. 152.
59 Schultze-Naumburg 1901, S. 55.
60 Ebd., S. 142.
61 Anon. [Minna Cauer / Maria Lischnewska] 1904.
62 Zit. n. Ewers-Schultz 2018, S. 148.
63 Belting 2010.
64 Ewers-Schultz 2018, S. 148.
65 Schäfer 1902/03, S. 193.
66 Diederichs 2014, S. 50.
67 Ober 2005, S. 59.
68 Stratz 1904a, S. 23.
69 Stratz 1904b, S. 42.
70 Ebd., S. 62.
71 Ebd., S. 2.
72 Said 1981; Nochlin 1989.

73 Stratz 1904a, S. 238.
74 Stratz 1904b, S. 366 f.
75 Rulffes 2023, S. 218.
76 Schmidt-Linsenhoff 2010.
77 Ebd., Bd. 1, S. 179.
78 Ebd., S. 168.
79 Ebd., S. 162.
80 »In Paris sind die Neger große Mode«, in: *Die Bühne*, Heft 52 (5.11.2925), S. 21, zit. n. Horncastle 2020, S. 63.
81 Horncastle 2020, S. 125.
82 Sweeny-Risko 2018.
83 Dietze 2009, S. 34.
84 Frietsch 2017.
85 Schapira 1977.
86 *Der Spiegel*, Nr. 33, 14.8.1983, S. 80, {magazin.spiegel.de/EpubDelivery/spiegel/pdf/14020560} [15.12.2021].
87 Dietze 2017, S. 32.
88 {de.wikipedia.org/wiki/Alice_Schwarzer} [16.12.21].
89 {www.emma.de/artikel/ask-alice-kann-ich-mich-mit-blossem-busen-sonnen-330527} [5.7.2023].
90 Dr. Adams-Lehmann 1902, S. 667.
91 Krafft-Ebing 1902, S. 672.

VON DER *VENUS* ZUM PIN-UP – UND ZURÜCK. DER BUSEN ZWISCHEN KUNST UND PORNOGRAFIE

1 Sanyal 2020, S. 137–151.
2 Hinz 1998, S. 183.
3 Shaw 2000, S. 91.
4 Ebd., S. 90.
5 Venturi 2019, S. 266.
6 Sanyal 2020; Gsell 2001.
7 Hammer-Tugendhat 2006, S. 77.
8 Mulvey 1994.
9 Schade/Wenk 1995, S. 384.
10 Klinger 1995, S. 39.
11 {www.nhm-wien.ac.at/forschung/praehistorie/forschungen/venus-forschung}.
12 Krammer 1963, S. 7.
13 Lösch 2014, S. 7.
14 Kampmann 2020. Dies betrifft auch andere Motivkreise, zum Beispiel Bilder des Gelehrten, für den praktisch nur männliche Vorbilder existieren, vgl. Haug 2021.
15 Hartlaub 1943, S. 10.
16 Ebd., S. 5.
17 Walkowitz 1994, S. 418.

18 Gilman 1999, S. 232.
19 {www.theregister.com/2009/05/15/german_stone_age_3d_smut_figurine/}.
20 Nowell/Chang 2014, S. 564 (Übers. AZ).
21 Onians zit. n. Stannard/Langley 2021, S. 29.
22 Guthrie 1984, zit. n. Stannard/Langley 2021, S. 29 (Übers. AZ).
23 Zit. n. Hinz 1989, S. 51.
24 {www.theregister.com/2009/05/15/german_stone_age_3d_smut_figurine/}.
25 Zit. n. Stannard/Langley 2021, S. 29 (Übers. AZ).
26 McDermott 1996, S. 227 (Übers. AZ).
27 El Ouassil/Karig 2022, S. 14.
28 Bahn in: McDermott 1996, S. 248 f.
29 Elkins in: McDermott 1996, S. 255–258; dort auch zu Joan Semmel, aber ohne Bezug zu Fragen der Darstellung des weiblichen Körpers im Selbstbildnis.
30 Hier und im Folgenden stütze ich mich auf die Zusammenfassungen bei Ritter 2010.
31 Zit. n. ebd., S. 29.
32 Ebd., S. 44.
33 Diese Debatte findet sich zusammengefasst bei Schiebinger 1993, S. 160–172. Die Abschnitte im Text oben sind eine Zusammenfassung des bei Schiebinger Dargelegten.
34 Ebd., S. 163.
35 Förschler 2011.
36 Schiebinger 1993, S. 163.
37 Sharpley-Whiting 1999.
38 Zöllner 1998, S. 39.
39 Lessing 1988, S. 166 f.
40 Rosenkranz 1996, S. 14.
41 hooks 1992.
42 Davis 2009.
43 Zit. n. Heinz 2006, S. 45.
44 Ebd.
45 Pfisterer 2014.
46 Blanchard u. a. 2018.
47 Aristoteles 1959, S. 8. Zu Form und Material vgl. Wagner 2001.
48 Clark 1956, S. 2 (Übers. AZ).
49 Nead 1992, S. 85 (Übers. AZ).
50 Williams 1993, S. 186 (Übers. AZ).
51 Sprinkle 1997, S. 69 (Übers. AZ).
52 Bourdieu 1981.
53 Jarrett 1990.
54 Kris/Kurz 1995.
55 Dilly 1979; Christadler 2000.
56 Herber 2009.
57 Nochlin 2021.

58 Jahn 2019.
59 Meyer 2019, S. 111.
60 Ebd.
61 Eine brillante Deutung der Arbeit Mendietas vor dem Hintergrund der Malerei des 19. Jahrhunderts liefert Koos 2015.
62 {http://www.das-waren-noch-zeiten.de/img/filmhits_30_1969.jpg}.
63 {www.historische-magazine.de/der-stern-archiv-titelbilder/}.
64 Moral 2014, S. 64; vgl. Zimmermann 2017, S. 87.
65 Schor 2015.
66 Ebd., S. 63.
67 Weibel 1984, S. 50.
68 Schade 2006.
69 Hausbichler 2021.
70 {www.spiegel.de/kultur/soziale-kontrolle-freiheit-den-bruesten-a-959f5bef-e8ed-49f0-9d5c-3882f4287143}.
71 Zit. n. Schor 2015, S. 192.
72 Dyer 1997.
73 Zimmermann 2007.
74 Vgl. Fletcher 2016.
75 Favorisierung von Menschen mit hellerer Haut und Benachteiligung jener mit dunklerer Haut. {missy-magazine.de/blog/2019/06/20/hae-was-heisst-colorism/}. Die Videos sind zu finden unter: {www.youtube.com/watch?v=QcVGXElLjLo}.

BRÜSTE UND ANDERE ILLUSIONEN DES NATÜRLICHEN

1 Osthus 2022, S. XI.
2 Krauss 1904, S. 287.
3 Honegger 1996 [zuerst 1991], S. IX.
4 Schiebinger 1993, S. 225. Folgende Beispiele ebd.
5 Orland 2013.
6 Zit. n. Laqueur 1992, S. 50; Isidor von Sevilla 2008.
7 Neugebauer 1908, S. 194
8 Duden 1991, S. 105.
9 Fildes 1986, S. 100.
10 Klees 1806, S. 37.
11 Bynum 1977.
12 Ebd., S. 263.
13 Lifshitz 2004; DeVun 2021, S. 191.
14 Duden 1991, S. 114.
15 {www.bibel-in-gerechter-sprache.de/download/ps-90-2-gott-als-frau-die-gebiert/}.
16 Thiemann 2006, S. 50.
17 Francis (François) Mauriceau: *The accomplisht midwife*, London 1673, zit. n. Fildes 1986, S. 139.
18 Zum Beispiel Seichter 2014.

19 Fildes 1986, S. 115.
20 Ebd., S. 116.
21 Quinlan 2004, S. 139.
22 Yalom 1997, S. 117.
23 Hunt 1992.
24 Honegger 1996, S. 58.
25 Seichter 2014, S. 57.
26 Fildes 1986, S. 104.
27 Schütze 1988, S. 119–120.
28 Quinlan 2004, S. 147.
29 Die folgenden Ausführungen beruhen maßgeblich auf Schiebingers Erkenntnissen. Schiebinger 1993, S. 40–74.
30 Schiebinger 1993.
31 Milan 2015, S. 192.
32 Ebd., S. 193.
33 Liharžik 1839, S. 27.
34 Klees 1806, S. 32.
35 Ebd., S. 9.
36 Ebd., S. 33.
37 Ebd., S. 49.
38 Wierrer 1870, S. 29.
39 Hyrtl 1847, Bd. 1, S. 402.
40 Klees 1806, S. 16 f. (Hervh. AZ).
41 Ebd., S. 38.
42 Gilman 1999, S. 228.
43 Strahsen 1831, S. 11.
44 Ebd., S. 9 u. 10.
45 So die Widmung des Buches: »Allen Müttern, denen das Selbststillen, aus natürlichen Gründen, unmöglich ist.«
46 Klees 1806, S. 36.
47 Ebd., S. 36 u. 37.
48 Strahsen 1831, S. 10.
49 Ebd., S. 14.
50 Ebd., S. 15.
51 Ebd., S. 14.
52 Klees 1806, S. 24.
53 Zwierlein 1816, S. 2.
54 Fildes 1986, S. 269.
55 *Neue Jugend-Zeitung* (Leipzig), Nr. 83, 17.7.1819, Sp. 657.
56 Zwierlein 1816, S. vi.
57 Vgl. dazu die »Figur des Dritten« als kulturwissenschaftliches Paradigma: »Ein Drittes, das binäre Codierungen allererst möglich macht, während es selbst als konstituierender Mechanismus gewöhnlich im Verborgenen bleibt«, Eßlinger u. a. 2010, S. 11.
58 Zwierlein 1816, S. 29 (Hervh. AZ).

59 Ebd., S. 8.
60 Ebd., S. 27–29.
61 Ebd., S. 8.
62 Ebd., S. 47.
63 Ebd., S. 94.
64 Fildes 1986, S. 270.
65 Klencke 1870, S. 45.
66 Haarer 1941, S. 115.
67 Ebd., S. 271.
68 Ebd., S. 168.
69 Ebd., S. 168 (im Original gesperrt). Zu Haarer: Chamberlain 2010.
70 Haarer 1941, S. 174.
71 Beispiele und Ausführungen beruhen auf DeVun 2021, S. 46–63.
72 *Naturalis historia*, VII, II, 15–16, {books.google.de/books?id=7QLoBQAAQBAJ&pg=PA24#v=onepage&q&f=false}.
73 DeVun 2021, S. 62.
74 Die folgenden Ausführungen beruhen maßgeblich auf Thiemann 2006.
75 Tunbridge 2011.
76 Thiemann 2006 unter Verweis auf Tönz 2000.
77 Jalilipour 2023.
78 Johnston 2007.
79 DeVun 2021, S. 46. Zum *Visual Othering* im Mittelalter hat die Hamburger Kunsthistorikerin und Künstlerin Silke Büttner bereits 2013 einen grundlegenden Beitrag beigesteuert: Büttner 2013.
80 Clavigero 1780/81, Bd. 4, Dissertazione V, S. 169.
81 Von Humboldt/Bonpland 1818, S. 40 f.
82 Ebd., S. 42.
83 Gruber 1866, S. 21.
84 *Medicinische Jahrbücher des kaiserl. königl. Österreichischen Staates* (Wien), Bd. 30/N. F. Bd. 21 (1840), S. 144.
85 Von Humboldt/Bonpland 1818, S. 44.
86 Hyrtl 1847, S. 380.
87 Burdach 1819, S. 49
88 Brooks 2022, S. 21.
89 Hunter 1780, S. 530 (Übers. AZ): »Every female, just at the age of maturity, is more like the young of the same species than the male is observed to be; and if the male is deprived of his testes when young, he retains more of the original form, and therefore is more familiar to the female.«
90 *Sibylle. Unterhaltungsblatt zum Würzburger Journal*, Nr. 152, 19.12.1867, S. 608.
91 Gruber 1866.
92 Ebd., S. 1.
93 Ebd., S. 5.
94 Ebd., S. 16.
95 Zimmermann 2009, S. 159.

96 Kurella 1893, S. 85.
97 Adler 1912, S. 90.
98 Gilman 1999, S. 264 f.
99 Emmert 1862, S. 39
100 Krieg 1877, S. 75.
101 {de.statista.com/statistik/daten/studie/449423/umfrage/verteilung-von-brustvergroesserungen-nach-laendern-mit-den-haeufigsten-eingriffen/}.
102 {www.20min.ch/story/darum-sind-schoenheits-ops-fuer-kinder-in-brasilien-neu-kostenlos-604137841123} [5.7.2023].
103 Zu diesem Zusammenhang vgl. Gilman 1999, S. 225–227.
104 Edmonds 2007, S. 373.
105 {vdaepc.de/wp-content/uploads/2023/04/2023_VDAEPC_Behandlungsstatistik_2023.pdf}, S. 5.
106 *DGÄPC-Statistik 2020–2021*, S. 3.
107 Gersuny 1903, Sp. 2257.
108 Gilman 1999, S. 229.
109 Hyrtl 1847, S. 401.
110 Gilman 1999, S. 227 u. 238.
111 Zeis 1838, S. 2.
112 Gilman 1999, S. 228.
113 Czerny 1895.
114 Gilman 1999, S. 252.
115 Cooper 2014, S. 250.
116 {genevievegluck.substack.com/p/sex-trafficked-women-first-victims}.
117 Leonardi u. a. 2016.
118 {www.reuters.com/article/us-people-doda-idCNKCN0T107X20151112}.
119 Zimmermann 1998, S. 27.
120 Ebd.
121 Gilman 1999, S. 243 f.; Fardo u. a. 2022.
122 Fitts 1999, S. 5.
123 Coll-Planas u. a. 2017, S. 186 (Übers. AZ).
124 Jones 2008, S. 90.
125 Ebd., S. 90 (Übers. AZ).
126 Gleichzeitig werden die politischen Debatten über das neue Gesetz begleitet von einer breiten medialen Diskussion. Auch die hat dazu geführt, dass einige Punkte Aufnahme gefunden haben, die aus Sicht von Betroffenen problematisch sind, etwa die Einfügung eines Passus, der mit Verweis auf das ›Hausrecht‹ den Zugang von trans* Frauen zum Beispiel zu Saunen oder Umkleidekabinen einschränkt, oder die Regelung, dass trans* Frauen nicht von der Einberufung zur Bundeswehr ausgenommen werden, wenn ihr Antrag auf Geschlechtsänderung erst kurz vor einem »Verteidigungsfall« gestellt wurde.
127 {www.tagesschau.de/inland/innenpolitik/selbstbestimmungsgesetz-gesetzentwurf-100.html}.
128 Bullion 2023.
129 Pearce u. a. 2020.

130 Zum Beispiel bei Ewert 2021.
131 Sciuto 2022, S. 164 f.
132 Louis 2022, S. 50 f.
133 Ebd., S. 51.
134 {www.nhs.uk/pregnancy/having-a-baby-if-you-are-lgbt-plus/chestfeeding-if-youre-trans-or-non-binary/}.
135 Fitts 1999, S. 5.
136 MacDonald u. a. 2016.
137 {www.lsvd.de/de/ct/6772-alice-schwarzer-transsexualitaet?gclid=CjoKCQjw6cKiBhD5ARIsAKXUdybKoTCkb3J71sGZQObX_exrWJ_Kik4QyMZeYpr3-snZ3Ejol3RTQZEaAvz7EALw_wcB}.
138 Limper 2021, S. 455 u. 386.
139 Schwarzer/Louis 2022, S. 10.
140 Ewert 2021, S. 125 f.
141 Hoenes 2014, S. 54 f.
142 Sobiech/Gentile 2012, S. 171.
143 {www.welt.de/sport/article144620097/Diese-wackeligen-Busen-sind-eine-schwere-Suende.html} [4.10.2020].
144 Ebd.
145 Karolin Heckemeyer: *Leistungsklassen und Geschlechtertests. Die heteronormative Logik des Sports*, Bielefeld 2018, S. 163.
146 {www.ran.de/fussball/bildergalerien/die-schoensten-fussballerinnen-der-welt-morgan-ekroth-ertz} [17.9.2020].
147 Emilie Düntzer/Martha Hellendall: »Einwirkungen der Leibesübungen auf weibliche Konstitution, Geburt und Menstruation«, in: *Münchener medizinische Wochenschrift*, Bd. 71, Nr. 44 (1929), S. 1835–1838.
148 Stephan Westmann: *Frauensport und Frauenkörper. Sportärztliche Betrachtungen eines Frauenarztes*, Leipzig 1930, S. 2 f.
149 Ebd., S. 6.
150 Ebd., S. 36.
151 Ebd.
152 Ebd., S. 47.
153 Walter Bergmann: *Die Frau und der Sport*, Oldenburg 1925, S. 19.
154 Ebd., S. 85.
155 Gutsmuths: *Gymnastik für die Jugend, enthaltend eine praktische Anweisung zu Leibesübungen. Ein Beytrag zur nöthigsten Verbesserung der körperlichen Erziehung*, Schnepfenthal 1793, S. 19 f.
156 Abigail Solomon-Godeau: *Male Trouble. A Crisis in Representation*, London 1997; Mechthild Fend: *Grenzen der Männlichkeit. Der Androgyn in der französischen Kunst und Kunsttheorie 1750–1830*, Berlin 2003.
157 Gilman 1999, S. 262.
158 Toney 1999, S. 166.
159 Ebd., S. 166 (Übers. AZ).
160 Scheller 2021, S. 61–66.
161 Sciuto 2022, S. 163.

162 {www.brustkrebs-beim-mann.de}.
163 Zeis 1838, S. 472.
164 Lorde 1980 (deutsche Übersetzung der englischen Erstausgabe von 1980); Ehlers 2012, S. 122.
165 Kubitza 1994, S. 77.
166 Spence 1986, S. 156 u. 152.
167 Ebd., S. 153 (Übers. AZ).
168 Peterson 2018 (Übers. AZ).
169 Dass, wie 2018 berichtet wurde, Matuschka sich rund zwanzig Jahre nach ihrer Erkrankung dafür entschied, einen operativen Brustaufbau durchführen zu lassen, begründete sie mit dem Wunsch, endlich auch inkognito auftreten zu können.
170 Fitts 1999, S. 4.
171 Ebd., S. 6 (Übers. AZ).
172 Meskimmon 1996, S. 6.
173 Russo 1995, S. 14.
174 Hauke 2022, S. 71.
175 Klauke 2022, S. 51.
176 Villa 2008, S. 252.
177 Ebd.

I AM GOD. DER BUSEN ALS PROTESTORGAN

1 {www.berliner-kurier.de/politik-wirtschaft/busen-protest-oben-ohne-aktivistinnen-fordern-gas-embargo-von-scholz-li.258813}.
2 Die folgenden Ausführungen und einige der Beispiele beruhen auf Hiltmann 2008.
3 Wenn man nicht die Netflix-Serie *Vikings: Valhalla* gesehen hat. Die zweite Staffel läuft seit Januar 2023.
4 Referiert bei Hiltmann 2008, S. 427.
5 Ebd.
6 Ebd.
7 Kobelt-Groch 2005.
8 Wagner-Hasel 2010, S. 32.
9 Hederich 1967, Sp. 203 u. 205, zit. n. Scheifele 1992, S. 38.
10 Bisset 1971.
11 Wagner-Hasel 2010, S. 19. Die folgenden Ausführungen beruhen auf Wagner-Hasel 2010.
12 Preußer 2010, S. 36.
13 Wagner-Hasel 2010, S. 23.
14 Eller 2011, S. 17. Auf die differenzierten Forschungspositionen zu diesem Thema kann ich hier nicht eingehen, wie zum Beispiel auf Einwände wie den von Wagner-Hasel erhobenen, dass »alle […] Deutungen, die auf die Geschlechtszugehörigkeit der Amazonen abheben, […] auf eine Vorstellung vom unterdrückten und untergeordneten Leben der attischen Frauen

[rekurrieren], die Ende des 18. Jahrhunderts entwickelt wurde und sich sowohl aus europäischen Haremsphantasien als auch aus Idealbildern der bürgerlichen Hausfrau speist. Eine Gesellschaft aber, die sich ihrer Identität über Bilder von einer weiblichen Kriegergemeinschaft vergewissert, ist nicht als rein männlich orientiert zu denken«, Wagner-Hasel 2010, S. 28.

15 Scheifele 1992, S. 48.

16 Zum Zusammenhang mit dem Amazonenmythos und der Vorstellung weiblicher Herrschaft vgl. Gilman 1980, S. 144 f.

17 Zit. n. ebd., S. 48 f.

18 Hederich 1770.

19 Eller 2011, S. 65–99.

20 Ebd., S. 18 f; Kelly 1982.

21 Rentmeister 1988, S. 443.

22 Ebd.

23 Ebd., S. 449.

24 Ebd., S. 446.

25 Es ist nur als traurige Ironie zu betrachten, dass der Online-Versandhandel, der vielen Buchläden das Leben schwermacht, im Namen auf die Amazonen verweist.

26 Hermand 1984; Rang 1984.

27 Rang 1984, S. 556.

28 Zit. n. Hermand 1984, S. 544.

29 Ebd., S. 547 f.

30 Zit. n. Jooss 2006, S. 282.

31 Fuchsberger 2017, S. 199.

32 Przytulla 2002, S. 207.

33 Zit. n. Rosenfeld 2010, S. 351.

34 Zit. n. Bandhauser-Schöffmann 2009, S. 68.

35 »Frauen im Untergrund: ›Etwas Irrationales‹«, in: *Der Spiegel*, Nr. 33, 7.8.1977, S. 22–33.

36 Zit. n. Wagner-Hasel 1991, S. 80.

37 Rosenfeld 2010, S. 370 f.

38 Duerr 1995, S. 70.

39 So zum Beispiel in Micheal Ruetz' Bildband *1968. Ein Zeitalter wird besichtigt* (1997), S. 202.

40 Linke 2012, S. 209.

41 Zit. n. Herzog 2008, S. 77.

42 Projektgruppe Sexualität und Politik [1973], S. 99.

43 Eitler 2007, S. 239.

44 Przytulla 2002, S. 205.

45 Fahlenbrach 2002.

46 Eiblmayr 1993, S. 85.

47 Papenbrock 2007.

48 Stelzer 2003.

49 {www.spiegel.de/geschichte/achtundsechzig-aktion-blanker-busen-a-949905.html}.

50 So zum Beispiel auch in Warner 1989, S. 394.
51 *Der Spiegel*, 5.7.2012, {www.spiegel.de/geschichte/bh-revolution-befreiung-vom-korsett-a-947632.html}.
52 {www.thecut.com/2017/11/an-oral-history-of-feminist-group-new-york-radical-women.html}.
53 {http://www.redstockings.org/index.php/no-more-miss-america}.
54 Lindsy van Gelder, »How We Got There. The Truth about Bra-Burners«, Ms., September/Oktober 1992, {gradschool.wayne.edu/news/the_truth_about_bra_burners.pdf}.
55 Ebd. (Übers. AZ).
56 {http://www.redstockings.org/index.php/no-more-miss-america}.
57 Kreydatus 2018, S. 22.
58 Ebd.
59 Welch 2015.
60 Ebd., S. 81.
61 Gründerinnen waren: Oksana Schatschko, Inna Schewtschenko, Sascha Schewtschenko und Anna Hutsol.
62 {femen.org/about-us/}.
63 {www.facebook.com/femengermany/?locale=de_DE}.
64 Ebd.
65 Zit. n. Baldauf 2015, S. 60. Im Orig.: »We do not use violence because our naked bodies speak for ourselves: they are our manifestos and our battleground. Our breasts are our weapons only because established power sees them as such. Nature gives us this weapon because the social, political and economical rules, all governed by a conventional morality, criminalizes our attempt toward liberation.«
66 Zit. n. O'Keefe 2014, S. 11.
67 Zit. n. ebd., S. 12 (Übers. AZ). Im Orig.: »The new feminism says: It is good that women are different from man. The woman is beautiful; her breasts are a symbol of feminity. That is why the women from *Femen* go topless on the streets. Only through differentiation can we truly reach equality.«
68 Villa 2022, S. 254.
69 {www.facebook.com/femengermany} [13.1.2023].
70 Siebler 2015.
71 Ebd., S. 562 (Übers. AZ). »As with many things [...], something does not automatically become feminist simply it is delivered, written and/or performed by a feminist.«
72 {www.dazeddigital.com/artsandculture/article/24258/1/why-instagram-censored-this-image-of-an-artist-on-her-period}.
73 Vgl. Faust 2017.
74 {www.spiegel.de/fotostrecke/messe-protest-femen-aktivistinnen-stoeren-merkel-und-putin-fotostrecke-95267.html}.
75 {www.nordbayern.de/region/ungerecht-warum-frauen-keine-exhibitio nisten-sein-konnen-1.9273481}. Von Jurist*innen wird diese Regelung

daher auch kritisiert. So ist zum Beispiel die Begründung, dass exhibitionistische Handlungen in der großen Mehrzahl von Männern begangen würden, auch deswegen nicht stichhaltig, weil man »Straftatbestände schließlich auch nicht auf ein bestimmtes Alter« beschränke, auch »wenn ein 93-jähriger Exhibitionist möglicherweise seltener vorkomme«. Siehe auch Gereon Wolters: »Der kleine Unterschied und seine strafrechtlichen Folgen«, in: *Goltdammer's Archiv für Strafrecht*, Bd. 161, Nr. 10 (2014), S. 556–571.

76 Mit fatalen Folgen, wie die immer noch vorherrschende Ausblendung von Gewalt gegen Männer aus dem öffentlichen Diskurs zum Beispiel zu häuslicher Gewalt zeigt. Laut Polizeistatistik sind rund 19 Prozent der Betroffenen häuslicher Gewalt Männer, {www.maennergewaltschutz.de/event/hospitation-msw-leipzig/}.

77 Carroll 1989, S. 3.

78 Ebd., S. 5.

79 Schneider/Seifert 2010.

80 Lindner 1987, S. 301.

81 Ebd., S. 296.

82 Karentzos 2005, S. 158.

83 Zenaty 2022.

84 Didi-Huberman 1997, S. 8.

85 Ebd.

86 Peter Gorsen zit. n. Schneede 2006, S. 51.

87 Schneede 2006, S. 211.

88 Schade 1993; Didi-Huberman 1997; Charcot/Richer 1988.

89 Zu Aby Warburgs in den Kunst- und Kulturwissenschaften breit rezipiertem Begriff der Pathosformel siehe Baumgart 1993; Pfisterer 2003; Hurttig 2012.

90 Vgl. zur Persistenz und Wirkung des Mänadenmotivs: Lindner 1987, S. 302.

91 Karentzos 2005, S. 99 f.

92 {www.bild.de/bild-plus/politik/ausland/politik-ausland/lambrecht-traegt-bei-truppenbesuch-pumps-soldaten-sauer-auf-stoeckelschuh-minist-79758704.bild.html}.

93 Hofmann 2014, S. 34.

94 Bulst 1988, S. 29.

95 Dinges 1992, S. 74.

96 Rublack 2022, S. 400.

97 Anders jedoch als Lambrechts Stöckelschuhe, die den Ruhm der Politikerin nicht mehren, sondern schmälern, trägt der legendäre Turnschuh-Auftritt Fischers zur Bildung eines positiven Mythos des Politikers bei.

98 Rublack 2022, S. 400.

99 Bulst 1988, S. 43.

100 Steidele 2021.

101 {http://www.spaetmittelalter.uni-hamburg.de/spaetmittelalter/Lehre/Ergebnisse/Hamburg/quellen/PaketSiebenundzwanzig.html}.

102 Thüsing 2006.
103 Zit. n. Bulst 1988, S. 39.
104 Ebd. u. S. 43.
105 Bulst 1988.
106 Zum Beispiel nachzulesen bei Byer 2022, S. 142.
107 Zum Beispiel der Fall der Berlinerin Gabrielle Lebreton, siehe Einleitung S. 7. {www.berliner-zeitung.de/mensch-metropole/oben-ohne-auf-dem-wasserspielplatz-berliner-gericht-prueft-heute-klage-li.266815}.
108 {www.zeit.de/1996/36/Mein_Hosenanzug/komplettansicht}.
109 Zit. n. Lünenborg 2009, S. 86. Folgende Pressezitate siehe: S. 86–90.
110 Rohlmann 2009, S. 226.
111 Ebd.
112 Assmann 1994, S. 25.
113 Ebd.
114 Warner 1994.
115 Hederich 1770/1967, Sp. 206, zit. n. Scheifele 1992, S. 38.
116 Hollander zit. n. Warner 1989, S. 377.
117 Grubitzsch 2020, S. 244.
118 Zit. n. Wagner 1989, S. 17.
119 Warner 1989, S. 381.
120 Ebd., S. 396.
121 Zit. n. Lünenborg 2009, S. 86. Folgende Pressezitate aus: S. 86–90.
122 Assmann 1994, S. 25.
123 Wagner 1989, S. 8.
124 Ebd., S. 23 u. 24.
125 Bogerts 2016; Maltz-Leca 2013.
126 {www.museion-versand.de/alte-kategorien/THEMEN/Special--Klassiker-der-Kunstgeschichte/Delacroix--Die-Freiheit-fuehrt-das-Volk.html}.
127 Wagner 1989, S. 19.
128 Ebd., S. 23.
129 Kantorowicz 1957. Zu den neueren Untersuchungen, die Kantorowicz' Konzept auf Fragen der Geschlechterdifferenz übertragen, gehört zum Beispiel Banakas 2018.

ZUM SCHLUSS: BUSEN VON GEWICHT

1 Tsanana 2020, o. S. Ausführlicher zu dieser Arbeit habe ich an anderer Stelle geschrieben, vgl. Zimmermann 2023, S. 101–103.

Literatur

•

Dr. Adams-Lehmann u. a.: »Gutachten von Ärzten über das Miedertragen«, in: *Frauen-Rundschau*, Jg. 6, Heft 23 (1.3.1902), S. 667–675.

Adler, Alfred: *Über den nervösen Charakter*, Wiesbaden 1912.

Allen, Regulus: »›The Sable Venus‹ and Desire for Undesirable«, in: *Studies in English Literature, 1500–1900*, Vol. 51, Nr. 3 (Sommer 2011), S. 667–691.

Anon. [Minna Cauer/Maria Lischnewska]: »Eingabe des Verbandes Fortschrittlicher Frauenvereine an Seine Exzellenz den Herrn Minister der geistlichen Schul- und Medizinalangelegenheiten in Preußen, Verbot des Korsetts in der Schule betreffend«, in: *Die Frauenbewegung*, Jg. 10, Nr. 22 (15.11.1904), S. 64–65.

Aristoteles: *Über die Zeugung der Geschöpfe*, Paderborn 1959.

Assmann, Aleida: »Der Wissende und die Weisheit«, in: Sigrid Schade u. a. (Hg.): *Allegorien und Geschlechterdifferenz*, Köln/Weimar/Wien 1994, S. 11–25.

Bader, Lena u. a. (Hg.): *Vergleichendes Sehen*, Paderborn 2010.

Badinter, Elisabeth: *Die Mutterliebe: Geschichte eines Gefühls vom 17. Jahrhundert bis heute*, München/Zürich 1981.

Baldauf, Anette: »Girl Aktivismus«, in: Alexander Fleischmann/Doris Guth (Hg.): *Kunst. Theorie. Aktivismus. Emanzipatorische Perspektiven auf Ungleichheit und Diskriminierung*, Bielefeld 2015, S. 59–89.

Banakas, Anne-Sophie: »Die zwei Körper der Herrscherin. Der politische und der natürliche Körper in den Porträts von Maria Theresia (1740–1780)«, in: *Mitteilungen des Instituts für Österreichische Geschichtsforschung*, Bd. 126, Nr. 1 (Mai 2018), S. 73–109.

Bandhauser-Schöffmann, Irene: »›Emanzipation mit Bomben und Pistolen‹? Feministinnen und Terroristinnen in deutschsprachigen Sicherheitsdiskursen der 1970er Jahre«, in: *L'homme: Zeitschrift für feministische Geschichtswissenschaft*, Jg. 20, Nr. 2 (2009), S. 65–84.

Barbe, Josephine: *Figur in Form. Geschichte des Korsetts*, Bern/Stuttgart/Wien 2012.

Barta, Ilsebill: »Der disziplinierte Körper. Bürgerliche Körpersprache und ihre geschlechtsspezifische Differenzierung am Ende des 18. Jahrhunderts«, in: Dies. u. a. (Hg.): *Frauen, Bilder, Männer, Mythen. Kunsthistorische Beiträge*, Berlin 1987, S. 84–106.

Baumgart, Silvia u. a. (Hg.): *Denkräume zwischen Kunst und Wissenschaft*, Berlin 1993.

Beekman, Werner H. u. a.: »Augmentation Mammaplasty: The Story before the Silicone Bag Prosthesis«, in: *Annals of Plastic Surgery*, Vol. 43, Nr. 4 (Oktober 1999), S. 446–451.

Belting, Isabella: *Mode sprengt Mieder. Silhouettenwechsel*, Kat. Münchner Stadtmuseum, München 2010.

Benthien, Claudia/Christoph Wulf (Hg.): *Körperteile. Eine kulturelle Anatomie*, Reinbek b. Hamburg 2001.

Bischoff, Doerte: »Körperteil und Zeichenordnung. Der Phallus zwischen Materialität und Bedeutung«, in: Claudia Benthien/Christoph Wulf (Hg.): *Körperteile. Eine kulturelle Anatomie*, Reinbek b. Hamburg 2001, S. 293–315.

Bisset, K. A.: »Who Were the Amazons?«, in: *Greece & Rome*, Vol. 18, Nr. 2 (Oktober 1971), S. 150–15.1

Blanchard, Pascal u. a.: *Sexe, race et colonies: La domination des corps du XVe siècle à nos jours*, Paris 2018.

Bogerts, Lisa Katharina: »Die ›Responsibility to Protest‹: Street Art als ›Waffe‹ des Widerstands?«, in: *Zeitschrift für Außen- und Sicherheitspolitik*, Jg. 9, Nr. 4 (2016), S. 503–529.

Bologne, Jean-Claude: *Nacktheit und Prüderie. Eine Geschichte des Schamgefühls*, Weimar 2001.

Bonetti, Tiziana: »Aufs Wohl der Gemeinschaft! Marienmilch als Heilmittel. Eine historisch-anthropologische Annäherung«, in: *Geschichte in Wissenschaft und Unterricht*, Jg. 71, Heft 11/12 (2020), S. 620–634.

Bonnaud, Jacques: *Dégradation de l'éspece humaine par l'usage des corps a baleine [...]*, Paris 1770.

Bourdieu, Pierre (Hg.): *Titel und Stelle. Über die Reproduktion sozialer Macht*, Frankfurt a. M. 1981.

Brandes, Kerstin: »Portrait, Travelogues und Weblogs – zu visuellen Migrationen der Hottentotten-Venus«, in: *FKW: Zeitschrift für Geschlechterforschung und visuelle Kultur*, Heft 51 (Juni 2011), S. 73–87, {doi.org/10.57871/fkw5120111205}.

Brooks, Ross: »Bounds of Diversity: Queer Zoology in Europe from Aristotle to John Hunter«, in: *Zoological Journal of Linnean Society*, Vol. 195, Nr. 1 (Mai 2022), S. 1–32.

Bruns, Margarete: »Der Stil der modernen Kleidung«, in: *Deutsche Kunst und Dekoration*, Jg. 4, Heft 7 (April 1901), S. 374–388 u. 458–478.

Bullion, Constanze von: »In der Zwickmühle«, in: *Süddeutsche Zeitung*, 31.5.2023, S. 5.

Bulst, Neithard: »Zum Problem städtischer und territorialer Kleider-, Aufwands- und Luxusgesetzgebung in Deutschland (13.–Mitte 16. Jahrhundert)«, in: André Gouron/Albert Riggaudière (Hg.): *Renaissance du pouvoir législatif et genèse de l'Etat*, Montpellier 1988, S. 29–57.

Burdach, Karl Friedrich: *Vom Baue und Leben des Gehirns*, Bd. 1, Leipzig 1819.

Büttner, Frank/Gottdang, Andrea: *Einführung in die Ikonographie. Wege zur Deutung von Bildinhalten*, München 2006.

Büttner, Silke (Hg.): »Visual Othering 1100–1200«, Themenheft von *FKW: Zeitschrift für Geschlechterfoschung und visuelle Kultur*, Nr. 54 (Mai 2013), {doi.org/10.57871/fkw542013}.

Byer, Doris: *Weiße Haut, Schwarze Seele*, Berlin 2022.

Bynum, Caroline Walker: »Jesus as Mother and Abbot as Mother: Some Themes in Twelfth-Century Cistercian Writing«, in: *Harvard Theological Review*, Vol. 70, Nr. 3/4 (Oktober 1977), S. 257–284.

Carroll, Margaret D.: »The Erotics of Absolutism: Rubens and the Mystification of Sexual Violence«, in: *Representations*, Nr. 25 (Winter 1989), S. 3–30.

Chamberlain, Sigrid: *Adolf Hitler, die deutsche Mutter und ihr erstes Kind*, 5. Aufl., Gießen 2010.

Charcot, Jean Martin/Paul Richer: *Die Besessenen in der Kunst*, hg. u. mit einem Nachwort v. Manfred Schneider, Göttingen 1988.

Christadler, Maike: *Kreativität und Geschlecht. Giorgio Vasaris ›Vite‹ und Sofonisba Anguissolas Selbst-Bilder*, Berlin 2000.

Clark, Kenneth: *The Nude. A Study of Ideal Art*, London 1956.

Clarke, Laura Hurd: »Women, Aging, and Beauty Culture«, in: *Generations. Journal of the American Society on Aging*, Vol. 41, Nr. 4 (Winter 2017–2018), S. 104–108.

Clavigero, Francisco Saverio: *Storia antica del Messico*, 4 Bde., Cesena 1780/81.

Collins, Desmond/John Onians: »The Origins of Art, Part 2: Commentary«, in: *Art History*, Vol. 1, Nr. 1 (1978), S. 11–25.

Coll-Planas, Gerard u. a.: »Breast Surgery as a Gender Technology: Analyzing Plastic Surgeons' Discourses«, in: *Studies in Gender and Sexuality*, Vol. 18, Nr. 3 (2017), S. 178–189.

Cooper, Katherine Cohen: »Injecting Caution: A Need for Enhanced State-Level Enforcement Tactics Targeting the Cosmetic Use of Liquid Silicone Products«, in: *Journal of Contemporary Health Law & Policy*, Vol. 30, Nr. 2 (2014), S. 249–278.

Crary, Jonathan: *Techniken des Betrachters. Sehen und Moderne im 19. Jahrhundert*, Dresden/Basel 1996.

Criado-Perez, Caroline: *Unsichtbare Frauen. Wie eine von Daten beherrschte Welt die Hälfte der Bevölkerung ignoriert*, München 2020.

Czerny, Vincenz: »Plastischer Ersatz der Brustdrüse durch ein Lipom«, in: *Zentralblatt für Chirurgie*, Bd. 22 (1895), S. 544–550.

Davis, Kathy: »Editorial: ›Black is Beautiful‹ in European Perspective«, in: *European Journal of Women's Studies*, Vol. 16, Nr. 2 (Mai 2009), S. 99–101.

DeVun, Leah: *The Shape of Sex: Nonbinary Gender from Genesis to the Renaissance*, New York 2021.

DGÄPC-Statistik 2020–2021. Zahlen, Fakten und Trends der Ästhetisch-Plastischen Chirurgie, Berlin: Deutsche Gesellschaft für Ästhetisch-Plastische Chirurgie (DGÄPC) 2021, {www.dgaepc.de/wp-content/uploads/2021/10/DGAePC_Statistik-2021.pdf}.

Didi-Huberman, Georges: *Erfindung der Hysterie*, München 1997.

Diederichs, Ulf: *Eugen Diederichs und sein Verlag. Bibliographie und Buchgeschichte 1896 bis 1931*, Göttingen 2014.

Diers, Michael: *Schlagbilder. Zur politischen Ikonographie der Gegenwart*, Frankfurt a. M. 1997.

Dietze, Gabriele: »Okzidentalismuskritik. Möglichkeiten und Grenzen einer Forschungsperspektivierung«, in: Dies. u. a. (Hg.): *Kritik des Okzidentalismus. Transdisziplinäre Beiträge zu (Neo-)Orientalismus und Geschlecht*, Bielefeld 2009, S. 23–54.

Dietze, Gabriele: »Sexueller Exzeptionalismus als Kulturalisierung von Geschlecht und Sexualität«, in: *Freiburger Zeitschrift für Geschlechterstudien*, Jg. 23, Heft 2 (2017), S. 21–36.

Dilly, Heinrich: *Kunstgeschichte als Institution. Studien zur Geschichte einer Disziplin*, Frankfurt a. M. 1979.

Dinges, Martin: »Der ›feine Unterschied‹. Die soziale Funktion der Kleidung in der höfischen Gesellschaft«, in: *Zeitschrift für Historische Forschung*, Bd. 19, Nr. 1 (1992), S. 49–76.

Duden, Barbara: »Geschlecht, Biologie, Körpergeschichte. Bemerkungen zu neuer Literatur in der Körpergeschichte«, in: *Feministische Studien*, Bd. 9, Heft 2 (1991), S. 105–122.

Duerr, Hans-Peter: *Der Mythos vom Zivilisationsprozeß*, Bd. 3: *Obszönität und Gewalt*, Frankfurt a. M. 1995.

Duerr, Hans-Peter: *Der Mythos vom Zivilisationsprozeß*, Bd. 4: *Der erotische Leib*, Frankfurt a. M. 1997.

Duncan, Carol: »Happy Mothers and Other New Ideas in French Art«, in: *The Art Bulletin*, Vol. 55, Nr. 4 (Dezember 1973), S. 570–583.

Dyer, Richard: *White*, London u. a. 1997.

Edmonds, Alexander: »›The Poor Have the Right to Be Beautiful‹. Cosmetic Surgery in Neoliberal Brazil«, in: *The Journal of the Royal Anthropological Institute*, Vol. 13, Nr. 2 (Juni 2007). S. 363–381.

Ehlers, Nadine: »*Tekhnē* of Reconstruction: Breast Cancer, Norms, and Fleshy Rearrangements«, in: *Social Semiotics*, Vol. 22, Nr. 1 (Februar 2012), S. 121–141.

Eiblmayr, Silvia: *Die Frau als Bild. Der weibliche Körper in der Kunst des 20. Jahrhunderts*, Berlin 1993.

Eitler, Pascal: »Die ›sexuelle Revolution‹. Körperpolitik um ›1968‹«, in: Martin Klimke/Joachim Scharloth (Hg.): *1968. Handbuch zur Kultur- und Mediengeschichte der Studentenbewegung*, Stuttgart/Weimar 2007, S. 235–246.

El Ouassil, Samira/Friedemann Karig: *Erzählende Affen. Mythen, Lügen, Utopien. Wie Geschichten unser Leben bestimmen*, Berlin 2022.

Eller, Cynthia: *Gentlemen and Amazons: The Myth of Matriarchal Prehistory, 1861–1900*, Berkeley 2011.

Emmert, Carl: *Lehrbuch der Chirurgie*, Teil 3: *Lehrbuch der speciellen Chirurgie*, Bd. 2: *Chirurgische Krankheiten der Brust, des Bauches und Beckens*, Stuttgart 1862.

Eßlinger, Eva u. a. (Hg.): *Die Figur des Dritten. Ein kulturwissenschaftliches Paradigma*, Frankfurt a. M. 2010.

Ewers-Schultz, Ina: »›Das Wesentliche ist die individuelle Anpassung an die Trägerin‹. Anna Muthesius' Eigenkleid der Frau«, in: Dies./Magdalena Holzhey (Hg.): *Auf Freiheit zugeschnitten. Das Künstlerkleid um 1900 in Mode, Kunst und Gesellschaft*, Ausst.-Kat. Kunstmuseen Krefeld, Kaiser Wilhelm Museum, München 2018, S. 146–151.

Ewert, Felicia: *Trans. Frau. Sein. Aspekte geschlechtlicher Marginalisierung*, 3. Aufl., Münster 2021.

Fahlenbrach, Kathrin: *Protest-Inszenierungen: Visuelle Kommunikation und kollektive Identitäten in Protestbewegungen*, Wiesbaden 2002.

Fardo, Dean u. a.: »Breast Augmentation«, in: *StatPearls*, 26. September 2022, {pubmed.ncbi.nlm.nih.gov/29489168/}.

»Father's Milk«, in: *Bio Science*, Vol. 44, Nr. 6 (Juni 1994), S. 439.

Faust, Gretchen: »Hair, Blood and the Nipple. *Instagram* Censorship and the Female Body«, in: Urte Undine Frömming u. a. (Hg.): *Digital Environments. Ethnographic Perspectives across Global Online and Offline Spaces*, Bielefeld 2017, S. 159–170.

Feher, Michel, zus. m. Ramona Naddaff und Nadia Tazi (Hg.): *Fragments for a History of the Human Body*, Bd. 3, New York 1989.

Fildes, Valerie A.: *Breasts, Bottles and Babies. A History of Infant Feeding*, Edinburgh 1986.

Fitts, Karen: »The Pathology and Erotics of Breast Cancer«, in: *Discourse*, Vol. 21, Nr. 2 (Frühjahr 1999), S. 3–20.

Fleck, Ludwik: *Entstehung und Entwicklung einer wissenschaftlichen Tatsache. Einführung in die Lehre vom Denkstil und Denkkollektiv*, Frankfurt a. M. 1980 [zuerst 1935].

Fletcher, Kanitra: »No Body's Perfect«, in: *NKA. Journal of Contemporary African Art*, 38–39 (November 2016), S. 142–151, {read.dukeupress.edu/nka/article-abstract/2016/38-39/142/2091/No-Body-s-Perfect}.

Förschler, Silke: »Ikonografie der kleinen Unterschiede. Chardins malender Affe und Menschenaffen in naturhistorischen Illustrationen«, in: Elisabeth Johanna Koehn u. a. (Hg.): *Andersheit um 1800. Figuren – Theorien – Darstellungsformen*, München 2011, S. 249–263.

Freeman, Andrea: *Skimmed. Breastfeeding, Race, and Injustice*, Stanford, CA 2020.

Frietsch, Elke: »Kulturalisierung und Geschlecht«, in: *Freiburger Zeitschrift für Geschlechterstudien*, Jg. 23, Nr. 2 (2017), S. 5–18.

Fuchsberger, Doris: *Nacht der Amazonen. Eine Münchner Festreihe zwischen NS-Propaganda und Tourismusattraktion*, München 2017.

Gersuny, Robert: »Über einige kosmetische Operationen«, in: *Wiener medizinische Wochenschrift*, Jg. 53, Nr. 48 (28.11.1903), Sp. 2253–2257.

Gilman, Sander L.: »The Figure of the Black in the Thought of Hegel and Nietzsche«, in: *The German Quarterly*, Vol. 53, Nr. 2 (März 1980), S. 141–158.

Gilman, Sander L.: *Making the Body Beautiful. A Cultural History of Aesthetic Surgery*, Princeton, NJ 1999.

Govrin, Jule Jakob: »SlutWalk – Resignifizierung von Feminitäten und Feminismen«, in: *Gender*, Heft 1 (2013), S. 88–103.

Gruber, Wenzel: *Über die männliche Brustdrüse und über die Gynaecomastie*, St. Petersburg 1866.

Grubitzsch, Helga: »Mit Piken, Säbeln und Pistolen ... ›Amazonen‹ der Französischen Revolution«, in: *Amazonen. Geheimnisvolle Kriegerinnen*, hg. Historisches Museum der Pfalz Speyer, Ausst.-Kat., München 2020, S. 242–249.

Gsell, Monika: *Die Bedeutung der Baubo. Kulturgeschichtliche Studien zur Repräsentation des weiblichen Genitales*, Frankfurt a. M. 2001.

Guth, Doris: »Das Bildnis *Gabrielle d'Estrées und ihre Schwester*«, in: Dies./Elisabeth Priedl (Hg.): *Bilder der Liebe. Liebe, Begehren und Geschlechterverhältnisse in der Kunst der Frühen Neuzeit*, Bielefeld 2012, S. 301–332.

Haarer, Johanna: *Die deutsche Mutter und ihr erstes Kind*, München/Berlin 1941.

Hammer-Tugendhat, Daniela: »Venus und Luxuria. Zum Verhältnis von Kunst und Ideologie im Hochmittelalter«, in: Ilsebill Barta u. a. (Hg.): *Frauen, Bilder, Männer, Mythen. Kunsthistorische Beiträge*, Berlin 1987, S. 13–34.

Hammer-Tugendhat, Daniela: »Jan van Eyck: Autonomisierung des Aktbildes und Geschlechterdifferenz«, in: Anja Zimmermann (Hg.): *Kunstgeschichte und Gender. Eine Einführung*, Berlin 2006, S. 73–97.

Hark, Sabine/Paula-Irene Villa: *Unterscheiden und herrschen. Ein Essay zu den ambivalenten Verflechtungen von Rassismus, Sexismus und Feminismus in der Gegenwart*, Bielefeld 2017.

Härtel, Maren Ch. u. a. (Hg.): *Kleider in Bewegung: Frauenmode seit 1850*, Kat. Historisches Museum Frankfurt a. M., Petersberg 2020.

Hartlaub, Gustav Friedrich: *Lucas Cranach d. Ä.: Der Jungbrunnen, 1549*, Berlin 1943 (= Der Kunstbrief, Bd. 4).

Haug, Henrike: »Zur Un/Möglichkeit des Gelehrtinnenbildes«, in: *kritische berichte*, Bd. 49, Heft 4 (2021; *Die Kunsthistorikerin? Bilder und Images*, hg. v. Brigitte Sölch u. a.), S. 37–49.

Hauke, Alexandra: »Body Positivity«, in: Anja Herrmann u. a. (Hg.): *Fat Studies. Ein Glossar*, Bielefeld 2022, S. 71–74.

Hausbichler, Beate: *Der verkaufte Feminismus. Wie aus einer politischen Bewegung ein profitables Label wurde*, Salzburg/Wien 2021.

Hederich, Benjamin: *Gründliches mythologisches Lexikon*. Nachdruck der erweiterten Ausgabe von 1770, Darmstadt 1967.

Heinz, Kathrin: »Der Drachenkämpfer Wassily Kandinsky. Über Helden und ihre Verbindungen«, in: *Frauen, Kunst, Wissenschaft*, Heft 41 (2006), S. 35–50.

Heinze, Anna: »Die Amazonen – Zur Flexibilität eines Mythos«, in: Michail Chatzidakis u. a. (Hg.): *Con bella maniera: Festgabe für Peter Seiler zum 65. Geburtstag*, Heidelberg 2021, S. 253–266.

Herber, Anne-Kathrin: *Frauen an deutschen Kunstakademien im 20. Jahrhundert*, Heidelberg, Univ. Diss. 2009, {archiv.ub.uni-heidelberg.de/volltextserver/11048/}.

Hermand, Jost: »Alle Macht den Frauen. Faschistische Matriarchatskonzepte«, in: *Das Argument*, 146 (1984), S. 539–554.

Herrmann, Anja/Kea Wienand (Hg.): *FKW: Zeitschrift für Geschlechterforschung und visuelle Kultur*, Nr. 62 (August 2017; *Visual Fat Studies*), {www.fkw-journal.de/index.php/fkw/issue/view/74}.

Herzog, Dagmar: »›Orgasmen wie Chinaböller‹. Sexualität zwischen Politik und Kommerz«, in: Andreas Schwab u. a. (Hg.): *Die 68er. Kurzer Sommer – lange Wirkung*, Ausst.-Kat. Historisches Museum, Frankfurt am Main, Essen 2008, S. 76–85.

Hiltmann, Heiko: »Von nackten Brüsten und blanken Schwertern: Offensive Formen der weiblichen Brustentblößung am Beispiel der ›Eiríks saga rauða‹, K11«, in: Stefan Bießenecker (Hg.): *»Und sie erkannten, dass sie nackt waren.« Nacktheit im Mittelalter*, Bamberg 2008, S. 413–436.

Hinz, Berthold: »Knidia, oder: Des Aktes erster Akt«, in: *kritische berichte*, Bd. 17, Nr. 3 (1989), S. 49–77.

Hinz, Berthold: *Aphrodite. Geschichte einer abendländischen Passion*, München 1998.

Hirschauer, Stefan: *Die soziale Konstruktion der Transsexualität – Über die Medizin und den Geschlechtswechsel*, Frankfurt a. M. 1993.

Hoenes, Josch: *Nicht Frosch – nicht Laborratte: Transmännlichkeiten im Bild. Eine kunst- und kulturwissenschaftliche Analyse visueller Politiken*, Bielefeld 2014

Hoenes, Josch/Utan Schirmer: »Transgender/Transsexualität: Forschungsperspektiven und Herausforderungen«, in: Beate Kortendieck u. a. (Hg.): *Handbuch interdisziplinäre Geschlechterforschung*, Wiesbaden 2019, S. 1203–1212, {doi.org/10.1007/978-3-658-12496-0_77}.

Hofmann, Viola: *Das Kostüm der Macht. Das Erscheinungsbild von Politikern und Politikerinnen von 1949 bis 2013 im Magazin »Der Spiegel«*, Berlin 2014.

Honegger, Claudia: *Die Ordnung der Geschlechter. Die Wissenschaften vom Menschen und das Weib, 1750–1850*, München 1996.

hooks, bell: »Eating the Other: Desire and Resistance«, in: Dies.: *Black Looks: Race and Representation*, Boston, Mass. 1992, S. 21–39.

Horncastle, Mona: *Josephine Baker. Weltstar, Freiheitskämpferin, Ikone. Die Biografie*, Wien/Graz 2020.

Humboldt, Alexander von/Aimé Bonpland: *Reise in die Aequinoctial-Gegenden des neuen Continents in den Jahren 1799, 1800, 1801, 1802, 1803 und 1804*, Zweyter Theil, Stuttgart/Tübingen 1818.

Hunt, Lynn: *The Family Romance of the French Revolution*, Berkeley/Los Angeles 1992.

Hunter, John: »Account of an Extraordinary Pheasant«, in: *Philosophical Transactions of the Royal Society of London*, Vol. 70 (1780), S. 527–535.

Hurttig, Marcus Andrew, in Zusammenarbeit mit Thomas Ketelsen: *Aby Warburg und die Geburt der Pathosformel*, Ausst.-Kat., Köln 2012.

Hyrtl, Joseph: *Handbuch der topographischen Anatomie und ihrer praktisch medizinisch- chirurgischen Anwendungen*, 2 Bde., Wien 1847.

Irigaray, Luce: *Speculum. Spiegel des anderen Geschlechts*, Frankfurt a. M. 1980.

Isidor von Sevilla: *Die Enzyklopädie des Isidor von Sevilla*, übers. u. mit Anm. versehen von Lenelotte Müller, Wiesbaden 2008.

Jahn, Andrea (Hg.): *In the Cut. Der männliche Körper in der feministischen Kunst*, Ausst.-Kat. Stadtgalerie Saarbrücken, Bielefeld/Berlin 2019.
Jalilipour, Katayoun: »Saint Agatha as a Boy. Katayoun Jalilipour in Conversation with D Mortimer«, in: *Texte zur Kunst*, 17.5.2023, {www.textezurkunst.de/de/articles/katayoun-jalilipour-d-mortimer-saint-agatha-as-a-boy/}.
Jarrett, Lucinda: *Striptease. Die Geschichte der erotischen Entkleidung*, Berlin 1999.
Johnson, Emily: »Femen's International Sextremism and Post-Soviet Nostalgia«, in: *Ulbandus Review*, Vol. 18 (2016), S. 44–49.
Johnston, Mark Albert: »Bearded Women in Early Modern England«, in: *Studies in English Literature, 1500–1900*, Vol. 47, Nr. 1 (Dezember 2007), S. 1–28.
Jones, Meredith: »Makeover Culture's Dark Side: Breasts, Death and Lolo Ferrari«, in: *Body & Society*, Vol. 14, Nr. 1 (2008), S. 89–104, {doi.org/10.1177/1357034X07087532}.
Jooss, Birgit: »Die Stucksche Amazone – Eine ›wehrhafte bronzene Jungfrau in kühner Pose‹«, in: Jo-Anne Birnie Danzker (Hg.): *Villa Stuck*, Ostfildern 2006, S. 273–283.
Junker, Almut/Eva Stille: *Zur Geschichte der Unterwäsche 1700–1960. Ausst.-kat. Historisches Museum Frankfurt a. M.*, Frankfurt a. M. 1988.
Juvernay, Pierre: *Discours particulier contre les femmes desbraillées de ce temps*, Paris 1637, {gallica.bnf.fr/ark:/12148/bpt6k151178od/f7.item}.
Kampmann, Sabine: *Bilder des Alterns. Greise Körper in Kunst und visueller Kultur*, Berlin 2020.
Kania, Katrin: *Kleidung im Mittelalter: Materialien – Konstruktion – Nähtechnik. Ein Handbuch*, Köln/Weimar/Wien 2010.
Kantorowicz, Ernst H.: *The King's Two Bodies. A Study in Mediaeval Political Theology*, Princeton, NJ 1957.
Karentzos, Alexandra: *Kunstgöttinnen. Mythische Weiblichkeit zwischen Historismus und Secessionen*, Marburg 2005.
Kaufmann, Jean-Claude: *Frauenkörper – Männerblicke. Soziologie des Oben-ohne*, Konstanz 2006.
Kelly, Joan: »Early Feminist Theory and the ›Querelle des Femmes‹, 1400–1789«, in: *Signs*, Vol. 8, Nr. 1 (Herbst 1982), S. 4–28.
Klauke, Anna: »#Bodypositivity«, in: *FKW: Zeitschrift für Geschlechterforschung und visuelle Kultur*, Nr. 70 (Februar 2022), S. 50f., {doi.org/10.57871/fkw7020221586}.
Klees, Johann Georg: *Über die weiblichen Brüste*, 3. Aufl., Frankfurt a. M. 1806.
Klencke, Hermann: *Die Mutter als Erzieherin ihrer Töchter und Söhne zur physischen und sittlichen Gesundheit vom ersten Kindesalter bis zur Reife*, Leipzig 1870.
Klinger, Cornelia: »Beredtes Schweigen und verschwiegenes Sprechen: Genus im Diskurs der Philosophie«, in: Hadumod Bußmann/Renate Hof (Hg.): *Genus. Zur Geschlechterdifferenz in den Kulturwissenschaften*, Stuttgart 1995, S. 34–59.

Kobelt-Groch, Marion: *Judith macht Geschichte. Zur Rezeption einer mythischen Gestalt vom 16. bis 19. Jahrhundert*, Paderborn/München 2005.

Kohl, Richard: *Das Melusinenmotiv. Eine symbolgeschichtliche Studie zur Sirenen-, Erd- und Sündendarstellung*, Bremen 1934.

Kohout, Annekathrin: *Netzfeminismus. Strategien weiblicher Bildpolitik*, Berlin 2019.

Koos, Marianne: »Sur/face. Manet malt Mlle E. G.«, in: *Zeitschrift für Kunstgeschichte*, Jg. 78, Heft 2 (2015), S. 239–276.

Krafft-Ebing, Richard, u. a.: »Gutachten von Ärzten über das Miedertragen«, in: *Frauen-Rundschau*, Jg. 6, Heft 23 (1.3.1902), S. 667–675.

Krammer, Hanns: *Das entblösste Frauen-Zimmer. Die Geschichte des Dekolletés*, Gütersloh 1963.

Krauss, Friedrich Salomo: *Die Anmut des Frauenleibes*, Leipzig 1904.

Kreydatus, Beth: »Contesting Miss America. The Boardwalk Protests of 1968«, in: *Pennsylvania Legacies*, Vol. 18, Nr. 2 (Herbst 2018), S. 20–25.

Krieg: »Ein Fall von Gynäkomastie«, in: *Medicinisches Correspondenz-Blatt des Württembergischen Ärztlichen Vereins*, Bd. 47, Nr. 10 (18.3.1877), S. 75.

Kris, Ernst/Otto Kurz: *Die Legende vom Künstler. Ein geschichtlicher Versuch*, Frankfurt a. M. 1995 [zuerst 1934].

Kubitza, Anette: »Hannah Wilke: Bilder vollständiger und unvollständiger Schönheit«, in: *Frauen, Kunst, Wissenschaft*, Heft 17 (1994), S. 72–84.

Kunzle, David: *Fashion and Fetishism: A Social History of the Corset, Tight-Lacing and Other Forms of Body Sculpture*, Totowa, NJ 1982.

Kurella, Hans: *Naturgeschichte des Verbrechers. Grundzüge der criminellen Anthropologie*, Stuttgart 1893.

Kuster, Friederike: *Rousseau – Die Konstitution des Privaten. Zur Genese der bürgerlichen Familie*, Berlin 2005.

Lange, Klaus: »Geistliche Speise. Untersuchungen zur Metaphorik der Bibelhermeneutik«, in: *Zeitschrift für deutsches Altertum und deutsche Literatur*, Bd. 95, Heft 2 (Mai 1966), S. 81–122.

Laqueur, Thomas: *Auf den Leib geschrieben. Die Inszenierung der Geschlechter von der Antike bis Freud*, Frankfurt a. M./New York 1992.

Leonardi, Nicholas R. u. a.: »Illicit Cosmetic Silicone Injection. A Recent Reiteration of History«, in: *Annals of Plastic Surgery*, Vol. 77, Nr. 4 (Oktober 2016), S. 485–490.

Lessing, Gotthold Ephraim: *Laokoon oder über die Grenzen der Malerei und Poesie*, hg. v. Kurt Wölfel, Frankfurt a. M. 1988 [zuerst 1766].

Lifshitz, Felice: »The Persistence of Late Antiquity: Christ as Man and Woman in an Eighth-Century Miniature«, in: *Medieval Feminist Forum*, Vol. 38, Nr. 1 (2004), S. 18–27.

Liharžik, Franz: *Inaugural-Dissertation über die natürliche und künstliche Ernährung der Kinder*, Wien 1839.

Limper, Verena: *Flaschenkinder. Säuglingsernährung und Familienbeziehungen in Deutschland und Schweden im 20. Jahrhundert*, Wien/Köln/Weimar 2021.

Lindner, Ines: »Die rasenden Mänaden. Zur Mythologie weiblicher Unterwerfungsmacht«, in: Ilsebill Barta u. a. (Hg.): *Frauen, Bilder, Männer, Mythen. Kunsthistorische Beiträge*, Berlin 1987, S. 282–303.

Linke, Angelika: »*Unordentlich, langhaarig und mit der Matratze auf dem Boden*. Zur Protestsemiotik von Körper und Raum in den 1968er Jahren«, in: Heidrun Kämper u. a. (Hg.): *1968. Eine sprachwissenschaftliche Zwischenbilanz*, Berlin/Boston, Mass. 2012, S. 201–226.

Lorde, Audre: *Auf Leben und Tod. Krebstagebuch*, Berlin 1984.

Lorenz, Maren: *Leibhaftige Vergangenheit. Einführung in die Körpergeschichte*, Tübingen 2000.

Lösch, Günter Maria: *Plastische Chirurgie. Ästhetik – Ethik – Geschichte. Kulturgeschichte eines medizinischen Fachgebiets*, Berlin/Heidelberg 2014.

Louis, Chantal: »Das Verschwinden der Frauen«, in: Alice Schwarzer/Chantal Louis (Hg.): *Transsexualität. Was ist eine Frau? Was ist ein Mann? Eine Streitschrift*, Köln 2022, S. 45–61.

Lünenborg, Margreth u. a.: »›Merkels Dekolleté‹ als Mediendiskurs: Eine Bild-, Text- und Rezeptionsanalyse zur Vergeschlechtlichung einer Kanzlerin«, in: Dies. (Hg.): *Politik auf dem Boulevard? Die Neuordnung der Geschlechter in der Politik der Mediengesellschaft*, Bielefeld 2009, S. 73–102.

MacDonald, Trevor u. a.: »Transmasculine Individuals' Experiences with Lactation, Chestfeeding, and Gender Identity: A Qualitative Study«, in: *BMC Pregnancy and Childbirth*, Jg. 16, Nr. 106 (2016), {www.researchgate.net/publication/303291109_Transmasculine_individuals%27_experiences_with_lactation_chestfeeding_and_gender_identity_A_qualitative_study}.

Magubane, Zine: »Which Bodies Matter? Feminism, Poststructuralism, Race, and the Curious Theoretical Odyssey of the ›Hottentot Venus‹«, in: *Gender & Society*, Vol. 15, Nr. 6 (Dezember 2001), S. 816–834.

Maltz-Leca, Leora: »Spectres of the Original and the Liberties of Repetition«, in: *African Arts*, Vol. 46, Nr. 4 (Winter 2013), S. 32–45.

Marcus, Lisa Algazi: *Mother's Milk and Male Fantasy in Nineteenth-Century French Narrative*, Liverpool 2022.

McCormack, Catherine: *Women in the Picture: Women, Art and the Power of Looking*, London 2021.

McDermott, LeRoy: »Self-Representation in Upper Paleolithic Female Figurines«, in: *Current Anthropology*, Vol. 37, Nr. 2 (April 1996), S. 227–275.

McKinnon, Rachel: »Stereotype Threat and Attributional Ambiguity for Trans Women«, in: *Hypatia*, Vol. 29, Nr. 4 (Herbst 2014), S. 857–872.

Meskimmon, Marsha: »The Monstrous and the Grotesque«, in: *MAKE: The Magazine of Women's Art*, Nr. 72 (1996), S. 6–12.

Meyer, Richard: »Harte Ziele. Feministische Kunst, männliche Akte und die Macht der Zensur in den 1970er Jahren«, in: Andrea Jahn (Hg.): *In the Cut. Der männliche Körper in der feministischen Kunst*, Ausst.-Kat. Stadtgalerie Saarbrücken, Bielefeld/Berlin 2019, S. 104–126.

Milan, Jennifer: »Rococo Representations of Interspecies Sensuality and the Pursuit of ›Volupté‹«, in: *The Art Bulletin*, Vol. 97, Nr. 2 (Juni 2015), S. 192–209.
Miles, Margaret R.: »The Virgin's One Bare Breast: Female Nudity and Religious Meaning in Tuscan Early Renaissance Culture«, in: Susan Rubin Suleiman (Hg.): *The Female Body in Western Culture*, Cambridge, Mass. 1986, S. 193–208.
Miles, Margaret R.: *A Complex Delight. The Secularization of the Breast, 1350–1750*, Berkeley, CA u.a. 2008.
Mulvey, Laura: »Visuelle Lust und narratives Kino«, in: Liliane Weissberg (Hg.): *Weiblichkeit als Maskerade*, Frankfurt a.M. 1994, S. 48–65.
Nead, Lynda: *The Female Nude. Art, Obscenity, and Sexuality*, London/New York 1992.
Neugebauer, Franz Ludwig von: *Hermaphroditismus beim Menschen*, Leipzig 1908.
Nochlin, Linda: »The Imaginary Orient«, in: Dies.: *The Politics of Vision. Essays on Nineteenth-Century Art and Society*, New York 1989, S. 33–59.
Nochlin, Linda: *Why Have There Been No Great Women Artists?*, 50th Anniversary Edition, London 2021.
Nowell, April/Melanie L. Chang: »Science, the Media, and Interpretations of Upper Paleolithic Figurines«, in: *American Anthropologist*, Vol. 116, Nr. 3 (September 2014), S. 562–577.
Ober, Patricia: *Der Frauen neue Kleider. Das Reformkleid und die Konstruktion des modernen Frauenkörpers*, Berlin 2005.
O'Keefe, Theresa: »my body is my manifesto! SlutWalk, FEMEN and Femmenist Protest«, in: *Feminist Review*, Nr. 107 (2014), S. 1–19.
Opitz, Claudia: »Pflicht-Gefühl. Zur Codierung von Mutterliebe zwischen Renaissance und Aufklärung«, in: *Querelles: Jahrbuch für Frauenforschung*, 2002, S. 154–170.
Orland, Barbara: »Why Could Early Modern Men Lactate? Gender Identity and Metabolic Narrations in Humoral Medicine«, in: Jutta Gisela Sperling (Hg.): *Medieval and Renaissance Lactations*, Farnham/Burlington 2013, S. 37–54.
Osthus, Holger: *Herzenswunsch Brustvergrößerung: Der Ratgeber für Ihre Entscheidung*, Berlin 2022.
Papenbrock, Martin: »Happening, Fluxus, Performance: Aktionskünste in den 1960er Jahren«, in: Martin Klimke/Joachim Scharloth (Hg.): *1968. Handbuch zur Kultur- und Mediengeschichte der Studentenbewegung*, Stuttgart/Weimar 2007, S. 137–149.
Pearce, Ruth u.a.: »TERF Wars: An Introduction«, in: *The Sociological Review*, Vol. 68, Nr. 4 (Juli 2020; TERF Wars. Feminism and the Fight for Transgender Futures), {doi.org/10.1177/0038026120934713}.
Peters, Lisa Marie: »Brust raus!«, in: *Die Zeit*, Nr. 17, 2.4.2021, S. 65.
Peterson, Pia: »The Times Magazine Cover That Beamed a Light on a Movement«, in: *The New York Times*, 15.8.2018, {www.nytimes.com/2018/08/15/insider/breast-cancer-mastectomy-photo.html}.
Pfisterer, Ulrich: »›Die Bilderwissenschaft ist mühelos‹. Topos, Typus und Pathosformel als methodische Herausforderung der Kunstgeschichte«,

in: Ders./Max Seidel: *Visuelle Topoi. Erfindung und tradiertes Wissen in den Künsten der italienischen Renaissance*, München/Berlin 2003, S. 21–47.
Pfisterer, Ulrich: *Kunst-Geburten. Kreativität, Erotik, Körper in der Frühen Neuzeit*, Berlin 2014.
Plinius Secundus d. Ä.: *Naturkunde*, Buch VII: *Anthropologie*, hg. u. übers. von Roderich König in Zusammenarbeit mit Gerhard Winkler, Zürich/Düsseldorf 1996.
Preußer, Heinz-Peter: »Der Mythos der Amazonen. Eine männliche Konstruktion und ihre feministischen Fehldeutungen«, in: Udo Franke-Penski/Heinz-Peter Preußer (Hg.): *Amazonen – Kriegerische Frauen*, Würzburg 2010, S. 35–48.
Projektgruppe Sexualität und Politik: »Sexpol-Info 3 [Jg. 2, Nr. 3, Januar 1973]«, in: Carsten Seibold (Hg.): *Die 68er. Das Fest der Rebellion*, München 1988, S. 98–101.
Przytulla, Dagmar: »›Niemand ahnte, dass wir ein ziemlich verklemmter Haufen waren‹. Dagmar Przytulla. Mitbegründerin der Kommune 1«, in: Ute Kätzel: *Die 68erinnen. Porträt einer rebellischen Frauengeneration*, Berlin 2002, S. 201–219.
Quinlan, Sean M.: »Physical and Moral Regeneration after the Terror: Medical Culture, Sensibility and Family Politics in France, 1794–1804«, in: *Social History*, Vol. 29, Nr. 2 (Mai 2004), S. 139–164.
Rang, Brita: »Sind Matriarchatskonzepte faschistisch? Zu Jost Hermand«, in: *Das Argument*, 146 (1984), S. 555–558.
Reckitt, Helena (Hg.): *Art and Feminism*, New York 2001.
Rentmeister, Cillie: »Frauenwelten – fern, vergangen, fremd? Die Matriarchatsdebatte und die Neue Frauenbewegung«, in: Ina-Maria Greverus (Hg.): *Kulturkontakt – Kulturkonflikt. Zur Erfahrung des Fremden, Beiträge zum 26. Deutschen Volkskundekongreß 1987*, Teil 2, Frankfurt a. M. 1988, S. 443–460, {www.cillie-rentmeister.de/download/frauenwelten_fern443-460.pdf}.
Richter-Wittenfeld, Daniela: *Die Arbeit des Verbandes für Deutsche Frauenkleidung und Frauenkultur auf dem Gebiet der Frauenkleidung von 1896 bis 1935*, Hamburg 2006.
Ritter, Sabine: *Facetten der Sarah Baartman. Repräsentationen und Rekonstruktionen der ›Hottentottenvenus‹*, Münster 2010.
Rohlmann, Michael: »Delacroix' *Liberté*. Die Erlösung der Bilder«, in: *Wallraf-Richartz-Jahrbuch*, Bd. 70 (2009), S. 223–244.
Roig, Emilia: *Why We Matter. Das Ende der Unterdrückung*, Berlin 2021.
Rosenfeld, Alan: »›Anarchist Amazons‹: The Gendering of Radicalism in 1970s West Germany«, in: *Contemporary European History*, Vol. 19, Nr. 4 (November 2010), S. 351–374.
Rosenkranz, Karl: *Ästhetik des Häßlichen*, Stuttgart 1996 [zuerst 1853].
Rousseau, Jean-Jacques: *Emile oder über die Erziehung*, Leipzig 1844.
Rublack, Ulinka: *Die Geburt der Mode. Eine Kulturgeschichte der Renaissance*, Stuttgart 2022.
Ruetz, Michael: *1968. Ein Zeitalter wird besichtigt*, Frankfurt a. M. 1997.

Rulffes, Evke: »Geschnürte Körper. Vom Korsett und der Schwierigkeit, es nicht mehr zu tragen«, in: Jasmin Mersmann/Evke Rulffes (Hg.): *unBinding Bodies. Zur Geschichte des Füßebindens in China*, Bielefeld 2023, S. 218–233.

Russo, Mary: *The Female Grotesque. Risk, Excess, and Modernity*, New York/London 1995.

Said, Edward: *Orientalismus*, Frankfurt a. M./Berlin/Wien 1981.

Sanyal, Mithu: *Vulva. Die Enthüllung des unsichtbaren Geschlechts*, Berlin 2020 [erste Ausgabe 2009].

Schade, Sigrid: »Charcot und das Schauspiel des hysterischen Körpers. Die ›Pathosformel‹ als ästhetische Inszenierung des psychiatrischen Diskurses – Ein blinder Fleck in der Warburg-Rezeption«, in: Silvia Baumgart u. a. (Hg.): *Denkräume zwischen Kunst und Wissenschaft*, Berlin 1993, S. 461–484.

Schade, Sigrid (Hg.): *Allegorien und Geschlechterdifferenz*, Köln/Weimar/Wien 1994.

Schade, Sigrid: »Körper und Körpertheorien in der Kunstgeschichte«, in: Anja Zimmermann (Hg.): *Kunstgeschichte und Gender. Eine Einführung*, Berlin 2006, S. 61–72.

Schade, Sigrid/Silke Wenk: »Inszenierungen des Sehens: Kunst, Geschichte und Geschlechterdifferenz«, in: Hadumod Bußmann/Renate Hof (Hg.): *Genus. Zur Geschlechterdifferenz in den Kulturwissenschaften*, Stuttgart 1995, S. 340–407.

Schäfer, Wilhelm: »Das Eigenkleid der Frau: Vortrag der Frau Muthesius in der Handelskammer zu Krefeld«, in: *Die Rheinlande. Vierteljahrsschrift des Verbandes der Kunstfreunde in den Ländern am Rhein*, Bd. 5, Heft 4/5 (1902/03), S. 193 f.

Schaffer, Johanna: *Ambivalenzen der Sichtbarkeit. Über die visuellen Strukturen der Anerkennung*, Bielefeld 2008.

Schapira, Alisa: »Die Rechtsprechung zur Vergewaltigung. Über die weit gezogenen Grenzen der erlaubten Gewalt gegen Frauen«, in: *Kritische Justiz*, Bd. 10, Heft 3 (1977), S. 221–241.

Scheifele, Sigrid: *Projektionen des Weiblichen. Lebensentwürfe in Kleists Penthesilea*, Würzburg 1992.

Scheller, Jörg: *Body-Bilder. Körperkultur, Digitalisierung und Soziale Netzwerke*, Berlin 2021.

Schiebinger, Londa: *Nature's Body. Gender in the Making of Modern Science*, Boston, Mass. 1993.

Schmidt-Linsenhoff, Viktoria: *Ästhetik der Differenz. Postkoloniale Perspektiven vom 16. bis 21. Jahrhundert*, 2 Bde., Marburg 2010.

Schmincke, Imke: »Body Politic – Biopolitik – Körperpolitik. Eine begriffsgeschichtliche Rekonstruktion der Body Politics«, in: *Body Politics*, Jg. 7, Heft 11 (2019), S. 15–40.

Schneider, Lambert/Martina Seifert: *Sphinx, Amazone, Mänade: Bedrohliche Frauenbilder im antiken Mythos*, Sonderheft *Archäologie in Deutschland*, Stuttgart 2010.

Schneede, Uwe M.: *Die Kunst des Surrealismus. Malerei, Skulptur, Dichtung, Fotografie, Film*, München 2006.
Schor, Gabriele (Hg.): *Feministische Avantgarde. Kunst der 1970er-Jahre*, Ausst.-Kat. Sammlung Verbund, Wien, München/London/New York 2015.
Şükran Moral: *B[r]yzanz*, Ausst.-Kat. Edith Russ-Haus für Medienkunst, Oldenburg 2014.
Schultze-Naumburg, Paul: »Die Ausstellung ›Neue Frauentracht‹ in Berlin«, in: *Der Kunstwart: Rundschau über alle Gebiete des Schönen. Monatshefte für Kunst, Literatur und Leben*, Jg. 16, Heft 2 (zweites Oktoberheft 1902), S. 60–62.
Schultze-Naumburg, Paul: *Die Kultur des weiblichen Körpers als Grundlage der Frauenkleidung*, Leipzig 1901.
Schütze, Yvonne: »Mutterliebe – Vaterliebe. Elternrollen in der bürgerlichen Familie des 19. Jahrhunderts«, in: Ute Frevert (Hg.): *Bürgerinnen und Bürger. Geschlechterverhältnisse im 19. Jahrhundert*, Göttingen 1988, S. 118–133.
Schwarzer, Alice/Chantal Louis (Hg.): *Transsexualität. Was ist eine Frau? Was ist ein Mann? Eine Streitschrift*, Köln 2022.
Sciuto, Cinzia: »Auf der Suche nach der Identität«, in: Alice Schwarzer/Chantal Louis (Hg.): *Transsexualität. Was ist eine Frau? Was ist ein Mann? Eine Streitschrift*, Köln 2022, S. 158–167.
Seichter, Sabine: *Erziehung an der Mutterbrust. Eine kritische Kulturgeschichte des Stillens*, Weinheim/Basel 2014.
Sharpley-Whiting, T. Denean: *Black Venus. Sexualized Savages, Primal Fears, and Primitive Narratives in French*, Durham, NC 1999.
Shaw, Jennifer L.: »The Figure of Venus: Rhetoric of the Ideal and the Salon of 1863«, in: Caroline Arscott/Katie Scott (Hg.): *Manifestations of Venus. Art and Sexuality*, Manchester/New York 2000, S. 90–108.
Shaw, Rhonda: »Performing Breastfeeding: Embodiment, Ethics and the Maternal Subject«, in: *Feminist Review*, Nr. 78, Nr. 1 (2004), S. 99–116.
Siebler, Kay: »What's So Feminist about Garters and Bustiers? Neo-burlesque as Post-feminist Sexual Liberation«, in: *Journal of Gender Studies*, Vol. 24, Nr. 5 (2015), S. 561–573.
Sobiech, Gabriele/Gian-Claudio Gentile: »Die Logik der Praxis: Frauenfußball zwischen symbolischer Emanzipation und männlicher Herrschaft«, in: *Spielen Frauen ein anderes Spiel?*, Wiesbaden 2012, S. 171–194, {doi.org/10.1007/978-3-531-19133-1_10}.
Sömmerring, Samuel Thomas: *Über die Wirkungen der Schnürbrüste*, Berlin 1793, {www.digitale-sammlungen.de/de/view/bsb10474772?page=1}.
Spence, Jo: *Putting Myself in the Picture: A Political, Personal and Photograph. Autobiography*, London 1986.
Sprinkle, Annie: »Some of My Performances in Retrospect«, in: *Art Journal*, Vol. 56, Nr. 4 (Winter 1997), S. 68–70.
Stannard, Melissa K./Michelle C. Langley: »The 40,000-Year-Old Female Figurine of Hohle Fels: Previous Assumptions and New Perspectives«, in: *Cambridge Archeological Journal*, Vol. 31, Nr. 1 (Februar 2021), S. 21–33.
Steele, Valerie: *The Corset: A Cultural History*, New Haven, Conn./London 2001.

Steidele, Angela: *In Männerkleidern. Das verwegene Leben der Catharina Margaretha Linck alias Anastasius Lagrantinus Rosenstengel, hingerichtet 1721*, Berlin 2021.

Stelzer, Tanja: »Die Zumutung des Fleisches«, in: *Tagesspiegel*, 7.12.2003, {web.archive.org/web/20210302055306/, www.tagesspiegel.de/zeitung/die-zumutung-des-fleisches/471728.html}.

Strahsen, Friedrich Christian: *Ueber die Eigenschaften, welche eine gute Amme besitzen muss, und über das Verhalten derselben beim Stillen*, Riga 1831.

Stratz, Carl Heinrich: *Die Frauenkleidung und ihre natürliche Entwicklung*, 3. Aufl., Stuttgart 1904a.

Stratz, Carl Heinrich: *Die Rassenschönheit des Weibes*, 5. Aufl., Stuttgart 1904b.

Stratz, Carl Heinrich: *Die Rassenschönheit des Weibes*, 16. u. 17. Aufl., Stuttgart 1922.

Sweeney-Risko, Jennifer: »Fashionable ›Formation‹: Reclaiming the Sartorial Politics of Josephine Baker«, in: *Australian Feminist Studies*, Vol. 33, Nr. 98 (2018), S. 498–514.

Sykora, Katharina: »Vom Korsett zum Body-Shaping – Von den Bloomers zu den Jeans. Zum Verhältnis von Mode und Emanzipation«, in: *Frauen, Kunst, Wissenschaft*, Heft 17 (Mai 1994), S. 30–41, {doi.org/10.57871/fkw171994}.

Thesander, Marianne: *The Feminine Ideal*, New York 1997.

Thiemann, Susanne: »*Sex trouble*: Die bärtige Frau bei Jusepe de Ribera, Luis Vélez de Guevara und Huarte de San Juan«, in: Judith Klinger/Susanne Thiemann (Hg.): *Geschlechtervariationen. Gender-Konzepte im Übergang zur Neuzeit*, Potsdam 2006, S. 47–82.

Thüsing, Gregor: »Kleiderordnungen«, in: *JuristenZeitung*, Jg. 61, Nr. 5 (3.3.2006), S. 223–230.

Toney, René [Joanna Frueh: Interviews with Women Bodybuilders], in: Joanna Frueh u. a. (Hg.): *Picturing the Modern Amazon*, Ausst.-Kat. New Museum of Contemporary Art, New York 1999, S. 164–168.

Tönz, Otmar: »Curiosa zum Thema Brusternährung. Von stillenden Vätern, bärtigen Frauen und saugenden Greisen«, in: *Schweizerische Ärztezeitung*, Bd. 81, Nr. 20 (2000), S. 1058–1063.

Tsanana, Evgenia: *Körperteile von Gewicht*, unveröffentlichtes Manuskript, 2020

Tunbridge, W. Michael G.: »La Mujer Barbuda by Ribera, 1631: A Gender Bender«, in: *QJM: An International Journal of Medicine*, Vol. 104, Nr. 8 (August 2011), S. 733–736, {academic.oup.com/qjmed/article/104/8/733/1581997}.

Venturi, Riccardo: »Into the Abyss. On Salvador Dalí's *Dream of Venus*«, in: Ana Debenedetti/Caroline Elam (Hg.): *Botticelli. Past and Present*, London 2019, S. 266–289.

Villa, Paula-Irene: »Habe den Mut, Dich Deines Körpers zu bedienen! Thesen zur Körperarbeit in der Gegenwart zwischen Selbstermächtigung und Selbstunterwerfung«, in: Dies. (Hg.): *Schön normal. Manipulationen am Körper als Technologien des Selbst*, Bielefeld 2008, S. 245–272.

Villa, Paula-Irene: »Frauen«, in: Hannah Fitsch u. a. (Hg.): *Der Welt eine neue Wirklichkeit geben. Feministische und queertheoretische Interventionen*, Bielefeld 2022, S. 251–263.

Voß, Heinz-Jürgen: »Biologisches Geschlecht ist ein Produkt von Gesellschaft!«, in: *Soziologie Magazin*, Nr. 1 (2013), S. 87–91, {www.europeana.eu/item/2048425/item_XU5TVVX25S6JIFXS3EG34L6MVMLXEIE3}.

Wagner, Monika: »Freiheitswunsch und Frauenbild. Veränderung der ›Liberté‹ zwischen 1789 und 1830«, in: Inge Stephan/Sigrid Weigel (Hg.): *Die Marseillaise der Weiber. Frauen, die Französische Revolution und ihre Rezeption*, Hamburg/Berlin 1989, S. 7–36.

Wagner, Monika: *Das Material der Kunst. Eine andere Geschichte der Moderne*, München 2001.

Wagner-Hasel, Beate: »Das Matriarchat und die Krise der Modernität«, in: *Feministische Studien*, Bd. 9, Heft 1 (1991), S. 80–95.

Wagner-Hasel, Beate: »Amazonen – Ursprünge eines antiken Mythos«, in: Udo Franke-Penski/Heinz-Peter Preußer (Hg.): *Amazonen – Kriegerische Frauen*, Würzburg 2010, S. 19–34.

Walkowitz, Judith R.: »Gefährliche Formen der Sexualität«, in: Georges Duby/Michelle Perrot (Hg.): *Geschichte der Frauen*, Bd. 4: *19. Jahrhundert*, hg. v. Geneviève Fraisse/Michelle Perrot, Frankfurt a. M./New York 1994, S. 417–449.

Warner, Marina: *In weiblicher Gestalt. Die Verkörperung des Wahren, Guten und Schönen*, Reinbek b. Hamburg 1989.

Warner, Marina: »Altes Weib und alte Vettel. Allegorien der Laster«, in: Sigrid Schade u. a. (Hg.): *Allegorien und Geschlechterdifferenz*, Köln/Weimar/Wien 1994, S. 51–63.

Weibel, Peter: »Zur Geschichte der Künstlerfotografie, III. Künstlerfotografie in Österreich, 1951–1983, Abschnitt 2«, in: *Camera Austria*, Nr. 13 (1984), S. 46–58.

Welch, Georgia Paige: »›Up Against the Wall Miss America‹. Women's Liberation and Miss Black America in Atlantic City, 1968«, in: *Feminist Formations*, Vol. 27, Nr. 2 (Sommer 2015), S. 70–97.

Welsch, Sabine: *Ein Ausstieg aus dem Korsett. Reformkleidung um 1900*, Ausst.-Kat. Mathildenhöhe Darmstadt, Darmstadt 1996.

Wenk, Silke: »Der öffentliche weibliche Akt: eine Allegorie des Sozialstaates«, in: Ilsebill Barta u. a. (Hg.): *Frauen, Bilder, Männer, Mythen. Kunsthistorische Beiträge*, Berlin 1987, S. 217–238.

Wierrer, Eugen: *Ueber die Eigenthümlichkeiten des weiblichen Körpers in Bezug auf seine sexuelle Sphäre*, Würzburg 1870.

Williams, Linda: »A Provoking Agent: The Pornography and Performance Art of Annie Sprinkle«, in: Pamela Church Gibson/Roma Gibson (Hg.): *Dirty Looks. Women, Pornography, Power*, London 1993, S. 169–192.

Wolff, Kerstin: »Eine Bewegung muss sich bewegen können! Die Frauenbewegung und ihr Kleid«, in: Maren Ch. Härtel u. a. (Hg.): *Kleider in Bewegung: Frauenmode seit 1850*, Kat. Historisches Museum Frankfurt a. M., Petersberg 2020, S. 78–83.

Wright, Alison E.: »The Hottentot Venus: An Alternative Iconography«, in: *The British Art Journal*, Vol. 14, Nr. 1 (Frühjahr/Sommer 2013), S. 59–70.

Yalom, Marilyn: *A History of the Breast*, New York 1997.

Young, Iris Marion: »Breasted Experience: The Look and the Feeling« [zuerst 1990], in: Dies.: *On Female Body Experience. ›Throwing like a Girl‹ and other Essays*, New York/Oxford 2005, S. 75–96.

Zeis, Eduard: *Handbuch der plastischen Chirurgie*, Berlin 1838.

Zenaty, Gerhard: *Sigmund Freud lesen. Eine zeitgemäße Re-Lektüre*, Bielefeld 2022.

Zimmermann, Anja: »›Sorry for Having to Make You Suffer‹: Body, Spectator, and the Gaze in the Performances of Yves Klein, Gina Pane, and Orlan«, in: *Discourse*, Vol. 24, Nr. 3 (Herbst 2002), S. 27–46.

Zimmermann, Anja: »Wissen und Geschlecht. Ein visuelles Amalgam«, in: *Frauen, Kunst, Wissenschaft*, Heft 42 (Dezember 2006; Wissensstile – Geschlechterstile: Visualisierung, Erkenntnis, Geschlecht, hg. v. Anja Zimmermann), S. 4–7.

Zimmermann, Anja: »Medien und Metaphern des Schwarzweiß. Geschichte, Geschlecht und Bilderpolitik bei Kara Walker – mit einem kurzen Ausflug zu Cindy Sherman und Zwelethu Mthethwa«, in: *Frauen, Kunst, Wissenschaft*, Heft 43 (Juni 2007), S. 10–21.

Zimmermann, Anja: *Ästhetik der Objektivität. Genese und Funktion eines wissenschaftlichen und künstlerischen Stils im 19. Jahrhundert*, Bielefeld 2009.

Zimmermann, Anja: »Misstrauen Sie der Kunstgeschichte! Transkulturelle Verhandlungen feministischer Ästhetik zwischen ›Ost‹ und ›West‹«, in: Burcu Doğramacı/Marta Smolińska (Hg.): *Re-Orientierung. Kontexte zeitgenössischer Kunst in der Türkei und unterwegs*, Berlin 2017, S. 81–98.

Zimmermann, Anja/Ebeling, Smillo (Hg.): »Storying Otherwise. Visuelle Narrative der Wissenschaftskommunikation zu Gender und Diversität«, *FKW: Zeitschrift für Geschlechterforschung und visuelle Kultur*, Nr. 72 (2023) {www.fkw-journal.de/index.php/fkw}.

Zimmermann, Susan M.: *Silicone Survivors. Women's Experiences with Breast Implants*, Philadelphia, PA 1998.

Zöllner, Frank: *Botticelli. Toskanischer Frühling*, München/New York 1998.

Zwierlein, Konrad Anton: *Die Ziege als beste und wohlfeilste Säugamme*, Stendal 1816.

Abbildungsverzeichnis

•

POLITIK DER BRUST

1 © ScottMetzgerCartoons.
2 Screenshot Google-Bildsuche zum Stichwort »Busen«.
3 li. {commons.wikimedia.org/wiki/File:Rudi_Gernreich_1964_wool_monokini,_exhibited_at_%27The_Vulgar%27_at_Modemuseum_Hasselt_2018.jpg} **re.** {www.zalando.de/magic-bodyfashion-hide-your-nipples-accessoires-sonstiges-skin-mq581a00x-j11.html?size=One%20Size}.

ANZIEHEN! AUSZIEHEN!

1 © vantagenews.com.
2 Paris Musées/Musée Carnavalet; Histoire de Paris, G.26986, CC0.
3 {commons.wikimedia.org/wiki/File:V%C3%A9zelay_Nef_Chapiteau_220608_O5.jpg?uselang=de}.
4 {commons.wikimedia.org/wiki/File:Lucretia_met_dolk_tegen_haar_borst_Inter_ethnicas_hae_tres_nobilitatis_palmam_ferunt_Lvcretia_(titel_op_object),_RP-P-1890-A-15899.jpg?uselang=de}.
5 {commons.wikimedia.org/wiki/File:Saint_Bernard_Lactation_Miracle.jpg?uselang=de}.
6 Museo del Prado, Madrid; {commons.wikimedia.org/wiki/File:Infantin_Isabella_Clara_Eugenia,_1599.jpg?uselang=de}.
7 Tate Britain, London; {commons.wikimedia.org/wiki/File:Sir_Peter_Lely_002.jpg?uselang=de}.
8 © Bibliothèque nationale de France.
9 Paris Musées/Musée Carnavalet; Histoire de Paris, G.27115, CC0.
10 {commons.wikimedia.org/wiki/File:Chodowiecki_Affektation.jpg?uselang=de}.
11 {www.proantic.com/en/display.php?id=818237}.
12 Samuel Thomas von Soemmerring: *Über die Wirkungen der Schnürbrüste*, 1793, S. 85.
13 Carl Heinrich Stratz: *Die Frauenkleidung und ihre natürliche Entwicklung*, Stuttgart 1904, S. 367.
14 Paul Schultze-Naumburg: *Die Kultur des weiblichen Körpers als Grundlage der Frauenkleidung*, 1901, S. 40.
15 *Simplicissimus* 1902, Jg. 7, Heft 36, S. 288.

16 Carl Heinrich Stratz: *Die Rassenschönheit des Weibes*, 1904, S. 42/43.
17 Carl Heinrich Stratz: *Die Frauenkleidung und ihre natürliche Entwicklung*, Stuttgart 1904, S. 236/37.
18 Louvre, Paris; {commons.wikimedia.org/wiki/File:Marie-Guillemine_Benoist_-_portrait_d%27une_negresse.jpg?uselang=de}.
19 Staatliche Kunsthalle Karlsruhe; {commons.wikimedia.org/wiki/File:Marie-Guillemine_Benoist_-_Self-portrait,_1786.jpg?uselang=de}.
20 {commons.wikimedia.org/wiki/File:JosephineBakerBurlesque.JPG}.
21 *Focus*, 8.1.2016, Titel.
22 **li.** *Der Spiegel* Nr. 33, 14.8.1983, Titel; **re.** Louvre, Paris; {commons.wikimedia.org/wiki/File:Scuola_di_fontainebleau,_presunti_ritratti_di_gabrielle_d%27estr%C3%A9es_sua_sorella_la_duchessa_di_villars,_1594_ca._06.jpg}.
23 Screenshot #freenipplesday bei Instagram, 2.6.23.

VON DER *VENUS* ZUM PIN-UP – UND ZURÜCK

1 Uffizien, Florenz; {commons.wikimedia.org/wiki/File:Sandro_Botticelli_-_La_nascita_di_Venere_-_Google_Art_Project_-_edited.jpg}.
2 **von li. nach re.** *Venus*: Städel Museum, Dia-Lehrsammlung Wella; *Stehende Venus in einer Landschaft*: {commons.wikimedia.org/wiki/File:Lucas_Cranach_d._%C3%84._072.jpg}; *Venus mit Amor als Honigdieb*: {lucascranach.org/de/DK_SMK_KMSsp719/}; *Venus und Amor*: Princeton University Art Museum.
3 Musée d'Orsay, Paris; {commons.wikimedia.org/wiki/File:Alexandre_Cabanel_-_O_nascimento_de_Venus.jpg?uselang=de}.
4 Musée d'Orsay, Paris; {www.wikiart.org/en/edouard-manet/olympia-1863}.
5 und 22 unten re. © Album/British Library/Alamy Stock Foto.
6 {commons.wikimedia.org/wiki/File:Willendorf-Venus-1468.jpg}, Foto: Don Hitchcock, CC BY-SA 4.0.
7 Riccardo Venturi: *Botticelli. Past and Present*, UCL Press 2019, S. 283.
8 {commons.wikimedia.org/wiki/File:Guerrilla_Girls_-_V%26A_Museum,_London.jpg}, Foto: Eric Huybrechts, CC BY-SA 2.0.
9 **oben** Hallwyl Museum, Stockholm, {commons.wikimedia.org/wiki/File:Fotografi_p%C3%A5_Hermes_och_Dionysos_gjord_av_Praxiteles_-_Hallwylska_museet_-_104603.tif?uselang=de}; **unten** {commons.wikimedia.org/wiki/File:Afrodite_cnidia.jpg}.
10 Uffizien, Florenz; {commons.wikimedia.org/wiki/File:Venus_Uffizi.jpg?uselang=de}.
11 Gemäldegalerie Berlin; {commons.wikimedia.org/wiki/File:Lucas_Cranach_-_Der_Jungbrunnen_(Gem%C3%A4ldegalerie_Berlin).jpg?uselang=de}.
12 {commons.wikimedia.org/wiki/File:VenusHohlefels2.jpg}, Foto: Ramessos, CC BY-SA 3.0.
13 © Joan Semmel/VG Bild-Kunst, Bonn 2023.
14 {www.zvab.com/present-state-Cape-Good-Hope-Vol/30506235005/bd#&gid=1&pid=5}.
15 a The British Museum, London; {commons.wikimedia.org/wiki/File:Baartman.jpg};

15 b Kleine Eremitage, Sankt Petersburg; {commons.wikimedia.org/wiki/File:Lucas_Cranach_d.%C3%84._-_Venus_und_Amor_(Hermitage).jpg?uselang=de}.
16 © Annie Sprinkle, photos by Leslie Barany.
17 © Linda Nochlin.
18 © VALIE EXPORT, Bildrecht Wien, 2023. Courtesy VALIE EXPORT/VG Bild-Kunst, Bonn 2023.
19 © Şükran Moral.
20 © VG Bild-Kunst, Bonn 2023.
21 © Friederike Pezold/Bank Austria Kunstsammlung, Wien.
22 © VG Bild-Kunst, Bonn 2023.
23 Jacqueline Hayden, Ancient Statuary Series 1996–2000, XIII Carol Venus, 11.5 x 17" Platinum/Palladium print, courtesy of the artist.

BRÜSTE UND ANDERE ILLUSIONEN DES NATÜRLICHEN

1 {fr.wikipedia.org/wiki/Fichier:Fontaine_de_la_R%C3%A9g%C3%A9n%C3%A9ration_(Bastille)_10_ao%C3%BBt_1793_(2).jpg}.
2 {www.christies.com/lot/lot-5056233}.
3 {commons.wikimedia.org/w/index.php?title=File:%C3%9Cber_die_weiblichen_Br%C3%BCste_(IA_berdieweiblichooklee).pdf&page=6}.
4 {commons.wikimedia.org/wiki/File:Direct_udder_nursing_1895.jpg?uselang=de}.
5 Konrad Anton Zwierlein: *Die Ziege als beste und wohlfeilste Säugamme*, Stendal 1816, S. 1.
6 Westminster Abbey Library, London; {www.facsimilefinder.com/articles/westminster-bestiary-bestiaries-third-family/}.
7 Museo Fundación Lerma, Toledo; {commons.wikimedia.org/wiki/File:La_mujer_barbuda,_de_Jos%C3%A9_de_Ribera.jpg}.
8 {commons.wikimedia.org/wiki/File:Santa_Agueda_-_Zurbarán_(detalle).png?uselang=de}.
9 Wenzel Gruber: *Über die männliche Brustdrüse und die Gynaecomastie*, Petersburg 1866.
10 {genevievegluck.substack.com/p/sex-trafficked-women-first-victims}.
11 {genevievegluck.substack.com/p/sex-trafficked-women-first-victims}.
12 {https://commons.wikimedia.org/wiki/File:Lolo_Ferrari_-_Mutter_Courage.JPG}, Foto: Tito Dupret.
13 Louvre, Paris; {commons.wikimedia.org/wiki/File:Girodet_-_Sommeil_Endymion.jpg}.
14 aus: Joanna Frueh u.a. (Hg.): *Picturing the Modern Amazon*, New Museum of Contemporary Art, New York, 2000, S. 167.
15 Screenshot #girlswholift bei Instagram, 2.6.23.
16 {commons.wikimedia.org/wiki/File:Breast_Form_1874Cox.jpg?uselang=de}.
17 © VG Bild-Kunst, Bonn 2023.
18 Liebighaus Skulpturensammlung, Frankfurt am Main; {commons.wikimedia.org/wiki/File:Ulmer_Schule_Garstige_Alte_Liebieghaus_905.jpg}.

19 Screenshot Google-Bildsuche zum Stichwort »Mammografie«.
20 © Jo Spence Memorial Archive, The Image Centre.

I AM GOD

1 {commons.wikimedia.org/wiki/File:Ira_giotto.jpg}.
2 Rijksmuseum, Amsterdam.
3 Rijksmuseum, Amsterdam.
4 Flemish Etching: *Engraving and Woodcut 1450-1700*. Bd. XLV: Maarten de Vos; Tafeln, Teil 1.
5 Los Angeles County Museum of Art, Los Angeles; {commons.wikimedia.org/wiki/File:Judith_with_the_Head_of_Holofernes_LACMA_M.77.13.jpg}.
6 {hayang-modol.blogspot.com/2012/01/anne-louis-girodet-de-roussy-trioson.html}
7 © SZ Photo.
8 © VG Bild-Kunst, Bonn 2023.
9 © Kai Greiser.
10 © Alix Kates Shulman Papers, David M. Rubenstein Rare Book & Manuscript Library, Duke University. Photograph copyright Alix Kates Shulman, used with permission.
11 *Die Simpsons*, Staffel 2, Episode 12, 1991; {gradschool.wayne.edu/news/the-truth-about-the-bra-burners-47480}.
12 {www.facebook.com/femengermany/photos/a.1851753898284337/5602973079829048/?locale=de_DE}.
13 {www.facebook.com/photo/?fbid=600663382188524&set=a.600663325521863&locale=de_DE}.
14 © dapd.
15 Alte Pinakothek, München; {commons.wikimedia.org/wiki/File:07leucip.jpg}.
16 Universitätsbibliothek Heidelberg; {www.europeana.eu/de/item/206/item_ZWFT65KMQWJVKZEHQR4BZ6F3UDZ4PMNY}.
17 {commons.wikimedia.org/wiki/File:Ernst_Oppler_Die_Pawlowa_als_Bacchantin.jpg?uselang=de}.
18 © VG Bild-Kunst, Bonn 2023.
19 {commons.wikimedia.org/wiki/File:Lemann_%D0%A0%D0%B8%D1%81._96.jpg?uselang=de}.
20 {commons.wikimedia.org/wiki/File:Attitudes_Passionnelles_XXIII.jpg}
21 *Bild*, 14.4.2008, S. 2.
22 Louvre, Paris; {commons.wikimedia.org/wiki/File:Eug%C3%A8ne_Delacroix_-_Le_28_Juillet._La_Libert%C3%A9_guidant_le_peuple.jpg}.
23 © DigitalAssetArt.

ZUM SCHLUSS: BUSEN VON GEWICHT

1 © Foto: Judith Adam.

Index

•

Lesen sie weiter ...

•

MITHU M. SANYAL VULVA
Die Enthüllung des unsichtbaren Geschlechts

Diese freche, facettenreiche, lustvoll erzählte Kulturgeschichte des weiblichen Geschlechts, eine Geschichte von Aberkennung und Aneignung, ist längst zum Standardwerk geworden.

Aktualisiert und mit einem neuen Vorwort
WAT 769. 256 Seiten mit vielen Abbildungen

ANDREAS BEYER KÜNSTLER, LEIB UND EIGENSINN
Die vergessene Signatur des Lebens in der Kunst

Überall Formen und Körper, doch nirgends ein Leib. Andreas Beyer rehabilitiert die Körperlichkeit des Künstlers in der Kunstgeschichte und entfaltet auf mitreißende und sinnliche Weise die leibhaftige Lebensform der alten Meister.

Gebunden. 336 Seiten mit 80 farbigen Abbildungen

GESINE AGENA, PATRICIA HECHT, DINAH RIESE SELBSTBESTIMMT
Für reproduktive Rechte

Wer soll in unserer Gesellschaft Kinder bekommen und wer nicht? Wie greifen Staat und Religion in das Recht auf den eigenen Körper ein? Und was hat das mit Rassismus und sozialer Ungleichheit zu tun? Reproduktive Rechte sind Menschenrechte, doch sie sind häufig gefährdet.

Klappenbroschur. 208 Seiten

Wenn Sie mehr über den Verlag und seine Bücher wissen möchten, schreiben Sie uns eine Postkarte oder elektronische Nachricht (mit Anschrift und E-Mail). Wir informieren Sie dann regelmäßig über unser Programm und unsere Veranstaltungen.

Verlag Klaus Wagenbach Emser Straße 40/41 10719 Berlin
www.wagenbach.de vertrieb@wagenbach.de

Der Gender * wird auf Wunsch der Autorin verwendet, um alle Geschlechter und Geschlechteridentitäten sprachlich einzuschließen.

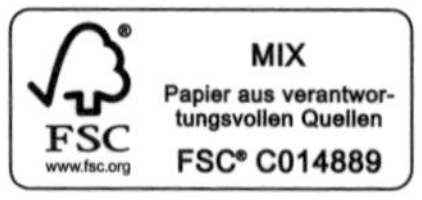

www.wagenbach.de

Umschlaggestaltung Julie August unter Verwendung einer Fotografie (1941) © Werner Bischof/Magnum Photos/Agentur Focus. Gesetzt aus der Chaparral und der Krub. Vorsatzmaterial von peyer Graphic, Leonberg. Gedruckt und gebunden bei Pustet, Regensburg. Printed in Germany.

ISBN 978 3 8031 3732 6